Ernestine Schlant

Die Sprache
des Schweigens

Ernestine Schlant

Die Sprache
des Schweigens

Die deutsche Literatur
und der Holocaust

Deutsch von
Holger Fliessbach

Verlag C.H.Beck München

Titel der englischen Originalausgabe:
The Language of Silence. West German Literature and the Holocaust
© Routledge, New York/London 1999

Mit einer Abbildung

Die deutsche Bibliothek – CIP-Einheitsaufnahme

Schlant, Ernestine: Die Sprache des Schweigens : die deutsche Literatur
und der Holocaust / Ernestine Schlant. Aus dem Engl. von
Holger Fliessbach. – München : Beck, 2001
Einheitssacht.: The language of silence ⟨dt.⟩
ISBN 3 406 47188 9

ISBN 3 406 47188 9
Für die deutsche Ausgabe:
© Verlag C.H.Beck oHG, München 2001
Satz: Janß, Pfungstadt. Druck und Bindung: Spiegel, Ulm
Gedruckt auf säurefreiem, alterungsbeständigem Papier
(hergestellt aus chlorfrei gebleichtem Zellstoff)
Printed in Germany

www.beck.de

Für meine Töchter
Stephanie
und
Theresa Anne

Inhalt

Danksagung

Es ist mir eine große Freude, beim Abschluß dieses Buches vielen Freunden und Kollegen für ihre fast zehn Jahre währende Unterstützung danken zu können. Ihr nie erlahmendes Interesse hat mir bei der Auseinandersetzung mit schmerzlichen Themen geholfen, und ihre Anregungen haben meine Gedanken geschärft. Darüber hinaus haben mir viele Kollegen und Universitäten die Gelegenheit und das Forum gegeben, meine Ideen an kritischen Gegenmeinungen zu erproben.

Das Woodrow Wilson International Center for Scholars hat mir eine Fellowship gewährt, die mir Zeit gab, das Buch in seine endgültige Fassung zu bringen. Die Montclair State University entband mich während mehrerer Semester von einem Teil meiner Lehrverpflichtungen und gewährte mir darüber hinaus ein Distinguished Scholar Award, das mir für die letzten Phasen der Niederschrift mehr Zeit erlaubte.

Meine besondere Anerkennung möchte ich Lily Gardner Feldman aussprechen, die als eine der ersten mein Projekt mit Nachdruck unterstützt hat; ihrer Ermutigung ist es zu danken, daß ich ein Buch konzipiert und nicht nur einzelne Artikel aneinandergereiht habe. Irmgard Feix überprüfte Quellen im Militärgeschichtlichen Forschungsamt Freiburg und war mir bei der Überarbeitung der deutschen Ausgabe eine große Hilfe. Ingeborg Glier, Rita Jacobs und Carol Strauss lasen Teile des Manuskripts in verschiedenen Stadien seiner Entstehung. Enorm profitiert habe ich auch von Diskussionen mit Guy Stern und Sidney Heyman, die mich ermutigten. Darüber hinaus gaben Hermann und Hanne Lenz, Peter Schneider und Ruza Spak sowie Omer Bartov meinen Gedanken wertvolle Anregungen.

Besonders dankbar bin ich Sara Lippincott, die das englische Manuskript mit einer Sorgfalt redigierte, die ich nicht für möglich gehalten hätte; ebenso Bill Germano, meinem Lektor bei Routledge, der für das fristgerechte Erscheinen des Buches sorgte.

Auch Sander Gilman danke ich sehr herzlich; er war mit Rat und Tat zur Stelle, als ich Hilfe am nötigsten hatte. Walter Hinderer unterstützte das Projekt von seinen ersten Anfängen an mit großem Interesse, mit Ratschlägen und der Gelegenheit zu Diskussionen.

Mein ganz besonderer Dank gilt Andreas Wirthensohn, meinem Lektor im Verlag C. H. Beck, der die deutsche Fassung mit großer Sorgfalt betreute. Ich hatte außerdem das Glück, in Holger Fliessbach einen einfühlsamen Übersetzer zu finden. Auch ihm gebührt mein Dank.

Vor allen anderen aber möchte ich meinem Mann Bill Bradley danken: für seine getreuliche Ermutigung, seine redaktionellen Vorschläge und seine unerschütterliche Geduld mit meinem Schneckentempo. Er hat mich in dem Bedürfnis, dieses Buch zu schreiben, verstanden und unterstützt und mir Mut gemacht, es zu Ende zu bringen. Aber wie es so schön heißt: «Herz wird nur von Herz erkannt.»

Einführung

Vielleicht schreibe ich deshalb, weil ich
keine bessere Möglichkeit zu schweigen
sehe.[1]

In Berlin, vor dem Bahnhof Grunewald, wo die Züge nach Auschwitz
abfuhren, steht ein Mahnmal für die Deportierten und Ermordeten:
eine lange, gerade Mauer aus Rohbeton, vielleicht 4,5 Meter hoch,
die das hinter ihr andrängende Erdreich aufzuhalten scheint. Aus der
Mauer sind die Konturen menschlicher Gestalten ausgespart, die
sich in Richtung Bahnhof bewegen. Die Gestalten selbst existieren
nicht; nur der sie umgebende Beton macht ihre Abwesenheit sichtbar.

Dieses Mahnmal, das Anwesenheit durch Abwesenheit ausdrückt
und Abwesenheit in der Massivität dieser Mauer sichtbar macht, hat
ein Analogon in der Literatur. Ich versuche zu zeigen, daß die westdeutsche Literatur, was ihren Umgang mit dem Holocaust betrifft,
vierzig Jahre lang Abwesenheit und Schweigen durch Sprache ausge-

drückt hat. Doch ist dieses Schweigen keine einheitliche, monolithische Leere. Vielfältige erzählerische Strategien haben diese Konturen gezeichnet und gebrochen, in dem widersprüchlichen Versuch, das Schweigen zu verschweigen und gleichzeitig hörbar zu machen. Ziel der vorliegenden Studie ist es, etwas von der Vielfalt dieser Strategien und der sie bestimmenden Motive spürbar zu machen.

Der Holocaust ist in der deutschen Literatur von der unmittelbaren Nachkriegszeit bis zur Gegenwart präsent, und die Strategien, die bei dem Versuch angewendet wurden, das Wissen um den Holocaust zu umgehen, zu verdrängen oder zu leugnen, sind ebenso ein Indiz für dieses Wissen wie die oft tastenden und hilflosen Bemühungen, den Verbrechen der nationalsozialistischen Herrschaft ins Auge zu blicken. Das Wort «Holocaust» beschwört sofort das Bild von Konzentrations- und Vernichtungslagern herauf, in denen Millionen von Menschen unter den entsetzlichsten Bedingungen ermordet wurden; für die Zwecke der vorliegenden Untersuchung bedarf es jedoch einer klareren Definition.[2] Unter «Holocaust» verstehe ich mehr als die Vernichtung von Millionen von Menschen mit einer bis dahin unvorstellbaren Bestialität; ich schließe in diese Definition alle Mechanismen, Verhaltensweisen und Einstellungen ein, die in den nationalsozialistisch besetzten Ländern Europas dem Zweck dienten, Juden zu jagen und aufzuspüren, um sie zu ermorden. Zu diesen Mechanismen gehörten auch die «Gesetze», welche die Juden nicht nur ihrer politischen und Bürgerrechte, sondern auch ihrer menschlichen Würde beraubten. Für den Überlebenden des Holocaust und ausgebürgerten deutschen Intellektuellen Jean Améry war in diesen seit 1933 erlassenen «Gesetzen» die drohende Vernichtung schon enthalten:

In der Todesdrohung, die ich zum erstenmal in voller Deutlichkeit beim Lesen der Nürnberger Gesetze verspürte, lag auch das, was man gemeinhin die methodische «Entwürdigung» der Juden durch die Nazis nennt. Anders formuliert: der Würdeentzug drückte die Morddrohung aus.[3]

Letztlich führten diese «Gesetze» zur Errichtung dessen, was man *univers concentrationnaire* genannt hat und was die Literaturwissenschaftlerin Sidra DeKoven Ezrahi folgendermaßen definiert:

Das Adjektiv *concentrationary*, das hier wie in der englischen Fassung von [David] Roussets Erinnerungen als annähernde Übersetzung von *concentrationnaire* verwendet wird, ist in seiner Referenz nicht unbedingt auf die geographischen Grenzen der Lager beschränkt. Es kann auch auf die generelle Situation des europäischen Juden im Zweiten Weltkrieg anspielen, der jederzeit und überall der Vernichtung geweiht war, gleichgültig, ob er in einem

Ghetto oder in einem Konzentrationslager eingekerkert war, als Arier firmierte oder sich in einer Scheune, auf einem Dachboden oder im Wald verbarg.[4]

Die Begriffe «Holocaust» und *univers concentrationnaire* sind zwar nicht genau deckungsgleich; gleichwohl werde ich in der vorliegenden Studie das Wort «Holocaust» im Sinne von *univers concentrationnaire* verwenden.

Den Deutschen wird häufig unterstellt, sie würden den Holocaust am liebsten vergessen; dennoch sind die Ungeheuerlichkeit dieser Verbrechen und ihr Vermächtnis heute Teil des deutschen Selbstverständnisses. In den folgenden Kapiteln werde ich untersuchen, wie die Deutschen mit diesem Selbstverständnis umgehen, welche Strategien sie ausgebildet haben, um diese Erkenntnis zu umgehen, zu verzerren oder zu schönen, welche Kontexte sie schaffen mußten, um sich dieser Vergangenheit zu stellen, und welche blinden Flecken bis heute geblieben sind.

■ ■ ■

Der Versuch, die Bemühungen der Deutschen um die «Bewältigung» der nationalsozialistischen Verbrechen und insbesondere des Völkermordes an den Juden am Beispiel literarischer Werke aufzuzeigen, bedarf wo nicht der Rechtfertigung, so doch der Erklärung. Da die Grenzen zwischen Geschichtsschreibung und erzählender Literatur als Gefäß des Erinnerns immer unschärfer werden und die Problematik der Erzählbarkeit die zeitgenössischen wissenschaftlichen Diskussionen beherrscht, ist es um so wichtiger, auf die Unterschiede zwischen den beiden Bereichen hinzuweisen und das Augenmerk darauf zu richten, welche Charakteristika die Literatur von der Geschichtsschreibung unterscheiden. Hauptprämisse meiner Studie ist die privilegierte Position der Literatur als Seismograph des moralischen Standortes eines Volkes. Historiker, Politologen, Ökonomen und Journalisten sind an Tatsachen und andere objektive Kriterien gebunden (oder sollten es sein). Die Literatur projiziert das Spiel der Phantasie, indem sie Ebenen des Gewissens und des Bewußtseins aufdeckt, die Teil der unausgesprochenen Voraussetzungen einer Kultur sind und meist nirgendwo sonst eingestanden werden. Weil sie unbewußt sind, gewähren diese Voraussetzungen einen besseren Einblick in die moralischen Positionen eines Werkes als seine expliziten Meinungen und Bilder, die häufig zensiert oder Ausdruck von Wunschdenken sind. Die Literatur entblößt die Träume und Alpträume eines Volkes, seine Hoffnungen und Ängste, seine moralischen Positionen und seine Niederlagen. Sie enthüllt auch dort, wo sie schweigt; ihre blinden Flecken und Auslassungen sprechen eine Sprache, die jeder bewußten Agenda entkleidet ist. Die in dieser Studie zu erörternden literarischen Werke enthüllen also eine Ebene des Diskurses, die vielleicht dem Bewußtsein des Autors entgangen sein mag, einer sorgfältigen literarischen Exegese aber nicht verborgen bleibt. Terry Eagleton spricht von den «Subtexten» und den Zonen der «Blindheit» in einem Werk, die dessen unbewußte Voraussetzungen enthüllen. «Beim Lesen», schreibt Eagleton,

erstellen wir etwas, was man einen «Subtext» für das Werk nennen könnte – einen Text innerhalb des eigentlichen Textes, der an einigen «symptomatischen» Punkten der Ambiguität, des Ausweichens oder der allzu großen Emphase sichtbar wird und den wir als Leser «schreiben» können, auch wenn der Roman selbst es nicht tut. Alle literarischen Werke enthalten einen oder mehrere solcher Subtexte, und man kann sie in gewissem Sinne als das «Unbewußte» des Werkes selbst bezeichnen. Die Einsichten des Werkes sind, wie bei jeder Form des Schreibens, tief mit seinen Blindheiten verbunden: was es nicht sagt, und wie es nicht gesagt wird, kann so wichtig sein wie das, was ausgesprochen wird; was an ihm fehlend, marginal oder ambivalent erscheint, kann einen wichtigen Schlüssel zu seiner Bedeutung liefern.[5]

Von allen literarischen Gattungen weist wohl der Roman den größten Reichtum an solchen unausgesprochenen Subtexten auf. Die erzählende Literatur ist plastisch und in der Anverwandlung der verschiedenartigsten Diskurse unendlich wandlungsfähig. Noch der knappste Roman ist nicht so hermetisch in sich verschlossen wie die Lyrik oder so durch die Situation eingeschränkt wie das Schauspiel. (Nur der Film kann ähnlich umfassende Erzählungen wagen, und es gibt viele Beispiele aus diesem künstlerischen Medium, die den Bestrebungen des Romans analog sind.)

Ich beschränke mich in meiner Untersuchung auf die erzählende Prosa Westdeutschlands – genauer gesagt, auf die Prosa, die zwischen der Nachkriegszeit, den Jahren nach Ende des Zweiten Weltkriegs und der Gründung der Bundesrepublik Deutschland 1949, und der Wiedervereinigung der beiden Deutschlands 1990 entstanden ist; die seitdem erfolgten Entwicklungen kann ich nur andeuten. Durch die Wiedervereinigung haben sich die politische Situation und das geistige Klima Deutschlands so sehr verändert, daß es gerechtfertigt ist, vom Ende einer Epoche zu sprechen. Zwar erscheinen nach wie vor Romane, die den Holocaust in den Mittelpunkt ihres Interesses rücken, doch hat sich der Holocaust-Diskurs von der Literatur entfernt und in Gedenkstätten und Museen verlagert – eine Verlagerung, die im abschließenden Kapitel diskutiert wird. Gleichzeitig ist in den zehn Jahren vor der Wiedervereinigung und in den neunziger Jahren eine bemerkenswerte Zunahme der Minderheitenliteratur zu verzeichnen, besonders eine Literatur von jungen deutschen und nichtdeutschen jüdischen Autoren, die in Deutschland leben und davon sprechen, was es heißt, nach dem Holocaust in Deutschland zu leben.

Bis zur Wiedervereinigung war Deutsch die Sprache von vier verschiedenen Literaturen: der Literatur der Bundesrepublik Deutschland, der DDR, Österreichs und der Schweiz. Nun ist behauptet worden, daß eine Einteilung in «vier eigenständige nationale Literaturen, die den vier großen deutschsprachigen Staaten entsprechen, nicht mehr möglich» sei.[6] In der Tat mag zutreffen, daß mit der postmodernen Demontage der «großen Erzählung» – der Erzählung der kulturellen Hegemonie – und dem verstärkten Auftreten von Minderheitenliteraturen, die heterogene, multikulturelle Gesichtspunkte betonen, das Konzept jeglicher Nationalliteratur, gleich welcher Couleur, an Boden verliert. Doch in einer Studie über die Anstrengungen *eines* Volkes, sich seiner besonderen Vergangenheit zu stellen – oder nicht zu stellen –, muß ich nationale und historische Grenzen in Rechnung zu stellen. Da die Literatur, die ich erörtere, gerade die Fragestellungen einer konkreten Gesellschaft thematisiert, käme das Ignorieren dieser Grenzen dem Ignorieren der wichtigsten Aspekte dieser Literatur gleich. Vor allem würde es – und das ist für die vorliegende Untersuchung das Entscheidende – den konkreten Kontext des Holocaust aufheben und damit jede derartige Erörterung sinnlos machen.

Es gab in den zehn Jahren vor dem Fall der Berliner Mauer zwar eine Annäherung der Literaturen West- und Ostdeutschlands, doch beruhte ihre Gemeinsamkeit gerade auf der Teilung: Westdeutsche und ostdeutsche Autoren schrieben aus ihrer jeweiligen Perspektive über die Teilung Deutschlands. Während des Kalten Krieges gingen die Literaturen West- und Ostdeutschlands von dermaßen unterschiedlichen Voraussetzungen aus, daß Vergleiche nur anekdotenhaft möglich sind. Die DDR-Literatur machte bis auf wenige Ausnahmen keinen Versuch, sich mit der Zeit des Nationalsozialismus kritisch auseinanderzusetzen. Als kommunistisches Regime betrachtete sich die DDR ipso facto als Feind des Faschismus und empfand daher nicht die Verpflichtung, sich der eigenen nationalsozialistischen Vergangenheit zu stellen. Der Faschismus wurde als

Ausgeburt des Kapitalismus interpretiert, und der Kapitalismus war noch immer das herrschende Wirtschaftssystem der Bundesrepublik Deutschland. Infolgedessen oblag es der Bundesrepublik und nicht der DDR, sich mit dieser Vergangenheit zu befassen. Peter Schneider, ein angesehener Autor und scharfsinniger Beobachter der politischen und gesellschaftlichen Szene Deutschlands, hatte diesen Unterschied und seine Folgen im Sinn, als er zur Zeit der Wiedervereinigung schrieb: «Sobald der erste Rausch der Einheit verflogen ist, wird deutlich werden, daß sich auf beiden Seiten der Mauer nicht nur zwei Staaten, sondern zwei Gesellschaften entwickelt haben.»[7]

Was die Schweiz betrifft, so prägte ihr Selbstverständnis als neutrales Land die Wahrnehmung ihrer selbst und ihrer Rolle während der Naziherrschaft. Das galt jedenfalls bis zu den jüngsten Enthüllungen über die Zusammenarbeit Schweizer Banken mit diesem Regime. In der Nachkriegszeit thematisierten die Dramatiker Max Frisch und Friedrich Dürrenmatt gewisse psychologische Mechanismen, die den Holocaust entstehen ließen und ins Werk setzten. Aber sie taten dies in Form von Appellen an die Vernunft und aus sicherer Entfernung. Ein solcher Standpunkt war westdeutschen Autoren versagt.

Ebensowenig sind österreichische Autoren, die erst relativ spät begannen, die nationalsozialistische Vergangenheit ihres Landes zu diskutieren, Gegenstand der vorliegenden Untersuchung, weil auch hier die politische Situation zu anderen Reaktionen führte als in Deutschland. Die österreichische Nachkriegspolitik kultivierte den Mythos von der Annexion ihres Landes durch die Nazis, anstatt zuzugeben, daß Österreich 1938 aktiv den Anschluß an Deutschland angestrebt hatte, und sah denn auch den Sonderstatus Österreichs durch den separaten Friedensvertrag von 1955 bestätigt, der dem Land die Neutralität nach Schweizer Vorbild garantierte. In den ersten Nachkriegsjahrzehnten betrachtete Österreich diesen Sonderstatus als moralischen Freispruch und ließ den Holocaust als allein deutsches «Problem» auf sich beruhen. Erst mit dem Auftreten einer Nachkriegsgeneration von österreichischen Autoren, von denen die meisten in den vierziger Jahren oder später zur Welt kamen (zum Beispiel Gerhard Roth, Peter Henisch, Brigitte Schwaiger und der etwas ältere Thomas Bernhard), setzte eine mit entsprechenden Bemühungen in Deutschland vergleichbare, nachhaltige und energische Erforschung der österreichischen Mittäterschaft an der nationalsozialistischen Vergangenheit ein. Gleichwohl führte der unterschiedliche gesellschaftliche und politische Kontext zu unterschiedlichen literarischen Strukturen. So findet man zum Beispiel in Österreich sehr wenig dokumentarische Literatur, da es hier, anders als in der Bundesrepublik, keine Prozesse gab, die ihr hätten Nahrung geben können.

Der Literaturwissenschaftler Jean-Paul Bier hat sogar eine fünfte deutsche Literatur ausgemacht: die der deutschen Emigranten.[8] Viele Autoren in dieser Kategorie waren Juden, die unter den Bedingungen des *univers concentrationnaire* arbeiteten; nur sehr wenige von ihnen kehrten nach Westdeutschland zurück. Diese fünfte deutsche Literatur ist zwar kein monolithischer Block, spiegelt aber die ideologischen Bedingungen ihrer Entstehung wider, die eben nicht diejenigen Westdeutschlands in der Nachkriegszeit waren. Auch sie liegt daher jenseits der Grenzen, die dieser Studie gezogen sind, wenngleich ihre Beiträge zur deutschen Literatur anerkannt werden müssen.

Aus einem einzigen, übergreifenden Grund habe ich mich in der vorliegenden Untersuchung auf nichtjüdische Autoren beschränkt. In Darstellungen der deutschen Nachkriegsliteratur wird häufig nicht zwischen west- und ostdeutschen Autoren oder – in Studien über eines dieser Länder – zwischen jüdischen und nichtjüdischen Autoren unterschieden. Das scheint mir ein gravierendes Manko zu sein, da zwischen jüdischen und nichtjüdischen Autoren, was die Bedingungen ihres Schreibens und die in ihrem Werk sichtbar werdenden Perspektiven betrifft, der Abgrund des Holocaust klafft. Die Tilgung des entscheidenden Unterschieds zwischen Opfern und Tätern kann selbst als Versuch betrachtet werden, deren separate Geschichten einzuebnen und gleichzumachen. Es gibt eine enorme Literatur aus der Feder von Überlebenden und Zeugen, und sie unterscheidet sich in Ton, Perspektive und Weltsicht deutlich von der Literatur aus der Generation oder den Nachfolgegenerationen der Täter. Für die Opfer hat es «die Literatur des Grauens mit einer Ordnung der Wirklichkeit zu tun, die dem menschlichen Geist noch nie begegnet ist und deren Wesenseigenschaft die Sprache der Fakten einfach nicht übermitteln konnte».[9] In dem Bemühen, eine Sprache zu finden, die geeigneter ist als die der «Fakten», sind Techniken der Ironie, des Makabren, des Lachens der Verzweiflung und des Galgenhumors in die Erzählstrategien der Opfer eingegangen, während die Täter vor «unangemessenen» Haltungen zurückschrecken und Sicherheit in ihrer «Betroffenheit» suchen.

Manche werden diese Unterscheidung – und besonders mein ausschließliches Augenmerk auf die Texte der Täter und ihrer Nachfolgegenerationen – anfechtbar finden; man wird einwenden, eine solche Analyse verfestige die Sicht auf die Opfer als «die anderen» und mache sie zu Objekten bar jeder Individualität. Aber die Berücksichtigung jüdischer Autoren, die ihre eigene Perspektive einbringen, hätte den Kern dieser Studie verfehlt. Es wäre nicht mehr eine Untersuchung darüber, wie die Nachfolgegenerationen der Täter versuchen – oder nicht versuchen –, mit einer Vergangenheit fertig zu werden, für die das Vermächtnis des Holocaust bestimmend ist. Wenn in dieser Untersuchung jüdische Stimmen vernehmbar sind, dann gefiltert durch das Bewußtsein eines nichtjüdischen Autors. In den meisten Fällen jedoch werden dem Leser die jüdischen Stimmen nur durch ihre Abwesenheit auffallen: Er wird dadurch gleichsam im Subtext herausgefordert, die «Sprache des Schweigens» zu brechen und den objektivierenden Blick auf den Mitmenschen zugunsten seiner subjektiven Menschlichkeit aufzugeben. Die hier besprochenen Romane erschöpfen keineswegs die vielen verschiedenen Versuche der westdeutschen Literatur, mit der nationalsozialistischen Vergangenheit irgendwie ins Reine zu kommen. Wohl aber bieten sie einen Querschnitt durch Techniken und Gesichtspunkte, die die «Subtexte» und die blinden Flecken der «Sprache des Schweigens» verraten.

Nicht außer acht bleiben darf auch die Tatsache, daß Juden nicht die einzigen Opfer des Holocaust waren, sondern daß auch «Zigeuner und Polen, politische Gefangene und Asoziale, Verbrecher und Homosexuelle eingesperrt und vernichtet» wurden.[10] Politische Gefangene sind Gegenstand einer umfangreichen Literatur. Als Gegner des nationalsozialistischen Regimes gab es für sie keinen Grund, auf Strategien des Schweigens zurückzugreifen. Der Mord an den Sinti und Roma und anderen Minderheiten hat vielleicht darum nicht viel Beachtung gefunden, weil ihre Zahl relativ klein war und die Überlebenden stumm blieben.[11] Wenn Literatur der Seismograph für das Gewissen eines Volkes ist, dann spricht dieses Vakuum für sich selbst. Es ist der Völkermord an den Juden, der den zentralen Platz in der Anerkennung der Greueltaten der nationalsozialistischen Herrschaft behauptet und die immer neuen Bemühungen um Ausdruck antreibt – Ausdruck, der auch die vielen Strategien des Schweigens umfaßt.

Arten des Schweigens

Einige Bemerkungen zum Thema «Schweigen» sind angebracht. Schweigen ist keine semantische Leere; es ist von Erzählstrategien erfüllt, die Ideologien transportieren und unausgesprochene Voraussetzungen enthüllen. Was Schweigen konstituiert, ist die Abwesenheit von Wörtern, doch gleichzeitig und deswegen ist es die Anwesenheit ihrer Abwesenheit.[12] Eben diesen Sachverhalt will das Grunewalder Mahnmal sichtbar machen: Sprache wird zur Hülle und Verhüllung eines Schweigens, das nur durch Worte vernehmbar wird. Wie Hamidas Bosmajian schreibt, gibt es zwei Arten des Schweigens: «Das eine kommt von einem Zuviel an Wissen, während das andere ein Nicht-Wahrhaben-Wollen ist. Zu diesem zweiten, verdrängenden Schweigen nehmen Erinnerung und Schuld ihre Zuflucht.»[13] Man könnte versucht sein, das «Zuviel an Wissen» mit dem Schweigen der Opfer gleichzusetzen und das «Nicht-Wahrhaben-Wollen» mit dem Schweigen der Täter. Diese Gleichsetzung übersieht jedoch die unbestreitbare Tatsache, daß die Täter schweigen, weil sie «zuviel wußten», während viele Opfer, die den Holocaust überlebt hatten, Zuflucht zu einem «Nicht-Wahrhaben-Wollen» der ihnen zugefügten Greuel nahmen. Besser ist deshalb vielleicht die Unterscheidung zwischen dem *Beschweigen* des Holocaust und seinem *Verschweigen*.

Das *Beschweigen* des Holocaust ist nicht Gegenstand dieses Buches. Gemeint ist damit das Schweigen, dessen Ursache das Entsetzen vor den begangenen Greueln ist. Hier ist eine Kontroverse darüber entstanden, ob der Holocaust als eine unaussprechliche Wirklichkeit sich seiner Konzeptualisierung in der Sprache, gar in literarischer Sprache, entziehe oder nicht. Dieses Schweigen erkennt an, daß, wie der Historiker Saul Friedländer sagt, «unsere traditionellen Kategorien der Begriffsbildung und Darstellung unzulänglich, die Sprache selbst problematisch sein mögen». Friedländer kommt jedoch zu dem Schluß: «Angesichts dieser Ereignisse empfinden wir die Notwendigkeit einer stabilen Erzählung: Ein grenzenloses Feld möglicher Diskurse wirft die Frage seiner Grenzen mit ganz besonderer Dringlichkeit auf.»[14] Dieser komplexe Zwiespalt zwischen Schweigen und Erzählung ist besonders an Elie Wiesel sichtbar, der zu den unbeirrtesten Verfechtern des Schweigens gehört, obwohl sein Œuvre dieser Position zu widersprechen scheint.

Die Frage, ob Literatur das angemessene Vehikel sei, um die Verbrechen der nationalsozialistischen Herrschaft zu artikulieren und in Erinnerung zu behalten, tauchte bald nach Beendigung des Zweiten Weltkriegs auf, als Theodor W. Adorno, der aus der Emigration nach Westdeutschland zurückgekehrt war, apodiktisch feststellte: «[N]ach Auschwitz ein Gedicht zu schreiben, ist barbarisch.»[15] Adornos Exegeten haben diesen Satz unterschiedlich gedeutet; er selbst ging einige Jahre später näher auf diesen Standpunkt ein: «Die Frage einer Person aus ‹Morts sans sépulture›: ‹Hat es einen Sinn zu leben, wenn es Menschen gibt, die schlagen, bis die Knochen im Leib zerbrechen?› ist auch die, ob Kunst überhaupt noch sein dürfe», sagte er und erklärte weiter: «Die sogenannte künstlerische Gestaltung des nackten körperlichen Schmerzes der mit Gewehrkolben Niedergeknüppelten enthält, sei's noch so entfernt, das Potential, Genuß herauszupressen.»[16]

Adornos Besorgnis wurde von vielen geteilt und von einigen gerade in ihrer radikalen Konsequenz bestätigt: «Ich bin der festen Überzeugung, daß Kunst dem Holocaust nicht angemessen ist. Kunst nimmt dem Leiden den Stachel. (...) Daher ist es verboten, aus dem Holocaust erzählende Literatur zu machen. Jeder Versuch, den Holocaust in Kunst zu verwandeln, verkleinert ihn und endet zwangsläufig in schlechter Kunst.»[17] Dieser Standpunkt wurde von Lawrence Langer, dem Erforscher der Holocaust-Literatur, wo nicht widerlegt, so doch modifiziert. Er ließ durchblicken, daß Adorno vorschnell und «vielleicht zu dogmatisch» geurteilt habe, und gab zu bedenken:

> Ein wesentliches Merkmal (...) fast jeder Literatur ist nicht die Verwandlung der empirischen Wirklichkeit, (...) sondern ihre Verzerrung, die bewußte und absichtliche Entfremdung der Welt des Üblichen und Vertrauten von den Empfindungen des Lesers und damit einhergehend das Eindringen des Grotesken, des Sinnlosen und des Unvorstellbaren in das Werk, und zwar in einem solchen Maße, daß die Möglichkeit eines ästhetischen Genusses, wie Adorno ihn konzipierte, eo ipso ausgeschlossen ist.[18]

Der erste Einwand gegen eine künstlerische Artikulation des Holocaust war allgemeiner Art («Kunst nimmt dem Leiden den Stachel»). Ein anderer, ähnlich gearteter Einwand war konkreter. Kunst stiftet per definitionem Ordnung und erzeugt Sinn, während sich der Holocaust jedem derartigen Bestreben widersetzt. Langer widerspricht auch hier Adorno und setzt dessen kategorischem Standpunkt denjenigen der künstlerischen Technik entgegen:

> Die Stichhaltigkeit der Befürchtung Adornos, die künstlerische Verwandlung des moralischen Chaos in eine ästhetische Form könne letztlich eine falsche

Darstellung dieses Chaos geben und der Erfahrung des Holocaust das Gefühl von Sinn und Zweck (und damit paradoxerweise eine ästhetische Rechtfertigung) zuschreiben, hängt ganz entscheidend davon ab, wie der Künstler mit seinem Material umgeht.[19]

Die Sorge, daß eine ästhetische «Verwandlung» oder «Verklärung» noch die grausigste Wirklichkeit rechtfertigen könnte, wurzelt in der Vorstellung von der Autonomie des Kunstwerks und ist häufig mit einer Abwertung, ja Verwerfung der Wirklichkeit verbunden. Die Trennung dieser zwei Bereiche – hier Kunst, dort Wirklichkeit – gipfelte in der Moderne (Adorno selbst war einer ihrer Höhepunkte und letzten Exegeten). Aber die schiere Existenz des Holocaust entwertet die Ästhetik der Moderne und zwingt zu einer neuen Definition nicht nur der Kunst, sondern auch der Menschheit und der von Menschen geschaffenen Welt. Es ist wohl anachronistisch, wo nicht regelrecht falsch, die Literatur des Holocaust nach Definitionen zu bewerten, die durch die Tatsache des Holocaust ihre Gültigkeit verloren haben. 1966, siebzehn Jahre nach seinem rigorosen Urteil, hat Adorno, vielleicht unter dem Eindruck der außerordentlichen Holocaust-Lyrik eines Paul Celan und einer Nelly Sachs, sein einstiges Diktum widerrufen: «Das perennierende Leiden hat soviel Recht auf Ausdruck wie der Gemarterte [sic] zu brüllen; darum mag falsch gewesen sein, nach Auschwitz ließe kein Gedicht mehr sich schreiben.»[20]

Eine andere Art von Einwänden gegen eine literarische Darstellung des Holocaust dreht sich um die Problematik der Sprache – genauer gesagt, um Schweigen und Sprachlosigkeit. George Steiner hat Positionen vertreten, die einer Antwort bedurften, besonders in bezug auf die deutsche Sprache. Steiner betonte: «Die Welt von Auschwitz liegt jenseits der Sprache, wie sie jenseits der Vernunft liegt. Vom Unaussprechlichen zu sprechen heißt, das Überleben der Sprache als der Schöpferin und Trägerin einer menschlichen, vernunftbestimmten Wahrheit zu gefährden.» Gleichzeitig regte er an, Auschwitz ins Schweigen zu verbannen, um nicht die menschliche Sprache zu verunreinigen.[21] Doch eine Sprache, die nur als die «Schöpferin und Trägerin einer menschlichen, vernunftbestimmten Wahrheit» fungiert und alles Furchtbare, Unmenschliche und Unaussprechliche ausspart, ist eine zensierte Sprache und auf dem besten Wege, ebenso barbarisch zu werden wie die manipulierten Sprachen totalitärer Herrschaftssysteme. Die Sprache, nach der Steiner sich sehnt, könnte nicht jene Erinnerung bergen, welche vielleicht unsere einzig sinnvolle Assoziation zu «Auschwitz» ist: niemals den Abgrund an Unmenschlichkeit zu vergessen, dessen der Mensch fähig ist.

Sich einem moralischen oder ästhetischen Imperativ zu beugen, der das Beschweigen des Holocaust gebietet, wäre gleichbedeutend mit der Anerkennung ebenjener Barbarei, für die Auschwitz als grauenerregendes Beispiel steht. Er würde die Unmenschlichkeit der Tat um die Unmenschlichkeit ihres Nichtausdrucks vermehren. Er würde die Kapitulation des menschlichen Geistes und der menschlichen Sprache vor der Polemik jener bedeuten, die da bestreiten, daß es je einen Holocaust gegeben hat. Der Holocaust als unaussprechliche Wirklichkeit fordert paradoxerweise die Rede, auch wenn er zum Schweigen zu zwingen droht. Wie Alvin H. Rosenfeld bemerkt hat, mag die Rede «gebrochen, stammelnd und unangemessen sein – aber es ist dennoch Rede».[22]

Kann das *Beschweigen* des Holocaust nur als Paradoxon und (mit Saul Friedländer) als ein «Erkunden der Grenzen der Darstellbarkeit» artikuliert werden, so gehört das *Verschweigen* des Holocaust einer anderen Kategorie an. Es gibt das Schweigen, in das die Opfer sich zurückgezogen haben, und es gibt das Schweigen der Täter – das Schweigen, das Gegenstand dieses Buches ist. Es ist viel über die Anstrengungen der Deutschen geschrieben worden, die Naziherrschaft und den Völkermord an den Juden zu verdrängen, zu verleugnen oder zu verschweigen. Aber jede – bewußte oder unbewußte – Strategie des Leugnens ist auch ein Eingeständnis. Man kann ohne weiteres die These vertreten, daß die westdeutsche Literatur sich ununterbrochen des Holocaust bewußt war[23] und daß das durch eine Vielzahl narrativer Strategien bewahrte Schweigen der beredteste Ausdruck hierfür ist. Wenn aber Schweigen ein Eingeständnis des Wissens ist, lautet die wichtigste Frage: Welches Wissen über den Holocaust wird da verdrängt, geleugnet und vermieden, und wie findet diese Vermeidung ihren Ausdruck?

Korruption der Sprache

Literatur gebraucht Wörter für Strategien des Schweigens, das Konturieren von Aussparungen, das Aufzeigen unausgesprochener Annahmen, die Aufdeckung dessen, was sie verbergen oder leugnen will. Um zu unserem Leitbild, der Mauer vor dem Bahnhof Grunewald, zurückzukommen, kann man sagen, daß ohne die Mauer (das Korpus der Literatur) die Leerräume nicht wahrgenommen werden könnten. Doch ist die Sprache, die diese Literatur ausmacht, nicht neutral; sie wird durch historische Umstände und politische Zwänge geprägt, ja geschaffen. Sie errichtet sozusagen die Betonmauer und bestimmt die Konturen, die die Leerräume ausmachen. So wie die Mauer und die stoffliche Qualität der Mauer in einem engen Wechselverhältnis zu den klaffenden Lücken stehen, bedingen Sprache und Schweigen einander wechselseitig. So erscheint eine kurze Erörterung über die Sprache angebracht, die den Nachkriegsgenerationen zur Verfügung stand, sie prägte und von ihnen geprägt wurde.

Nach dem Zusammenbruch des Hitler-Regimes bestanden ernsthafte Zweifel an der Lebensfähigkeit der deutschen Sprache selbst. Wie Ezrahi bemerkt: «Syntax, Stil und symbolische Verknüpfungen waren durch das sogenannte ‹Nazi-Deutsch› zutiefst und anhaltend geschändet worden.» Denn diese Sprache versuchte «zwei unvereinbare Ziele miteinander in Einklang zu bringen: an präzisen schriftlichen Aufzeichnungen der nationalsozialistischen Taten festzuhalten, diese aber für die Außenwelt hinter Euphemismen zu tarnen».[24] Diese Korruption der Sprache ließ den Literaturkritiker Heinrich Vormweg bedauern, daß keine «sprachliche Entnazifizierung» stattgefunden habe und die jungen Autoren, die nach 1945 mit dem Schreiben begannen, keine radikal neue, unbefleckte Sprache entwerfen konnten.[25] Nach Vormweg genügte es nicht, kritisch einzelne nationalsozialistische Schlüsselwörter wie «Held», «Gefolgschaftstreue», «Volk» oder «Blut» herauszugreifen; die ganze Sprache bedurfte der Reinigung von den unbewußten Assoziationen tief eingeschliffener Sprachgewohnheiten.

Noch 1959 stellte George Steiner die Frage, was die deutsche Sprache überhaupt noch ausdrücken könne, nachdem sie entmenschlicht und «nicht nur vergiftet [wurde] durch diese ungeheuren Bestialitäten», sondern auch dazu diente, «zahllose Unwahrheiten mit Nachdruck durchzusetzen».[26] Doch in einer optimistischen Nachschrift zu dieser Einschätzung gestand Steiner wenige Jahre später der deutschen Sprache eine neue Vitalität zu, die er in unmittelbarem Zusammenhang mit Bemühungen sah, den Verbrechen der nationalsozialistischen Vergangenheit ins Auge zu sehen. Jetzt meinte er: «Gerade dadurch, daß sie sich dem Vergangenen zuwenden, haben deutsche Bühnenwerke und die erzählende Literatur in Deutschland eine heftige, häufig journalistische, aber nicht zu bestreitende Lebenskraft wiedererlangt.»[27]

Die Unfähigkeit zu trauern

Die in diesem Schweigen wirksamen psychologischen Mechanismen wurden vielleicht am besten von den Sozialpsychologen Alexander und Margarete Mitscherlich in ihrer Untersuchung *Die Unfähigkeit zu trauern*[28] rekonstruiert, einem Buch, das seinerzeit bahnbrechend war und den Diskurs über das deutsche Verschweigen des Holocaust bis heute beeinflußt. Es erschien 1967, nach dem Jerusalemer Prozeß gegen Adolf Eichmann 1961 und den Frankfurter Auschwitz-Prozessen von 1963 bis 1965, jedoch vor den Studentenunruhen von 1968, und stellte die Frage, wie der in der Bundesrepublik offenkundige Mangel an affektivem «Durcharbeiten» der Verbrechen der nationalsozialistischen Herrschaft zu erklären sei. Die Wurzel der westdeutschen «Unfähigkeit zu trauern» sahen die Mitscherlichs in der Unfähigkeit des Landes, den Verlust seines Führers zu betrauern. Notwendige Voraussetzung dieser Trauerarbeit wäre gewesen, daß die Trauernden sich selbst und die sozialpsychologischen Gründe verstanden hätten, aufgrund deren Hitler das übermächtige Idol geworden war und hatte werden können. Das Bedürfnis der Deutschen nach einem idealisierten Führer erklärten die Mitscherlichs als Resultat eines aus geschichtlichen Gründen schwach ausgeprägten nationalen Ichs, das Zuflucht im Gehorsam suchte, gleichzeitig Groll gegen den Gehorsam empfand und die Abneigung dagegen durch zunehmende Idealisierung des Führers überwand, dem es gehorchte (S. 33) und mit dem es sich narzißtisch identifizierte (S. 75 f.).

Im Anschluß an Freud postulieren die Mitscherlichs zwei Möglichkeiten, Verlust auszudrücken: Trauer und Melancholie. Trauer drückt den Schmerz über den Verlust eines anderen aus; in der Melancholie hingegen widerfährt dem Melancholiker (und hier zitieren die Mitscherlichs Freud) «eine außerordentliche Herabsetzung seines Ich-Gefühls, eine großartige Ich-Verarmung» (S. 37). Mit dem Verlust des «überhöhten, vergotteten Objekts» (S. 33) und der Einsicht in die ganze Grauenhaftigkeit der begangenen Verbrechen hätte «ein in ungezählten Fällen kaum zu bewältigender Verlust des Selbstwertes und damit der Ausbruch einer Melancholie» auftreten müssen (S. 38). Die Mitscherlichs gehen von dieser Kernthese aus, um die folgende Hypothese aufzustellen:

Die Bundesrepublik ist nicht in Melancholie verfallen, das Kollektiv all derer, die einen «idealen Führer» verloren hatten, den Repräsentanten eines gemeinsam geteilten Ich-Ideals, konnte der eigenen Entwertung dadurch entgehen, daß es alle affektiven Brücken zur unmittelbar hinter ihnen liegenden Vergangenheit abbrach. Dieser Rückzug der affektiven Besetzungsenergie, des Interesses, soll nicht als ein Entschluß, ein beabsichtigter Akt verstanden werden, sondern als ein unbewußt verlaufendes Geschehen, das nur wenig vom bewußten Ich mitgesteuert wird. Wir haben uns das Verschwinden ehemals höchst erregender Vorgänge aus der Erinnerung als das Ergebnis eines gleichsam reflektorisch ausgelösten Selbstschutzmechanismus vorzustellen. (S. 37 f.)

Doch diese Vermeidung forderte einen hohen Preis. Die Mitscherlichs unterscheiden drei Reaktionsformen: (a) eine «auffallende Gefühlsstarre» als einzige Antwort «auf die Leichenberge in den Konzentrationslagern, das Verschwinden der deutschen Heere in Gefangenschaft, die Nachrichten über den millionenfachen Mord an Juden, Polen, Russen, über den Mord an den politischen Gegnern in den eigenen Reihen» (S. 40); (b) eine Entrealisierung der Vergangenheit (einschließlich einer Entrealisierung der früheren Bindung an das überhöhte Idol), die es auch erleichterte, sich abrupt, ohne große innere Konflikte, mit den Siegern zu identifizieren und «die Gefühle des Betroffenseins abzuwenden» (ebd.); und (c) eine enorme kollektive Nachkriegsanstrengung des Wiederaufbaus, worin sich den Mitscherlichs zufolge «das manische Ungeschehenmachen» manifestierte (ebd.).

Die Mitscherlichs betonen, daß die Abwehrmechanismen der Verleugnung, Verdrängung und Entrealisierung zu einer «großartigen Ich-Verarmung» (S. 79) und, zusammen mit der «manischen» Wiederaufbauwut, zu einem «psychischen Immobilismus» (ebd.) führten – das heißt zu Apathie und Gleichgültigkeit. Ein wichtiger Aspekt dieser Entrealisierung betrifft die Abruptheit des Identifikationswechsels und seine Folgen: In dem Maße, wie Adolf Hitler und die Ich-Investitionen in ihn entrealisiert wurden, mußte das deutsche Volk sich als betrogen und als Opfer böser Mächte sehen (S. 60). Diese Selbstidentifikation als Opfer ist Teil des Abwehrmechanismus und blockiert zusätzlich jeden Zugang zu einer echten Einfühlung in das Leiden, das man seinen Mitmenschen, dem anderen als Subjekt, nicht als Objekt, zugefügt hat.

Da Freuds Interesse dem Individuum galt, muß man auch fragen, ob solche verallgemeinerten Aussagen gerechtfertigt sind, d. h. man muß das Verhältnis zwischen dem Individuum und seinem gesellschaftlichen Kontext untersuchen, wozu schließlich auch die Problematik von individueller und kollektiver Schuld beziehungsweise Verantwortung gehört. In der vorliegenden Studie schließe ich mich

weitgehend Dominick LaCapra an, der sich mit dem wahrgenomme-
nen «polaren Gegensatz zwischen Individuum und Gesellschaft»
auseinandergesetzt hat und zu bedenken gibt: «Was dem Individuum
begegnet, ist vielleicht nicht rein individuell, da es mit größeren
gesellschaftlichen, politischen und kulturellen Prozessen verbunden
sein kann, die oft nicht wahrgenommen werden.»[29] Er verweist auf
die Notwendigkeit öffentlicher Foren und das Bedürfnis nach «geeigneten öffentlichen Ritualen, die dem Menschen helfen könnten, mit
seiner Melancholie fertig zu werden und eine möglicherweise rege-
nerative Trauerarbeit zu leisten» (S. 213). Und wirklich sind in wach-
sender Zahl «öffentliche Rituale» inszeniert worden (besonders zum
vierzigsten beziehungsweise fünfzigsten Jahrestag von bedeutsamen
Ereignissen der nationalsozialistischen Herrschaft, etwa der «Reichskristallnacht», der Befreiung des Konzentrationslagers Auschwitz,
dem Ende des Zweiten Weltkriegs); aber vielleicht mit Ausnahme
des Besuchs von Bundeskanzler Willy Brandt im Warschauer Ghetto
hat keines dieser «öffentlichen Rituale» eine die ganze Persönlichkeit ergreifende und somit zu echtem Ausdruck von Trauer führende
emotionale Wirkung gehabt. Man kann sogar behaupten, daß die
Deutschen trotz des immer größer werdenden verfügbaren Wissens
über den Holocaust individuell und kollektiv bisher nicht fähig waren, die begangenen Verbrechen durchzuarbeiten und zu betrauern.
Wenn öffentliche Rituale nicht mit wirklichem Trauern einhergehen, werden sie das Gewissen des Individuums ohne Selbstkritik
beschwichtigen und jede Einsicht in die Notwendigkeit eines wie
immer vermittelten Handelns verhindern.[30]

Ein anderer Punkt, den es zu beachten gilt und der für die vorliegende Untersuchung von Bedeutung ist, ist der Wechsel der Generationen. Die Mitscherlichs veröffentlichten ihr Buch 1967 und konnten somit ihre Schlußfolgerung aus dem Abstand von mehr als zwanzig Jahren nach dem Ende der nationalsozialistischen Herrschaft
formulieren. Seit ihrer Publikation sind weitere drei Jahrzehnte vergangen, und die Generation derer, die die nationalsozialistische
Herrschaft miterlebt haben, stirbt rasch aus. Die Mitscherlichs
konnten noch eindeutig die Generation der Täter als diejenige identifizierte, die sich durch die «Unfähigkeit zu trauern» auszeichnete.
In den folgenden Jahren ist jedoch deutlich geworden, daß auch die
späteren Generationen mit dem Vermächtnis ihrer Vorfahren belastet und möglicherweise ebenfalls unfähig sind, die für echtes Trauern erforderliche affektive Dimension einzubringen – nicht Reue für
Taten, die sie nicht begangen haben, nicht Trauer um einen Hitler,

der für sie bestenfalls eine Gestalt der Geschichte ist, sondern eben Trauer um die Generation der Eltern und die von ihnen begangenen Taten und Trauer um die Opfer.

Im weiteren Verlauf dieser Untersuchung werde ich die Belastungen erörtern, mit denen die Nachfolgegenerationen bei dem Versuch zu kämpfen hatten, sich dem Vermächtnis ihrer Eltern zu stellen. Im Rahmen dieser Einleitung mag es genügen, auf die Schlußfolgerung zu verweisen, zu der Eric Santner gelangt ist, wenn er konstatiert: «Die zweite Generation erbte nicht nur die unbetrauerten Traumata ihrer Eltern, sondern auch die seelischen Strukturen, die die Trauerarbeit der älteren Generation überhaupt erst verhindert haben.»[31] Aufgrund dieser Erkenntnis hat er nur düstere Zukunftsaussichten zu bieten, in die er sogar die dritte Generation mit einbezieht: «Um die mühselige Arbeit ihrer Selbstkonstituierung bewältigen zu können, stehen die zweite und die dritte Generation vor einem unauflösbaren Dilemma: Sie brauchen für diese Arbeit symbolische Ressourcen, wobei diese Ressourcen jedoch mit einer unkontrollierbaren Ambivalenz belastet sind, die genau jene Arbeit unmöglich machen» (S. 45).

Wie ich hoffe zeigen zu können, haben die Nachfolgegenerationen ungefähr alle anderthalb Jahrzehnte neue Strategien und neue Ansätze entwickelt, um eine eigene Identität zu gewinnen und mit dem Vermächtnis ihrer Eltern fertig zu werden. Aber «fertig werden» ist nicht gleichbedeutend mit «durcharbeiten» und läßt die Opfer und die Verbrechen so unbetrauert, wie sie es immer gewesen sind.

Der Zivilisationsbruch

Der Holocaust hat alle bisherigen Voraussetzungen über die Natur des Menschen und die Möglichkeit einer vollkommenen Gesellschaft zerschlagen und, mit den Worten des israelisch-deutschen Historikers Dan Diner, einen «Zivilisationsbruch» hervorgerufen.[32] Er öffnete in der Definition und Selbstwahrnehmung der Menschen einen Abgrund, der sich auch in Sprache und erzählerischen Strategien spiegelt. Nach Eric Santner wird der im Holocaust definierte Zivilisationsbruch in einer «Rhetorik der Trauer» nachgebildet, die an «Vorstellungen des Zerschlagens, Zerbrechens, Verstümmelns, Fragmentierens, an die Metaphorik von Riß, Wunde, Bruch, Lücke und Abgrund» appelliert (S. 7). Dies ist das Reich der Orientierungslosigkeit, der Gestaltlosigkeit, der Zusammenhanglosigkeit, der Ortlosigkeit, der Geschichtslosigkeit und Bindungslosigkeit – ein Reich, das die Kunst nach dem Holocaust zu bewohnen versucht. In seiner Darstellung dieses Reichs stützt sich Santner außerdem auf dekonstruktivistische Konzepte wie Dezentriertheit, Instabilität und Nomadismus und auf die Notwendigkeit, Differenz, Heterogenität und Nichtbewältigung zu tolerieren. Barbara Johnson stiftet einen noch engeren Zusammenhang zwischen Dekonstruktion und Holocaust, wenn sie feststellt: «Es könnte sein, daß [Dekonstruktion] aus dem Versuch entstanden ist, den Holocaust als einen radikalen Bruch zu begreifen, der das Produkt einer konsequenten Ausweitung des abendländischen Denkens war.»[33]

Die Argumentation, die diesem Verständnis der Postmoderne als Post-Holocaust (und der Feststellung Barbara Johnsons) zugrunde liegt, desavouiert den Fortschrittsglauben der Aufklärung. Der Holocaust zerstörte die «große Erzählung» von der «Befreiung der Menschheit»[34] und die Vorstellung von einer «Erlösung des modernen Lebens durch Kultur»,[35] das heißt die Idee von der Vervollkommenbarkeit der Menschheit. Zygmunt Bauman geht mit dieser Argumentation noch ein paar Schritte weiter, wenn er betont: «[E]s ist die westliche Zivilisation überhaupt, die uns seit dem Holocaust fremd geworden ist (...).»[36]

Die in den folgenden Kapiteln vorgestellten Analysen werden denn auch in manchen Fällen eine Literatur der Brüche, der Entstellungen, Verkehrungen und Verschiebungen zeigen. Andere Beispiele wiederum lassen auf die Sehnsucht nach und Tendenz zur Kontinuität schließen. Dieser Wunsch nach Kontinuität kann als Versuch angesehen werden, den radikalen Bruch zu leugnen, den der Holocaust darstellt. Der Wunsch nach Anknüpfung an eine historische Vergangenheit, in der der Holocaust eine entsetzliche Anomalie wäre, negiert seine vernichtende Auswirkung zugunsten des Traums von einer totalisierenden und «normalisierenden» Weltsicht.

Die folgenden Kapitel geben Aufschluß darüber, wie westdeutsche Autoren in über vier Jahrzehnten mit einer Vielzahl von Strategien versucht haben, diesen Problemen gerecht zu werden. Ich schildere ihre Bemühungen, ihre Fehlschläge, ihre blinden Flecken, ihre bewußten Agenden und ihre unbewußten Sehnsüchte und zeige, wie die Arten des Schweigens, die den Holocaust umgeben, die Sprache der Ambiguität, der Unentschiedenheit, der Instabilität und der Abwesenheit sprechen – aber gleichwohl eine Sprache sprechen.

Zum Aufbau des Buches

Die Abfolge der Kapitel orientiert sich weitgehend an der Chronologie. Diese Anordnung zeigt, wie das Schweigen im Laufe der Jahrzehnte seine Natur verändert hat und mit Kenntnissen und Diskursen über den Holocaust durchaus vereinbar ist. Heinrich Böll (1. Kapitel) gehört zu jener Generation, die im ersten Nachkriegsjahrzehnt versuchte, in der «Trümmerliteratur» ihre literarische Stimme zu finden, während sie darum rang, sich von einer Sprache zu befreien, die von der nationalsozialistischen Ideologie verseucht und durch Klischees verarmt war. Wolfgang Koeppen, der zur selben Zeit wie Böll schrieb, aber sein literarisches Debüt schon in den letzten Jahren der Weimarer Republik gegeben hatte, bewahrte sich eine nicht nationalsozialistisch entstellte Sprache und war frei genug, diese Sprache, ihre Tabus und das mit ihr einhergehende Denken zu attackieren, freilich nur mit minimalem Erfolg.

Etwa ein Jahrzehnt später (2. Kapitel) lieferten der Prozeß gegen Adolf Eichmann in Jerusalem 1961 und die Frankfurter Auschwitz-Prozesse von 1963 bis 1965 eine offizielle, «objektive» Sprache für das Reden über die Verbrechen des Holocaust. Diese «dokumentarische» Sprache wirkte sich auf alle literarischen Gattungen aus, wurde aber von den einzelnen Autoren unterschiedlich verarbeitet. Alexander Kluge untergrub die angebliche Objektivität von Dokumenten radikal, indem er zeigte, daß auch Dokumente Menschenwerk sind und damit den konkreten Interessen jener dienen, die sie erstellen. Kluge bedient sich einer Vielzahl literarischer Techniken, um den Leser ständig daran zu erinnern, daß man es noch beim «objektivsten» Dokument mit subjektiven Aussagen zu tun hat. Dagegen zeigt Günter Grass keine derartige Skepsis gegenüber objektiven Tatsachen und der Fähigkeit der Sprache, sie zu vermitteln. Er gebraucht Dokumente zu pädagogischen Zwecken, um die junge, nachwachsende Generation über den Holocaust aufzuklären und gleichzeitig die Problematik der deutschen Identität anzusprechen.

In den sechziger Jahren erreicht die erste deutsche Nachkriegsgeneration das Erwachsenenalter. Wie in den USA war es eine Generation, die sich in Protestbewegungen, in Märschen und Demonstrationen für diverse politische Zwecke engagierte. In den USA standen die Bürgerrechtsbewegung und die Demonstrationen gegen den Krieg in Vietnam im Brennpunkt des Protests. In der Bundesrepublik Deutschland war es der Generationenkonflikt, besonders das Verlan-

gen der jüngeren Generation, von ihren Eltern zu erfahren, was sie
in der Zeit der nationalsozialistischen Herrschaft getan hatten. Von
der persönlichen auf die politische Ebene verlagert, eskalierten diese
Proteste und Demonstrationen im Terrorismus. So beeindruckend
wie die Zahl der Teilnehmer bei Demonstrationen war die Anzahl
der Romane, die in den siebziger Jahren, nach dem Abebben der
politischen Aktivitäten, geschrieben wurden. Die Wirtschaftskrise
im Anschluß an den Ölschock von 1973 (und in den USA die Beendigung des Vietnamkrieges und der Watergate-Skandal) trug zusammen mit dem Erlahmen des militanten Eifers zur allgemeinen Stimmung der siebziger Jahre bei, die alles in allem eine Stimmung der
Bestandsaufnahme und Nabelschau war. (Auf der politischen Bühne
schlug diese Stimmung in ein neuartiges Umweltbewußtsein um
und wurde zum Ausgangspunkt einer neuen Partei, der Grünen.)
Weil so viele Romane der siebziger Jahre von demselben Interesse
(nämlich die Rolle der Eltern in der nationalsozialistischen Vergangenheit zu erforschen) motiviert sind und ähnlichen Mustern der
autobiographischen Erkundung folgen, ist es üblich geworden, sie
zur Gruppe der «Romane über Väter und Mütter» zusammenstellen
(3. Kapitel). Das Wissen um den Holocaust, gegründet auf die Publi-
zität der erwähnten Prozesse, ist in diesen Romanen eine Selbstverständlichkeit. Doch der Gebrauch, der von diesem Wissen gemacht
wird, verbannt den Holocaust einmal mehr ins Schweigen. Diesem
Wissen ist es nicht um die Opfer und ihre Leiden zu tun; es ist
lediglich eine Waffe im Kampf gegen die Eltern.

Wie Hanns-Josef Ortheil zeigt, kann das Interesse an der Rolle der
Eltern in der nationalsozialistischen Vergangenheit so weit gehen,
daß die Lebensläufe beider Eltern analysiert werden müssen (4. Kapitel). Während die Erforschung des Lebens der Mutter dem Protagonisten ein gewisses Verständnis für seine eigene, belastete Kindheit beschert, kann ihm nach dem Tod des Vaters nur die Reise in
das eigene Ich den Weg zum reifen Erwachsenenalter frei machen.
Der Holocaust wird hier als ein Ereignis gesehen, das entscheidend
– und stillschweigend – das Leben beider Eltern geprägt hat, die nun
ihren Sohn aufziehen, während sie selbst unter dieser Last leiden.
Ortheil spürt der Seelenkonstitution der nächsten Generation nach,
wie sie von den Eltern geprägt wurde, doch der Holocaust als «Zivilisationsbruch» bleibt jenseits seines Interesses.

Der 1913 geborene Hermann Lenz (5. Kapitel) ist einer der ältesten
Autoren, die in dieser Studie vorgestellt werden. In seinem Falle
erwuchs der Anstoß zum autobiographischen Erzählen aus dem Ver-

such, seine eigene Generation zu verstehen, jene Generation, gegen die die «Achtundsechziger» aufbegehrten. In einer gewaltigen Anstrengung widmet er sein ganzes Leben der Erforschung und Beobachtung eines einzigen Menschen (seiner selbst), der ein Außenseiter geblieben ist. Bis zu seinem Tod 1998 sind neun Bände seiner Lebensgeschichte erschienen. *Neue Zeit* (1975) berichtet von seinem Kriegsdienst an der Ostfront. Die von deutschen Soldaten im Zweiten Weltkrieg in Rußland und Polen begangenen Greueltaten sind erst in den letzten fünfzehn Jahren in den Vordergrund der wissenschaftlichen und öffentlichen Diskussion gerückt. So ist es von großem Interesse, herauszufinden, was der Protagonist wußte, was er miterlebte und wie er sich dazu verhielt. In diesem Roman sind die Wirkungsweisen des Gedächtnisses mit all seinen Lücken und die Aufzeichnungen der verschiedenen Arten des Schweigens sozusagen die Hauptakteure. Brüche, Lücken und Diskontinuitäten – das Instrumentarium der postmodernen beziehungsweise Post-Holocaust-Literatur – sind die besonderen Merkmale von Lenz' Erzählung. *Neue Zeit* demonstriert, wie der vernichtende Eindruck des Wissens auf Abstand gehalten wurde.

Der 1993 verstorbene Gert Hofmann (6. Kapitel) beteiligte sich nicht an der Mode autobiographischer Erzählliteratur. Sein ungemein eindrucksvolles Prosawerk entstand weitgehend in den letzten zehn Jahren seines Lebens, und viele der in diesen Jahren von ihm publizierten Romane und Novellen behandeln obsessiv immer wieder dasselbe Thema: die Ära des Nationalsozialismus. Mit den Mitteln der gebrochenen Perspektive, der Fragmentierung und des Schweigens zeigt er, welche Auswirkung das Vermächtnis der nationalsozialistischen Herrschaft auf die Nachkriegsgeneration hatte und wie diese Generation sich an den westdeutschen Nachkriegswohlstand anpaßte – oder nicht anpaßte –, der die Verbrechen der nationalsozialistischen Vergangenheit vergessen machen sollte. An seinen fragmentierten (und in einigen Fällen halb verrückten) Protagonisten zeigt Hofmann, welch furchtbaren Preis die Vergangenheit von der Gegenwart fordert, wenn diese Vergangenheit niemals offen betrauert oder verarbeitet, sondern verdrängt und in Schweigen gehüllt worden ist.

Von den achtziger Jahren an ist eine Typisierung nicht mehr so einfach möglich. Mit dem Holocaust befaßte Literatur entsteht nach wie vor in atemberaubendem Tempo, und die «Sprache des Schweigens» macht weitere Veränderungen durch. Im Mittelpunkt des 7. Kapitels stehen drei Romane mit jüdischen Protagonisten: ein

Roman aus dem Jahre 1967 von Alfred Andersch und zwei Romane aus der Mitte der achtziger Jahre von Peter Härtling beziehungsweise Gert Hofmann. Diese Romane reagieren aus ihrer jeweiligen Sicht auf die Vernichtung von Millionen von Menschen, indem sie den Versuch unternehmen, jüdischen Opfern ihre persönliche Identität zurückzugeben. Blinde Flecken und Unterlassungen verraten die Schwierigkeiten, die Andersch und Härtling damit hatten, sich das Leiden ihrer Protagonisten vorzustellen; nur Hofmann hat in *Veilchenfeld* die Demütigung und Vernichtung eines jüdischen Opfers so anschaulich geschildert, daß diesem Opfer seine persönliche Identität zurückgegeben und es ihm möglich wird, als Subjekt aus seiner eigenen Geschichte hervorzugehen. Alle drei Romane werfen die Frage auf, ob und in welchen Grenzen Nichtopfer jemals imaginativ eine einfühlende Identifizierung mit den Leiden der Juden leisten können – und ob ein besserer Ansatz zur Überwindung der Sprache des Schweigens und zum Betrauern der Opfer nicht von dem ausgehen würde, was Robert Schindel in seinem Roman *Gebürtig* angeregt hat: einer Entschuldigung, gefolgt von der Wiedergutmachung, die in der Einladung liegt: «Es tut uns leid. Kommen Sie zurück. Sie sind willkommen.»[37]

Die achtziger Jahre, das Jahrzehnt, das mit der Wiedervereinigung Deutschlands endete, war ein Jahrzehnt der literarischen, wissenschaftlichen und politischen Kontroversen, die sich in der einen oder anderen Weise alle um den Holocaust drehten. Die wichtigsten von ihnen untersucht das 8. Kapitel. Der verschiedenen Jahrestage von Ereignissen aus der NS-Zeit wurde in Feierstunden und Reden gedacht; häufig gaben sie Anlaß zu heftigem öffentlichen Streit, zum Beispiel 1985, als der amerikanische Präsident Ronald Reagan auf Einladung und in Begleitung des deutschen Bundeskanzlers Helmut Kohl den Soldatenfriedhof Bitburg besuchte, auf dem auch Soldaten der Waffen-SS begraben liegen. Auf der literarischen Szene entfesselte in demselben Jahr Rainer Werner Fassbinder Demonstrationen und Sit-ins, als sein antisemitisches Theaterstück *Der Müll, die Stadt und der Tod* uraufgeführt werden sollte. Ein Jahr später (1986) entzündete sich der «Historikerstreit» an der Frage, ob der Holocaust ein historisches Ereignis *sui generis* oder zum Beispiel mit dem Terror Stalins vergleichbar war. 1988 mußte Philipp Jenninger als Bundestagspräsident zurücktreten, nachdem er in einer Rede zum 50. Jahrestag der «Reichkristallnacht» den verunglückten Versuch unternommen hatte, die nationalsozialistische Sprache durch diese selbst zu entlarven. Auch in den Debatten rund um die deutsche

Wiedervereinigung im Jahre 1990 spielte der Holocaust eine bedeutsame Rolle. Günter Grass argumentierte mit Rücksicht auf Deutschlands Geschichte gegen die Wiedervereinigung: Nachdem ein vereintes Deutschland zwei Weltkriege angezettelt und unermeßliches Leid über die Menschen gebracht habe, sei ein geteiltes Deutschland eine bessere Garantie gegen künftige deutsche Aggressionsgelüste. Martin Walser hingegen war der Ansicht, daß die Bundesrepublik Deutschland in den vierzig Jahren ihres Bestehens ihre Lektion gelernt habe. Sie sei eine stabile Demokratie geworden und habe sich als zuverlässiger Verbündeter des Westens erwiesen; mit der Wiedervereinigung würde anerkannt, daß man aus der Geschichte lernen könne. Die politische Entwicklung ging über Grass' Bedenken hinweg; die Debatte der zwei Schriftsteller beleuchtete aber die fortdauernde Bedeutung des Holocaust für das deutsche Selbstverständnis.

Auch die nach der Wiedervereinigung entstandene Literatur bleibt mit dem Holocaust befaßt. Das 9. Kapitel erörtert die Bemühungen einiger Romanciers – Bemühungen, die es in der früheren westdeutschen Literatur nicht gegeben hatte –, einen Dialog zwischen Juden und Nichtjuden zu führen. Bernhard Schlink verwendet das Muster der Romane des Generationenkonflikts, um die nationalsozialistische Vergangenheit eines vom Protagonisten geliebten Menschen aufzudecken; doch seine Darstellung eines Holocaust-Überlebenden als Subjekt, nicht als Objekt bleibt immer noch knapp und dünn. Peter Schneider nutzt Berlin als den angemessensten Schauplatz persönlicher und politischer Trennungen und «Paarungen» (so der Titel seines Romans). Zur Paarung gehört die Freundschaft mit Juden, und sein Roman untersucht den brüchigen Boden, auf dem diese Beziehungen errichtet sind. W. G. Sebald sucht in *Die Ausgewanderten* nach gemeinsamen Elementen im Leben von Entwurzelten und Entfremdeten. Er beginnt um die Vernichtung der Juden in Deutschland zu trauern und gibt der Kultur und dem Leben der Vernichteten ihre Stimme zurück. Hier wird die Sprache des Schweigens gebrochen, und eine lange aufgeschobene Melancholie tritt hervor.

Kein abschließendes Kapitel kann dieses komplexe Thema zu einem wirklichen Abschluß bringen; meines wird auf eine Verschiebung des Diskurses in zwei neue Richtungen verweisen, eine innerhalb der Literatur und eine außerhalb. Es gibt heute in Deutschland eine Reihe von jungen deutschen Juden und Juden, die auf deutsch schreiben und ihrer Stimme Gehör verschaffen. Ihre Texte unterscheiden sich von der Literatur von Holocaust-Überlebenden dadurch, daß sie zur Nachfolgegeneration gehören und Themen ansprechen, die das Leben in Deutschland nach dem Holocaust betreffen. Ohne Sympathie für die deutsche «Unfähigkeit zu trauern» bestimmen sie selbst, wie sie wahrgenommen und akzeptiert werden wollen – nicht als Objekte, sondern als Subjekte ihrer eigenen Geschichte, mit einer eigenen Stimme. Wie Peter Schneiders Roman bezeugt, wird ihre Anwesenheit Auswirkungen auf die Romane von nichtjüdischen Autoren haben, die mit dem Versuch ringen, die immer neuen Metamorphosen der Sprache des Schweigens zu überwinden.

Gleichzeitig wird deutlich, daß die Literatur als eine Kunstform für den privaten Konsum nicht mehr das primäre Feld des Diskurses über den Holocaust ist. Seit dem Eichmann-Prozeß und den Auschwitz-Prozessen in den sechziger Jahren sind Bewußtsein und Bezeugung des Holocaust in Deutschland zunehmend öffentlich geworden. So geht die zweite Richtungsänderung zur öffentlichsten aller Kunstformen – der Architektur. Jüngst errichtete oder geplante Gedächtnisstätten, Mahnmale und Museen haben ein Maß an öffentlicher Kontroverse entfacht, das von der generellen Kenntnis des Holocaust, aber auch von der konfliktreichen und ungelösten Einstellung ihm gegenüber zeugt.

Der Holocaust bleibt ebensosehr Teil der deutschen Geschichte, wie er Teil der jüdischen Geschichte ist. Wie seiner gedacht werden soll, ist eine Frage, die nach wie vor im Vordergrund der Diskussionen stehen wird. In der Öffentlichkeit könnte das Gedenken institutionalisiert werden – oder ist es schon –, was die Deutschen als Gruppe von der Erinnerungsarbeit entlastet. Doch einzelne, und unter ihnen die Künstler als Seismographen für das Gewissen eines Volkes, ringen nach wie vor mit dem Holocaust und beginnen, wie das Beispiel Sebald beweist, tatsächlich damit, Vernichtung und Verlust zu betrauern.

I.
Das erste Nachkriegsjahrzehnt

Heinrich Böll und Wolfgang Koeppen

Reden ist Silber, Schweigen ist Gold.

Deutsches Sprichwort

Das Ende des Zweiten Weltkriegs und die ersten öffentlichen Bekenntnisse zu den unter nationalsozialistischer Herrschaft begangenen Greueltaten verlangten nach Stimmen, die dem Grauen Ausdruck gaben. Schon 1946 stellte der deutsche Philosoph Karl Jaspers für Deutschland «die Schuldfrage»,[1] und Eugen Kogon veröffentlichte sein Buch *Der SS-Staat. Das System der deutschen Konzentrationslager*, das auf seinen Erfahrungen als Häftling im KZ Buchenwald beruhte.[2] Aber während noch die Nürnberger Kriegsverbrecherprozesse im Gange waren und die Greueltaten der nationalsozialistischen Herrschaft aufgedeckt wurden, gewannen Verleugnung und Rationalisierungen die Oberhand. Verstärkt wurden diese Einstellungen noch dadurch, daß die meisten Deutschen ganz in ihrem eigenen Nachkriegselend aufgingen: der enormen Zerstörung der Städte, dem Zustrom von Millionen von Heimatvertriebenen und ‹displaced persons›, der Lebensmittelknappheit und den allgemein chaotischen Zuständen im Lande. Für die meisten Deutschen gab es nur drei Fragen: Wo bekomme ich etwas zu essen her? Wo finde ich ein Dach über dem Kopf? Wo sind meine Angehörigen? Der beginnende Kalte Krieg und die Farce der Entnazifizierungsverfahren – von Jean-Paul Bier zutreffend als «raffiniertes System von Fälschungen, frisierten Biographien und gegenseitigen Gefälligkeitsbescheinigungen» bezeichnet – taten ein übriges, um diese Haltung zu verfestigen.[3] Die «versäumte Abrechnung mit der Vergangenheit»[4] erlaubte es den Deutschen, an eine Partnerschaft mit den westlichen Verbündeten zu glauben, da der Westen die Besiegten von gestern benötigte, um seine Schlachtreihen für den Kalten Krieg aufzustellen, und erzeugte eine Unschuldsvermutung, da nur wenige Kriegsverbrecher streng bestraft wurden.

Die Literatur der unmittelbaren Nachkriegszeit, noch ganz der nationalsozialistischen Doktrin vom Streben nach «höheren Idealen» verhaftet, wurde beherrscht von «vage[n] Schuldgefühle[n], [der] Berufung auf die Ideale des Eigentlichen und Höheren, das je eigene Elend und das Gefühl, noch einmal davongekommen zu sein».[5] In den ersten Nachkriegsmonaten löste Thomas Mann eine hitzige Kontroverse aus, als er aus dem Exil in den USA erklärte, «daß ‹es nicht eine kleine Zahl von Verbrechern war›, die für das Geschehene verantwortlich war, sondern ‹Hunderttausende einer sogenannten Elite›, die sich wahnsinnigen Ideen unterwarf und Verbrechen aus ‹kranker Lust› beging». Er ermahnte das deutsche Volk, «zur geistigen Tradition zurückzukehren und anstatt die Macht zu bewundern, ‹einen menschlichen Beitrag zum freien Geist› zu leisten».[6] Autoren wie Frank Thiess, die nicht ins Exil gegangen waren, wandten sich vehement gegen die Ermahnungen Thomas Manns. Thiess behauptete: «Deutsche, die in die innere Emigration gegangen waren, hatten in Nazi-Deutschland viel wichtigere Erfahrungen gesammelt als jene, die von den ‹Logenplätzen im Ausland› zugesehen hatten.»[7] (Daß Thiess die Geschehnisse im nationalsozialistischen Deutschland als ein «Sammeln von Erfahrungen» bezeichnen konnte, das «viel wichtiger» gewesen sei als das, was den Menschen im Exil widerfahren war, ist selbst ein schockierendes Beispiel für die Stumpfheit und Verstocktheit jener, die ihre Passivität gegenüber den Nationalsozialisten als «innere Emigration» ausgaben.) Die Behauptung einer «inneren Emigration» erwies sich bei näherem Hinsehen ohnehin als hohl. Mit ganz wenigen Ausnahmen (wie zum Beispiel Ernst Wiechert) hatte die «innere Emigration» keinerlei Dokumente über die von ihr «gesammelten Erfahrungen» und keine Dissidentenliteratur hervorgebracht, die sie während der Herrschaft der Nationalsozialisten hätte in der Schublade verstecken müssen. Autoren aber, die unter den Nationalsozialisten publiziert hatten, wie etwa Ernst Jünger, Werner Bergengruen, Gertrud von le Fort und Frank Thiess, konnten in der Nachkriegszeit weiter schreiben und publizieren. Autoren, die aus politischen Gründen ins Exil gegangen waren (wie zum Beispiel die Kommunisten Bertolt Brecht und Anna Seghers), kehrten in die Sowjetische Besatzungszone zurück, Thomas Mann ließ sich schließlich in einem deutschsprachigen Land, der Schweiz, nieder; nur wenige der ins Exil gegangenen Autoren wollten wieder in den westlichen Besatzungszonen leben. Man lud sie nicht ein zurückzukommen, was selbst schon ein Zeichen fortdauernder Abwehr war.

Das war die Lage für die Generation von Schriftstellern, die schon vor der Zäsur durch die nationalsozialistische Herrschaft Fuß gefaßt hatte. Nach 1945 gab es nunmehr eine jüngere Generation, die ihr literarisches Debüt geben und ihre Erfahrungen artikulieren wollte. Während die deutschen Städte in Schutt und Asche lagen, suchte die «Trümmerliteratur» nach Mitteln und Wegen, um das Leiden der deutschen Bevölkerung während und nach dem Krieg zu beschreiben. Die deutsche Sprache war durch den Nationalsozialismus zutiefst kompromittiert, und die Sprache des Exils ging auf die Weimarer Republik und den Expressionismus zurück. Die junge Generation kannte nur wenige Lyriker (wie Rainer Maria Rilke oder Gottfried Benn), die ihr etwas zu sagen hatten und die sie ihres Interesses für würdig befanden. So machte man den Versuch, von vorne anzufangen, eine «Stunde Null» zu proklamieren, bei der man beginnen wollte. Auf der Suche nach einer neuen Sprache experimentierten die jungen Autoren der «Trümmerliteratur» – oft Kriegsteilnehmer wie Wolfgang Borchert oder Heinrich Böll – mit einem knappen, umgangssprachlichen Stil nach Art der jüngst zugänglich gewordenen amerikanischen Schriftsteller wie Hemingway oder Faulkner. Wie Peter Demetz hervorgehoben hat, waren einige dieser Autoren Kriegsgefangene in den USA gewesen, wo sie mit amerikanischer Literatur und mit «sozialwissenschaftlichen Kursen zur Ausbildung der künftigen Administratoren eines befreiten Deutschlands» bekannt gemacht wurden. Zu diesen Autoren zählten Alfred Andersch und Hans Werner Richter, die die Zeitschrift *Der Ruf* gründeten, laut Demetz «die intelligenteste und liberalste deutsche Lagerzeitung in Amerika».[8] Nach der Heimkehr der Kriegsgefangenen erschien *Der Ruf* weiter in der amerikanischen Besatzungszone, wo er «aktuelle Streitfragen, unter anderem die Idee der Kollektivschuld und das amerikanische Mißtrauen gegenüber der neuen politischen Spontaneität der Deutschen» auf scharfsinnige und intelligente Weise zur Diskussion stellte. Nach einem Jahr wurde jedoch die abgelaufene Lizenz der Zeitschrift von der amerikanischen Militärregierung nicht erneuert. Vermutlich erging das Verbot auf Betreiben der sowjetischen Behörden, «die sich von Hans Werner Richters offenem Brief vom 15. Februar 1947 an den französischen Stalinisten Marcel Cachin provoziert fühlten». Die Beiträger der Zeitschrift setzten ihre Diskussionen fort und gründeten daraufhin im Herbst 1947 bei einem Treffen im bayerischen Alpenvorland eine Vereinigung, die als «Gruppe 47» in die Literaturgeschichte eingegangen ist.[9] Doch vollzog sich in der Stimmung und Perspektive der Gruppe 47 ein Wandel, nicht zuletzt aufgrund ihrer zunehmenden Überzeugung, daß politische Aussagen und politisches Engagement keinen Erfolg versprachen. Im Gegensatz zur Trümmerliteratur der jungen Autoren verfaßten Vertreter der älteren Generation wie Elisabeth Langgässer und Hermann Kasack halb mystische Erkundungsreisen, die stark von den französischen Existentialisten, namentlich Sartre und Camus, beeinflußt waren.

Mit der Unterzeichnung des Marshall-Plans im April 1948 und der Währungsreform im Juni desselben Jahres kam der Wirtschaftsaufschwung in Gang, was aber seinen Preis hatte: Er verschärfte die Differenzen zwischen den westlichen Alliierten und der Sowjetunion. Ende Juni sperrten die Sowjets den Zugang nach Berlin, und es begann die Luftbrücke. Binnen eines Jahres schlossen sich die westlichen Besatzungszonen zusammen; mit der Verabschiedung des Grundgesetzes im Mai 1949 entstand die Bundesrepublik Deutschland, und im Oktober 1949 wurde die Deutsche Demokratische Republik gegründet. Für die nächsten vierzig Jahre gingen die zwei Deutschlands getrennte Wege.

Als durch zielstrebige Wiederaufbauanstrengungen die Trümmer verschwanden, gewann das später so genannte «Wirtschaftswunder» Gestalt, und die Trümmerliteratur versiegte. Anstatt der Frage nachzugehen, wodurch die nationalsozialistische Herrschaft so mächtig geworden war und wie ihre Verbrechen und Greueltaten hatten geschehen können, steckten die Deutschen ihre ganze Energie in den wirtschaftlichen Wiederaufbau. Niemand stellte Fragen nach den Ursachen der Konsolidierung von Hitlers Macht oder nach den Gründen des Krieges, nach der Rolle des einzelnen deutschen Staatsbürgers in jenen Jahren, nach den Konzentrationslagern oder nach dem Schicksal der Millionen von Verschwundenen. Das Grundgesetz erkannte die nationalsozialistischen Greueltaten implizit in seinem Artikel 18 an, da er den Entzug der Staatsbürgerschaft verbot, sofern er zur Staatenlosigkeit führte, und die westdeutschen Grenzen für politisch verfolgte Asylsuchende öffnete. Da jedoch Westdeutschland mit seiner grauenvollen nationalsozialistischen Vergangenheit nicht als Land der Sehnsucht von Asylsuchenden galt, hatte dieser Grundgesetzartikel zum damaligen Zeitpunkt wenig praktische Bedeutung und drang nicht nachhaltig ins öffentliche Bewußtsein ein. Gleichzeitig war ein lebhaftes wirtschaftliches Interesse, gepaart mit politischer Untätigkeit, in Deutschland nichts Neues; so war es schon im 19. Jahrhundert gehalten worden.

In den Nachkriegsjahren diente die Scheuklappenmentalität einer fieberhaften Wirtschaftstätigkeit dazu, dem Blick in die unmittelbare Vergangenheit auszuweichen.

Das Wissen um die nationalsozialistische Vergangenheit wurde in Verleugnung und Verdrängung kanalisiert; diese Taktik machte alle Hoffnungen auf eine «Stunde Null» mit ihrer Verheißung eines Neuanfangs zunichte. Rückblickend wurde diese «Stunde Null» als eine «absurde Hoffnung» erkannt. Der Literaturkritiker Heinrich Vormweg sieht in ihr die «Stunde äußersten physischen wie ideologischen Elends, die Stunde der Unfähigkeit zu kritischem Denken, die Stunde der Anfälligkeit für die geringsten Tröstungen. Es konnte sich in ihr weder eine neue Gesellschaft noch eine neue Literatur konstituieren.»[10] Daher kann die «Kulturindustrie», die sich bald nach der Währungsreform zu etablieren begann (und die bald erkannte, daß ihre Hoffnungen auf einen Neubeginn grundlos waren), «in der Tat als Rückzug der Intellektuellen aus dem Gebiet der Politik in den schönen Bereich des ästhetischen Scheins» gedeutet werden, wie Walter Hinderer hervorgehoben hat.[11]

Die Literatur der frühen Nachkriegszeit, ob als Trümmerliteratur oder auf ihrer halb mystischen Erkundungsreise, richtete ihr Hauptaugenmerk nicht auf die nationalsozialistischen Greueltaten, sondern auf Mühe und Not der deutschen Bevölkerung in Krieg und Nachkriegszeit. Obwohl dies einerseits verständlich war, bedeutete es andererseits ein «verschweigendes» Schweigen. In seiner Einführung zu einer Auswahl von Texten der Gruppe 47 bemerkt Fritz J. Raddatz: «In dem ganzen Band kommen die Worte Hitler, KZ, Atombombe, SS, Nazi, Sibirien nicht vor – kommen diese Themen nicht vor.»[12] (Interessanterweise unterschlägt Raddatz selbst in seiner Liste der fehlenden Wörter das am meisten belastete und tabuisierte Wort – das Wort «Jude».) Dieses Schweigen war durchgängig; es speiste sich aus unausgesprochenen gemeinsamen Denkweisen, stiftete unbewußte Bande der Komplizenschaft und stützte die Kommunikation auf Codewörter. Natürlich gab es auch literarische Werke, in denen jüdische Charaktere vorkamen, aber meistens waren dies idealisierte, unrealistische Stereotype – Ausgeburten eines kompensatorischen Philosemitismus.[13] Der israelische Historiker Frank Stern sagt über diesen frühen Nachkriegs-Philosemitismus: «Eine der Grundbedingungen philosemitischer Wirksamkeit war die öffentliche Tabuierung des Antisemitismus zunächst durch die ersten Maßnahmen der siegreichen Militärstreitkräfte.»[14] Sowohl Heinrich Böll als auch Wolfgang Koeppen führen in ihren Werken jüdische Charaktere ein, exemplifizieren jedoch zwei ganz unterschiedliche Perspektiven beim Ringen mit dem Schweigen.

Heinrich Böll

Heinrich Böll (1917–1985) veröffentlichte seine ersten Prosastücke 1947 und festigte im Verlauf eines fruchtbaren und moralisch engagierten Schriftstellerlebens seinen Ruf als einer der meistgelesenen und international geschätztesten deutschen Autoren. 1972 erhielt er den Nobelpreis für Literatur. In seinem Frühwerk praktizierte er «Trümmerliteratur», angetrieben von dem moralischen Imperativ, für die Zukurzgekommenen, die «kleinen Leute» zu sprechen. Seine Sprache ist karg und voller umgangssprachlicher Wendungen, aber er verzichtet darauf, neue Ausdrucksweisen zu erproben, und seine Darstellungen folgen traditionellen Mustern, nicht ohne mitunter das Klischeehafte zu streifen. Das zeigt sich besonders an seiner Vorliebe für Epiphanien als Erzählschlüsse, wobei der Wunsch nach Geschlossenheit eine noch nicht durch die Erfahrung des Holocaust geprägte Sensibilität verrät. Einen klischeegesättigten Traditionalismus hat man auch in seiner «rührenden Bildungsgläubigkeit» gesehen; und «[e]ine ätherisierende Liebesauffassung, eine ‹Liebe ohne Begehren›, erscheint als abstrakter Schutz vor Lebensschmerzen.»[15]

In der Erzählung *Über die Brücke* (1950) kehrt der Icherzähler, ein Kriegsteilnehmer, in einem Zug heim, der eine Brücke überqueren muß. Die Brücke fungiert als Symbol für Deutschland selbst. Sie war «einst stark und breit» gewesen, «eisern wie die Brust Bismarcks auf zahlreichen Denkmälern, unerschütterlich wie die Dienstvorschriften; es war eine breite, viergleisige Brücke über den Rhein, auf viele schwere Strompfeiler gestützt (…)»[16] Jetzt, zehn Jahre später, kehrt der Icherzähler in einem Güterwagen über die Brücke zurück, doch als sich der Zug dem Fluß nähert, «geschah etwas Seltsames»:

Ein Waggon vor uns verstummte nach dem anderen; es war ganz merkwürdig, so als sei der ganze Zug von fünfzehn oder zwanzig Waggons wie eine Reihe von Lichtern, von denen nun eins nach dem andern erlosch. Und wir hörten ein scheußliches, hohles Rattern, ein ganz windiges Rattern; und plötzlich war es, als werde mit kleinen Hämmern unter den Boden unseres Waggons geklopft, und auch wir verstummten und sahen es: nichts, nichts … nichts; links und rechts von uns war nichts, eine gräßliche Leere … ferne sah man die Uferwiesen des Rheines … Schiffe … Wasser, aber der Blick wagte sich gleichsam nicht zu weit hinaus: Der Blick sogar schwindelte. Nichts, einfach nichts! (…) Die Brücke war ebenso breit wie der Schienenstrang, ja der Schienenstrang selbst war die Brücke, und der Rand des Wagens ragte noch über die Brücke hinaus ins Nichts, und die Brücke wankte, als wolle sie uns abwippen ins Nichts. (S. 93 f.)

Die Festigkeit der Brücke in der Vorkriegs-Vergangenheit wird mit ihrem desolaten Zustand in der Nachkriegs-Gegenwart kontrastiert. Aber wenn die Gegenwart auch als riskante Überquerung eines Abgrunds symbolisiert wird, suggerieren die festen «Uferwiesen des Rheines» doch eine stabile Vergangenheit und verheißen eine stabile Zukunft. Die in Trümmern liegende Gegenwart wird wieder in etwas Stabiles führen. Es gibt einen Schein von Hoffnung, das tröstliche Gefühl, daß die schweren Zeiten einmal überwunden sein werden, sobald die neuen Ufer erreicht sind.

Aber wie sich zeigen wird, sind die neuen Ufer nicht so neu. Der Heimkehrer erinnert sich, daß ihn vor dem Krieg beim Überqueren der Brücke immer ein Haus am anderen Ufer gefesselt hatte, ein Haus, dessen Fenster von einer Frau und ihrer Tochter nach einem festen Plan geputzt wurden, systematisch und mit ingrimmiger Verbissenheit. Die Besessenheit der zwei Fensterputzerinnen hatte sich förmlich auf den jungen Mann übertragen, und schließlich hatte ihn der geheimnisvolle «Putzplan» so fasziniert, daß er eigens einen Tag Urlaub genommen hatte, um ihn zu ergründen. Während er jetzt den Abgrund von zehn Jahren und totaler Zerstörung überquert, fallen ihm wieder die zwei Frauen und ihr Haus ein. Als der Zug näherkommt, ist wieder eine Frau – diesmal die Tochter – zu sehen, die schon wieder, oder immer noch, mit dem Reinigen ihres Hauses beschäftigt ist, das dem Erzähler «stumm und verschlossen» erscheint, «fast ungastlich, dieses Haus, obwohl es sauber war. Es war ein sauberes und doch unfreundliches Haus» (S. 91). In diesen zwei Frauen klagt der Autor die ganze deutsche Gesellschaft an, insofern die beiden wie bisher ihre Arbeit zwanghaft verrichten, Ordnung und Sauberkeit über jede Wärme und Freundlichkeit stellen und so tun, als sei in den vergangenen zehn Jahren nichts geschehen.

Trotzdem ist der Erzähler kein unbeteiligter Beobachter, für den nichts auf dem Spiel steht. Mit dem ersten Satz gibt er zu erkennen, daß das, was er zu erzählen hat, eigentlich keine Geschichte ist und vielleicht nicht einmal einen Inhalt hat und daß er sie dennoch erzählen «muß». Warum – so fragt er sich – «muß» er sie erzählen, wenn sie doch keinen Inhalt hat? Warum fühlt er sich beim Wiedererkennen des Hauses so überwältigt? «Eine namenlose Erregung ergriff mich; alles, alles, was damals vor zehn Jahren gewesen war, und alles, was dazwischen gewesen war, tobte wie ein wildes, reißendes Durchein-

ander in mir.» Was war es an diesem besonderen Haus, das ihn in
diesen Zustand versetzte? Der Nachdruck im ersten Teil des Satzes
(daß er «es» erzählen muß) formuliert eine Dringlichkeit, die der
Harmlosigkeit dessen, was er zu erzählen beabsichtigt, nicht angemessen zu sein scheint und die nur durch das Eingeständnis eines
«wilden, reißenden Durcheinanders» erklärt – oder nicht erklärt –
wird. Die Spannung zwischen dieser Dringlichkeit, dem «wilden,
reißenden Durcheinander», und der beschriebenen Harmlosigkeit der
Szene veranlaßt uns als Leser, selbst in die Erzählung einzusteigen
und die Antworten zu geben, die der Erzähler nicht liefern kann.

Der Erzähler ist im Konflikt zwischen Kontinuität und Bruch gefangen und findet einen Kompromiß in der Metapher des Übergangs.
Er unterstellt, daß die Unterbrechung nur eine zeitweilige ist. Er
zeigt zwar die Kontinuität in den Gewohnheiten der jungen Frau (das
heißt: der nächsten Generation) – Gewohnheiten, die Bruch und Vernichtung erfolgreich ignorieren oder besser gesagt zudecken; aber er
unterscheidet auch genau zwischen «damals vor zehn Jahren» und
«jetzt» und insistiert damit auf dem Bruch. Das Haus als Metapher
der «ungastlichen» Kontinuität steht im Gegensatz zu der beunru-
higenden Metapher der Brücke, die sich über den Abgrund zwischen
«damals vor zehn Jahren» und «jetzt» spannt. So abweisend und
unfreundlich das Haus auch sein mag, es erscheint doch als ein
Punkt der Orientierung und Stabilität nach der angstvollen Fahrt
über den gähnenden Abgrund. Doch wenn der Erzähler von dem
«wilden, reißenden Durcheinander» in sich selbst spricht, «jetzt», da
er an «damals vor zehn Jahren (...) und alles, was dazwischen gewesen war», zurückdenkt, gilt sein Augenmerk nicht der Kontinuität
von Vergangenheit und Gegenwart, sondern dem Geschehen von damals, das heute die Gefühle des Aufruhrs in ihm verursacht. Veran-
kert an den zwei Ufern des «damals vor zehn Jahren» und «jetzt»,
springt er über dem Abgrund dieser zehn Jahre hin und her. Diese
Jahre dazwischen verschlingt ein Schweigen, doch was damals geschah, ist Ursache für den Aufruhr jetzt.

«Damals vor zehn Jahren» hatte der Erzähler die Brücke regelmä-
ßig und oft zu überqueren, weil er als Bote für den Reichsjagdgebrauchshundverband tätig war und Schriftstücke zwischen den
Dienststellen des Verbandes hin- und herbringen mußte. Das Wort
«Reichsjagdgebrauchshundverband» ist natürlich eine ironische Anspielung auf das geschraubte Bürokratendeutsch der Nationalsozialisten, aber die einzelnen Bestandteile dieser Wortzusammensetzung
sind sprechend. «Reich» meint selbstverständlich das Dritte Reich

und seine Bürokratie, deren viele Stellen und Ämter häufig dieses Präfix trugen (zum Beispiel «Reichstag», «Reichskanzlei», «Reichsministerium» usw.); «Jagd» beschwört unheilvolle Wortzusammensetzungen wie etwa «Menschenjagd» herauf. Der «Jagdgebrauchshund» ist ein Hund, der zur Jagd gebraucht wird. Alles in allem schwingen im «Reichsjagdgebrauchshundverband» ungute Untertöne mit. Das Wort macht schon durch seine Länge auf sich aufmerksam, und wir als Leser müssen uns fragen, was für Hunde das waren und was (oder wer) mit ihnen gejagt wurde. Bedeutung und Unheimlichkeit des Verbandes und seiner Aktivitäten werden noch dadurch unterstrichen, daß seine Schriftstücke durch einen Kurier transportiert werden mußten und nicht der Post anvertraut wurden.

Was für Schriftstücke hat der Erzähler befördert? Wie er in seinem Zustand des «wilden, reißenden Durcheinanders» erläutert, handelte es sich um «dringende Korrespondenz, Gelder und ‹schwebende Fälle›». Diese schwebenden Fälle befanden sich in einer großen gelben Mappe. In einer Randbemerkung, die nur dazu dient, seine Angst zu verraten, versichert der Erzähler, daß er «natürlich» von Hunden nichts verstand, da er «ein ungebildeter Mensch» war. Was wie Bescheidenheit aussieht (der Erzähler sieht sich als ungebildeter «Aktenschlepper»), ist eigentlich eine scheinbar überflüssige Entschuldigung: Es gibt keinen Grund, warum man von ihm irgendwelche Kenntnisse über Hunde hätte erwarten sollen. Warum betont er also seine Unwissenheit? Zudem gründet die Entschuldigung in einem Trugschluß: Es besteht kein logischer Zusammenhang zwischen Hundekenntnis oder -unkenntnis und Bildung oder Unbildung – es sei denn, es habe sich um Jagdhunde gehandelt, die «gebildete», ausgebildete Hundeführer erforderten. Das Leugnen des Erzählers verwischt die Kernfrage: Er war zwar «ungebildet» genug, um nichts von Hunden zu «verstehen», aber er verstand genug, um nicht mehr verstehen zu *wollen* und sein Nichtverstehen vorzuziehen. Ohne daß Konkretes erwähnt würde, wird eine Aura des Verdächtigen erzeugt. Die Selbstbeschreibung als «ungebildet» scheint auch eine Frage zu beantworten, die gar nicht gestellt worden war, die aber für den Erzähler wohl wichtig genug war, um nach Antwort zu verlangen, nämlich: Was war in der gelben Mappe? Hier liest sich die angebliche Unbedeutendheit des Erzählers wie eine Entlastung: «Niemals erfuhr ich, was in der Mappe drin war, ich war ja nur Bote ...» (S. 90)

«Niemals erfuhr ich, was in der Mappe drin war» ist eine raffinierte Form des Passivs: Sie läßt den Erzähler als passiv und ohnmächtig gegenüber der ausführenden Bürokratie erscheinen. Tatsächlich versteckt sich der Erzähler auf zweifache Weise: hinter dem Passiv (ihm wurde nie etwas gesagt) und hinter der Unbedeutendheit seiner Stellung. Unausgesprochen klingt in dem Satz die Auffassung an, daß der Erzähler als kleiner Angestellter nicht anders konnte, als sich unterwürfig zu verhalten, und daß er Befehlen zu gehorchen hatte. Es kam ihm nicht zu, Fragen zu stellen; er war nur der Bote. Aber warum muß er dann so nachdrücklich auf seine Unwissenheit pochen, wenn er wirklich nicht wußte, was in der Mappe war? Den Schlüssel zu dieser angeblichen Unwissenheit liefert das dröhnende Schweigen um das Codewort «gelb». Es evoziert, auch wenn es sein Schweigen wahrt, den ganz einzigartigen, öffentlichen Gebrauch, den die Nationalsozialisten von dieser Farbe machten: den gelben Davidsstern, den zu tragen alle Juden gezwungen wurden. Victor Klemperer, ein Universitätsprofessor, der selbst den gelben Stern tragen mußte, beschreibt in seinem Buch *LTI*, welchen Eindruck dieser «Befehl» auf ihn machte:

[W]elches war der schwerste Tag der Juden in den zwölf Höllenjahren? Nie habe ich von mir, von anderen eine andere Antwort erhalten als diese: der 19. September 1941. Von da an war der Judenstern zu tragen, der sechszackige Davidsstern, der Lappen in der gelben Farbe, die heute noch Pest und Quarantäne bedeutet und die im Mittelalter die Kennfarbe der Juden war, die Farbe des Neides und der ins Blut getretenen Galle, die Farbe des zu meidenden Bösen; der gelbe Lappen mit dem schwarzen Aufdruck: «Jude», das Wort umrahmt von Linien der ineinandergeschobenen beiden Dreiecke, das Wort aus dicken Blockbuchstaben gebildet, die in ihrer Isoliertheit und in der breiten Überbetontheit ihrer Horizontalen hebräische Schriftzeichen vortäuschen.

Die Beschreibung ist zu lang? Aber nein, im Gegenteil! Mir fehlt nur die Kunst zu genauerer, eindringlicherer Beschreibung.[17]

In Bölls Geschichte erscheint die Position des Erzählers als restlos kompromittiert: Die Unkenntnis dessen, was sich in der Mappe verbarg, schloß die Notwendigkeit aus, gemäß diesem Wissen zu handeln und sich dadurch selbst zu gefährden. Die Passivität, die darin liegt, daß einem nie gesagt wurde (und man auch nie gefragt hat), was in der gelben Mappe war, wird zur Zuflucht; denn Wissen hätte Handeln verlangt. Der kleine Aktenschlepper kann sich in Schweigen hüllen, bis er fast unsichtbar wird; trotzdem ist er – und das «Durcheinander» in seiner Seele verrät es ihm – ein Mittäter, und sei es ein noch so harmloser. In dieser Hinsicht steht der Protagonist von Bölls Erzählung repräsentativ für die vielen anderen «kleinen»

Deutschen, die Unwissenheit vorschützten, weil sie sich ohnmächtig gegenüber der nationalsozialistischen Herrschaft fühlten; sie fürchteten sich davor, ihre Passivität abzuschütteln, und gerieten schließlich in eine Komplizenschaft des Schweigens. (Aus anderen Ländern sind Fälle überliefert, wo in ähnlichen Situationen die betreffenden Schriftstücke «verlorengingen».)

Wir merken erst allmählich, warum der Erzähler keine Geschichte erzählt, ja gar nicht daran denkt, daß da eine Geschichte erzählt werden will, und warum er dennoch in diese Nichtgeschichte so viel emotionales Gewicht investiert: Er legt ein Geständnis ab. Es ist das explosive Geständnis von Unterlassung und Untätigkeit, das in ihm wie ein «wildes, reißendes Durcheinander» hochkocht, dessen Intensität sich nur an der Heftigkeit seiner Unwissenheits- und Ohnmachtsbeteuerung ermessen läßt. Es ist ein Ruf nach Entlastung, der sich auf falsches Zeugnis gründet. Die bedrückendste Kontinuität zwischen «damals vor zehn Jahren» und «jetzt» ist die Kontinuität des Sich-Versteckens hinter angeblicher Unwissenheit. Zwischen dem stillschweigenden Mitmachen damals und dem Nicht-Eingestehen-Wollen heute war die Aufklärungsidee vom Menschen zusammengebrochen und waren bisher unvorstellbare Verbrechen begangen worden. Böll weiß das, wie der panische Zustand seines Erzählers und der verräterische Gebrauch des Schlüsselwortes «gelb» beweisen. Aber die Brücke fungiert als zweideutiges Symbol: Ihr prekärer Zustand kündet von den erlittenen Zerstörungen, aber ihre schiere Existenz zeugt von der Anstrengung, die Kontinuität zu wahren; und sie zeigt, wie der Abgrund zwischen den zwei Ufern überquert wird: in innerem Durcheinander und im Schweigen des Nicht-Wahrhaben-Wollens.

Ein Jahr später veröffentlichte Böll seinen ersten Roman, *Wo warst du, Adam?*,[18] eine locker gefügte Reihe von Episoden (entsprechend Bölls früher Vorliebe für kurze Erzählungen mit je eigener Epiphanie), die zusammengehalten werden durch die Gestalt eines Soldaten, des früheren Baumeisters und jetzigen Infanteristen Feinhals. Der Titel entstammt einer Notiz Theodor Haeckers, die dem Roman als Motto vorangestellt ist: «Eine Weltkatastrophe kann zu manchem dienen. Auch dazu, ein Alibi zu finden vor Gott. Wo warst du, Adam? ‹Ich war im Weltkrieg.›» Der Titel des Romans ist ein Aufruf zu individueller Verantwortlichkeit, aber die Antwort des Mottos sucht Zuflucht bei einem Alibi, das den einzelnen scheinbar in die Ungeheuerlichkeit des Weltkriegs versenkt. Es ist, wie der Literaturwissenschaftler Alan Bance bemerkt hat, zugleich «Entschuldigung

und Anschuldigung (...), Anklage *und* Entlastung.»[19] Der Krieg gerät
zu seiner eigenen Entschuldigung; der einzelne wird von ihm verschlungen, folgt und gehorcht und zeigt eine Passivität wie der Erzähler von *Über die Brücke*. Die Auffassung vom Krieg als einem
Ereignis, das sich der Kontrolle des einzelnen entzieht, bekräftigt das
zweite Motto des Romans, eine Reflexion Saint-Exupérys über den
Krieg als eine Krankheit, die ihr eigenes Dasein hat.

Die miteinander verwobenen Szenen des Romans schildern den
Rückzug der deutschen Armee aus Ungarn 1944. Böll war zweiundzwanzig, als 1939 der Zweite Weltkrieg begann, und machte den
ganzen Krieg als Infanterist in Frankreich, Polen, auf der Krim und
in Rumänien mit. Gegen Ende des Krieges geriet er an der Westfront
in amerikanische Gefangenschaft. Diese Erfahrungen haben zweifellos sein Schreiben weitgehend geprägt und einen recht manichäi-
schen Dualismus gefördert: Einfühlsamen Beschreibungen des einfachen Soldaten stehen wenig schmeichelhafte Porträts der Offiziere
gegenüber, an denen häufig Egoismus, Feigheit und Ehrgeiz auf Kosten des einfachen Soldaten angeprangert werden. In den letzten
zwanzig Jahren haben Historiker das Verhalten der «ganz normalen
Männer» an der Ostfront genauer untersucht und die Nichtverwick-
lung dieser Soldaten in andere als rein militärische Operationen als
Märchen entlarvt.[20] Bölls dualistische und letztlich simplifizierende
Konzeption deckte den einfachen Soldaten: Greueltaten werden
nicht vom einfachen Soldaten begangen, sondern von der SS. Als Böll
– in einem Interview in Moskau anläßlich seines ersten Nachkriegs-
aufenthaltes dort – gefragt wurde, was er während des Krieges getan
habe, gab er zur Antwort:

Ich könnte mich darauf berufen, daß ich in diesem Kriege nicht geschossen
habe, an keiner Schlacht beteiligt war. Aber ich war Soldat in Hitlers Armee.
Ich war auf Ihrem Territorium, in der Ukraine, in Odessa. Und ich fühle
ständig meinen Teil an der Verantwortung für das, was diese Armee angerichtet hat. Und alles, was ich schreibe, entsteht aus diesem Bewußtsein,
diesem Verantwortungsgefühl (...).[21]

Diese Aussage ist höchst zwiespältig und umkreist wie der Titel des
Romans *Wo warst du, Adam?* das Problem der Verantwortung des
einzelnen angesichts einer übermächtigen Maschinerie, ohne zu einem Ergebnis zu kommen: Hat Böll nun in diesem Krieg geschossen
oder nicht? Was hat es zu bedeuten, wenn er sagt, daß er in der
Ukraine und in Odessa war? Will er zu verstehen geben, daß er als
«Soldat in Hitlers Armee» von den dort begangenen Verbrechen
wußte oder an ihnen beteiligt war? Und wenn er «Mitverantwor-

tung» für das empfindet, was diese Armee angerichtet hat: wofür genau fühlt er sich verantwortlich? Versucht er, Solidarität mit den Kameraden zu beweisen, auch wenn er an ihren Taten nicht beteiligt war? Oder gibt er in Wirklichkeit seine Mitwirkung an den begangenen Taten zu? Zielt die zweideutige Sprache darauf ab, seine Komplizenschaft zu verbergen, oder beweist sie einen Geist der Solidarität? Trotz seiner scheinbaren Offenheit und der Aura des Bekenntnishaften wirft Bölls Satz Fragen auf, die er nicht beantwortet.

In *Wo warst du, Adam?* kommen zwei Juden vor. Im einen Fall ist der junge Offizier Greck, der sich in einer kleinen ungarischen Stadt aufhält, «erstaunt, wieviel Juden es hier noch gab» (S. 46) – eine Bemerkung, die den Sprecher mit einer unausgesprochenen Kenntnis des Holocaust ausstattet; darüber hinaus läßt die Sachlichkeit des Erstaunens darüber, daß es noch so viele Juden gab, auf eine Komplizenschaft mit dem Ziel des Holocaust schließen. Im Gegensatz zu Grecks emotionsloser Reaktion, was das Schicksal der Juden betrifft, stehen seine wiederholten, emotional aufgeladenen Versicherungen, daß er etwas «leugnen» wird, «freiweg und ganz stur leugnen»; denn: «Das Leben war schon ein Leugnen wert» (S. 46). Was er leugnen will, falls es herauskommt, ist, daß er gerade einem jüdischen Schneider eine Hose verkauft hat.

Obwohl er es nicht wollte, mußte er daran denken, wie er sich im Hinterzimmer dieses jüdischen Schneiders ausgezogen hatte; eine muffige Bude, in der Flicklappen herumlagen, angefangene Anzüge, Steifleinen aufgenäht, und eine widerwärtig große Schüssel Gurkensalat, in der ertrinkende Fliegen herumschwammen – er spürte, wie Wasser ihm in den Mund schoß, und wußte, daß er blaß wurde, widerliches Wasser, das er im Munde hatte – aber er sah sich selbst noch, wie er seine Hose auszog, seine zweite sichtbar wurde, wie er Geld bekam, und das Grinsen des zahnlosen alten Mannes, als er hastig den Laden verließ. (S. 48 f.)

Es steckt Ironie in der Gegenüberstellung von Grecks Verachtung für den Schmutz rings umher, die ihn nicht hindert, mit dem Schneider Geschäfte zu machen, und seinem Verstoß gegen den Befehl, keinen Kontakt mit Juden zu haben – einen so strengen Befehl, daß Greck womöglich sein Leben riskiert. Greck wird ohne Mitgefühl geschildert: Er leidet infolge der strengen Erziehung in seiner Kindheit unter seelischen Beschädigungen, die sich auf skurrile Weise in seiner monatlichen Beischlafhygiene, der Beschäftigung mit seinen Magen- und Darmproblemen usw. Luft machen. Böll kritisiert auch offen die Korruption des deutschen Militärs, wenn Offiziere Heereseigentum verkaufen (wie Greck seine Hose), um sich den Luxus von Alkohol und Frauen leisten zu können. Aber wenn Böll einen Juden einführen möchte, muß er zu Klischees Zuflucht nehmen. Hier ist das Vermächtnis der Naziherrschaft offenkundig: Böll kann die dualistische Welt nicht transzendieren, in der die «anderen» Untermenschen sind, die es nicht verdienen, als Menschen anerkannt zu werden. Bölls Offizier Greck sieht den Ostjuden mit einem von Vorurteilen getrübten Blick, und Bölls Text tut nichts, um diese Vorurteile in Zweifel zu ziehen. Wenn der junge Offizier den jüdischen Schneider in seiner Wohnung sieht, so sieht er, was man seinen Autor gelehrt hat zu sehen. Die kurze Beschreibung des alten Juden und der Menschen in seinem Ort ist unreflektiert, und eben dieser Mangel an kritischer Reflexion beweist die Macht der durch Indoktrination verinnerlichten Stereotypen.

Der zweite Auftritt einer jüdischen Romangestalt ist gewichtiger als dieser erste. In diesem Fall verlieben sich der Protagonist Feinhals und eine junge Jüdin ineinander. Als die Frau versucht, ihre Eltern im Ghetto zu besuchen, wird sie mit den übrigen Juden (samt dem Schneider) festgenommen und in ein Vernichtungslager deportiert. Da die sowjetischen Truppen im Anmarsch sind, muß das Lager dem Erdboden gleichgemacht werden, während das Krematorium noch mit Hochdruck arbeitet. Als der Lagerkommandant der Jüdin befiehlt zu singen – eine Probe, die er von jedem neu eintreffenden Häftling verlangt, um mit den besten Stimmen seinen Chor aufzufüllen –, singt sie die Allerseelenlitanei, und zwar so schön, daß der Lagerkommandant, außer sich vor Wut, sie erschießt und auch die Ermordung aller anderen befiehlt, die bisher überlebt haben. Dieser Kommandant ist ein weiteres Klischee. Seine Brutalität verrät sich durch «das kantige und zu große Kinn»; es «zog den zarten Teil seines Gesichts zu sehr nach unten und gab seinem intelligenten Gesicht den Ausdruck einer ebenso erschreckenden wie überraschenden Brutalität» (S. 93). Das Stereotyp vom sadistischen und psychisch gestörten Lagerkommandanten impliziert, daß nur geisteskranke Menschen sich dazu hergeben konnten, den Holocaust ins Werk zu setzen, und daß ihnen das Böse ins Gesicht geschrieben stand – ein Fall von Wunschdenken, den zehn Jahre später Hannah Arendt diskreditierte, als sie die Banalität des Bösen aufdeckte.[22]

Der Katholik Böll erschuf für Ilona – die junge Jüdin, in die sich Feinhals verliebt – eine besondere Persönlichkeit; sie ähnelt darin einer jüdischen Frau, die in seinem späteren Roman *Gruppenbild mit Dame* vorkommen wird. Beide Frauen sind zum katholischen Glauben übergetreten. Die jüdische Frau aus *Gruppenbild mit Dame* ist sogar Nonne geworden, und in *Wo warst du Adam?* erwägt Ilona, die Gelübde abzulegen, entscheidet sich aber dann dagegen, weil sie eine Familie und Kinder haben möchte. Wie in anderen Romanen zeigt Böll auch hier eine gewisse Idealisierung der Frauen als Benachteiligte und Beute der Mächtigen. Dieses Frauenbild mag mit dem katholischen Marienkult zusammenhängen oder von ihm beeinflußt sein;[23] es erhöht die Frauen, trennt sie und ihre Probleme aber gleichzeitig von denen der gewöhnlichen Bürger. Böll kann sich auf Ilonas Güte und die Qual unerfüllter Liebe konzentrieren. Es wird ihr sogar Zeit gegeben, über ihren bevorstehenden Tod zu reflektieren, und sie nutzt diese Zeit, um zu beten.

Die mitfühlende Beschreibung Ilonas dreht sich um drei Kriterien: Sie ist eine fromme Katholikin; sie ist eine Benachteiligte; und sie ist eine Frau. Was, wenn sie keine Konvertitin wäre? Was, wenn sie verheiratet und Mutter gewesen wäre? Was, wenn sie einen jüdischen Ehemann gehabt hätte? Zwar gibt Böll den klaren Hinweis, daß Ilona nicht allein in dem Lastwagen war, der die Juden aus dem Ghetto ins Vernichtungslager brachte, doch bleiben die damit verbundenen Fragen ohne Antwort. Mit Ilona und dem Schneider stößt die Konzeptualisierung des «anderen» an ihre Grenzen. Nach der Logik der Erzählung kann Feinhals Ilona lieben, weil sie Katholikin ist, während die tragische Unausweichlichkeit ihres Todes durch ihr jüdisches Erbe bestimmt ist. Diese Bestimmung wird als gegeben hingenommen, so als handle es sich um eine unheilbare Krankheit. Die Vernichtung eines ganzen Volks wird niemals Anlaß zur Empörung. Ilona und Feinhals werden beide als Opfer gesehen, die in ihrem Opferstatus geeint sind; beide sind Objekt von Befehlen, die in ihrem Tod resultieren. Daß Völkermord verbrecherischer Wahnsinn ist und sich daher auf einer ganz anderen Ebene abspielt als der Tod eines Soldaten auf dem Schlachtfeld, wird ignoriert.

Böll bringt in dem Roman auch eine Szene, in der zwei Lastwagenfahrer die letzten siebenundsechzig Juden, darunter Ilona und den Schneider, in einem Möbelwagen zum Vernichtungslager transportieren.[24] Als die zwei Männer unterwegs anhalten, um ihren Kaffee zu trinken und ihre Wurstbrote zu essen, einander die Fotos von Frau und Kindern zu zeigen und Soldatenlieder zu singen, sind es jene «ganz normalen Männer», die gleichzeitig fähig sind, die Menschen in ihrem Wagen großen Qualen auszusetzen (sechs Personen sterben bei dem Transport) und sie schließlich in den Tod zu schicken. In den Nachkriegsjahren konnten Leute wie diese Lastwagenfahrer natürlich auf ihre Unschuld pochen, da sie persönlich niemanden umgebracht hatten. Die Zwiespältigkeit jener Antwort auf die Frage «Wo warst du, Adam?», welche die Allgewalt des Krieges als Entschuldigung für das Getane vorbringt, tritt hier besonders kraß hervor, da es den zwei Lkw-Fahrern selbstverständlich möglich gewesen wäre, ihren Opfern etwas Menschlichkeit zu erweisen.

Die zwei Lkw-Fahrer als «ganz normale Männer» haben Namen und werden in einen Gegensatz zu den SS-Männern gestellt, die nur durch ihren Dienstrang unterschieden sind. Die Mörder bleiben anonym. Ein kurzes Gespräch zwischen den Fahrern und einem SS-Mann demonstriert die auf Komplizenschaft gründende Sprache des Schweigens in ihrer ganzen Kargheit.

«Das Lager», sagte er [der Scharführer], «es gibt kein Lager mehr – bis heute abend wird's kein Lager mehr geben – es ist leer.»

«Leer?» fragte Plorin; er hatte sich gesetzt und strich langsam mit seinem Ärmel über die Maschinenpistole, die feucht geworden war.

«Leer», sagte der Oberscharführer, er grinste leicht, zuckte die Schultern, «ich sage euch, das Lager ist leer – genügt euch das nicht?»

«Abtransportiert?» fragte Schröder, der schon an der Tür stand.

«Verflucht», sagte der Scharführer, «laßt mich endlich in Frieden, ich sagte leer, nicht abtransportiert – bis auf den Chor.» Er grinste. «Der Alte ist ja verrückt mit seinem Chor. Paßt auf, er schleppt ihn wieder mit ...»

«Ach so», sagten die beiden zusammen, «ach so ...», und Schröder fügte hinzu: «Der Alte ist wirklich verrückt mit seiner Singerei.» Sie lachten alle drei. (S. 92)

Der Unterschied zwischen «abtransportierten» Häftlingen und einem «leeren» Lager ist der zwischen Leben und Tod; zwischen beidem liegt der Völkermord. Der SS-Mann grinst, als er das Wort «leer» betont. Dieses Grinsen soll wohl überspielen, daß die Fragen der Lkw-Fahrer ihn peinlich berührt haben, was noch betont wird, wenn er sagt: «Verflucht ... laßt mich endlich in Frieden.» Offenbar bringen ihn nicht die Greueltaten selbst aus der Fassung, sondern die Fragen von Außenstehenden, die er dennoch als seine Kameraden betrachtet und denen er eine Antwort schuldig zu sein glaubt. Klar sichtbar wird hier die Bruchlinie zwischen dem Leugnen gegenüber Außenseitern und Fremden und einer Sprache der Komplizenschaft unter «Kameraden», die sich durch Schweigen und Gesprächslücken mitteilt und in der der Übergang des SS-Mannes von «leer» zu «Chor» als Vertuschung und als Ablenkung zu einem angenehmeren Thema fungiert. Das wiederholte «Ach so», das die Lkw-Fahrer hervorbringen, deutet darauf hin, daß sie die Bedeutung des Wortes «leer» verstanden haben. Schröders Kommentar zum Chor, der das

Stichwort des SS-Mannes aufgreift, ist ebenfalls nicht nur die Hinwendung zu einem angenehmeren Thema – von den Ermordeten zu den Lebenden und zu der Verrücktheit des Lagerkommandanten, sie mitzunehmen –, sondern greift auch die Ablenkungstaktik des SS-Mannes auf, um von seiner eigenen früheren Neugier abzulenken. Es ist das Eingeständnis, daß Schröder weiß, was er vielleicht nicht wissen will, und signalisiert dem SS-Mann, daß Schröder seine vorherige Frage nicht weiterzuverfolgen wünscht – vielleicht sogar, daß er weiß, daß er nicht hätte fragen dürfen. Wenn zuletzt alle drei lachen, wird durch das gemeinsame Lachen eine Verbundenheit (wieder) hergestellt, die einen heiklen Augenblick lang gefährdet schien, eine Verbundenheit, zu der das Wissen gehört, was «leer» bedeutet und wie diese «Leere» zustande kommt; es bekräftigt ihre Kameradschaft und das Verständnis der Lkw-Fahrer für die «Pflicht» des SS-Mannes.

Die Sprache von *Wo warst du, Adam?* ist karg. Die Sätze sind kurz, die Beschreibungen realistisch, es überwiegen Adjektive und Verben. Die Perspektive ist eng fokussiert, so als registriere eine Kamera stetig eine kleine Szene, ohne je zurückzufahren, um einen breiteren Blickwinkel und einen komplexeren Hintergrund zu erlauben oder eine Romangestalt in einen größeren Rahmen zu stellen. Der Verzicht auf jede breitere Perspektive entspricht vollkommen dem engen Blickwinkel der Figuren, ihrem Vergessen von allem, was über die jeweilige Situation hinausgeht, einem Tunnelblick, der im Roman durch die allgegenwärtigen Schrecken des Krieges beglaubigt wird. Mit ihren unmittelbaren Lebensumständen beschäftigt, unternehmen die Soldaten, unter ihnen Feinhals, keinerlei Versuch zu verstehen, warum sie dort sind, wo sie sind, und fragen sich nicht, warum sie sich am Völkermord beteiligen und nicht auf ihre Menschlichkeit pochen. Die Passivität von *Über die Brücke* wird hier detailreicher präsentiert und gleichsam «in Aktion» vorgeführt. Diese Passivität geht einher mit Ordnungsliebe und Gehorsam und wird nicht als Absage an die Menschlichkeit erkannt. Es gibt in Bölls Roman keinen Hinweis darauf, daß sein Verfasser oder einer der Protagonisten über diese Zusammenhänge reflektiert, geschweige denn an Aufbegehren oder Widerstand auf moralischer, seelischer, innerer oder aktiver Ebene gedacht hätten. Man hat den Verdacht, daß sogar Böll selbst diese Passivität und dieses Gefühl der Ohnmacht so verinnerlicht hat, daß kein Gedanke an Alternativen gefaßt werden kann und vor allem keine Fragen über den Grund gestellt werden können, warum man Befehlen von oben gehorchen muß.

Daß Böll die Szene mit dem Konzentrationslager in den Roman aufnahm, war seinerzeit eine bedeutsame Leistung. Sie sprach die Existenz der Vernichtungslager unmittelbar aus und stellte eine sehr frühe Entkräftung des sorgfältig gehegten Mythos dar, dem zufolge die «ganz gewöhnlichen Soldaten» von diesen Lagern und vom Völkermord an den Juden keine Kenntnis gehabt hätten. Trotzdem ist es ein Unterschied, ob man vom Völkermord «Kenntnis hat» oder ob man ihn begeht, und die Täterschaft – so scheint Böll in seinem Roman andeuten zu wollen – war die Domäne der SS. Die Pathologie des Lagerkommandanten grenzt ihn als einen Geisteskranken aus, mit dem geistig gesunde Menschen nichts gemein haben. In diesem frühen Roman arbeitet Böll bei seinen Beschreibungen vielfach mit dem, was man Klischees nennen muß. Man kann diese Klischees sogar als sichere Flucht in Verallgemeinerungen interpretieren, die keine individuelle Rechenschaftspflicht fordern. Trotzdem bleibt ein Widerspruch unaufgelöst: Die an «Adam» als Individuum gerichtete Frage wird mit dem Alibi des «Krieges» beantwortet. Aber wie Böll in dem Roman zeigt, ist «Krieg» kein monolithisches Totalereignis, das seine unschuldigen Opfer wie Ilona und Feinhals zerschmettert. «Krieg» besteht auch aus den vielen Handlungen von Individuen, und diese Individuen haben Wahlmöglichkeiten, wie Böll an den Lastwagenfahrern zeigt. Bölls rigoroser Dualismus (hier Lagerkommandanten, dort Opfer) und die damit einhergehende Wahrnehmung von Passivität, ja Fatalismus lassen ihn die vielen Möglichkeiten ignorieren, Menschlichkeit zu bekunden – Möglichkeiten, die er selbst im Titel seines Romans und in einigen flüchtigen Szenen entwarf. Bölls Texte erreichten nie wieder jene Intensität der kritischen Darstellung und des *Wunsches*, eine Sprache für das Sprechen über den Holocaust zu finden, wie in diesen frühen und vielleicht unreflektiertesten Artikulationen.

Daß Böll in seinen literarischen Texten vornehmlich Opfer präsentierte, die ihrem «Schicksal» nicht zu entrinnen vermögen, machte ihn zu einem überaus erfolgreichen Schriftsteller. Als Seismograph des Gewissens eines Volkes reflektierte er allgemeine Haltungen; wie die meisten Deutschen unterließ er es, Themen anzusprechen, die dringend hätten angepackt werden müssen. In seinem späteren Leben wurde Böll ein unerschrockener politischer Kämpfer und ein scharfer Kritiker der bundesdeutschen Konsumgesellschaft. Er identifizierte sich mit Benachteiligten, Verworfenen und Außenseitern; so versuchte er, den Zorn der protestierenden Studenten und der Terroristen der siebziger Jahre zu verstehen, und bewies eine tiefe und bleibende Sympathie für das russische Volk. Aber der Katholik Böll konnte Juden nur dann zu Hitlers Opfern zählen, wenn sie zum katholischen Glauben konvertiert, weiblichen Geschlechts und ungebunden waren. Daß dies bei einem Schriftsteller von ausgeprägter moralischer Gewissensschärfe der Fall war, beweist, wie tief verwurzelt und unbewußt die Vorurteile gegen Juden waren und wie sie im stillen weiterwirkten.

Wolfgang Koeppen

Bölls Romane und Erzählungen waren ungeheuer beliebt, und viele Deutsche identifizierten sich in den schwierigen Jahren nach dem Ende des Krieges mit den armen Kerlen in seinen Büchern. Böll schrieb über die Soldaten an der Front und ihre Heimkehr in zerbombte Städte ohne Lebensmittel und über die Menschen, die in dieser Trümmerlandschaft lebten und versuchten, trotz ihres traumatisierten Zustands zurechtzukommen. Seine negativen Charakterisierungen von Deutschen, die während der NS-Zeit Machtpositionen innegehabt hatten und jetzt lavierten, um diese Stellungen zurückzuerobern, sprachen vielen seiner Leser aus dem Herzen. Gleichzeitig weckte seine verknappte, unprätentiöse und umgangssprachliche Schreibweise bei seinem Publikum ein positives Echo; sie selbst redeten ja so und erkannten sich in dieser Sprache wieder.

Nichts von alledem trifft auf Wolfgang Koeppen zu. Von ihm erschien 1951, im Jahr von *Wo warst du, Adam?*, der Roman *Tauben im Gras*, der erste Band einer Trilogie. Der zweite Band, *Das Treibhaus*, erschien 1953, der dritte, *Der Tod in Rom*, 1954.[25] *Tauben im Gras* spielt 1948, kurz nach der Währungsreform, in München; der Roman verwebt in mehreren Erzählsträngen Aspekte der Orientierungslosigkeit der deutschen Nachkriegsgesellschaft. Der zweite Band der Trilogie zeichnet enttäuscht und pessimistisch das beginnende politische Leben im Hauptstadtprovisorium Bonn. *Der Tod in Rom* zielt allgemeiner auf die nationalsozialistische Vergangenheit und das Überleben gewisser nationalsozialistischer Dogmen in den Anfangsjahren der später so genannten «Adenauer-Restauration» und ihres Motors, des «Wirtschaftswunders».

Die Romane dieser Trilogie verkörpern die ersten namhaften literarischen Bemühungen der Nachkriegszeit, die deutsche Literatur wieder mit dem Erbe der Moderne zu verbinden, und Koeppens künstlerische Leistung in diesen Romanen ist beachtlich. Er unter-

nahm nicht den Versuch, «Trümmerliteratur» zu verfassen, eine
Sprache zu finden, die frei wäre von nationalsozialistischer Ver-
seuchung, oder die literarischen Traditionen aus der Zeit vor der
Naziherrschaft neu zu entdecken, weil für ihn diese literarischen
Formen lebendige, wiewohl lange totgeschwiegene Gegenwart wa-
ren. An seiner Sprache hat man den atemberaubenden Reichtum
und ihre Sinnlichkeit gerühmt.[26] Viel ist über den Einfluß von
James Joyce gesprochen worden, besonders des *Ulysses*, den Koep-
pen las, als er 1926 auf deutsch erschien,[27] aber auch den Einfluß
Faulkners, Prousts, Kafkas und besonders Thomas Manns, dessen
Tod in Venedig häufig als Vorbild für den *Tod in Rom* angeführt
wird.

Wie kam es, daß Koeppen sich auf ein nicht kompromittiertes
literarisches Erbe stützen konnte? Eine Antwort hierauf geben zum
Teil seine Lebensdaten. Er wurde 1906, mehr als ein Jahrzehnt vor
Heinrich Böll, im pommerschen Greifswald geboren. Im Unterschied
zu Böll, der bis in sein frühes Erwachsenenalter in den Parolen der
Nazisprache ertrank, hatte Koeppen noch ein literarisches Deutsch
von weltberühmtem Kaliber gehört und geschrieben. Als junger
Mann erlebte er in der Weimarer Republik die berauschende intellektuelle Atmosphäre Berlins mit. Nach der Machtergreifung Hitlers
im Januar 1933 ging Koeppen ins freiwillige Exil in die Niederlande,
mußte jedoch 1938 aus finanziellen Gründen nach Deutschland zurückkehren. Es gelang ihm, sich als Drehbuchschreiber «unterzustel-
len» und durch eine Verkettung glücklicher Umstände bis zum Ende
des Krieges zu überleben. Ein Gefühl der Dringlichkeit zwang ihn,
drei große Romane in vier Jahren zu schreiben. Dabei sah er sich in
der außergewöhnlichen Situation, daß er das deutsche Publikum aufs
neue mit einer deutschsprachigen Belletristik von avantgardisti-
schem, internationalem Kaliber bekannt machte und dabei ein hoch-
gradig kritisches Panorama der deutschen Nachkriegsgesellschaft
präsentierte. Daß Koeppen eine anspruchsvolle literarische Sprache
und Techniken bevorzugte, die auf die ungeliebte Weimarer Republik zurückverwiesen, erinnerte seine deutschen Leser daran, daß sie
Hitler als den Mann begrüßt hatten, der mit dem Chaos von Demokratie und Avantgardismus aufräumen und die Ordnung der Dikta-
tur errichten würde, und so wurde Koeppens Verurteilung der Nachkriegsgesellschaft nicht gerade wohlwollend aufgenommen. Von *Der
Tod in Rom* wurden nur 6000 Exemplare verkauft. Das Ausbleiben
des Erfolgs führte zu einer Krise, die Koeppen dadurch bewältigte,
daß er vorübergehend nur Reiseliteratur schrieb. Marcel Reich-Ra-

nicki sah Koeppens Situation in einem größeren Zusammenhang, wenn er schrieb:

Es erwies sich also, daß die bundesrepublikanische Öffentlichkeit für Koeppens epische Formulierungen anstößiger Wahrheiten zunächst wenig und später überhaupt kein Verständnis hatte. Keiner der drei Romane wurde zu einem Verkaufserfolg, keiner erhielt einen Preis, kein Taschenbuchverlag interessierte sich für *Tod in Rom*. Daß derartige Umstände zu einer Krise geführt haben, ist nicht verwunderlich. Niemand hat das Recht, Koeppen vorzuhalten, er hätte weiterhin gegen den Strom schwimmen sollen. Vielleicht hat er es versucht; wir wissen es nicht. (...) Daß er sich Mitte der fünfziger Jahre vor eine Entscheidung gestellt sah, die derjenigen nicht unähnlich war, die er Mitte der dreißiger Jahre treffen mußte, darf man wohl als ein beschämendes Symptom des literarischen Lebens in der Bundesrepublik werten.[28]

Mit dem Marshall-Plan und der Wahl Konrad Adenauers zum ersten bundesrepublikanischen Kanzler standen die Zeichen auf wirtschaftliche Erholung. Das völlige Aufgehen im wirtschaftlichen Wiederaufbau schloß in der Nachkriegszeit jeden Versuch aus, sich mit der Vergangenheit auseinanderzusetzen; aber auch Regierung und Verwaltung trugen das Ihre zu dieser Entwicklung bei. Adenauer nutzte geschickt das Bedürfnis der westlichen Alliierten nach zuverlässigen Partnern im Kalten Krieg (aus dem in Korea bald ein «heißer Krieg» wurde), und während Koeppen an seiner Romantrilogie arbeitete, debattierte man in der Bundesrepublik schon wieder über den Aufbau einer militärischen Streitmacht. Es gab so manchen Aufschrei der Empörung in der Öffentlichkeit, der auf die katastrophalen Folgen der deutschen Militärgeschichte verwies und für ein entmilitarisiertes Deutschland eintrat, um zu demonstrieren, daß die Einstellungen sich geändert hätten und Lehren aus der Vergangenheit gezogen worden seien. Aber diese Proteste richteten sich gegen kostspielige militärische Engagements und drückten keinen Abscheu vor den begangenen Verbrechen aus. (1956 wurde die Wehrpflicht wieder eingeführt.) Der Historiker Norbert Frei demonstriert überzeugend, daß es der Justiz gelang, die Anzahl der Kriegsverbrecher so klein wie möglich zu halten und die Urteile gegen sie herabzusetzen, und enthüllt die eilige Abwicklung der Kriegsverbrecherprozesse sowie die uneingeschränkte Übernahme von Personen in den Staatsdienst, die ähnliche Posten während der nationalsozialistischen Herrschaft bekleidet hatten.[29] Die früheren deutschen Militärorganisationen nutzten die Gunst der Stunde und bedrängten die Regierung Adenauer, früheren Wehrmachtsangehörigen eine überaus gnädige

Behandlung angedeihen zu lassen. Als Westdeutschland im Jahre 1954, dem Jahr, als *Der Tod in Rom* erschien, in die NATO aufgenommen wurde, konnte sein Militär mit wiederhergestellter Reputation aufwarten.

Die Anfangsphase der Adenauer-Restauration war gekennzeichnet von erheblichen Anstrengungen, die im Holocaust begangenen Greueltaten zu ignorieren, zu verdrängen, zu leugnen oder nicht einzugestehen. In dem Maße, wie Ruinen und Trümmer verschwanden und die «Trümmerliteratur» an Boden verlor, gewann die «Innerlichkeit» als Zufluchtsort des «geistigen Menschen» an Bedeutung. Die Mitscherlichs analysierten die Situation anderthalb Jahrzehnte später als «psychischen Immobilismus», dem vor allem eine besondere Kombination aus Apathie in politischen Dingen und geradezu manischer Wiederaufbautätigkeit entsprach. Unter stillschweigendem Einverständnis der Alliierten ignorierten die Westdeutschen praktisch die Verbrechen der nationalsozialistischen Herrschaft, und prominente Personen aus der Hitlerzeit waren weiter in öffentlichen Funktionen tätig. Alfried Krupp und Friedrich Flick waren nur zwei der Industriellen, die ihre Gefängnisstrafe nicht vollständig verbüßen mußten. Viele Beamte des Nazi-Regimes wurden wieder eingestellt, ja sogar auf hohe Regierungsämter berufen (wie zum Beispiel Hans Globke, unter Konrad Adenauer Leiter des Bundeskanzleramtes und weiland Kommentator der Nürnberger Rassengesetze), und von manchen Amtsträgern in der westdeutschen Justiz und Polizei stellte sich heraus, daß sie einst hochrangige Angehörige der SS, des SD und der Gestapo gewesen waren. Wie Frei hervorhebt, wurden «am Ende sogar die Mehrzahl der Gestapoleute wieder in ihre alten Beamtenrechte eingesetzt».[30] Die gnädigen Urteile, welche die Nachkriegsjustiz über viele Naziverbrecher verhängte, wurden von Richtern gefällt, die schon im nationalsozialistischen Regime als Richter fungiert hatten. Dazu kam, daß hochrangige Mitglieder des Nazi-Regimes und der Wehrmacht stattliche Pensionen kassierten, während Insassen von Konzentrationslagern mit minimalen Entschädigungen abgefunden wurden. Solche Ungerechtigkeiten empörten später die Studentenbewegung Ende der sechziger Jahre und besonders die Terroristen der siebziger Jahre.

Zwar verliefen diese innenpolitischen Strömungen unter der Oberfläche des Wirtschaftswunders, doch bedurfte die Bundesrepublik auch außenpolitisch der Rehabilitation. Diese Rehabilitation war am besten durch eine Annäherung an den neu gegründeten Staat Israel zu erlangen. Israel war keineswegs erpicht darauf, mit Westdeutschland zu verhandeln, doch hatten, wie die Politologin Lily Gardner Feldman dargelegt hat, beide Länder Grund, eine «besondere Beziehung» zu etablieren, die sich auf das «moralische und ökonomische Recht Israels auf Reparationen» und das «Bedürfnis Deutschlands nach politischer Rehabilitation» gründete.[31] Im März 1953 wurde von beiden Ländern das Luxemburger Reparationsabkommen ratifiziert. In diesem Zusammenhang muß auch der Philosemitismus jener Jahre gesehen werden, wie er sich in offiziellen und öffentlichen Erklärungen kundtat. Infolge des Reparationsabkommens in der Frühgeschichte beider Staaten wurden die Beziehungen zwischen der Bundesrepublik und Israel trotz vieler und vielfältiger Widerstände im Laufe der Jahrzehnte enger – in deutlichem Gegensatz zu analogen transatlantischen Anstrengungen. Hier mußte viel Zeit vergehen, bevor Beziehungen zwischen der Bundesrepublik und jüdischen Organisationen in den USA hergestellt werden konnten.

Der Tod in Rom spricht viele dieser Themen an. Der Roman präsentiert ein kompliziertes Geflecht aus mehreren Erzählsträngen, wobei die Hauptfiguren einander auf eine gleichsam ritualisierte Weise begegnen oder verfehlen, weshalb Alfred Andersch geradezu von einer «Choreographie» der Erzählstrukturen gesprochen hat.[32] Man könnte auch von einem «Totentanz» sprechen,[33] bei dem die Begegnung der Charaktere der Logik der Handlung folgt, aber an sich sehr wenig Wahrscheinlichkeit besitzt. Die Stilisierung zum Tanz entwirklicht die Ereignisse und hebt sie auf eine surreale Ebene. Im großen Finale vereinigen sich alle Figuren zu einer Parodie auf jene Komödien, in denen in der letzten Szene alle Schauspieler auf der Bühne versammelt sind. Auf dieses Gruppenbild folgt noch eine negative Coda, die Umkehrung jenes erlösenden und lebensbejahenden Satyrspiels, das die klassische Tragödie beschloß. Koeppen spielt mit dieser Tradition, um sie in eine unerlöste Negativität zu verkehren.

Während dreier Tage im Mai 1954, von denen der zweite Tag als die Eroberung von Dien Bien Phu in die Geschichte eingegangen ist, treffen sich Angehörige der Familien Judejahn und Pfaffrath zu einem Familientag in Rom. (Der Fall von Dien Bien Phu, nur beiläufig erwähnt, aber allgegenwärtig, deutet das Ende des Zeitalters kolonialer und imperialistischer Bestrebungen an.) Gottlieb Judejahn, ein SS-General, der bei den Nürnberger Kriegsverbrecherprozessen zum Tode verurteilt worden ist, hat sich in einen arabischen Staat abgesetzt, dessen Militär er jetzt aufbaut. Er ist in Rom, um Waffen zu kaufen und mit seiner Familie zusammenzukommen, die aus Deutschland angereist ist, um ihn zu sehen. Seine nahezu geistesgestörte Frau Eva ist in abgrundtiefer Trauer um Adolf Hitler und den verlorenen Traum von der deutschen Weltherrschaft erstarrt. Mitunter bedauert sie sogar, daß nicht auch ihr Mann für diese Idee gestorben ist; dann wieder hofft sie, daß er sie zu neuem Leben erwecken wird. Als sie ihren Mann wiedersieht, spürt sie, daß seine (und ihre) Zeit um ist. Ihre Schwester ist mit Friedrich Wilhelm Pfaffrath verheiratet, einem Opportunisten, der jetzt ein strammer Demokrat und sogar der Bürgermeister jener Stadt ist, in der er einst ein hochrangiger nationalsozialistischer Beamter war. Sein Sohn Dietrich ist seinem opportunistischen Vorbild gefolgt und bereitet sich ironischerweise auf eine Karriere als Jurist vor – bereit zu allem, was seinen Ambitionen förderlich sein kann. Demgegenüber haben Pfaffraths zweiter Sohn und Judejahns einziger Sohn die Beziehungen zu ihren Familien abgebrochen und den Versuch gemacht, sich von dem ihnen aufgezwungenen elterlichen und politischen Erbe zu befreien. Adolf Judejahn ist in Rom, um zum Priester geweiht zu werden; Siegfried Pfaffrath, ein junger Komponist, ist in der Stadt, um der Uraufführung seiner Symphonie beizuwohnen und einen Preis entgegenzunehmen. Nicht zur Familie gehörig, aber aus demselben Heimatort stammt der Dirigent Kürenberg, dessen Frau Ilse Jüdin ist. Das Paar war emigriert, nachdem die Nationalsozialisten das Warenhaus von Ilses Vater niedergebrannt und ihn selbst in der «Schutzhaft» umgebracht hatten. Mit einem Nichtjuden verheiratet, konnte Ilse Kürenberg von Glück sagen, daß ihr Mann, ein international angesehener Dirigent, es sich leisten konnte, im Ausland zu leben.

Koeppen zeichnet die Charaktere mit großer Eindringlichkeit und psychologischem Scharfblick; gleichzeitig verkörpern sie aber auch Typen, die in ihrer Gesamtheit einen Querschnitt durch die Einstellungen der Deutschen zu ihrer nationalsozialistischen Vergangenheit in der ersten Nachkriegszeit darstellen. In einigen Fällen nimmt Koeppen literarische und politische Tendenzen vorweg, die erst mehrere Jahre oder sogar Jahrzehnte später zur Sprache kamen. Mit der schamlosen Verstocktheit alter Nationalsozialisten wie Gottlieb und Eva Judejahn schlägt er ein Thema an, das sich bis zu Peter Schneiders *Vati* aus dem Jahre 1987 hinzieht, wo ein fiktiver Josef Mengele in seinem Versteck in Südamerika noch immer die Stereotypen der nationalsozialistischen Rassenlehre hochhält. Koeppens Beschreibung, wie frühere Nationalsozialisten politisch wieder in Amt und Würden gelangen und die Nation vom Wirtschaftswunder betäubt ist, schlägt den Ton jener sozialen, politischen und psychologischen Kritik der deutschen Gesellschaft an, die in den folgenden Jahren immer lauter wurde. So fungierte Koeppen als Wegbereiter für Romane wie Martin Walsers *Ehen in Philippsburg* von 1957 oder Heinrich Bölls *Billard um halbzehn* und Günter Grass' *Die Blechtrommel* von 1959. In seiner Beschreibung der jüngeren Generation und ihrer Reaktion auf die Vergangenheit der Eltern sah Koeppen auch die Konsequenzen des elterlichen Leugnens und Vertuschens voraus: Die turbulente Studentenbewegung und die Versuche der Studenten, alle Bande zu den Eltern zu kappen, nahm er um anderthalb Jahrzehnte vorweg. Die zwei Vettern, Adolf Judejahn, der angehende Priester, und Siegfried Pfaffrath, der angehende Komponist, stehen in einer komplementären Beziehung zueinander. Beide haben sich von ihrer Familie und ihrer Erziehung in nationalsozialistischen Ordensburgen losgesagt. Doch Koeppen stellt die Motive Adolf Judejahns in Frage. Der Eintritt in einen religiösen Orden nach dem Untergang der Ordensburgen mit ihrer militärischen Zucht bedeutet nicht Freiheit oder Einsicht, sondern ein fortgesetztes Verleugnen der Individualität. Siegfried verdankt der Prägung durch die Ordensburg seine Pädophilie; er mag davon träumen, frei und sogar allein zu sein, doch sucht er weiterhin die Wärme früherer schulischer Verbindungen. Adolfs Leben mag zwar ein Leben des Dienstes und der Sühne sein, Siegfrieds Leben eines der künstlerischen Kreativität, die Klage und Verzweiflung ausdrückt; doch ist es für die Interpretation des Romans wichtig, daß weder Adolf noch Siegfried Nachkommen haben werden. Denselben Bruch mit der Kontinuität durch den Verzicht auf Kinder verkörpern der aus Deutschland geflohene Dirigent Kürenberg und seine Frau Ilse.

Der Bruch mit der Elterngeneration, den diese zwei jungen Deutschen versinnbildlichen, führt somit nicht zu einer Erneuerung durch Trauer, sondern zum Aussterben. Aus Koeppens überaus pessimistischer Sicht weigern sich die besten und sensibelsten jungen Deutschen, sich von der zeitgenössischen Gesellschaft vereinnahmen zu lassen und ihren Beitrag zu ihr zu leisten, während die von Ehrgeiz getriebenen Opportunisten, die Dietrich Pfaffraths, blühen und gedeihen werden. Hier nimmt Koeppen die späteren Debatten vorweg, die sich um die niederschmetternde Erkenntnis drehen, daß der Holocaust den Fortschrittsglauben der Aufklärung vernichtet hat. Im Gegensatz zu Böll, der, etwa in *Über die Brücke*, eine laue Haltung gegenüber dem zeitweiligen Bruch und erneuter Kontinuität vorführt, besteht Koeppen kompromißlos auf der Diskontuinität angesichts einer Kontinuität, die anscheinend den Tag für sich entschieden hat; er gibt so gut wie alle Hoffnung auf, daß die Deut-

schen jemals so weit kommen werden, über die nationalsozialistische Vergangenheit nachzudenken, geschweige denn sie zu betrauern oder zu verarbeiten. Koeppens Schlußfolgerung in seinem Roman ist radikal: Er gibt die Deutschen verloren und sieht sie als
Bewohner der Hölle.

Wie Christiane Schmelzkopf und andere beobachtet haben, war
die Darstellung von Juden im ersten Nachkriegsjahrzehnt philosemitisch, als Gegengewicht zu dem extremen Haß, der den Juden
während der Herrschaft der Nationalsozialisten entgegengeschlagen
war. Was diese Darstellungen laut Schmelzkopf erkennen ließen,
war, «daß sie sich weniger einer lebendigen Begegnung und Auseinandersetzung mit den unterschiedlichsten Problemen jüdischer ge-
schichtlicher Wirklichkeit verdankten als dem Bemühen, einer klaren ideellen Selbstorientierung dichterisch Ausdruck zu geben».[34]
Demgegenüber war Koeppen der Wegbereiter einer Gestaltung jüdischer Figuren, die in ihrer Offenheit und Direktheit nicht ihresglei-
chen hatte. Um den Abgrund auszuleuchten, der die Weltanschau-
ungen seiner Charaktere trennt, wählt er ein doppeltes Verfahren:
In den Familien Judejahn und Pfaffrath typisiert er die verschiedenen Nachkriegsreaktionen früherer Nationalsozialisten und ihrer
Kinder auf den Holocaust und das Fortleben des Antisemitismus in
der Gegenwart; mit Ilse Kürenberg stellt er eine jüdische Protagonistin vor, die ins Exil getrieben wurde und durch den Holocaust
gezeichnet ist.

Judejahn ist der schlimmste Antisemit, den man sich denken
kann. Bei seinem Besuch in Rom erinnert er sich seines einstigen
Aufenthalts in der Stadt als allmächtiger SS-General, der den Tod
brachte, wohin immer er kam. Wie die Vettern Adolf und Siegfried
lehnt er die deutsche Nachkriegsgesellschaft ab, aber aus entgegengesetzten Gründen; für ihn ist die opportunistische Anpassung der
Deutschen ein Verrat an der nationalsozialistischen Ideologie. Sein
rabiater Fanatismus wirkt stark übertrieben und im Nachkriegs-Rom
fehl am Platze; doch gerade in dieser Isolation und außerhalb einer
politisch stützenden Umgebung offenbaren sich seine Tiraden als der
Wahnsinn und das Böse, das sie verkörpern. Koeppen gestaltet zwar
Judejahns Psychopathologie mittels einer Reihe höchst geschickter
Erzähltechniken – innerer Monolog und redaktionelle Einschübe,
verflochten in eine naturalistische Beschreibung der Ereignisse des
Besuchs –, aber der wichtigste Schlüssel zu Judejahn ist nicht die
Sprache des Erzählers, sondern die Sprache, die Judejahn selbst be-
nutzt. Koeppen gebraucht die nationalsozialistische Sprache in ihrer

ganzen Gemeinheit, Verunglimpfung und Haßerfülltheit. In einer Zeit des Philosemitismus und der Annäherung an Israel ist dies eine kühne Strategie. Sie soll die Leser daran erinnern, daß diese Sprache in einer nicht so fernen Vergangenheit in der Tat ihre Sprache war. Er will die Mauer der philosemitischen Vertuschungen durchbrechen und wagt es, das erst vor kurzem tabuisierte Vokabular in seiner ganzen Anstößigkeit zu gebrauchen, um die Konfrontation mit einer Vergangenheit zu provozieren, in der diese Sprache gang und gäbe war, und um das Schweigen des Leugnens zu unterlaufen. Um die Wirkung zu erhöhen, konzentriert sich Koeppen auf sorgfältig ausgewählte Schlüsselwörter und verbindet diese Sprache mit der konkreten Figur Judejahn. Im *style indirect libre* schilt Judejahn sich selbst: «Warum ging er nicht (...) in ein gutes Restaurant, füllte sich den Bauch bis zum Speien, füllte ihn sich, wie ihn sich die Juden wieder füllten (...)?» (S. 454) Er stellt sich vor, daß er «geil wie die Juden» (S. 454) wäre, und nennt Laura, die Kassiererin in einer Schwulenbar, «eine Judenschickse» und «eine Judensau» (S. 473). Etwas schematisch wird Judejahn als schlechter Schüler beschrieben, der unter den Beschimpfungen seines Vaters zu leiden hatte und daher später tiefe Befriedigung in einer Hierarchie fand, die es ihm erlaubte, zu töten und zu foltern, zu befehlen und sich Gehorsam zu erzwingen. Die simplifizierte Brutalität dieses Typus hat stets auch eine sexuelle Dimension; um sich sexuell zu erregen, phantasiert Judejahn vom «Verbotenen» – das heißt von Jüdinnen: «[E]s war Sünde (...) aber der Gedanke an die Sünde reizte die Hoden, regte die Samenzellen an, doch die Verbindung blieb unerlaubt» (S. 549), und Judejahn versteht die Kopulation als lustvolle Zerstörung im Sinne der vor nicht allzu langer Zeit noch gängigen nationalsozialistischen Rassenmythologie: «[M]an zerschlug nach vollzogenem Samenopfer, nach den befreienden, Dumpfes lösenden Stößen des Lusthasses die Muschel aus beschnittener Zeugung, das unreine Gefäß unbegreiflicher Verführung und kabbalistischer Magie, welches das kostbare Gen des Ariers erlistet hatte» (S. 549). Dieses Tabu erstreckt sich auch auf Laura, deren göttliches Petrarca-Lächeln Judejahn nicht einmal sieht, obgleich er darauf reagiert: Er muß sich sein Verlangen nach Laura durch die Vorstellung, daß sie Jüdin ist, verhehlen und es zugleich anstacheln. Als sie Geschlechtsverkehr haben, besteht sein Stimulans darin, Laura zuzuflüstern: «[D]u bist eine Jüdin, du bist eine Jüdin» (S. 574). Als er erkennt, daß Ilse Kürenberg, geb. Aufhäuser, wirklich Jüdin ist, verfällt er in einen Paroxysmus der Erregung und läßt Vergangenheit und Gegenwart im

Bild nackter Frauen zusammenstürzen, die zur Exekution vor dem Leichengraben stehen (S. 549). In der von bitterer Ironie gezeichneten Coda des Romans ist der apoplektische Judejahn Henker und Gehenkter in einem; er sieht beide Frauen, Laura wie Ilse, als Jüdinnen, die geschändet und getötet werden müssen. Nach der Schändung Lauras erschießt er Ilse, die am Fenster ihres Hotelzimmers steht, und vollendet «die mißlungene Endlösung der Judenfrage» (S. 548), indem er Ilse persönlich hinrichtet: «[D]iesmal befahl er nicht nur, Befehle galten nicht mehr, man mußte selber schießen, und erst beim letzten Schuß fiel Ilse Kürenberg um, und des Führers Befehl war vollstreckt» (S. 576).

Im Rom der Nachkriegszeit ist der reuelose Mörder Judejahn offenkundig ein Geisteskranker. Koeppen stellt der Gegenwart der Romanzeit die Vergangenheit der Kriegszeit gegenüber, als derselbe Judejahn durch dasselbe Rom stolzierte, um in viel größerem Maßstab Menschen umzubringen, und dabei nicht als geisteskranker Henker galt, sondern als jemand, dessen Befehlen man zu gehorchen hatte. So wie Judejahns gegenwärtiger Nazijargon bewußt schockieren und empören soll, sollen seine zehn Jahre zuvor begangenen Taten jetzt in ihrem ganzen verbrecherischen Wahnsinn erkannt werden.

In Koeppens Schilderung ist jedoch der Antisemitismus der Pfaffraths heimtückischer als Judejahns Naziphrasen; seine beiläufige Selbstverständlichkeit entlarvt die ganze Oberflächlichkeit des Philosemitismus, der die junge bundesdeutsche Nachkriegsgesellschaft kennzeichnete. Friedrich Pfaffrath, der Bürgermeister, findet in Rom Landsleute, die es wie er und die Seinen im Wirtschaftswunder wieder zu etwas gebracht haben und eine Sprache bevorzugen, aus der die Ereignisse der Vergangenheit getilgt sind. Es sind «Landsleute gleicher Schicht und gleicher Ansichten, Davongekommene, einmal vom Schreck Geschüttelte und dann Vergessende wie sie, Volkswagenbesitzer, Mercedesbesitzer, an deutscher Tüchtigkeit Genesene» (S. 417). Als Konzession an die nationalsozialistischen Verbrechen räumt Pfaffrath euphemistisch ein, daß «Fehler» geschehen waren, «das mußte man einsehen und», die Gunst der «Stunde Null» nutzend, «eben wieder von vorn anfangen» (S. 418). Während Pfaffrath und seinesgleichen die nationalsozialistische Vergangenheit in eine stark tabuisierte Sprache hüllen, sprechen sie über die ihnen jetzt begegnenden Juden ganz ungeniert. Wenn der ältere Pfaffrath über die Kompositionen seines Sohnes und den Preis, den er erhalten soll, nachdenkt, hört sich das so an:

[D]as Programm des Musikkongresses verkündete Surrealismus, Kulturbol-
schewismus und negroide Neutönerei. War denn der Junge blind? Aber vielleicht machte man heute auf diese Weise Karriere, da die Juden wieder im
internationalen Geschäft saßen und Ruhm und Preise verteilten? (S. 420)

Im großen Finale des Romans treffen sich alle Hauptfiguren auf einem Empfang nach dem Konzert, und die Kürenbergs werden mit
der Vergangenheit konfrontiert, vor der sie ins Exil geflohen waren.
Ilse findet sich in demselben Raum mit jenen wieder, die daran mit-
gewirkt hatten, ihren Vater zu ermorden und sein Kaufhaus in Brand
zu stecken und zu plündern. In nachdenklich-melancholischer Stimmung taxiert sie Pfaffrath als einen jener «ganz gewöhnlichen Männer», die ihr Scherflein zu den Katastrophen ihres (Ilses) Lebens und
zum Holocaust beigetragen haben:

Er hat vielleicht seine Hemden in meines Vaters Kaufhaus gekauft, er hat
das erste Spielzeug für seine Kinder bei meinem Vater gekauft, und als das
Kaufhaus meines Vaters brannte und Hemden und Spielzeug der Straße zu-
fielen, hat er es gutgeheißen, und als man meinen Vater ermordete, hat er
es in die Akten aufgenommen und gutgeheißen. (S. 544)

Während Ilse ihren Verlusten nachsinnt, schenkt Pfaffrath der Vergangenheit und seiner Rolle in ihr keine Beachtung mehr. Er ist die
Verkörperung jenes Gesinnungswandels, dessen Voraussetzung die
von den Mitscherlichs ein Jahrzehnt später diagnostizierte Entrealisierung ist. Es gefällt ihm, in verblüffender Taktlosigkeit mit Kürenberg zu plaudern, ohne sich klarzumachen, warum die Kürenbergs
ihre Heimatstadt verlassen mußten, und überhaupt so zu tun, als
habe es niemals eine Unterbrechung ihres Kontakts gegeben. Stillschweigend übergeht er die dazwischenliegenden verbrecherischen
Jahre und kommt sich hochherzig vor, als er dem Dirigenten «das
Angebot eines rühmlichen Gastspiels im alten, zwar noch zerstörten, aber bald wiederhergestellten Theater» ihrer Heimatstadt macht
(S. 544). Er ist ein Beispiel für die vielen anderen von der «Unfähigkeit zu trauern» befallenen Deutschen, die sich gegen das Leiden
anderer und ihren eigenen Anteil daran verschließen, aber extrem
empfindlich sind, wenn sie sich gekränkt glauben. Als seine Einladung nicht dankbar angenommen wird, reagiert Pfaffrath auf den
Affront innerlich mit Beleidigungen («so sind sie, winselnd oder
hochnäsig»); dabei zeigt sich, daß er sich genau an die Zeit erinnert,
als die Aufhäusers ihn um Hilfe baten und er sie ihnen versagte.

Nur Siegfried und Adolf, die sensiblen Vertreter eines Menschen-
schlages, der nach ihrem Tod ausgestorben sein wird, beweisen auf

ihre je eigene Weise eine Nachdenklichkeit und Sympathie, die nichts mit philosemitischer Überkompensation zu tun hat, sondern einfaches Interesse am Mitmenschen ist. Gegen Ende des Krieges schlagen sich Adolf und seine Kameraden aus ihrem Internat zurück in die Heimat durch. Als sie an den Gleisen entlanggehen, stoßen sie auf die Überreste eines Zuges, der KZ-Insassen transportiert hat. Hier begegnet Adolf einem gleichaltrigen «Gespenst», und zum ersten Mal in seinem Leben erblickt er «einen lebenden Juden, wenn der Jude auch kaum noch am Leben war» (S. 461). Als der junge Jude beginnt, vor Kälte mit den Zähnen zu klappern, legt Adolf ihm «seine braune Parteijakke» über: «Er wußte nicht, warum er es tat. Er tat es nicht aus Mitleid. Er tat es nicht aus Liebe. Nicht einmal aus Scham deckte er den Jungen zu. Er tat es einfach, weil der andere zu frieren schien.» (S. 461)

Siegfrieds Augenblick kommt, als er von den Kürenbergs zum Essen eingeladen wird und im Laufe der Unterhaltung erfährt, daß es Kürenberg war, der vor zwanzig Jahren Siegfrieds Vater um Hilfe für seinen Schwiegervater Aufhäuser gebeten hatte und abgewiesen worden war. Schon als kleiner Junge hatte Siegfried gemerkt, daß man seinen Vater verärgern konnte,

daß er schlechter Laune war, wie meistens wenn man ihn um Hilfe gebeten hatte, und die Leute schienen ihn schlecht zu kennen in unserer Stadt, denn sie baten ihn damals oft um Hilfe, doch er dachte gar nicht daran, sich für Verlorene einzusetzen, nicht weil er sie haßte, das nicht, er war nicht verrückt, er mochte sie nicht, so war es wohl, aber er fürchtete sie nun, da man sie für aussätzig erklärt hatte, als Aussätzige, und vor allem fürchtete er damals schon Onkel Judejahn (...) (S. 433 f.)

Siegfried sieht Ilse an, und da er weiß, daß Ilses Vater in der «Schutzhaft» erschlagen worden ist, erlebt er einen Augenblick intensiver Verquickung von Vergangenheit und Gegenwart, der mehr ist als Mitgefühl mit dem anderen, einen Augenblick der Trauer und des echten Schmerzes über das Geschehene.

Und wir gingen zu Tisch, wir setzten uns, Kürenberg tat die Speisen auf, sie schenkte den Wein ein, und sicher war es ein köstliches Mahl, ich hatte den Koch zu loben, aber ich konnte nicht, ich schmeckte nichts, oder doch – Asche schmeckte ich, lebenlose zum Verwehen bereite Asche, und ich dachte: Sie hat ihres Vaters Haus nicht brennen sehen. Und ich dachte: Sie hat auch unsere Häuser nicht brennen sehen. Und ich dachte: Das ist geschehen geschehen geschehen das ist nicht zu ändern nicht zu ändern das ist verdammt verdammt verdammt verdammt. (S. 435)

Der erste Teil dieses Absatzes preist in leicht preziöser Sprache das ausgezeichnet zubereitete Essen, um dann dessen Wirkung zu negieren («aber ich konnte nicht, ich schmeckte nichts») und zum Kern vorzustoßen: «Asche.» Durch das vorangehende «köstliche Mahl» wirkt der Kontrast zur «Asche» noch krasser. Vom Wort «Asche» an scheint die Sprache unter Schock zu stehen; es ist eine entblößte, fast unartikulierte Sprache, die zur Beschwörung des Traumas immer dieselben Wörter wiederholen muß. Bei aller Kürze sind «Asche» und «verdammt» keine Codewörter, sondern benennen direkt die Verbrechen, die Unmöglichkeit, sie ungeschehen zu machen, und ihre verdammenden Konsequenzen. Siegfrieds in Worte gekleidete Gedanken sind die ersten, tastenden Versuche, das Geschehene anzuerkennen und die in den Pfaffraths so stattlich personifizierte Mauer eines opportunistischen Schweigens zu durchbrechen. Siegfried erkennt nicht nur, sondern erlebt auch Last und Vermächtnis seiner Erkenntnis. Mit dem Dreiklang «das ist geschehen – das ist nicht zu ändern – das ist verdammt» rührt Koeppen auch an die zur Zeit der Niederschrift seines Buches mit einem strengen Tabu belegte Erkenntnis, daß diese Verbrechen nicht vergehen und künftige, um Selbstdefinition bemühte Generationen von Deutschen heimsuchen werden.

Noch sprachloser drückt sich Siegfrieds Trauer in seiner Musik aus. Ilse Kürenberg lehnt Siegfrieds Musik ab; ihr «war zu viel Tod in diesen Klängen, und ein Tod ohne den heiteren Todesreigen auf antiken Sarkophagen» (S. 535). «[A]lles war von Anfang an brüchig, von Zweifel erfüllt und von Verzweiflung beherrscht» (S. 403), und sie bedauert ihren Mann, «weil er sich um Zerfahrenes und Hoffnungsloses bemühte, um eine in ihrer Nacktheit schamlos wirkende Äußerung der reinen nichtswürdigen Verzweiflung» (S. 403). Als Adolf die Musik seines Vetters Siegfried im Konzertsaal hört, wird er sich seiner eigenen Biographie bewußt und glaubt, «sich selbst in den Tönen zu erkennen. Es war ihm, als würde ihm in einem zerbrochenen Spiegel die Kindheit reflektiert» (S. 538). Er hört «Erinnerung an eine Zeit vor aller Schuld in den Klängen» (S. 538); dann wieder stoßen ihn «Zynismus, Unglaube, eine Verzweiflung, mit der narzißtisch kokettiert wurde, und anarchisches Treiben» von den Klängen ab (S. 538). Siegfrieds widersprüchliche Emotionen, seine innere Zerrissenheit und Verzweiflung sind die Befindlichkeit jener, die das mit dem Wirtschaftswunder einhergehende Leugnen und Beschönigen nicht mitmachen wollen; seine Trauer, sein Schmerz und die Weigerung, das Leben weiterzugeben, sind das Vermächtnis, das auf ihm lastet und aus dem er seine Musik gestalten muß. Er sieht sich selbst so, wie Ilse seine Musik sieht: «Ich bin nackt, ich bin bloß, ich bin machtlos. Nackt bloß machtlos» (S. 478). Aber dieses Eingeständnis der Machtlosigkeit bezweckt keine Entlastung von der Schuld; vielmehr verweist sie auf die äußerste Verzweiflung über die Last einer Vergangenheit, die nicht ungeschehen zu machen ist. Nihilismus, Hoffnungslosigkeit und Verzweiflung, die viele in Koeppens Roman gesehen haben, resultieren nicht nur aus der Erkenntnis der Ungeheuerlichkeit der Verbrechen, sondern auch aus dem Wunsch, sich als Antwort hierauf selbst zu vernichten. Musik erscheint als die einzige Stimme, die angemessen jene Klage ausdrükken kann, für die Worte nicht ausreichen, wie Siegfried während des Essens bei Kürenberg erfahren hat.

In der die Erzählung strukturierenden (an Thomas Mann gemahnenden) Polarität von Norden und Süden stehen die Kürenbergs für apollinische Klarheit, einen aufgeklärten Humanismus und die Betonung der Vernunft, im Gegensatz zum nördlichen, gespensterumwitterten Kontext der Judejahns und Pfaffraths, die sich durch Unvernunft, halben Wahnsinn oder Leugnen auszeichnen. In die apollinische Aura der Musik getaucht, werden beide Kürenbergs vorgeführt wie Statuen aus der Antike: vollkommen, in sich ruhend, zeitlos. Der Dirigent «war wahrhaft von der Antike geformt. Sein Frack saß wie auf einer Marmorbüste und über dem Weiß aus Hemdbrust, Kragen und Schleife blickte sein Kopf augusteisch.» Ilse Kürenberg «trug ein einfaches schwarzes Kleid. Auch ihr Kleid saß wie auf Marmor genäht. Es lag wie eine enge schwarze Haut auf einer wohlerhaltenen Marmorbüste» (S. 530).

Ungeachtet ihres angenehmen Lebensstils und der Hingabe des Dirigenten an seine Kunst tun die Kürenbergs nicht so, als habe es den durch den Holocaust verursachten Zivilisationsbruch nicht gegeben. Wie Siegfried und Adolf bekunden sie ihr Wissen dadurch, daß sie auf Kinder verzichten. Allerdings unterscheidet sich Ilse insofern nicht von anderen Deutschen, als auch sie über die erlittenen Traumata nicht nachdenken will. Sie und ihr Mann bevorzugen ein Leben der hedonistischen Genüsse; dennoch erinnert sie ihre unstete, entwurzelte Existenz ständig an ihr zerbrochenes Leben. Jeglicher Übertreibung abhold, wird ihre gemessene Freude von den Anspielungen auf die klassische Antike reflektiert und liegt im hellen Licht apollinischer Klarheit.

Sie waren müde, und sie genossen die Müdigkeit. Sie sahen das breite Bett, und sie genossen im Vorgefühl Kühle und Reinheit des Bettes. Es war heller Nachmittag. Sie verdunkelten das Zimmer nicht. Sie entkleideten sich im Licht und legten sich zwischen die Tücher und deckten sich zu. Sie dachten an die schöne Venus und dachten an die springenden Faune. Sie genossen ihre Gedanken; sie genossen die Erinnerung; danach genossen sie sich und fielen in tiefen Schlummer (...) (S. 406).

Ilse will die Gedanken an ihren Vater und die mit ihnen verbundenen Traumata verdrängen; darum lehnt sie Siegfrieds Musik ab, die das Geschehene ausdrückt und beklagt. Der Dirigent hingegen will diese Musik in all ihrem Schrecken und ihrer Verzweiflung menschlicher machen (wodurch er sich mit jenen verbündet, die den Holocaust zu «ästhetisieren» versuchten):

Kürenberg glättete, gliederte, akzentuierte Siegfrieds Partitur, und was Siegfried wehe Empfindung war, das Suchen eines Klangs, eine Erinnerung an einen Garten vor aller Geburt, eine Annäherung an die Wahrheit der Dinge, die nur unmenschlich sein konnte, das wurde unter Kürenbergs dirigierender Hand human und licht, eine Musik für gebildete Zuhörer, doch Siegfried klang es fremd und enttäuschend, die gebändigte Empfindung strebte zur Harmonie (...) (S. 394)

Als Ilse Kürenberg auf dem Empfang den Mördern ihres Vaters und deren Mordhelfern begegnet, kann sie die Negativität, die diese Menschen verströmen, nicht ertragen. Sie ergreift wieder die Flucht und scheut jeden Kontakt mit dem Bösen, das sie verkörpern. Judejahn, verrückt, böse und apoplektisch, wird Ilse später erschießen, als er selbst den Tod nahen fühlt. Ilses Tod ist ein bitterer, ironischer Kommentar zu dem unerbittlichen Fanatismus nationalsozialistischer Rassisten, und er drückt die Weigerung Koeppens aus, sich in philosemitischer Wiedergutmachung zu üben.

Koeppens Roman ist im Geiste der Nachkriegsphilosophie als Ausdruck einer existenziellen «Sinnlosigkeit» gedeutet worden.[35] Diese Auffassung kann man jedoch nur vertreten, wenn man den ursächlichen Zusammenhang zwischen dem Abgrund von Verzweiflung und Hoffnungslosigkeit und der nationalsozialistischen Herrschaft übersieht. Die Sinnlosigkeit in Koeppens Roman rührt weder von einer existentiellen Leere noch von einer geistigen Erschöpfung her. Vielmehr scheint sie die einzig mögliche Antwort auf die bewußte Einsicht in die Greueltaten des Holocaust und das damalige politische Taktieren zu sein. Schon als Anfang der fünfziger Jahre zwischen der Bundesrepublik Deutschland und Israel über Reparationszahlungen verhandelt wurde, konnte Koeppen dies nicht als Entschädigung akzeptieren – aber er konnte auch keinen geeigneten Weg der Wiedergutmachung oder des Verarbeitens dieses belastenden Erbes aufzeigen. Lähmung, Negativität, Sinnlosigkeit und Auslöschung waren damals vielleicht die einzige Möglichkeit, Entsetzen und Schmerz auszudrücken. Viele Jahre lang sollte kein anderer deutscher Schriftsteller den Mut zu derartig radikalen Überzeugungen aufbringen.

Das Ineinanderfallen von Vergangenheit und Gegenwart und damit der Gedanke, daß bestimmte menschliche Eigenschaften «zeitlos» sind (so wie Rom «ewig» ist), könnte darauf schließen lassen, daß der Holocaust als einzigartiger Bruch in der Geschichte geleugnet und damit die Möglichkeit einer Entsühnung angedeutet werden soll. Das ist nicht der Fall. *Der Tod in Rom* ist ein ehrgeiziges künstlerisches Unternehmen, das an die literarischen Leistungen der Moderne anknüpft. Die großen epischen Erzählungen dieser Zeit vor dem Holocaust werden oft als «polyhistorisch» bezeichnet. Polyhistorische Perspektiven bedingen das Nebeneinander mehrerer Zeitebenen, das Zusammenfallen von Zeit und Zeitlosigkeit oder die zyklische Wiederkehr. *Der Tod in Rom* gewinnt polyhistorische Tiefe durch ständige Verweise auf die lange Geschichte Roms, auf Schlüsselereignisse und Schlüsselpersonen, die der Gegenwart überlagert werden. Es gibt zudem häufige charaktertypische Anspielungen auf Gestalten der nordischen und der klassischen Sagenwelt und auf mythologische Archetypen. Zu der Gleichsetzung der Kürenbergs mit Statuen des klassischen Altertums kommen viele andere Verweise auf klassische Muster, zum Beispiel wenn Ilse mit einer Eumenide, einer schlafenden Rachegöttin, verglichen wird (S. 406). Judejahn wird im ganzen Buch durch die dunkelsten Assoziationen mit dem Totenreich gleichgesetzt. Er «war ein Henker. Er kam aus dem Totenreich, Aasgeruch umwehte ihn, er selber war ein Tod, ein brutaler, ein gemeiner, ein plumper und einfallsloser Tod» (S. 402).

Doch ist die Zeit in diesem Roman nicht streng kreisförmig; sie beschreibt eine Spirale, die nach unten führt. Koeppen strukturiert den Roman nach der mythologischen Vorstellung von den vier Zeitaltern des Menschen und läßt ihn wie ein Märchen beginnen: «Es war einmal eine Zeit, da hatten Götter in der Stadt gewohnt» (S. 393). Von diesem Punkt ausgehend, werden Leben und Geschichte als ständiger Niedergang von einem Urzustand aus dargestellt. Die zeitliche Metapher des Niedergangs durch eine nach unten führende Spirale wird im Bild der ewigen Stadt selbst, der Stadt einstiger Größe und jetziger Fäulnis, verräumlicht und statisch gemacht. Läßt die nach unten führende Spirale darauf schließen, daß irgendwann ein Grund erreicht sein wird? Würde der Holocaust dann den Abstieg in die verabscheuungswürdigste Tiefe der Menschheit, den Nadir des

Eisernen Zeitalters, darstellen? Und würde dieses Zeitalter der Verabscheuungswürdigkeit das von den Nationalsozialisten als Höhepunkt und Erfüllung ihres Zeitalters der Rassenideologie gefeierte sein?

Es gibt viele Darstellungen dieses Abstiegs in die Unterwelt in dem Roman, doch gibt es kein Anzeichen für ein Hervorgehen aus ihr, begleitet von neuen Einsichten, die ein verwandeltes Leben ahnen lassen. Der Nadir birgt keine Verheißung auf Besserung, so wie Siegfrieds Musik in ihrer Verzweiflung erstarrt bleibt und der Verzicht auf Nachwuchs das Aussterben bedeutet. So wie Siegfried und Adolf ohne Hoffnung und Zukunft sind, verweist der Roman nicht auf eine zuletzt vielleicht doch mögliche Erlösung oder Erneuerung. Diejenigen, die Vernunft, Gewissen und Leiden an der Vergangenheit verkörpern, zerbrechen die Kontinuität in eine Zukunft, während die reuelosen Opportunisten in einer buchstäblich ewigen und unwandelbaren Hölle leben.

Koeppens durchgängiger Rückgriff auf die Mythologie hat vielfältige Interpretationen erfahren. Man hat eingewandt, daß er unkritischen Gebrauch von mythologischen Vorbildern mache oder daß er ihren Gebrauch nicht (wie Thomas Mann) ironisch kommentiere, um sich gegen die Unterstellung, er huldige einer zyklischen Geschichtsauffassung, zu verwahren. Man hat ihm die Mythologisierung der Geschichte, den Rückzug aus der Geschichte und deren Entrückung ins Mythische vorgeworfen, was sein Werk um seine politische und kritische Wirkung bringe.[36] Aber auch die «Banalisierung» und letztlich die «Entleerung» mythischer Strukturen hat man dem Roman angekreidet.[37] Beide Deutungsmuster bewegen sich im Rahmen eines Modernismus, der noch ungebrochen ist von der Erkenntnis der Wirkung des Holocaust. Koeppen aber arbeitet mit dieser Einsicht. Nicht nur, daß er mythologische Muster (und damit das auf ihnen gründende abendländische Erbe) «banalisiert» und «entleert»; er zeigt auch, daß die von ihnen unterstellte Kontinuität nur in der Zeitlosigkeit der Hölle und von den unerfreulichsten Zeitgenossen bewahrt werden kann. Er rekapituliert das modernistische Erbe des Polyhistorismus, um es zu untergraben. Der Fortschrittsglaube der Aufklärung liegt in Trümmern, die konsekutive, erlösende Zeit ist ausgelöscht. Der Holocaust als Diskontinuität und Zivilisationsbruch schlechthin hat die frühere Konzeption der Menschheit von sich selbst zerstört. Alles, was bleibt, ist ein Reich der Negativität, unerlöst von jeder Hoffnung und daher zeitlos in seiner Verdammnis. Diese Sichtweise ist gleichzeitig die schneidendste Kritik an der Adenauer-Restauration. Man kann *Der Tod in Rom* als einen Roman lesen, der darum ringt, die Sprache für das zu finden, was er sagen will. Wie Siegfrieds schockiertes und stammelndes Suchen nach Worten für das Entsetzen und den Schmerz gezeigt hat, gibt es keine Sprache, dies auszudrücken. Die Sprache versagt – nicht, weil sie verdrängen oder vertuschen will, sondern weil sie die Verheerungen nicht ausdrücken kann. Statt dessen strukturieren den Roman Umkehrungen und Subversionen des abendländischen Erbes, wie es in seiner Mythologie zum Ausdruck kommt, um das Urteil zu fällen und eine Welt zu zeigen, die buchstäblich zum Teufel gegangen ist.

Trotzdem fällt es schwer, die rigorosen Konsequenzen zu akzeptieren, die Koeppen aus dem vernichtenden Zivilisationsbruch zieht. Das Aussterben mag der radikalste Bruch mit der Kontinuität sein, aber in seiner Radikalität leugnet es das Leben selbst. Koeppens Enttäuschung über die Adenauer-Restauration (und das mangelnde Echo auf seine bittere Klage) bewog ihn, es seinen jungen Protagonisten gleichzutun, die sich weigerten mitzumachen und die vielleicht für ihn selbst sprechen. Er scheint jenem Kritiker zugestimmt zu haben, der von ihm sagte, daß sein «ganzes Werk aufs Schweigen, aufs Verstummen hin angelegt ist, und daß das heutige Schweigen des Schriftstellers Koeppen ein konsequenter Akt der Selbstverweigerung ist.»[38]

2.
Dokumentarische Literatur

Alexander Kluge und Günter Grass

> Die Sprache ist die Magd des Vorteils.
> Etwas darin mitteilen, ist einfach; aber
> nichts mitteilen, die Mitteilung in lauter
> Sprache verschwinden lassen, dies ist
> eine Arbeitsleistung von außerordentlicher
> Qualität.[1]

Wolfgang Koeppens Kritik an der Adenauer-Restauration und seine heftigen Angriffe auf die alten Nazikader in der bundesdeutschen Gegenwart bescherten ihm keine große Leserschaft; immerhin gab es manchen nachdenklichen Beobachter, der seine Betroffenheit teilte. Das «Wirtschaftswunder» konzentrierte alle Energien auf den Wiederaufbau der Wirtschaft und der Städte, um die vom Naziregime angerichteten Verwüstungen und Zerstörungen im wörtlichen wie im übertragenen Sinne ungeschehen zu machen. Man war stolz auf die Schnelligkeit und Gründlichkeit des Wiederaufbaus, auf die Arbeitsethik und den wirtschaftlichen Erfolg des Landes, aber niemand wagte es, Fragen nach der Rolle Deutschlands in jenem Krieg zu stellen, der diese hektische Betriebsamkeit nötig machte. Der wirtschaftliche Wiederaufbau beseitigte zwar die physischen Trümmer des Zweiten Weltkriegs, aber die Erinnerungen an das, was diese Trümmer verursacht hatte, konnte er nicht so gründlich auslöschen. Diese Erinnerungen mußten in einem Mahlstrom von Ausflüchten und inneren Ausreden verdrängt, verleugnet und vertuscht werden. Die neu errungenen Konsumbequemlichkeiten mögen ein Selbstzweck gewesen sein; sie lenkten aber auch die Aufmerksamkeit von der Frage nach den historischen Ursachen der Kriegsverwüstung und dem Wunsch nach Vergessen der Vergangenheit ab. All diese Überlegungen erforderten eine Art Seiltanz mit der Zeit: Die Vergangenheit war zwar die treibende Kraft der Gegenwart, aber gleichzeitig sollte die Vergangenheit als vergangen angesehen werden. Die Vergangenheit trieb zwar die Gegenwart dazu, sich durch die Errungenschaften des Wirtschaftswunders zu legitimieren; aber die Vergangenheit wollte auch vergessen sein – und bewirkte doch nur immer neue Strategien des Leugnens und Verdrängens. Die Vergangenheit konnte nicht Erinnerung werden, weil sie Alptraum war.

Innerhalb von fünf Jahren nach Erscheinen von Koeppens *Der Tod in Rom* kamen einige bedeutende Romane heraus, die in deutlicher Weise die Bedingungen der Adenauer-Restauration ansprachen. Besonders einem Aspekt in Koeppens Roman – dem Nachkriegswohlstand von Leuten wie dem einstigen Nationalsozialisten und jetzigen Bürgermeister Pfaffrath und seinesgleichen – gilt das Augenmerk in Martin Walsers *Ehen in Philippsburg* von 1957.[2] Der Roman ist eine zynische Beschreibung der Nachkriegsanpassung an das Wirtschaftswunder. Wie Koeppens Roman ist er in allen vier Abschnitten der Erzählung von einem Subtext des Todes durchwirkt. Zwei Jahre später nimmt Heinrich Bölls ambitionierter Roman *Billard um halbzehn* in weiträumiger Perspektive erstmals drei Generationen von Deutschen in den Blick, um eine Kontinuität der Personen und Einstellungen von der Nazi- bis in die Nachkriegszeit aufzuzeigen.[3] Wie in der Erzählung *Über die Brücke* benutzt Böll ein Bauwerk – diesmal Aufbau und nachfolgende Zerstörung eines Klosters –, um den Zustand der Bundesrepublik zu versinnbildlichen. Wie in *Wo warst du, Adam?* zerfallen die Romanfiguren im wesentlichen in zwei Gruppen: die Opfer und die Verfolger, im Roman metaphorisch als die «Lämmer» und die «Büffel» bezeichnet. Sowohl Böll als auch Walser vermeiden in ihrem Roman jeden Hinweis auf den Holocaust; in Bölls Roman werden die Opfer (die «Lämmer») nicht aus rassischen, sondern aus politischen Gründen verfolgt. Zur Markierung des Kontinuitätsbruchs zwischen Nazi- und Nachkriegszeit und als Geste der Wiedergutmachung für das Schweigen während der nationalsozialistischen Herrschaft läßt Böll allerdings eines seiner «Lämmer» in der Nachkriegszeit versuchen, einen «Büffel» zu erschießen. In allen diesen Romanen ist der Tod aktives Element im Diskurs über Deutschland. *Die Blechtrommel* von Günter Grass, ebenfalls 1959 erschienen, beschließt den literarischen Aufbruch der fünfziger Jahre mit einem Paukenschlag: Es war der erste westdeutsche Roman, der auch internationalen Beifall fand. Allen diesen Romanen gemeinsam ist die ausgeprägte Kritik an der bundesdeutschen Gesellschaft im Übergang von der Nazi- in die Nachkriegszeit.

Im Gegensatz zu den fünfziger Jahren, als Adenauers «Restauration» sich trefflich mit der stabilen, aber nicht besonders aufregenden Präsidentschaft Dwight D. Eisenhowers ergänzte, waren die sechziger Jahre eine Dekade der politischen Turbulenzen und zivilen Unruhe. Wenige Monate nach dem Besuch Präsident John F. Kennedys an der Berliner Mauer im Sommer 1963 und einen Monat vor dessen Ermordung erklärte der damals 87jährige Bundeskanzler Konrad Adenauer seinen Rücktritt. Damit endete die eigentliche Nachkriegszeit in Westdeutschland mit ihrer innenpolitischen Betonung von Wirtschaftswunder und Westintegration. Adenauers Nachfolger Ludwig Erhard war als Bundeswirtschaftsminister der «Vater» des Wirtschaftswunders gewesen, vermochte aber als Bundeskanzler den Kurs nicht zu halten. Schwierige und kurzlebige Koalitionen und wirtschaftliche Stagnation unter der Kanzlerschaft Kurt-Georg Kiesingers, eines ehemaligen führenden NSDAP-Mitglieds, endeten 1969 mit der Wahl des Sozialdemokraten Willy Brandt zum Bundeskanzler. Die Polarisierung der deutschen Gesellschaft drückte sich besonders in einer zunehmend politisierten und militanten Studentenbewegung und in der Linksorientierung prominenter Schriftsteller jener Jahre aus.

Durch den Jerusalemer Eichmann-Prozeß von 1961 und die Frankfurter Auschwitz-Prozesse von 1963 bis 1965 wurden die Greueltaten des Holocaust publik. Die dramatischen Aussagen vor Gericht waren von einer Unmittelbarkeit, die keine Verdrängung zuließ, während die historischen Dokumente und die Autorität der Zeugen kein Ausweichen und keine Ausflüchte erlaubten. Zwar behaupteten sich langfristig Strategien des Leugnens und Umgehens, aber die Art des Schweigens änderte sich. Die gleichzeitigen Debatten um die Aufhebung der Verjährung nationalsozialistischer Verbrechen im Jahre 1965 sensibilisierten gerade, als die Auschwitz-Prozesse zu Ende gingen, eine neue Generation zusätzlich für den Völkermord an den Juden. Nach intensiven Debatten beschloß der Bundestag, die Verjährungsfrist für Verbrechen im Zusammenhang mit Völkermord um vier Jahre zu verlängern. (1969 wurde sie um weitere zehn Jahre verlängert, und 1979 wurde nach neuen, hitzigen Debatten beschlossen, daß solche Verbrechen überhaupt nicht verjähren.)[4]

Das Gerichtsdrama dieser Prozesse inspirierte naheliegenderweise zuerst die Dramatiker. Gerichtsdokumente lieferten nicht nur eine Sprache, sondern auch die Autorität des Faktischen und damit eine Alternative zu subjektiv befangenen Erzählern und einem relativierenden Multiperspektivismus. Das Dokumentardrama konnte jetzt, frei von Zweideutigkeit, aggressiver werden. In rascher Folge erschienen Rolf Hochhuths *Der Stellvertreter* (1963), Heinar Kipphardts *In der Sache J. Robert Oppenheimer* (1964), Peter Weiss' *Die Ermittlung* sowie Kipphardts *Joel Brand* (beide 1965) und Hochhuths *Soldaten* (1967). Manche dieser Stücke konzentrierten sich auf die Verantwortung der Deutschen für die während des Holocaust begangenen Greueltaten, doch wurde in Hochhuths *Der Stellvertreter* auch der Papst ins Geschehen hineingezogen, weil er seine Stimme nicht zugunsten der Juden erhoben hatte, und *Soldaten* setzte sich mit dem alliierten Bombardement deutscher Städte auseinander. Heinar Kipphardts *In der Sache J. Robert Oppenheimer* verlegte den Schauplatz in die USA und thematisierte den Gewissenskonflikt dieses amerikanischen Kernphysikers, der zwischen Loyalität zu seinem Land und Protest gegen die Politik seiner Regierung hin- und hergerissen ist. Indem diese Stücke den Blick nicht mehr scharf auf das verbrecherische Handeln der Deutschen richteten, ermutigten sie stillschweigend zu einer vergleichenden Perspektive, für die Verbrechen gegen die Menschlichkeit nichts Einmaliges waren, und milderten insoweit das Urteil über die nationalsozialistischen Täter. *Die Ermittlung* des Emigranten Peter Weiss basierte auf Mitschriften der Auschwitz-Prozesse; man kritisierte das Stück sowohl wegen seiner Ästhetisierung der Greuel (Weiss gestaltete die elf jeweils in drei Teile zerfallenden Szenen des Stücks nach den dreiunddreißig Gesängen von Dantes *Inferno*) als auch wegen seiner marxistischen Interpretation des Holocaust, die den Holocaust als Ausgeburt des Kapitalismus «erkläre».

In den USA zeigte sich die zunehmende Politisierung der sechziger Jahre im Entstehen der Bürgerrechtsbewegung und in den Protesten gegen den Vietnamkrieg. Die dabei entwickelten Protesttechniken wurden dann in Deutschland, aber auch in Italien und Frankreich übernommen. Die Proteste in Deutschland richteten sich gegen den US-Imperialismus und die vermeintliche Kungelei zwischen dem politischen Establishment in Deutschland und den USA. Deutsche Studenten organisierten sich in der APO (Außerparlamentarische Opposition) und traten dem SDS (Sozialistischer Deutscher Studentenbund) bei. Sie gründeten auch terroristische Zellen, von denen die RAF (Rote-Armee-Fraktion) am berüchtigtsten war. Die Ermordung des Studenten Benno Ohnesorg bei einer studentischen Protestdemonstration gegen den Besuch des Schahs von Iran im Juni 1967 in Berlin[5] und das fast tödliche Attentat auf den SDS-Führer Rudi Dutschke vom April 1968, das die Schüsse von Kent State in den USA vorwegnahm, befeuerten die Studentenproteste und stärkten das Engagement der Studenten für die politische Linke. Der Holocaust schien bei diesen Protesten nur am Rande eine Rolle zu spielen, war aber gleichwohl unausgesprochen präsent. Dies wird an einer Äußerung des damaligen Bundeskanzlers Kurt-Georg Kiesinger in seiner Ansprache zum Jahreswechsel 1967/68 deutlich; Kiesinger versuchte, die Kritik am eskalierenden Krieg der USA in Vietnam mit den Worten zu entschärfen: «Gerade wir haben nicht den geringsten Grund, uns zu Schulmeistern Amerikas aufzuwerfen.» Martin Walser, der diesen Vorfall berichtet, meint dazu: «Das heißt doch: Wir haben Völkermord begangen, die begehen Völkermord, und eine Krähe soll der anderen kein Auge aushacken.»[6]

1968 war auch das Jahr der Pariser Maidemonstrationen und der «Sieben von Chicago», die im Sommer desselben Jahres den Bundesparteitag der amerikanischen Demokraten sprengten. Die westdeutschen Behörden, die damals noch vom Geist autoritärer Unduldsamkeit gegen jede abweichende Meinung erfüllt waren, reagierten auf die Studentenproteste mit den «Notstandsgesetzen» von 1968, denen sie Anfang der siebziger Jahre den «Radikalenerlaß» folgen ließen, durch den einstige Demonstranten an einem Eintritt in die Beamtenlaufbahn gehindert wurden.

Die deutschen Studenten der sechziger Jahre waren die erste Nachkriegsgeneration, die nichts mit den Verbrechen der nationalsozialistischen Herrschaft zu tun hatte. Und wenn sie sich dem Holocaust stellen wollten, schützte sie ihre linke Gesinnung vor der Notwendigkeit, sich mit der nationalsozialistischen Vergangenheit und ihrem Erbe auseinanderzusetzen. Ihre Rechnung war einfach: Der Holocaust war eine Frucht des Faschismus, und Faschismus war die reaktionärste und imperialistischste Erscheinungsform des Kapitalismus. Das Wichtigste war daher der Kampf gegen den Kapitalismus. Dieser Standpunkt erlaubte es ihnen, sowohl die USA wegen ihres imperialistischen Krieges in Vietnam anzugreifen als auch an der Heimatfront die Generation der Eltern zu attackieren, die mit dem Faschismus paktiert hatten, heute die Verbündeten der USA waren und im Zuge des Wirtschaftswunders weiterhin ihren Kapitalismus praktizierten. Dieser Standpunkt sollte schließlich dazu führen, daß die Terroristen sich «Vertreter aus jenen Bereichen der deutschen Gesellschaft» herausgriffen, «die dem Nationalsozialismus zur Macht verholfen und ihn an der Macht erhalten hatten, namentlich aus dem Bankwesen und der Schwerindustrie, der Justiz, der Bundeswehr und der Verwaltung».[7] Wie Andreas Huyssen so treffend bemerkt hat:

Es ist an der Zeit, linke Faschismustheorien zu kritisieren, die den Holocaust an die Peripherie des historischen Geschehens verweisen und die Gleichgültigkeit vieler deutscher Linken gegen das Spezifische der «Endlösung» zeigen. Die Instrumentalisierung der Leiden der Juden für die Zwecke der linken Kritik am Kapitalismus damals und heute ist selbst ein Symptom für die nachkriegsdeutsche Amnesie. Was unterscheidet die deutschen Linken, die darauf bestehen, Auschwitz mit Vietnam zu vergleichen, von den Rechten, die behaupten, Auschwitz werde durch Dresden oder Hiroshima aufgewogen?[8]

Anfang der siebziger Jahre begann das Dokumentardrama an Wirkung einzubüßen. Immerhin konnte Heinar Kipphardt noch zwanzig Jahre nach Hannah Arendts *Eichmann in Jerusalem* mit seinem Dokumentarstück *Bruder Eichmann* (1983) das Interesse an Dokumenten mit der Notwendigkeit der Vergangenheitsbewältigung verknüpfen.

Neben dem dokumentarischen Drama wurde dokumentarische Prosa zu einer vielpraktizierten literarischen Untergattung. Ihre gesellschaftliche und politische Kritik war genauso pointiert wie die des Dramas, auch wenn ihr dessen lebendige Wirkung fehlte. Das Dokumentardrama hatte eher die Tendenz, Dokumente als objektive Feststellungen zu behandeln und auf den ihnen unterstellten Charakter des Faktischen zu bauen. Die Prosa als intimere und subjektivere Kunstform konnte demgegenüber ihre eigenen Voraussetzungen ergründen und akzeptierte Vorstellungen von Authentizität hinterfragen. Die selektive Vorliebe für gewisse Dokumente und ihre Verwendung in Collagen und Montagen wurde bald in Frage gestellt, das «Objektive» und «Faktische» der Dokumente selbst radikal erschüttert. Einige der interessanteren Beispiele dokumentarischer Prosa erschienen in den siebziger Jahren, einem generell weniger dramatischen und handlungsorientierten Jahrzehnt, in dem das Thema Politik in der Literatur durch Introspektion und psychologische Erkundungen aufgelockert wurde. Einige Beispiele hierfür sind die zwischen 1970 und 1983 erschienenen vier Bände *Jahrestage* von Uwe Johnson, Hans Magnus Enzensbergers Beschreibung des Todes eines spanischen Anarchistenführers, *Der kurze Sommer der Anarchie. Buenaventura Durrutis Leben und Tod*, von 1972, Heinar Kipphardts Studie über Schizophrenie *März* von 1976 und Tankred Dorsts *Dorothea Merz* aus demselben Jahr. 1972 erhielt Heinrich Böll den Nobelpreis für Literatur, ein Jahr nach dem Erscheinen seines Romans *Gruppenbild mit Dame*, in dem ein fiktiver Verfasser die Vergangenheit seiner Protagonistin «recherchiert» und die bei seinen Bemühungen zutage geförderten «Dokumente» präsentiert. Der rigoroseste und weitreichendste dieser Romane ist *Eine Liebe in Deutschland* von Rolf Hochhuth, erschienen 1978.[9] Hierin und in dem ein Jahr später erschienenen Theaterstück *Juristen* verwendet Hochhuth Dokumente, um seine Vorwürfe gegen eine Nachkriegsgesellschaft zu untermauern, welche die nationalsozialistischen Verbrechen beschönigte und es zuließ, daß prominente Nazipersönlichkeiten – vor allem Juristen – weiter in Amt und Würden waren. *Eine Liebe in Deutschland* eruiert die Dokumente und Akten einer Liebesbeziehung zwischen einer deutschen Frau und einem polnischen Kriegsgefangenen und befragt Zeugen sowie den Vollstrecker des Urteils, das auf Tod durch den Strang für den Mann und Konzentrationslager für die Frau lautete. Besonders hartnäckig ist Hochhuth in seinen Anschuldigungen gegen den damaligen Ministerpräsidenten von Baden-Württemberg Hans Filbinger, der während des Zweiten Weltkriegs als Marinerichter tätig war. Es waren im wesentlichen diese Hartnäckigkeit Hochhuths und das von ihm vorgelegte dokumentarische Beweismaterial, die Filbinger 1978 zum Rücktritt zwangen.

Alexander Kluge

Die vielleicht radikalste Position auf dem Gebiet der dokumentarischen Literatur vertritt Alexander Kluge. Der 1932 geborene Kluge studierte Jura, Geschichte und Kirchenmusik, war aber schon 1960 als Schriftsteller und Filmemacher tätig. Gelegentlich macht er von seiner juristischen Ausbildung Gebrauch, um der Gemeinschaft der Künstler zu helfen; so forderte er in seinem «Oberhausener Manifest» 1962 unter anderem die Gründung einer deutschen Filmhochschule zur Ausbildung einer neuen Generation von Filmemachern und griff in die Kämpfe um das Bundesfilmförderungsgesetz ein.

Kluges ideologische Weltsicht ist im linken Spektrum angesiedelt, doch spielen für ihn auch Gefühle, Irrationalismus und die treibende Kraft des Begehrens eine wichtige Rolle. In seinen Filmen und Prosaarbeiten stützt er sich auf Brecht und den Glauben der Linken an die didaktische Sendung und Macht der Kunst.[10] Doch geht Kluge durch seine radikalen Verfremdungstechniken über Brechts modernistische Ästhetik hinaus. Ungeachtet der enormen medienspezifischen Unterschiede zwischen Film und Literatur haben Kluges Filme und seine Prosaerzählungen viele strukturelle Merkmale gemeinsam. Beide sind dezentriert: Es gibt keine privilegierten Motivlinien, keine Hauptfiguren, keine hervorgehobenen Handlungsstränge (Plots).

Statt dessen bestehen sie aus Montagen scheinbar unverbundener Diskurse, Bilder und (in den Filmen) Soundtracks. Besondere Bedeutung mißt Kluge den Lücken zwischen den Elementen einer Collage zu, da diese Lücken eine anderweitig nicht aufscheinende Beziehung zwischen den Elementen herstellen. In dem Bestreben, erzählerische Grenzen zu sprengen, vermengt er theoretische Exegesen, Märchen, philosophische Aussagen und traditionelle literarische Prosa miteinander. Vor allem aber untergräbt, ja desavouiert Kluge die angeblich privilegierte Autorität von Dokumenten, da «durchaus das Dokument *erfunden* sein und das Erfundene auf *Tatsachen* beruhen kann».[11] Er unterscheidet nicht zwischen literarischen und dokumentarischen Texten, um zu zeigen, wie jede Art von Diskurs die Interessen derer zum Ausdruck bringt, die ihn erzeugen. Diese Praxis hat schwerwiegende Konsequenzen, wenn die Erzählungen sich, wie praktisch alle Texte Kluges, mit Geschichte befassen – speziell mit der deutschen Geschichte im Dritten Reich und in der Nachkriegszeit.

In Kluges Texten hat man ein Symptom jener «Krise des Erzählens» sehen wollen, die für gewöhnlich mit den Wirren und Verwüstungen des 20. Jahrhunderts in Zusammenhang gebracht wird. Zu den charakteristischen Merkmalen dieser Krise gehört die Auflösung des Individuums, das entweder von Mächten, denen es nichts entgegenzusetzen hat (und die es oft nicht einmal versteht), vernichtet wird oder aus einem Gefühl der Machtlosigkeit und des Unvermögens, die mannigfaltigen und miteinander verflochtenen Mächte zu entwirren, in der Anonymität des Kollektivs verschwindet. Der Holocaust erscheint in diesem Zusammenhang als höchster Ausdruck der rapiden Technisierung und der mit ihr einhergehenden Anonymität. Diese These führt zu einer bequemen Entlastung, da sie praktisch die Unvermeidlichkeit des Holocaust als Endergebnis einer «logischen» Entwicklung behauptet und gewissen deutschen Selbstdeutungen Vorschub leistet, in dem Sinne, daß man angesichts übermächtiger Kräfte eben machtlos gewesen sei. Kluge versucht die Prozesse zu beleuchten, die den einzelnen dazu bringen, sich seiner Individualität und Humanität zu entledigen, indem er Lücken und Schweigen dort einführt, wo der einzelne seine Menschlichkeit hätte behaupten können. Ein Individuum in der es prägenden Umwelt zu beschreiben erfordert jedoch eine ungeheure Menge von Informationen über die verschiedenen Aspekte seiner gesellschaftlichen Existenz. Überdies ist jedes Stück Information selbst «interessiert», da es unweigerlich von irgend jemandem oder irgendeiner Instanz unter einem bestimmten Gesichtspunkt zusammengestellt worden ist.

Kluges rigoroser Nachweis der gesellschaftlich vermittelten Destruktion des Individuums hat Folgen für den Standpunkt des Erzählers. Kluge stößt an die Grenzen seines rigorosen Ansatzes, wenn er versucht, den Erzähler zu eliminieren, da er nicht vermeiden kann, daß das Bewußtsein des Autors Fragmente und Szenen auswählt, gestaltet und anordnet und somit die Interessen des Autors verrät. Außerdem ist Kluges Impuls zur Ausschaltung des Erzählers selbst ein Reflex jener Entmenschlichung, die er beschreibt. Aber gerade dort, wo die Schwäche seines Ansatzes am deutlichsten wird, vollführt er einen intellektuellen Salto mortale und pocht auf seinen Glauben an die Macht der Didaktik. Die fragmentarische und «desinteressierte» Sprache und die nebeneinandergestellten divergierenden Szenen sowie die Lücken und das die Szenen umgebende Schweigen sollen dann den Leser dazu herausfordern, zu analysieren und sich eine eigene Meinung zu bilden. Diese Didaktik gründet auf dem aus der Aufklärungszeit herrührenden Glauben an die Vervollkommenbarkeit und Lernfähigkeit des Menschen und steht in krassem Gegensatz zu Kluges Beschreibung von Figuren, die diesen aufgeklärten Glauben Lügen strafen.

Wenn Kluge in seiner Radikalität eisern darauf beharrt, daß jeder Diskurs «interessiert» sei und die Grenzen zwischen verschiedenen Arten des Diskurses abgeschafft werden müßten, so ist er genauso radikal, was die Beseitigung der Unterscheidung zwischen authentischem und fiktivem Material oder zwischen Tatsache und Hypothese betrifft. Das trennt ihn von den meisten anderen Schriftstellern, die sich ebenfalls hybrider Formen bedienen, aber die Authentizität dokumentarischen Materials nicht bezweifeln. Andreas Huyssen geht bei seinem Vergleich Alexander Kluges mit anderen zeitgenössischen Autoren dokumentarischer Literatur auf die avancierten theoretischen und praktischen Positionen Kluges ein. Das dokumentarische Drama betrat Anfang der sechziger Jahre mit Aplomb die literarische Szene, doch, schreibt Huyssen,

Kluge war damals bereits über gewisse ästhetische und politische Voraussetzungen hinaus, auf denen die dokumentarische Welle beruhte. So machte er nicht, wie so viele Dokumentaristen, einen kategorischen Unterschied zwischen Fiktion und Dokument. Er glaubte nicht an den Mythos des Wirklichen, den Mythos des Authentischen, von dem das Dokument damals für viele umgeben war. Er mißtraute der Behauptung, das Dokument, wie es in literarischen Texten verwendet wurde, stehe der Realität näher als der Fiktion und nur reale Dokumente könnten als Grundlage eines neuen Realismus, einer verstärkten Wirkung der Literatur in der Öffentlichkeit dienen.[12]

Kluges Unterminierung der Grenze zwischen «Dokumenten» und «Fiktion» spiegelt seine Skepsis, was die «Erzählbarkeit» von Ereignissen, Szenen, Porträts betrifft. Diese Skepsis basiert auf dem, was der Historiker Hayden White als «kognitive Orientierungslosigkeit» bezeichnet, das Verzweifeln an der Möglichkeit, «jemals alle Elemente von Ereignissen benennen zu können, so daß eine ‹objektive› Analyse ihrer Ursachen und Folgen möglich würde»,[13] und auf der Problematik, eine Sprache zu formen, die diese Orientierungslosigkeit und Verzweiflung auszudrücken vermag. Die durch den Holocaust geschaffenen Bedingungen sind in alle kognitiven und sprachlichen Bereiche eingedrungen. Die postmodernen Versuche, eine Stimme für die «Repräsentation» des Holocaust zu finden, haben einer Sprache der Brüche, Risse, Lücken und Fragmentierungen den Weg bereitet. Kluge sieht sich offensichtlich selbst in dieser Situation. Hayden White könnte Kluges Erzählungen gemeint haben, wenn er schreibt:

Aus diesem Grund bieten jene antinarrativen Nichtgeschichten, welche die literarische Moderne hervorbringt, die einzige Aussicht auf angemessene Darstellung jener «unnatürlichen» Ereignisse – einschließlich des Holocaust –, die unsere Zeit kennzeichnen und sie absolut von aller bisher gewesenen Geschichte unterscheiden.[14]

Wenn diese «antinarrativen Nichtgeschichten» die «einzige Aussicht auf angemessene Darstellung des Holocaust» bieten, müssen ihre konstitutiven Elemente genauestens geprüft werden. Es genügt nicht zu wissen, daß Kluge ein Autor ist, «der sich mehr für die Struktur und die Paradigmen des dokumentarischen Diskurses als für dessen Anspruch auf empirische Wahrheit oder faktische Genauigkeit interessiert».[15] Die Bevorzugung von «Struktur und Paradigmen», das Verzweifeln an der Erreichbarkeit von «empirischer Wahrheit oder faktischer Genauigkeit» reichen als Beweise für den Versuch, zu einem Verständnis des Holocaust zu gelangen, nicht aus. Der Holocaust verlangt ungeachtet aller mit ihm verbundenen Diskontinuitäten und narrativen Fragmentierungen einen moralischen Standpunkt. Kluges Sprache weist alle Lücken und Wunden und Risse auf, die mit dem Problem des Sprechens über den Holocaust verbunden sind, aber sein Mißtrauen gegen den Tatsachengehalt eines «interessierten» Diskurses verträgt sich nicht mit jener unzweideutigen Stellungnahme, die ein Diskurs über den Holocaust verlangt. Ja, seine Beschäftigung mit dem «interessierten» Diskurs kann sogar als der Versuch angesehen werden, der direkten Konfrontation mit dem Thema auszuweichen. Kluges andauernde Beschäftigung mit der Vergangenheit mag den Wunsch oder die Notwendigkeit ausdrücken, sich mit dieser Vergangenheit auseinanderzusetzen, seine Sprachskepsis und Distanzierungstechniken erhärten jedoch den Verdacht, daß er gleichzeitig den entgegengesetzten Wunsch, diese Vergangenheit nie eruieren zu können, theoretisch untermauert. Diese sich widersprechenden Wünsche werden dann in den didaktischen Impulsen eines Aufklärungsglaubens an die Erziehbarkeit des Menschen (wenn schon nicht der fiktiven Gestalten, dann des Lesers) «aufgehoben», wobei diese aufklärerische Vorstellung wiederum auf dem Glauben an eine geistige Kontinuität gründet, die gerade durch den Holocaust zerstört wurde. Diese Widersprüchlichkeit von Kluges Position zeigt einmal mehr, wie schwierig es ist, sich dem Holocaust zu stellen.

Dennoch hat Kluge *eine* bemerkenswerte Erzählung geschrieben, die den Ausflüchten trotzt. Es ist die kurze Geschichte *Ein Liebesversuch* aus Kluges erster Publikation *Lebensläufe* (1962).[16] *Lebensläufe* erschien zwischen dem Jerusalemer Eichmann-Prozeß und den Frankfurter Auschwitz-Prozessen, aber vor der dann einsetzenden Lawine dokumentarischer Literatur. Als das erste veröffentlichte Werk Kluges ist es das am wenigsten radikale, obgleich auch hier schon narrative Grenzen nicht mehr klar auszumachen sind. Komprimierte, minimalistische Porträts nehmen die späteren bewußten Fragmentierungen vorweg. Kluge präsentiert eine Porträtgalerie von Individuen und geht den Ereignissen und Traditionen nach, die ihr Leben geprägt haben. Diese Individuen sind «funktionalisierte» Menschen, die von einem toten Punkt aus und häufig ohne moralischen Kompaß agieren. Sie sind von ihren Handlungen und ihrer Rolle während der Naziherrschaft gezeichnet und leben jetzt mit dieser Belastung in der Nachkriegszeit.

Ein Liebesversuch gibt sich als fiktives Interview, doch basiert der Inhalt des Interviews – medizinische Versuche an Menschen in den Konzentrationslagern – auf gut dokumentierten Aktionen.[17] Das Interview selbst ist eine merkwürdig körperlose Angelegenheit: Es wird an einem nicht genannten Ort zu einer nicht genannten Zeit aufgenommen (allerdings deuten der Gebrauch des Präteritums und die Tatsache, daß über die Menschenversuche freimütig gesprochen werden kann, auf die Nachkriegszeit hin) und scheint in keinem besonderen Auftrag zu erfolgen. Der Leser kann nicht einmal sicher sein, daß der Text wirklich ein Interview darstellt – daß es wirklich *zwei* Stimmen gibt, die des Fragenden und die des Antwortenden –, da das «Interview» auch ein dialogischer Monolog, ein Selbstverhör sein könnte. Die Stimme des Fragenden ist anonym; die des Antwortenden gehört einem ehemaligen KZ-Wärter, der ebenfalls anonym bleibt. Auf einige kurze, zumeist unpersönliche Fragen wird in einer abgehackten, trockenen Bürokratensprache geantwortet, die zunächst keine persönliche Meinung und kein Gefühl zuläßt. Der ganze Text ist kaum drei Seiten lang. Das Interview dreht sich um einen Versuch, der an zwei KZ-Häftlingen vorgenommen wurde, einem Mann und einer Frau, die gegen große gesellschaftliche Widerstände ein Liebespaar gewesen waren, bevor man sie festgenommen und ins Lager deportiert hatte. Bei dem «Versuch» werden die zwei in einer Umgebung zusammengebracht, die sie zum Geschlechtsverkehr animieren soll, da man den Erfolg der im Lager durchgeführten Sterilisationen mittels Röntgenbestrahlung testen will. Der «Versuch» schlägt jedoch fehl, da die zwei Liebenden nicht dazu gebracht werden können, den Beischlaf zu vollziehen. Die Stimme des Antwortenden skizziert die Szene dieses «Versuchs», eine Szene, die viel mit dem Mahnmal vor dem Bahnhof Grunewald gemeinsam hat: Die Häftlinge sind durch ihr Schweigen und ihre Bewegungslosigkeit gegenwärtig, umgeben von der «geschwätzigen» Betonmauer jener, die die «hochzeitlich ausgestattete Zelle» herrichten und sich dann hinter eine nur in einer Richtung durchsichtige Scheibe zurückziehen, um das Geschehen zu verfolgen. Der Schauplatz erinnert auch an Verhör- und Folterszenen, bei denen Häftlinge mit grellen Lampen angeleuchtet werden, während die Vernehmungsbeamten hinter den Lampen im Dunkeln stehen. Kluge stellt die zwei Gefangenen in die Mitte des Rings aus Beobachtern und Aufsehern und rückt sie damit ins Zentrum der Erzählung. Er individualisiert die Entwürdigung und Ermordung dieser zwei Menschen, bringt aber auch einen einleitenden Absatz, der die Massensterilisationen in den Lagern beschreibt, um keinen Zweifel daran zu lassen, daß diese in der Tat verbreitete Praxis waren. Damit gelingt Kluge die doppelte Perspektive: Er erinnert den Leser an die ungeheure Zahl der Opfer und individualisiert ihr Leiden an einem konkreten Beispiel. Die Brutalität der Massensterilisationen wiederholt sich auf der individuellen Ebene in der Brutalität der Bemühungen, die zwei Häftlinge zum Beischlaf zu bewegen, und zuletzt in ihrer Ermordung.

Das Interview spricht über eine räumliche und zeitliche Distanz hinweg; die beschriebenen Ereignisse geschehen nicht, sondern werden erinnert. Das Interview distanziert die Ereignisse, obgleich es sie als Erinnerung in den Vordergrund holt. Durch die Antworten des

Befragten findet die Erzählung auf zwei Ebenen zugleich statt: Auf der einen Ebene wird der Versuch aus der Erinnerung geschildert, auf der anderen das Porträt und die Selbstdarstellung des Erzählers präsentiert. Der Bericht des Befragten erscheint als sehr sachlich, aber gerade diese Sachlichkeit drückt das «Interesse» des Erzählers aus. Die «objektive» Präsentation dieses «Interesses» bekommt gegen Ende des Interviews jedoch einige Sprünge.

Die Brutalität bei der Vorbereitung der Gefangenen auf den «Versuch» ist weniger ein Ausdruck sadistischer Geilheit als vielmehr ein Beweis von Verkommenheit und ängstlicher Unterwürfigkeit – ein hoher SS-Offizier hat angekündigt, dem «Versuch» beiwohnen zu wollen, weshalb alles getan werden muß, um den Versuch gelingen zu lassen. Um die Häftlinge zu erregen, nimmt man ihnen ihre Kleider weg; sie werden mit kaltem Wasser abgespritzt, damit sie sich wärmesuchend aneinanderdrängen; man preßt ihre Körper gegeneinander, reibt sie mit Alkohol ab und gibt ihnen «Rotwein mit Ei (...) und Champus zu trinken». Um «Stimmung» zu erzeugen, legt man Schallplatten auf und dämpft das Licht; aber selbst nach zwei Tagen in demselben Raum wollen die Häftlinge nicht den Geschlechtsakt vollziehen. Frappierend ist nicht die Passivität der Häftlinge, sondern die Erwartung der «Experimentatoren», daß sie mit ihren Methoden in einer Umgebung der generellen Unmenschlichkeit Erfolg haben könnten. Was muß «Liebe» für sie bedeuten (und was für eine «Liebe» müssen sie selbst praktiziert haben), wenn sie glauben, daß Liebe nach Maßgabe ihres Plans «bewerkstelligt» werden könne? Aber der springende Punkt ist eben gerade, daß für die «Experimentatoren» selbst ihre Praktiken nichts Ungewöhnliches waren. Das macht der Hinweis auf einen Oberscharführer deutlich, «der etwas davon verstand» und der alles versuchte, «was sonst totsicher wirkt». Wenn er «etwas davon verstand», muß er selbst diese Methoden viele Male praktiziert haben. Die Grobheit einer Sprache, die sich selbst nicht als grob, sondern als informativ versteht, ist ein weiteres Indiz dafür, daß Grobheit und Verkommenheit nicht einmal als solche erkannt wurden und daß die Praktiken dieses «Kenners» allgemein angewandt und geschätzt wurden.

Um zu demonstrieren, daß auch «Fakten» Ausdruck konkreter «Interessen» sind, unterminiert Kluge die «Wissenschaftlichkeit» des «Versuchs». Konnte der «Versuch» denn wirklich als Versuch angesehen werden? Würde die Beobachtung des Geschlechtsverkehrs diesem «Versuch» eine Wissenschaftlichkeit zusprechen, die seine Nichtbeobachtung ihm abspräche? Würden die Beobachter wirklich

beobachtet haben, was sie behaupteten feststellen zu wollen? Würde
der Geschlechtsverkehr, falls er stattgefunden hätte, zwangsläufig zu
einer Schwangerschaft geführt haben, und würde das Ausbleiben der
Schwangerschaft bewiesen haben, daß die zwei Versuchspersonen
jetzt unfruchtbar waren? So wird schließlich das «Interesse» oder
vielmehr der Konflikt verschiedener «Interessen» hinter dem «Versuch» aufgedeckt. In einer der letzten Fragen wird eine gewisse
Dringlichkeit spürbar: «Hat man denn wirklich alles versucht?» Dieses «denn» ist bohrend genug, um die Antwort zu provozieren: «Wir
konnten schließlich nicht selbst hineingehen und unser Glück versuchen, weil das Rassenschande gewesen wäre.» In der nächsten
Frage wird dann der unpersönlich-bürokratische Ton fallengelassen
und durch das persönliche «wir» ersetzt: «Wurden wir selbst erregt?»
(Dieses «wir» kann als Wiederholung der Frage verstanden werden,
die dem Befragten von einem nicht eingeführten Fragenden gestellt
worden ist und vielleicht wiederholt wird, um Zeit zu gewinnen;
oder der Übergang zum «wir» könnte durch die Intimität der Frage
veranlaßt sein.) Wie auch immer, die Antwort auf diese Frage ist ein
gewundenes Sichdrücken um das unzulässige «Ja» und (um auf das
Motto zu diesem Kapitel zurückzukommen) «eine Mitteilung, in
lauter Sprache verschwunden»:

Jedenfalls eher als die beiden im Raum; wenigstens sah es so aus. Andererseits wäre uns das verboten gewesen. Infolgedessen glaube ich nicht, daß wir
erregt waren. Vielleicht aufgeregt, da die Sache nicht klappte. (S. 108)

Voyeurismus, getarnt als wissenschaftliche Beobachtung, scheint
dazu bestimmt, geile und infantile Wünsche zu befriedigen. Wenn
Kluge sexuelle Pathologien skizziert, gibt er zu verstehen, daß die
individuelle Pathologie Teil eines viel größeren Bestands ist. Er will
die Spannung zwischen Individuum und Gruppe ausnutzen, indem
er den Befragten anonym bleiben und ihn gleichzeitig, besonders in
den letzten zwei Antworten des Interviews, zwischen einem körperlosen «ich» und dem Gruppen-«Wir» wechseln läßt. Ganz klar erkennen wir hier Kluges Versuch, das anonyme, entpersönlichte, entmenschlichte und funktionalisierte Individuum als Produkt seiner
sozialen Umwelt zu präsentieren, dergestalt daß sogar das Ausbleiben der sexuellen Erregung das Resultat von Befehlen ist.

Die Anonymität des (oder der) Interviewpartner ist dieselbe wie
die der KZ-Wächter bei jenem Versuch. Nur das höchstrangige Mitglied der Gruppe hat einen Titel und einen Namen: Obergruppenführer A. Zerbst. Konkreter Name und Anonymität sind direkt auf-

einander bezogen: Individuen wie Obergruppenführer Zerbst können benannt und ihres Alibis beraubt werden, von den Greueltaten nichts gewußt zu haben; gleichzeitig spielen die Initialen A. Z. auf sämtliche Namen von A bis Z an, so daß «Zerbst» trotz des individuellen Namens für die vielen Mitwisser steht. Auf der anderen Seite stützt die Anonymität der übrigen Gruppenmitglieder deren Selbstdarstellung als reine Befehlsempfänger – das heißt der Befehle von anderen, benennbaren Individuen. Kluge führt hier die Dialektik von persönlicher Befehlsgewalt und der Sicherheit, ja dem Genuß des anonymen Gehorsams vor und zeigt, daß beide sich vor der Verantwortung für ihre Handlungen drücken. Die Beziehung zwischen Name und Anonymität entspricht auch dem Bild der Nachkriegszeit, in der *einige* Individuen wegen Verbrechen gegen die Menschlichkeit abgeurteilt wurden, während die anonyme Mehrheit niemals vor Gericht gestellt wurde. Doch auch die Identifizierung des Obergruppenführers A. Zerbst mit Namen und Titel bedeutet kein mögliches Gerichtsverfahren. Er hat einen abscheulichen Vorfall mit angesehen, aber er hat keine strafbare Handlung begangen. In der Nachkriegszeit steht er makellos da.

Die zwei Häftlinge haben keine vollen Namen, sondern nur Initialen; aber sie haben eine Geschichte. Die Initialen verleihen ihnen eine vergangene Geschichte, in der die Initialen Namen waren, und eine Individualität, die ihnen durch die Aura der Entmenschlichung genommen wurde. Sie ihres vollen Namens zu berauben heißt, ihre Menschlichkeit anzuerkennen und gleichzeitig zu zerstören. In einer Erzählung voll innerer Spannungen sind es die stummen, apathischen Opfer, die eine reiche, ausgefüllte und individuelle Lebensgeschichte – die Geschichte ihrer Liebe – besitzen, während die Täter an der Peripherie umhergeistern und sich wie Vampire von ihren Opfern nähren und der Befragte nur in seiner Stimme und dem von ihm erzählten voyeuristischen Ereignis existiert. Die Opfer als die stumme Mitte der Erzählung werden durch ihr Schweigen und ihre Bewegungslosigkeit mit einer Menschlichkeit und Leidenschaft ausgestattet, welche den Tätern als krankhaften, mechanisierten Wesen fremd ist. Paradox genug beweisen die Opfer ihre Menschlichkeit durch ihre fehlende Reaktion bei dem brutalen «Versuch», obzwar der Leser nur raten kann, ob das Motiv ihrer mangelnden Kooperationsbereitschaft Würde, Apathie, ein Gefühl äußerster Verlorenheit oder eine tödliche Müdigkeit ist.[18] In einer Erzählung, die auf der ständigen Umkehrung akzeptierter Normen aufbaut, sind es die Opfer – reduziert auf den Status mißhandelter Objekte –, die in ihrem

schieren Verstummen und Schweigen die letzten Spuren von
Menschlichkeit verkörpern, während die forschen und umtriebigen
«Experimentatoren», absorbiert vom Nachweis ihres Einfallsreich-
tums und ihres Organisationstalents, die sich ihrer Unmenschlichkeit nicht bewußten Unmenschen sind.

Eine Reihe von Fragen, die im Interview gestellt werden, verrät
ein reflektierendes Bewußtsein, das auch die Frage nach dem Zustand der Häftlinge stellt: «Fürchteten sie die Freigeisterei, der sie
sich ausgesetzt sahen? Glaubten sie, dies wäre eine Prüfung, bei der
sie ihre Moralität zu erweisen hätten? Lag das Unglück des Lagers
wie eine hohe Wand zwischen ihnen?» Das Bewußtsein offenbart
und verrät sich in diesem Fragenbündel. Es merkt nicht, wie pervers
es ist, in einem Konzentrationslager, in dem alle Menschenrechte
vernichtet sind und jede Sittlichkeit längst zugunsten eines obszö-
nen Verbrechertums abgedankt hat, von der Furcht vor «Freigeisterei» zu reden. Daß diese Frage überhaupt gestellt werden kann, verrät eine atemberaubende Gefühllosigkeit gegenüber der Situation der
Häftlinge und eine Perversion der «Moralität» dessen, was im Lager
vor sich geht; und es beweist die tiefe Entmenschlichung des Fragenden, der nicht mehr zwischen moralischen und unmoralischen
Handlungen unterscheiden kann. Die letzte der drei Fragen gibt zu,
daß es ein «Unglück des Lagers» gibt und daß dieses Elend Folgen
für die Individuen haben könnte. Doch wird diese Frage mit derselben Stimme gestellt wie die zwei vorhergehenden; das läßt auf ihre
Gleichwertigkeit schließen, und somit büßt sie die Aura einer vermeintlichen größeren Sensibilität ein. Der Leser ist es, der zwischen
den Fragen differenzieren muß. Der Text schließt mit der Frage:
«Soll das besagen, daß an einem bestimmten Punkt des Unglücks
Liebe nicht mehr zu bewerkstelligen ist?» Die Sprache dieser Frage
bleibt funktionsorientiert (die Liebe wird «bewerkstelligt»); Liebe
wird als eine Größe verstanden, die man handhaben kann wie ein
Objekt. Auch die Vorstellung, hier etwas messen zu können («an
einem gewissen Punkt»), erinnert daran, daß der Versuch in «wis-
senschaftlicher» Absicht unternommen wurde. Doch hinter dieser
funktionalisierten Frage scheint im Wort «Unglück» die menschliche Dimension, freilich in ihrer äußersten Verarmung, auf.

Man mag vielleicht kritisieren, daß Kluge die Opfer nicht sprechen läßt. Aber so, wie ihr Verharren als Objekte und ihre Weigerung, unter den brutalen Kommandos der KZ-Schergen zu handelnden Subjekten zu werden, die einzige Möglichkeit für sie waren,
sich ihre Menschlichkeit zu erhalten, so ist ihr Schweigen die ein-

zige ihnen verbliebene Sprache, in der sie artikulieren können, was mit ihnen geschehen ist. Kluge stellt sich der von Klaus Briegleb aufgeworfenen Frage: «Wie weit verbietet es sich für einen Deutschen, eine jüdische Existenz zu phantasieren: in der Vernichtung, ‹danach›?»[19] Er gibt hierauf Antwort, indem er zwei solcher «Existenzen» in dem Zustand vorführt, wo sie zu stummen Objekten für die sie Beobachtenden geworden sind. In einer Erzählung, die die Grenzen des Diskurses verwischt, verabsolutiert er die Unterscheidung zwischen dem Diskurs der Opfer und dem Diskurs der Täter und erkennt an, daß für einen Deutschen nur der Diskurs der Täter möglich ist. Wenn die Opfer präsentiert werden, kann die Sprache des Schweigens ihr Leiden nur umreißen, nicht durchdringen. Indem Kluge sie als Objekte präsentiert, zeigt er, was ihnen angetan worden ist. In der Zurschaustellung und Anklage der Unmenschlichkeit der Täter durch ihre Handlungen und ihre Sprache und in dem damit kontrastierenden Schweigen der Opfer kommt Kluge der Vorstellung vom Leiden des Opfers so nahe, wie der Täterdiskurs dies nur kann.

Die unemotionale, demonstrative Sachlichkeit des Interviews ist eine Anklage nicht nur gegen eine Vergangenheit, in der derartige Verbrechen möglich waren, sondern auch gegen die Gegenwart, die Nachkriegszeit, in der diese Taten ohne eine Spur von Schmerz oder gar Selbstvorwürfen beschrieben werden können. Hier weicht der Skeptiker Kluge dem Didaktiker Kluge: Er setzt auf die Wirkung seines Textes. Die Leser mögen über den «Versuch» schockiert sein; solange sie jedoch nicht den äußeren Ring der Täter durchbrechen und zum Schweigen der Opfer vordringen, haben sie bei der Rezeption des Textes versagt. Dann reduziert sich der Text auf eine Widerspiegelung der Anpassung einer Gesellschaft an das herrschende System, in welchem Falle *Ein Liebesversuch* lediglich das Versagen der Nachkriegsgeneration «dokumentiert», die nichts aus dieser entsetzlichen Vergangenheit gelernt hat als bloße Kritik an den begangenen Taten und denen Mitleid und Schmerz um die Opfer nicht in den Sinn kommen.

Ein Liebesversuch steht in Kluges Œuvre einzig da. Zwei Jahre später brachte er die monumentale *Schlachtbeschreibung* heraus, eine «Chronik» der Vernichtung der 6. Armee in Stalingrad im Winter 1942/43 in Akten und Berichten der Armee, des Klerus und des Generalstabs sowie Briefen und Biographien vieler Beteiligter. Wie im *Liebesversuch* finden sich häufig eingestreute Fragen, die der Organisation der vielfältigen Antworten dienen. Mit dieser «Chronik» vervollkommnete Kluge seinen dekonstruktivistischen Ansatz und demonstrierte das allen Dokumenten inhärente «Interesse». In den folgenden Jahrzehnten machte er Filme, verfaßte – allein oder mit anderen – theoretische Abhandlungen und montierte weiter Texte. 1977 erschienen die über einen längeren Zeitraum entstandenen *Neuen Geschichten. Hefte 1–18. «Unheimlichkeit der Zeit».*[20] «Heft 2» enthält eine genaue Beschreibung des Luftangriffs auf Halberstadt am 8. April 1945 mit Landkarten, Photographien, strategischen Planungsunterlagen für den Luftangriff, graphischen Darstellungen der geflogenen Formationen und der bei dem Angriff verwendeten Bomben, Biographien der den Einsatz fliegenden Piloten sowie einer großen Anzahl von minimalistischen Szenen aus der Zivilbevölkerung vor, während und nach dem Angriff. Halberstadt war Kluges Heimatstadt, weshalb man annehmen darf, daß hinter der Bearbeitung und Montage dieses ganzen Materials eine persönliche Absicht stand.

Von seiner Aufmerksamkeit auf technische Details zeugt auch das «Heft 4» mit dem Titel *Das Gebiet südlich von Halberstadt als eines der sieben schönsten von Deutschland. «Verschrottung durch Arbeit».* Es besteht aus den von Kluge zusammengetragenen fragmentarischen Porträts, Berechnungen, Dokumenten, Photographien und Beschreibungen rund um das Außenlager Langenstein bei Halberstadt. Das Lager lebt von den Menschen, die vom Hauptlager Buchenwald «abgestellt» werden, und wird noch Ende 1944 eingerichtet, um unterirdische Tunnel für den Bau von Kriegsgerät und Flugzeugen anzulegen.

Der Titel der Erzählung stellt die Schönheit der Gegend um Halberstadt in Kontrast zu dem, was hier geschieht und wovon erzählt wird. Das Diktum von einer der sieben schönsten Gegenden Deutschlands wird dem Staatsmann, Gelehrten und Humanisten Wilhelm von Humboldt zugeschrieben und im Text des berühmtesten Lyrikers, Dramatikers, Prosaschriftstellers und Staatsmannes Deutschlands, Johann Wolfgang von Goethe, bekräftigt, der ebenfalls den Zauber der Gegend um Langenstein gerühmt hatte. Wenn der Leser die Autorität dieser zwei Männer anerkennt – herausragende Repräsentanten deutscher Kultur –, so werden die durch ihre Lobesworte geweckten Erwartungen im zweiten Teil der Erzählung mit dem Titel «Verschrottung durch Arbeit» gründlich enttäuscht. Das Aufeinanderprallen dieser zwei scheinbar unverbundenen Titelteile und die Kluft, die sie trennt und zugleich verbindet, schaffen eine neue Erzählebene, die auf Nichtartikulation basiert. Den Schock des

Widerspruchs in den zwei Teilen des Titels bekräftigt noch einmal der zweite Teil für sich allein. «Verschrottung» läßt an die maschinelle Beseitigung unbrauchbar gewordenen Geräts denken, während die Worte «durch Arbeit» unvermittelt die menschliche Dimension einbringen, da «Arbeit» eine den Menschen charakterisierende Tätigkeit ist. Die Lücke, oder besser gesagt: der Abgrund zwischen diesen zwei Elementen der Überschrift zwingt den Leser, darüber nachzudenken, was es bedeutet, Menschen als maschinell zu entsorgenden Industrieabfall aufzufassen. Und wenn «Verschrottung durch Arbeit» auf das «Gebiet südlich von Halberstadt als eines der sieben schönsten von Deutschland» zurückwirkt, kann dieses Gebiet nicht mehr bleiben, was es einmal war. Die topographische Schönheit wird durch (menschlichen) Industrieabfall und die Bautätigkeit zerstört; parallel dazu wird das Erbe des humanistischen Denkens moralisch pervertiert.

«Verschrottung durch Arbeit» bezieht sich auf die KZ-Häftlinge, die in diesem Lager arbeiten mußten; «Schrott» werden aber auch jene, die in dieser einst so herrlichen Gegend die Gefangenen entwürdigen. Die Dialektik, die in jedem Verhältnis zwischen Herr und Knecht am Werk ist und den Herrn erniedrigt, da er sich herabbeugt, um den Knecht zu erniedrigen, ist auch hier am Werk. Indem sie glauben, die Häftlinge als entmenschlichtes «Material» betrachten zu können, entmenschlichen sich die Aufseher dieser Entmenschlichung selbst. Der Lagerkommandant Lübeck, «später: der ‹Sadist Lübeck›» (S. 133), ist ein früherer Gymnasialprofessor mit einem professionellen Interesse an der Zeit der Aufklärung und am Sturm und Drang, das darin gipfelt, daß Lübeck (nach Dienstschluß) an einem Büchlein mit dem Titel «Voltaire in Pommern» schreibt. Lübecks Unmenschlichkeit liegt nicht nur in seinen sadistischen Handlungen selbst (die nicht näher konkretisiert werden), sondern auch in der Tatsache, daß sie sich mit seinem Interesse an der Aufklärung und am Sturm und Drang vertragen – ein für seinen Humanismus berühmter Höhepunkt der deutschen Geistesgeschichte und eben jene Epoche, der Goethe und Humboldt als *genii loci* ihren Stempel aufdrückten. In Übereinstimmung mit dem gegenwärtigen wissenschaftlichen Diskurs über die Nachaufklärung kann man in dieser Gegenüberstellung natürlich die ironische Frage nach der pädagogischen und «aufklärerischen» Wirkung jener Epoche sehen, so wie man in der Anspielung auf den Sturm und Drang den ironischen Kommentar zu einem Zeitalter erblicken kann, welches das Irrationale und Affektive entdeckte und zuletzt dem politischen Irrationalismus Vorschub leistete. Daß Lübeck aus dem, was er studiert, nichts lernt, ist eine ironische Beobachtung, die Kluge seinen Lesern nicht vorenthält. Sie schiene Kluges eigenem Glauben an den Wert des Didaktischen zu widersprechen, könnte man seine Charakterisierung der Persönlichkeit Lübecks nicht als eine Lektion in gescheiterter Bildung begreifen. Lübeck demonstriert exemplarisch, daß die Entmenschlichung, einmal akzeptiert, ihrer eigenen «Logik» folgt. Solange das Lager noch klein ist, kommt Lübeck nicht umhin, in den Häftlingen, «insbesondere d[en] Politischen», «treue Helfer» zu sehen, deren Gesichter sich ihm einprägen. Doch bald will er ihre persönlichen Dienstleistungen nicht mehr annehmen und gibt seine bisherige Haltung eines wohlwollenden Paternalismus auf. Er sieht eine Versuchung darin, die Gefangenen als «treue Helfer» zu betrachten, und ist stolz darauf, dieser Versuchung zu widerstehen, womit er sich nur weiter entmenschlicht. Sobald menschliches Gesicht und persönlicher Kontakt getilgt sind, kann Lübeck ungeniert an die «Verschrottung» der Häftlinge gehen.

Strukturierende Metapher der Erzählung ist die imperialistische Kolonisierung. Kluge bezeichnet das Lager ironisch als «Gründerkolonie»[21] und läßt Lübeck seine Situation mit der von Kolonisatoren in Deutsch-Südwestafrika vergleichen. Doch der Subtext dieses «Heftes», der die völkermörderischen Praktiken der nationalsozialistischen Herrschaft als Wesensbestandteil des Imperialismus begreift, ist nicht nur faktisch falsch (es gab viele imperialistische Länder, aber nur das Nazi-Regime verfiel auf den systematischen, rassistisch motivierten Völkermord), sondern verbucht auch den Holocaust unter imperialistischen Schandtaten und lenkt damit von seiner Singularität ab. Wenn Kluge die Unmenschlichkeit der Bedingungen im Lager in allen ihren grauenhaften Einzelheiten untersucht, liegt die Betonung nicht auf dem Völkermord, sondern auf der «Ökonomie» des Arbeitslagers. So führt er zum Beispiel einen Lagerverwalter im Banne kapitalistischen Denkens vor, der über die Vergeudung menschlicher Arbeitskraft schimpft, weil die Häftlinge stundenlang bei eisigem Wetter im Freien stehen müssen; der Mann wünscht sich nicht eine humanere, sondern eine effizientere Behandlung der Gefangenen. Doch ist diese Vignette geeignet, die marxistische Behauptung vom Faschismus als dem höchsten Stadium des Kapitalismus zu widerlegen, weil ja, wie das Beispiel zeigt, der Wahnsinn des Nationalsozialismus eben nicht durch ökonomische Effizienzerwägungen gebändigt werden konnte. Wenn Kluge den Talmi-«Imperialismus» des Lagers, den Wahnsinn seiner Planung, die

Meinungsverschiedenheiten über Machbarkeit und Operationen vorführt, präsentiert er in kleinem Maßstab das, was in allen Lagern Standardpraxis war: die Ausbeutung der Häftlinge unter jedem erdenklichen (und unausdenklichen) Gesichtspunkt bis hin zur Möglichkeit ihrer «Verschrottung». Der ideologische Fanatismus hinter dieser Menschenausbeutung begriff den Kapitalismus ein, wurde aber nicht durch ihn gezügelt. Sadistische Schikanen und Massenhinrichtungen sprachen einer kapitalistischen Rationalität Hohn. Man würde die ganze Bandbreite der nationalsozialistischen Barbarei einengen, wollte man sie zu einseitig als Ausgeburt des Imperialismus ansehen.

Die vielen fragmentarischen Szenen werfen letztlich die Frage auf, warum der Autor die technische und ökonomische Seite dieser Art von Imperialimus so sehr in den Vordergrund stellt. Versucht er – wie man im Hinblick auf seinen allgegenwärtigen Gebrauch von Fachsprachen und die häufige Thematisierung des Krieges in seinen Schriften unterstellt hat –, irgend etwas zu «decken» oder vor irgend etwas zu «fliehen»?[22] Müssen die zusammenmontierten Fragmente als der Versuch gewertet werden, eine Stimme zu finden, aber gleichzeitig auch als der Versuch eines Entschärfens und Ausweichens? Dann könnte die Aufhebung der Diskursgrenzen erklären, warum die Diskurse, gestützt auf unzählige Fragmente, niemals über den Aufweis ihrer eigenen inhärenten Skepsis hinauskommen. Wenn Sprache nicht die Macht hat, Autorität zu festigen, können die Abschaffung von Diskursgrenzen und die Allgegenwart «interessierter» Fragmente, die einen absoluten moralischen Standpunkt leugnen (weil moralische Standpunkte ihrerseits «interessiert» wären), als eine Methode betrachtet werden, den harten Fragen nach der nationalsozialistischen Vergangenheit Deutschlands und dem Holocaust auszuweichen.

Kluges Manipulation der Sprache wäre dann die letzte und vielleicht am detailliertesten ausgearbeitete Folge einer Tendenz, der Konfrontation auszuweichen. Er schreibt unverblümt über die Lager, bricht Tabus, macht die Greueltaten, die seine Figuren begehen, zum Bestandteil ihrer Biographie, er zeigt den Mangel an Affekt und Selbstzweifel in der Nachkriegsgesellschaft und behauptet damit unzweideutig, daß das Vermächtnis der nationalsozialistischen Verbrechen ein Vermächtnis ist, das zur Sprache kommen muß; er trägt unzählige Mosaiksteinchen über den Krieg und die aus ihm resultierenden Leiden und Zerstörungen zusammen, und im Unterschied zu Böll verfügt er über eine Theorie darüber, was den Krieg und seine

Katastrophen möglich machte; er findet im Imperialismus als letztem Stadium des Kapitalismus eine kurzschlüssige Antwort, die ihm den Nachweis erlaubt, wie in einem System der technischen und ökonomischen Dominanz Menschen funktionalisiert werden. Doch während er ein minutiöses technisches und ökonomisches Mosaik des Außenlagers liefert, das vor allem mit politischen Häftlingen «beliefert» wird (jedenfalls werden nur die politischen Häftlinge erwähnt), bleibt der verderblichste Aspekt der nationalsozialistischen Herrschaft – ihr Rassismus, der zu Völkermord und speziell zum Judenmord führte – ausgespart. Die Mitte, welche die zwei stummen Häftlinge aus *Ein Liebesversuch* für einen kurzen und denkwürdigen Augenblick behaupteten, bleibt leer. Kluge scheint das sichere Gelände der Sprachproblematik nicht zugunsten der Problematik des Holocaust verlassen zu wollen.

Günter Grass

> Manches möchte ich umständlich
> verschweigen.[23]

Ein anderes beachtliches Experiment, was die Hybridisierung dokumentarischer Literatur und die Aufhebung der narrativen Grenzen betrifft, ist Günter Grass' *Aus dem Tagebuch einer Schnecke*. Das Buch erschien 1972, zehn Jahre nach Alexander Kluges *Lebensläufen*. Zu dieser Zeit hatte das dokumentarische Drama seine beste Zeit hinter sich, während in der Prosa das Experimentieren mit Dokumenten in den siebziger Jahren eine reiche Ernte brachte. Das Jahrzehnt zwischen *Lebensläufe* und *Aus dem Tagebuch einer Schnecke* war ein Jahrzehnt großer sozialer Unruhe und politischer Partizipation der Bürger gewesen und endete 1973 mit der Ölkrise, einer wirtschaftlichen Rezession, dem Watergate-Skandal und dem Rücktritt Präsident Nixons. Auch für Günter Grass waren die sechziger Jahre ein Jahrzehnt zunehmender politischer Betätigung – freilich nicht im Sinne der extremen Linkslastigkeit der radikalen Studentenbewegung, in deren fanatischem Idealismus Grass lediglich eine Neuauflage der fanatischen Nazihörigkeit der Elterngeneration erblickte. Vielmehr leistete Grass seinen Beitrag zur demokratischen Willensbildung durch aktive Wahlkampfhilfe für die Partei seiner Wahl, die SPD. 1927 in Danzig geboren, war Grass mindestens anderthalb Jahrzehnte älter als die «Generation der 68er». Gegen Ende des Zweiten Weltkriegs wurde er noch für kurze Zeit zur Wehrmacht eingezogen; er wurde verwundet und geriet in amerikanische Kriegsgefangenschaft. Volljährig wurde er nicht in den turbulenten sechziger Jahren, sondern im Jahrzehnt des Wirtschaftswunders und des konsequenten Schweigens über die nationalsozialistischen Verbrechen. Die literarische Bühne betrat er mit einem Paukenschlag 1959 – demselben Jahr, in dem Bölls *Billard um halbzehn* herauskam –, mit seinem Roman *Die Blechtrommel*, der ihm mit einem Schlag zu literarischer Prominenz im In- und Ausland verhalf. Der Roman ist einhellig als ernsthafter Versuch einer Abrechnung mit der deutschen Vergangenheit verstanden worden, doch hat man ebensosehr die Wiederanknüpfung an die von den Nationalsozialisten so ruchlos abgebrochene, reiche literarische Tradition der deutschen Moderne gerühmt. Mehr als jeder andere Nachkriegsschriftsteller vor ihm (mit Ausnahme Wolfgang Koeppens) versuchte Grass eine neue Sprache zu finden, die der Tradition verpflichtet war und doch nach neuen Ausdrucksweisen trachtete, die den Erfahrungen der nationalsozialistischen Herrschaft angemessen waren und von der Groteske bis zu ironisch gebrochener Verzweiflung reichten.[24] Genialerweise erfindet Grass als Protagonisten einen Beobachter, der den Dingen auf den Grund gehen kann, letztlich aber weder in die Taten der Nationalsozialisten verstrickt ist noch ob seiner eigenen Tatenlosigkeit zur Rechenschaft gezogen werden kann: Es ist ein Kind und Zwerg. In der Tat ist Oskar Matzerath ein Picaro, ein Schelm. Der Picaro – ein sozialer Außenseiter, der zwar die Kraft zur Beobachtung, aber nicht das Engagement oder die Möglichkeit hat, einen Standpunkt zu vertreten – war in der Erzählliteratur der frühen Nachkriegszeit eine allgemein beliebte Figur. Als der Zwerg Oskar sich endlich dazu entschließt weiterzuwachsen, entwickelt er sich zu einem verkrüppelten Menschen, der zuletzt im Irrenhaus landet. Dies ist gewiß eine kraftvolle Metapher für Grass' Blick auf die Bundesrepublik Deutschland. Aber die Gründe, warum er Oskar als einen Krüppel präsentiert, der sich gegen das Erwachsenwerden in *dieser* Gesellschaft sträubt, werden nur einsichtig, wenn man die literarischen Techniken der Inversion, des indirekten Sprechens, der Parodie und Ironie zu lesen und die Groteske als Metapher zu deuten versteht.

Es gibt in dem Roman ein bewegendes Kapitel über die «Reichskristallnacht», das mit einem Klagelied auf den Spielzeughändler Sigismund Markus endet. Im ganzen Roman wechselt die Erzählerperspektive zwischen Oskar in der dritten Person als Erzähler und

Oskar in der ersten Person als betroffenem Akteur. In dieser Doppel-
rolle kommentiert und erlebt er die Verwüstung des Spielzeugladens,
in dem ihm die Mutter immer seine Trommeln gekauft hat, und er
vermerkt Sigismund Markus' Selbstmord mit ungewöhnlich sparsa-
men Worten, die überzeugend seine Trauer vermitteln. Das Gefühl
bitterer Ironie erwächst aus der Kluft zwischen Oskars emotionsloser Beschreibung dieses Vorfalls und den Motiven, die er den Vanda-
len «naiv» unterstellt. Nicht Empörung oder Verachtung, sondern
Spott drückt die Anklage aus und dient dem Beobachter als Waffe:

> Sie, dieselben Feuerwerker, denen ich, Oskar, davongelaufen zu sein glaubte,
> hatten schon vor mir den Markus besucht, hatten Pinsel in Farbe getaucht
> und ihm quer übers Schaufenster in Sütterlinschrift das Wort Judensau ge-
> schrieben, hatten dann, vielleicht aus Mißvergnügen an der eigenen Hand-
> schrift, mit ihren Stiefelabsätzen die Schaufensterscheibe zertreten, so daß
> sich der Titel, den sie dem Markus angehängt hatten, nur noch erraten ließ.
> Die Tür verachtend, hatten sie durch das aufgebrochene Fenster in den Laden
> gefunden (…).[25]

Aus einer gleichermaßen «naiven» Perspektive beschreibt Oskar den
Selbstmord Sigismund Markus'. Gerade die Kluft zwischen dieser
Perspektive und der Ungeheuerlichkeit der beschriebenen Szene verlangt nach dem Mitgefühl des Lesers, der die fehlende Information
ergänzen muß.

> Hinter seinem Schreibtisch saß der Spielzeughändler. Ärmelschoner trug er
> wie gewöhnlich über seinem dunkelgrauen Alltagstuch. Kopfschuppen auf
> den Schultern verrieten seine Haarkrankheit. Einer [der SA-Männer], der Kas-
> perlepuppen an den Fingern hatte, stieß ihn mit Kasperles Großmutter höl-
> zern an, aber Markus war nicht mehr zu sprechen, nicht mehr zu kränken.
> Vor ihm auf der Schreibtischplatte stand ein Wasserglas, das auszuleeren ihm
> ein Durst gerade in jenem Augenblick geboten haben mußte, als die split-
> ternd aufschreiende Schaufensterscheibe seines Ladens seinen Gaumen trok-
> ken werden ließ.

Es besteht jedoch eine enorme Diskrepanz zwischen der Darstellung
eines Opfers des Holocaust durch einen wohlmeinenden nichtjüdischen Autor und der Kritik dieser Darstellung durch einen jüdischen
Interpreten. Die Literaturwissenschaftlerin Ruth Angress meint zu
Grass' Darstellung des Sigismund Markus:

> Markus ist – wie der typische Jude der Nazipresse – als Mann unattraktiv,
> obgleich ihn nach einer arischen Frau gelüstet, und als Individuum lächer-
> lich, weil er aussieht und handelt wie ein Hund. Er ist ein harmloser Schma-
> rotzer, ein Jude ohne jüdische Gemeinde oder Familie, ohne Hintergrund,
> ohne religiöse Zugehörigkeit, aber mit einer Witterung fürs Geschäft (…). Er
> hat keine Überzeugung, ist gerade zum christlichen Glauben konvertiert,

eine rührende Geste, von der er umsonst zu profitieren hofft, und scheint vom deutschen Sieg, den er voraussagt, nicht berührt zu werden, außer daß er ihm hilft, mit Agnes nach England zu entkommen.[26]

Diese Einschätzung wiegt um so schwerer, wenn man bedenkt, daß Grass einer jener deutschen Nachkriegsautoren ist, die am eindeutigsten den nationalsozialistischen Völkermord verurteilen und darüber zu ihrer eigenen und der nächsten Generation sprechen. In seinem Vortrag *Schreiben nach Auschwitz* von 1990 skizziert Grass eine intellektuelle Biographie, in der er Auschwitz als die treibende Kraft seines gesamten künstlerischen Wirkens und seines beträchtlichen politischen Engagements bezeichnet und Auschwitz (und damit alle Konzentrations- und Vernichtungslager) als «Zäsur und unheilbare[n] Bruch der Zivilisationsgeschichte» erkennt.[27] Gleichwohl zeigt sich in seinem kreativen Schreiben, das sich, um ein Wort George Steiners aufzugreifen, «aus Tiefen unterhalb der bewußten Artikulation» speisen soll,[28] ein tief verwurzeltes Nicht-Nachempfinden jenen gegenüber, die litten und starben. Dies zeigt sich auch an einer Sprache, in der verbale Bravour und unerschöpfliche Erfindungskraft einer vom Holocaust unberührten Ästhetik das Schweigen verschleiern.

Grass' Politisierung fällt in die Zeit zwischen seiner Novelle *Katz und Maus* (1961) und seinem Roman *Hundejahre* (1963) und hing teilweise mit dem Bau der Berliner Mauer 1961 zusammen. 1965 ging er anläßlich der Bundestagswahlen zum ersten Mal über die Polemik hinaus und beteiligte sich selbst am Wahlkampf: Er reiste durch das Land und warb in Reden für die SPD. Seine Partei verlor die Wahlen, aber das hinderte Grass nicht, auch 1967 an den Landtagswahlen und am vehementesten 1969 an den Bundestagswahlen aktiv teilzunehmen, als er es für nicht länger tolerierbar hielt, daß mit Kurt-Georg Kiesinger «ein ehemaliger Nationalsozialist als Bundeskanzler der Großen Koalition erträglich sein sollte».[29] Während dieses Wahlkampfs von Anfang März, als Gustav Heinemann (SPD) Bundespräsident wurde, bis zum September, als Willy Brandt zum Bundeskanzler gewählt wurde, schrieb Grass – vorgeblich für seine Kinder – eine Art Tagebuch mit Skizzen, Impressionen und Beobachtungen. Dieses «Sudelbuch» (wie er es in Anlehnung an den Gelehrten und Schriftsteller Georg Christoph Lichtenberg aus der Zeit der Aufklärung nannte) wurde dann zum strukturellen Rückgrat seines Prosawerks *Aus dem Tagebuch einer Schnecke.*

Thematisch ist der Text zu Gruppen gebündelt, zu einzelnen Erzählsträngen, die sich als Montage aus Autobiographie, erzählender

Prosa und Dokumenten zu einem verwickelten, aber letztlich unausgewogenen Muster fügen. Es gibt die autobiographische Ebene mit den Berichten von Wahlkampfepisoden, von Menschen, denen Grass im Wahlkampf begegnet und mit denen er zusammenarbeitet, und mit der Atmosphäre der Ereignisse auf der Straße und nach seinen Reden. Es gibt Einblicke in das Privatleben des Autors als Familienvater und Koch, der mit ausgeprägtem pädagogischen Interesse seine Erfahrungen und Gedanken mit seinen Kindern zu teilen sucht. Die zentrale fiktionale Metapher ist die Schnecke mit ihrem Schneckentempo, die, auf die politische Ebene übertragen, zum Leitmotiv des «Stillstands im Fortschritt» wird. Es gibt Dürers Kupferstich *Melencolia I*, der dem Sozial- und Kulturkritiker Grass als Orientierungspunkt bei seinen Grübeleien über das zeitgenössische Deutschland dient. Und es gibt die gesammelten Dokumente über Zerfall und Untergang der jüdischen Gemeinde Danzigs.

Diese Erzählstränge überschneiden und durchdringen sich. Die Hauptfigur Hermann Ott, genannt «Zweifel», ist in allen präsent. Er sammelt Schnecken, hängt an einer Reproduktion von Dürers *Melencolia* und heilt in einer Szene die Schwermut seiner zukünftigen Ehefrau durch das Ansetzen einer Schnecke, die nach Art eines Blutegels die Melancholie in sich einsaugt. Wie die Erzählgruppen sind auch die Erzählrahmen und die Erzählweisen miteinander verwoben, was verschiedene Fragen aufwirft. Ist *Aus dem Tagebuch einer Schnecke* wirklich ein Wahlkampftagebuch? Hat Grass das «Sudelbuch» wirklich für seine Kinder geschrieben? (Es gibt Stellen von rein politischem beziehungsweise philosophisch-kritischem Charakter, die für Kinder ausgesprochen langweilig, ja unverständlich sein müssen.) Und welche Figuren sind «erfunden» (die Kinder wollen das wissen – aber sie wollen es durch die Worte des Autors wissen, weswegen es auch «untergeschobene» Fragen sein können, die gar nicht die Kinder selbst stellen), und welche sind «wirklich»? (Und ist es überhaupt fruchtbar, diese Frage zu stellen?)[30] Wie Alexander Kluge will auch Günter Grass die Gattungsgrenzen aufheben – diesmal die Grenzen zwischen Tagebuch, Erzählprosa und Dokument. Aber im Unterschied zur radikalen Skepsis Kluges unterstellt Grass, daß durch Sprache Mitteilung sehr wohl möglich ist, und beweist diese Zuversicht durch die Belehrung seiner Kinder.

Die Schwierigkeit, das Buch einer bestimmten Gattung zuzuordnen, wird schon am Titel deutlich. «Tagebuch» verweist auf eine wohldefinierte Gattung und weckt im Leser Erwartungen, die die «Schnecke» sogleich enttäuscht; «Tagebuch einer Schnecke» entzieht das Werk offenkundig der Betrachtung als echtes Tagebuch und verweist es in den Bereich des imaginativen Schreibens. Der Autor, Vater und Wahlkämpfer der Erzählung ist nicht einfach der «wirkliche» Günter Grass. Die sorgfältige Auswahl der Szenen, Dokumente und Porträts und der betont reflektorische Diskurs über den Aufbau des Werkes enthüllen, daß hier eine künstlerische Sensibilität am Werk ist, welche diejenige des Autors Grass ist und den Ich-Erzähler Grass als fiktiven Charakter einschließt – so wie seine Wahlhelfer, seine Frau und Kinder fiktiv sind. «Fiktiv» bedeutet natürlich nicht, daß sie nicht lebenden Personen nachgebildet wären, sondern daß gerade diese Fiktionalisierung beim Schreiben des Werks das Entscheidende ist. Das wird an der Gestalt des Hermann Ott, genannt «Zweifel», deutlich, den der Autor «erfindet», um die bohrenden Fragen seiner Kinder zu beantworten. Aber Zweifel ist aus zwei wirklichen Personen zusammengesetzt: Sein Vorname und seine Nachkriegsaktivitäten als Kulturdezernent in der Bundesrepublik sind eine Hommage an Hermann Glaser, den Organisator des Dürerjahres, während der Zweifel, der im Keller des Fahrradhändlers Stomma überlebt, dem Großmeister der nachkriegsdeutschen Literaturkritik, Marcel Reich-Ranicki, nachgebildet ist, der Grass erzählt hatte, wie er das Nazi-Regime überlebte, was Grass dann im *Tagebuch* verarbeitete. Die vielen selbstbezüglichen Kommentare des erzählenden Autors – samt Anmerkungen zu seinen Arbeitsgewohnheiten und ihrer Umsetzung, die der Leser mitverfolgen kann, wenn der Autor zu schreiben fortfährt – sprechen für eine Interpretation des Buches als einer Demonstration des schöpferischen Prozesses, als eines literarischen Werks, das seine eigene Genese vollzieht. Auf dieser Ebene ist *Aus dem Tagebuch einer Schnecke* ein Werk, das die Umformung der «Wirklichkeit» in Literatur aufzeichnet.

Aber so unermüdlich Grass' Schilderung die Grenzen zwischen Tatsachen und Ereignissen und ihrer Fiktionalisierung immer wieder überspringt und aufhebt, sie enthält auch eine wichtige Textgruppe, die Tatsachen dokumentiert. Diese Dokumente – Eingaben, Statistiken, Meldungen, amtliche und private Korrespondenz – werden nicht einfach zitiert, sondern in die Erzählung eingeflochten und unterstreichen damit das «Konstruierte» des Werkes. Sie bilden eine Chronik der Zerstörung der jüdischen Gemeinde Danzigs und wurden von einem Überlebenden, Erwin Lichtenstein, gesammelt, der die Ergebnisse seiner Nachforschungen 1973 in Buchform veröffentlichte.[31] Grass als Erzähler bekennt sich in dokumentarischer Manier zur Verwendung dieses Materials und zu seinem Kontakt mit Erwin

Lichtenstein und dessen Frau. Laut *Tagebuch einer Schnecke* lernten sich die Familien Grass und Lichtenstein 1967, wenige Monate vor dem Sechstagekrieg, in Tel Aviv kennen und trafen sich dann wieder im September 1971 in Berlin und beim Besuch des Ehepaares Grass in Israel im November 1971. Lichtensteins Manuskript scheint Grass lange vor der Veröffentlichung zugänglich gewesen zu sein. Der Autor des *Tagebuchs einer Schnecke* berichtet, daß er bei seinem Israelbesuch 1971 sein eigenes Manuskript «schon in letzter Fassung» bei sich trug (S. 34); es enthielt Lichtensteins Material.

Die Fragen seiner Kinder nach den Juden und ihrem Schicksal zwingen den Autor zu der Erkenntnis, daß es mit einfachen, linearen Antworten nicht getan sein wird, und so reagiert er mit der komplexen, verwickelten Schreibweise des «Sudelbuchs». *Aus dem Tagebuch einer Schnecke* betont somit als Hauptaufgabe, den Kindern eine Art von Antwort zu geben. Die Fragen der Kinder und die Antworten des Erzählers/Autors sind in Gruppen angeordnet, die durch Zwischenräume getrennt sind – eine Technik, die das Zögern des Autors widerspiegelt; zudem werden seine Antworten ständig hinterfragt. Gleichzeitig nutzt der Autor die «naive» Perspektive der Kinder, um direkte Fragen über ein Thema zu stellen, das Erwachsene für gewöhnlich ungern anschneiden.

Denn manchmal, Kinder, beim Essen, oder wenn das Fernsehen ein Wort (über Biafra) abwirft, höre ich Franz oder Raoul nach den Juden fragen:
«Was war denn los mit denen?»
Ihr merkt, daß ich stocke, sobald ich verkürze. Ich finde das Nadelöhr nicht und beginne zu plaudern: Weil das und zuvor das, während gleichzeitig das, nachdem auch noch das …
Schneller, als sie nachwachsen, versuche ich Faktenwälder zu lichten. Löcher ins Eis schlagen und offenhalten. Den Riß nicht vernähen. Keine Sprünge dulden, mit deren Hilfe die Geschichte, ein schneckenbewohntes Gelände, leichthin verlassen werden soll …

«Wie viele waren das denn genau?»
«Und wie hat man die gezählt?»

Es war falsch, euch das Ergebnis, die vielstellige Zahl zu nennen. Es war falsch, den Mechanismus zu beziffern; denn das perfekte Töten macht hungrig nach technischen Details und löst Fragen nach Pannen aus.
«Hat das immer geklappt?»
«Und was war das für Gas?» (S. 15)

Nachdem der Vater/Erzähler über die vielen falschen oder unzulänglichen Antworten nachgedacht hat, die nach wie vor durch offizielle Publikationen und Mahnmale gegeben werden, faßt er, beunruhigt durch das – wie er glaubt – Wiedererstarken des Nationalsozialismus in Gestalt der NPD sowie die Wahl des ehemaligen Nationalsozialisten Kurt-Georg Kiesinger zum Bundeskanzler (1966), einen Entschluß:

Jetzt erzähle ich euch (solange der Wahlkampf dauert und Kiesinger Kanzler ist), wie es bei mir zu Hause langsam und umständlich am hellen Tag dazu kam. (S. 16)

Die Dezimierung der jüdischen Gemeinde Danzigs wird zweimal beschrieben. Der Autor Grass läßt den Erzähler Grass Teile des dokumentarischen Materials Erwin Lichtensteins in die Erzählung des Erzählers für seine Kinder einfließen. Gleichzeitig steht die «erfundene» Figur Zweifel mit den von Lichtenstein in seiner Dokumentensammlung beschriebenen Juden in Verbindung. Auf dieser fiktiven Ebene hatte Zweifel in den zwanziger Jahren eine Weile im jüdischen Auswandererlager Danzigs gearbeitet, wo nach den Pogromen in der Ukraine Flüchtlinge untergebracht wurden. Im März 1933 unterrichtet Zweifel als Studienassessor am Kronprinz-Wilhelm-Gymnasium. Nachdem die Quälereien und Einschüchterungen jüdischer Schüler an den staatlichen Schulen Danzigs immer schlimmer geworden waren, wurde ein Jahr später die Rosenbaumsche Schule gegründet, an der Zweifel bis zu ihrer Schließung im Jahre 1939 tätig ist. Um die faktischen Aspekte des Textes noch unentwirrbarer mit den «erfundenen» zu verschränken, läßt der Erzähler sich die Stellung Zweifels an der Rosenbaumschen Schule von Lichtenstein bestätigen und einen früheren Schüler Zweifels (dem der Erzähler in Israel begegnet) aussagen, daß er sich an «Dr. Zweifel» zu erinnern glaube; dagegen kann ein englischer Journalist, der als zwölfjähriger Junge Danzig mit einem Kindertransport verlassen hatte und den Erzähler eine Weile auf seiner Wahlkampfreise begleitet, sich an Zweifel nicht erinnern. Das Fiktive des Textes wird durch die fiktionale Fragilität der Erinnerung noch deutlicher.

Es kommt in der deutschen Nachkriegsliteratur selten vor, daß eine nichtjüdische Figur anerkennt, was mit den Juden geschehen ist, geschweige denn ihnen aus rein altruistischen Gründen hilft. Wenn der Erzähler nach Zweifels Beweggründen fragt, kann er für seine Handlungen keine ideologischen oder anderen Gründe finden; doch führt der Erzähler sie ausdrücklich nicht auf Philosemitismus zurück. In dem ganzen Buch sind persönliche Beziehungen – intime, zufällige oder berufliche – von argumentativer Dynamik erfüllt; dies gilt ohne Unterschied auch für Zweifels Beziehungen zu Mitgliedern der jüdischen Gemeinde. Zweifel ist nicht nur Zeuge, sondern auch Opfer der Diskriminierung und Mißhandlungen, die die jüdische Gemeinde Danzigs zu ertragen hat. Als die Gestapo ihn im März 1940 zum zweiten Mal vorlädt, packt er ein paar Habseligkeiten auf sein Fahrrad und verläßt die Stadt, ohne sein Ziel zu kennen. Er landet schließlich in dem Keller des Fahrradhändlers Anton Stomma und seiner geistig verwirrten Tochter in dem Dorf Karthaus,[32] wo er sich bis zum Ende des Krieges versteckt. Da einige dieser Ereignisse dem Leben Marcel Reich-Ranickis nachgebildet sind, erfährt Zweifel die Katastrophen eines jüdischen Lebens. Dieses Teilen jüdischen Leidens ist unterschiedlich interpretiert worden. Kurt Lothar Tank, dem bekannt ist, daß bei der Figur des Zweifel mindestens teilweise ein Jude Pate gestanden hat, pocht besonders darauf, daß «der Lehrer Ott» kein Jude ist, weil Grass als Nichtjude sich gescheut haben mochte, die Leiden eines Juden darzustellen, und führt Max Frischs *Andorra* als ein weiteres Beispiel für diese Scheu an.[33] Dagegen sieht W. G. Sebald in Hermann Ott die Rückprojektion eines Wunschdenkens, durch das Grass beweisen wollte, daß «der bessere Deutsche» wirklich existiert habe.[34]

Während Zweifel noch in Danzig lebt, verfolgt der Erzähler die Auflösung der jüdischen Gemeinde anhand aufschlußreicher Details. Gestützt auf Lichtensteins Informationen, beschreibt er, wie der Lebenshorizont der Gemeindemitglieder sich immer mehr verengte, und verfolgt die haarsträubenden Odysseen der Gruppen, die illegal nach Palästina transportiert wurden. Er bringt auch einige Miniaturporträts – von dem Grünzeughändler Laban, dem Studenten Fritz Gerson und Ruth Rosenbaum, der Gründerin der Rosenbaumschen Schule, der der Erzähler in Haifa begegnet –, und diese Skizzen sind lebendig und beziehen ihre Kraft aus der Beobachtung des persönlichen Details. Es scheint, als habe Grass die Bekanntschaft mit einigen Juden der einstigen Danziger Gemeinde (und mit dem Lyriker und Holocaust-Überlebenden Paul Celan)[35] dazu verholfen, jene Stereotypen zu vermeiden, die ihm früher seine Kritikerin Ruth Angress vorgehalten hatte. Doch sind die Porträts kurz und beleuchten nur wenige Aspekte der jeweiligen Persönlichkeit. Ohne Zweifel ist Grass, dem Vater und dem Beobachter der sozialen Szene, bewußt, daß er, um mit seinen Kindern über die Vernichtung der Juden sprechen zu können und ihnen wenigstens ansatzweise ein Gefühl für die Ungeheuerlichkeit der Verbrechen zu vermitteln, Stereotypen und Statistiken zu vermeiden hat und statt dessen die Verwüstung all dieser Leben individualisieren muß. Der Erzähler berichtet seinen

Kindern von den Konzentrationslagern und den Massenhinrichtungen, bei denen die Opfer sich selbst ihr Grab schaufeln mußten. Gelegentlich verrät die Syntax den offenkundigen Wunsch, die Kinder vor dem ganzen Gewicht der Schrecken zu schützen, so zum Beispiel, wenn die Greueltaten im Nebensatz genannt werden, auf welchen die optimistischere Information des anschließenden Hauptsatzes folgt: «Bevor über tausend Insassen des Lagers, unter ihnen die Danziger Gruppe, von deutschen Kommandos erschossen wurden, gelang dem Ingenieur Israel Herszmann, der wie Hermann Ott in der Danziger Niederstadt seine Wohnung gehabt hatte, die Flucht» (S. 129).

Indem Grass das Schicksal der Danziger Juden neben seinen Wahlkampf gegen Bundeskanzler Kiesinger und für Willy Brandt stellte, konnte er konkret und spezifisch zwischen dem Danzig unter nationalsozialistischer Herrschaft und der Bundesrepublik Deutschland in der Erzählgegenwart vermitteln. Der didaktische Impetus, auf die Kinder gerichtet, erhellt nicht nur die Vergangenheit, sondern interpretiert für sie auch die Gegenwart. Der Fortdauer des ideologischen Fanatismus (statt der SS ist es jetzt der SDS) entspricht das Überdauern ehemaliger Nationalsozialisten in höchsten Ämtern (Kurt Georg Kiesinger als Bundeskanzler). Der Erzähler stellt scharfsinnige Beobachtungen über Deutschland an, während er das Land bereist, und gibt schneidende Kommentare zum zeitgenössischen Leben ab. Sein Nachdenken über sich selbst ist eine Selbsterforschung, die der Beichte nahekommt. Seine kritischen Ausblicke bezieht er kunstvoll auf die zentrale Metapher der Schnecke, das Konzept des «Stillstands im Fortschritt», eine hoffnungsfrohe Skepsis, eine antiidealistische Diesseitigkeit, die in Dürers *Melencolia I* projizierte Schwermut und deren Schwester, die Utopie. Während er für den «melancholischen» Kandidaten Willy Brandt Wahlkampf macht, gibt sich Grass der Hoffnung hin, daß Deutschland es – im Schneckentempo – lernen möge, eine echte Demokratie zu sein, und daß es langsam seinen Fanatismus und den intoleranten Idealismus abschütteln wird, die nach Meinung des Erzählers die Katastrophe des Holocaust herbeigeführt haben. Doch spielen in allen diesen aktuellen Sorgen und Grübeleien Juden keine Rolle. Sie treten nur als Bewohner der Vergangenheit oder als Besucher aus dem Ausland auf.

Zwar will Grass das Buch geschrieben haben, um seinen Kindern von der Dezimierung der jüdischen Gemeinde Danzigs zu erzählen, aber nach dem 17. Kapitel (nach der ersten Hälfte des Buches) erwähnt er bis zum abschließenden Kapitel kein einziges Mitglied der jüdischen Gemeinde mehr. Im 17. Kapitel erhalten die Kinder auf

ihre Frage «Was dann? Was dann?» die Antwort: «Dann kam Augst»
(S. 169). Augst (in dessen Name das Wort «Angst» mitschwingt) ist
eine fiktive Verkörperung jenes richtungslosen Idealisten, der Zuflucht im Nationalsozialismus fand und in den Nachkriegsjahren ins
Schwimmen geriet; auf einem Kirchentag begeht er öffentlich Selbstmord, indem er Zyankali schluckt. Der Erzähler, der als Redner dem
Kirchentag beiwohnt, ist tief erregt; er beschließt, Augsts Witwe und
ihren Kindern einen Besuch abzustatten, um mehr über das Leben
des Selbstmörders zu erfahren. Diese Informationen werden dann in
die folgenden Kapitel verwoben, in denen Augst die Danziger Juden
von der Bildfläche verdrängt. Das gilt sogar für die Geschichte Zweifels; denn fortan werden imaginäre Begegnungen zwischen Augst
und Zweifel veranstaltet. Natürlich kann der Leser gegen die Anwesenheit Augsts in der Erzählung keine Einwände erheben, sondern
höchstens anmerken, daß Augst recht spät auftritt und daß die Beseitigung einer ganzen Figurengruppe und die späte Einführung einer
neuen Figur ein strukturelles Ungleichgewicht im Buch erzeugt.
Aber noch wichtiger ist, daß die physische Zerstreuung und Vernichtung der Juden in den Lagern, auf den Feldern und auf den Schiffen
in ihrem Ausscheiden aus der Erzählung eine Parallele hat. So wie
sie von deutschem Boden verschwinden, so verschwinden sie aus
dem Bewußtsein des Erzählers. Wenn die Judenvernichtung den Kindern des Erzählers unverkürzt berichtet und von ihnen in Erinnerung
behalten werden soll (wie es der Erzähler in den ersten Teilen der
Erzählung zu wünschen scheint), dann ist das schlichte Fallenlassen
dieses komplexen Themas ein schwerwiegendes Defizit. Wenn Grass
über die Schiffsreisen der einzelnen Gruppen nach Palästina berichtet, beschränkt er sich meist auf summarische Aufzählungen der
verschiedenen Stationen, die er gelegentlich mit tiefer Ironie schildert (wenn beispielsweise die Passagiere eines früheren Schiffes festgenommen werden und zusehen müssen, wie die eines späteren da-
vonfahren); aber die menschliche Dimension von Seelenqual und
Verzweiflung erfährt nirgends eine individuelle Gestaltung. Sobald
Grass aus dem sicheren Gehege von Lichtensteins Dokumentation
heraustritt, verfehlt er seine Absicht, ein «individuelles Schicksal»
zu erzählen oder «die Flucht einer Familie – hier in den Tod, dort
zu ihrem Ziel: Palästina». Trotz der Offenheit, mit der er über den
Holocaust spricht, gehört also auch Grass zu jener Kategorie deutscher Intellektueller, über die Sebald generell bemerkt hat: «Denn
vom realen Schicksal der verfolgten Juden wissen deutsche Literaten
nach wie vor selber sehr wenig.»[36]

Grass läßt die Problematik genau an dem Punkt auf sich beruhen, wo Lichtenstein seine Dokumentation abschließt. Die Vernichtung der Danziger Judenschaft von der sicheren Warte einer jüdischen Dokumentation aus nachzuerzählen zeugt nicht von affektiver Anteilnahme an individuellen Lebensschicksalen, sondern von einem intellektuellen, freilich zutiefst engagierten Interesse. In einem Text, der so mit kritischen Analysen und pädagogischen Haltungen gespickt ist, hätte man wohl auch die persönlichen Reflexionen des Erzählers, vielleicht sogar einen Ausdruck der Trauer erwartet. Muß nicht der Vater, der seinen Kindern von der Vernichtung der Juden erzählt, auch seinen Schmerz darüber ausdrücken und sich aus dem sicheren Bezirk der Lichtensteinschen Dokumente hinauswagen? Gerade dort, wo Grass' eigene Affekte und Empfindungen zutage treten müßten – wo er individuelle Lebensschicksale in ihrer ganzen unerbittlichen Todgeweihtheit rekonstruiert, wo sein Sprechen vom Holocaust die Bekundung von Gram und Schmerz ausdrücken und er seinen Kindern dieses Beispiel vorleben müßte –, gerade hier gähnt eine Leere. Hingegen zeigt er sich angesichts des Selbstmords von August zutiefst berührt und demonstriert seine Betroffenheit durch den Besuch bei Augsts Familie und seine durch Augsts Tod ausgelösten Grübeleien.

Ähnliches gilt für die Romanfigur Zweifel. Nachdem dieser einmal in Stommas Keller Zuflucht gefunden und sich dem Nachdenken und Philosophieren überlassen hat, fragt er sich nicht ein einziges Mal, was mit den jüdischen Menschen geschehen sein mag, die er zurückgelassen hat. In einer so locker gefügten Erzählung wie dem *Tagebuch einer Schnecke* hätte der Autor gewiß unzählige erzählerische Möglichkeiten finden können, um zu zeigen, daß die Danziger Juden nach ihrer Zerstreuung und Dezimierung nicht aufgehört haben zu existieren – weder in der Erinnerung der Überlebenden noch in den Köpfen jener, die mit ihrer Vernichtung fertig werden müssen. Wenn fast die ganze zweite Hälfte eines Buches, das angeblich geschrieben wurde, um die Katastrophe der Juden zu erzählen, sie überhaupt nicht erwähnt, so offenbart dieses Schweigen einen blinden Fleck in der Fähigkeit des Autors zu einfühlender Phantasie. Hier beleuchtet die Sprache des Schweigens einen beherrschenden Aspekt der Täterliteratur: Gewiß will Grass über die nationalsozialistischen Verbrechen schreiben, und gewiß will er sie nachfolgenden Generationen bekannt machen, aber ohne kundige Führung (durch Lichtenstein und seine Dokumente) kann er unbekanntes Gelände nicht betreten und keine Individuen erschaffen oder ihre Leiden vergegenwärtigen und nachempfinden. Grass' uneingestandene Unfähigkeit, Affekt und Trauer auszudrücken, wird aber paradoxerweise durch eine Szene aufgewogen, in der gerade das Fehlen von Worten den höchsten affektiven Ausdruck ver-körpert, Körpersprache die Worte ersetzt. In der abschließenden Rede «Vom Stillstand im Fortschritt» beschreibt Grass seine deutschen Landsleute, die sich an den Völkermord gewöhnt haben und die Naziverbrechen als «irrationale Verfehlungen» entschuldigen, und sieht im wortlosen Kniefall des Bundeskanzlers Willy Brandt an der Stätte des Warschauer Ghettos den affektiven Ausdruck von Schuld und Trauer.

> Der Gewöhnung an den Völkermord entsprach die vorschnelle Bereitschaft, die Verbrechen des Nationalsozialismus als momentane Verblendung, als etwas Unbegreifliches, deshalb Entschuldbares abzutun. Vielleicht hat das sprachlose Handeln eines Politikers, der dort, wo das Warschauer Ghetto gewesen ist, Last getragen hat und auf die Knie ging, der Erkenntnis ungeminderter Schuld späten Ausdruck gegeben. (S. 317)

So wie Grass sich zur Beschreibung der Vernichtung der Danziger Juden auf das dokumentarische Zeugnis Erwin Lichtensteins stützte, so stützt er sich auch zur Beschreibung eines affektiven Ausdrucks auf das Vorbild eines anderen – diesmal Willy Brandts. Es scheint, als könne Grass über den Holocaust und die Last der Schuld nur vermittelt sprechen, gefiltert durch die Zeugnisse und die Gesten anderer.

Was das Aufkommen eines echten Gefühls von Tragik oder des Ausdrucks von Trauer betrifft, so sucht Grass in der Geschichte, um Hoffnung für die Zukunft aufrechtzuerhalten. Wieder kann er diese Probleme nicht direkt ansprechen, sondern bedarf einer neuen Ebene der Vermittlung. In diesem Fall benutzt er ein selbst konstruiertes Vorbild. In seiner Rede zu Dürers 500. Geburtstag zieht er Parallelen zwischen dem Humanismus der Dürerzeit und unserer eigenen Zeit und antizipiert, gestützt auf die zentrale Schneckenmetapher des «Stillstands im Fortschritt», die Fähigkeit zu trauern in irgendeiner unbestimmten Zukunft:

> Auflösung und Zerrissenheit, Krieg und Chaos ahnend, verzweifelten die Humanisten an der Machtlosigkeit ihres Wissens und an der Unwissenheit weltlicher Macht. Ihrer Ohnmacht bewußt, nahmen sie Zuflucht in formal beherrschter Melancholie. Erst im folgenden Jahrhundert, solange der Dreißigjährige Krieg dauerte und nachwirkte, fand barocke Sprache zum Trauerspiel – Andreas Gryphius –, handelte barocke Lyrik vom Schmerz – Quirinus Kuhlmann –, wurde aus chaotischer Unordnung die Hoffnung zum Prinzip; ihr Ort hieß Jammertal, ihr Ziel Erlösung. (S. 317 f.)

Grass vergleicht nicht «Auflösung und Zerrissenheit, Krieg und Chaos» des 16. Jahrhunderts mit dem Holocaust. Doch gibt er zu verstehen, daß die Wirren jener Zeit mehr als ein Jahrhundert lang ihren Ausdruck nur in der Melancholie finden konnten. Die «Zuflucht in die Melancholie» ist jedoch laut Alexander und Margarete Mitscherlich genau das, was die Deutschen nicht taten und was Grass in seinem Buch verspätet nahezulegen versucht. Nicht nur die Wahl Willy Brandts, des Melancholikers, der seine Entscheidung im «Schneckentempo» fällt, weist in diese Richtung; auch der Künstler schreibt mit schwarzer Galle, einem Synonym für Tinte.[37] Wenn man Grass' (anfechtbare) Voraussetzung akzeptiert, daß Melancholie den Ausdruck von Tragik und Trauer vorbereitet und Hoffnung aufkommen läßt, dann vermittelt *Aus dem Tagebuch einer Schnecke* im Grunde eine hoffnungsvolle Botschaft. Doch selbst bei dieser hoffnungsvollen Projektion stützt sich Grass auf Hilfskonstruktionen; denn während Ausdrücke wie «Trauer» und «Schmerz» zweifellos auf den Holocaust anwendbar sind, verweist der Rekurs auf christliche Bilder und Konzepte («Jammertal», «Erlösung») wieder auf das Bedürfnis nach einer vorgefertigten Begrifflichkeit, was durch Grass' Interpretation des 16. und 17. Jahrhunderts noch unterstrichen wird. Vielleicht empfindet Grass die «Erkenntnis ungemilderter Schuld», die Willy Brandt zum Kniefall zwang, als so überwältigend, daß nur der Rückgriff auf bereits existierende Strukturen helfen kann, sie zu artikulieren und zu ertragen. Entsprechend dem langsamen Tempo der Schnecke rechnet Grass mit langen Zeiträumen, was den Ausdruck von Gram und Schmerz über die Verbrechen des Holocaust betrifft. Sein eigenes Bedürfnis nach vorgefertigten Vorbildern und Wegweisungen und seine Unfähigkeit, sich ohne die Hilfe eines Vermittlers zu artikulieren, lassen ahnen, wie lang dieser Weg sein wird.

3.
Autobiographische Romane

Generationenkonflikt

Die Trauerarbeit ist wesentlich – nicht
nur als «Buße», sondern auch als unent-
behrliche Vorstufe zur Ausbildung einer
autonomen und reifen Identität eines
ganzen Volkes und seiner einzelnen
Menschen.[1]

Zwischen Frühjahr 1969, als Günter Grass begann, für die SPD auf
Wahlkampfreisen zu gehen, und 1972, als *Aus dem Tagebuch einer
Schnecke* erschien, erreichte die Studentenbewegung in der Bundesrepublik wie auch in anderen Ländern ihren Höhepunkt, um danach
ebenso rasch zu verpuffen. Dieses rapide Ende einer Bewegung, die
kaum mehr als zwei oder drei Jahre währte, hat zu vielen Spekula-
tionen Anlaß gegeben. Als Ursachen wurden unter anderem genannt:
die wirtschaftliche Rezession und die zunehmende Arbeitslosigkeit,
«die mehr und mehr auch die Akademiker erfaßt»,[2] das ideologische
Auseinanderbrechen der Linken in Splittergruppen (darunter auch
die Terroristen)[3] und das Umsichgreifen der Drogenkultur, die das
Solidaritätsgefühl untergrub und in den USA in Timothy Leary ihren
großen Propheten hatte. Man rückte allmählich von den politischen
Schlagworten und einem politisch motivierten Utopismus ab, der
glaubte, seine Ziele mit revolutionären Mitteln über Nacht erreichen zu können. 1969 starb Theodor W. Adorno, Rückkehrer aus
dem US-Exil, Oberhaupt der Frankfurter Schule und exemplarischer
Dialektiker, bei dem viele Vertreter der Studentengeneration in die
Schule gegangen waren. Hans Magnus Enzensberger, einst vom Marxismus berauscht, kehrte merklich ernüchtert aus Kuba zurück.
Schriftsteller wie Heinrich Böll und Peter Schneider zogen noch in
den siebziger Jahren gegen in ihren Augen autoritäre Praktiken zu
Felde – besonders gegen den «Radikalenerlaß», der nicht nur «Radikale» von der Beamtenlaufbahn ausschloß, sondern auch dem deut-

schen Verfassungsschutz beispiellose Rechte einräumte. Da viele der einst radikalen Studenten in den Lehrberuf strebten, traf sie der Radikalenerlaß besonders hart – nach der «Revolte der Söhne» erblickte man in ihm die «Rache der Väter».[4] Aus Furcht vor Repressalien, enttäuscht und desillusioniert von der Studentenbewegung und unter dem Eindruck der sich verschlechternden wirtschaftlichen Lage, gaben sich die gescheiterten Revolutionäre der Selbstbetrachtung hin und zogen sich von ihrem politischen Engagement zurück; auf ähnliche Weise lähmten in den USA die Ölkrise, das Ende des Vietnamkrieges und der Watergate-Skandal den militanten Impetus. Diese «Tendenzwende» war die Reaktion der Intellektuellen auf das veränderte politische und geistige Klima. Der verbreiteten Stimmung der Lustlosigkeit und des Rückzugs ins Unpolitische stand eine Randgruppe von Terroristen entgegen, die auch Gesinnungsgenossen im Ausland, namentlich in Italien und Japan, hatten und deren Anschläge im sogenannten «deutschen Herbst» 1977 ihren Höhepunkt erreichten.[5]

Studentenproteste waren damals in vielen Demokratien eine geläufige Erscheinung, doch griff die Jugend in jedem Land andere Themen auf. In den USA ging es um die Bürgerrechtsbewegung und den Vietnamkrieg, in der Bundesrepublik Deutschland vor allem um die nationalsozialistische Vergangenheit. Und während in den USA die Märsche, Demonstrationen und Sit-ins eine unbezweifelbare Wirkung zeitigten, schlugen die Demonstranten in Deutschland eine Schlacht, von der sie wußten, daß sie nicht zu gewinnen war; denn auch durch noch so vieles Demonstrieren konnten sie die verhaßte Vergangenheit nicht rückgängig machen oder die verstockte, defensive Haltung der Elterngeneration aufbrechen. Der destruktive Furor des bundesdeutschen Terrorismus war im Grunde ein Ausdruck dieser Hoffnungslosigkeit. Peter Schneider, der seinerzeit aktiv an der Protestbewegung beteiligt war, erklärte rückblickend dem amerikanischen Publikum:

In den USA konnten die Anti-Kriegs-Demonstranten an die demokratischen Traditionen ihrer Väter anknüpfen, die immerhin gegen Hitler Krieg geführt hatten. In Deutschland konnten wir unseren Protest nur durch Stellungnahme *gegen* die Väter ausdrücken. Von Anfang an lag auf uns die geschichtliche Verpflichtung, *nicht wie unsere Väter zu sein*. Auf der gefühlsmäßigen Ebene richtete sich in Deutschland der Protest speziell gegen die Generation, die für den Nationalsozialismus verantwortlich war.[6]

Zwar begannen die Demonstrationen in der Hoffnung, den gegenwärtigen und künftigen Kurs der Bundesrepublik Deutschland zum Besseren steuern zu können, doch stellte sich bald heraus, daß es in diesem Kampf um eine Vergangenheit ging, die auf mehreren Ebenen in die Gegenwart hineinreichte: als die nicht zu leugnende Vorgeschichte der Bundesrepublik, als das fortdauernde Sich-Verteidigen oder Verschweigen und Nichtwahrhabenwollen vergangener Verbrechen durch die Elterngeneration und als psychologische Prägung der Studenten selbst. Aus den Angriffen der Studenten auf das «faschistische» Verhalten gegenwärtiger Obrigkeiten wurde eine Anklage gegen den Faschismus einer Vergangenheit, in der die unterschiedslos so genannten «Faschisten» die eigenen Eltern gewesen waren. Erbitterte Attacken gegen die Elterngeneration sollten beweisen, daß man nicht so war wie die eigenen Eltern und daher aus einer grauenvollen Vergangenheit entlassen war. Durch diesen logischen Kurzschluß vermied man es, sich unmittelbar der Vergangenheit und ihrem Vermächtnis zu stellen und Anteil an den Opfern zu nehmen; die Motive dieses Handelns waren nicht Schmerz und Scham, sondern Wut und Verzweiflung, was Elisabeth Domansky zu der Feststellung bewog:

Solange die 68er-Generation glaubt, sich den Vermächtnissen der nationalsozialistischen Vergangenheit dadurch entziehen zu können, daß sie die Verstrickung der älteren Generation in den Nationalsozialismus aufdeckt, gegen eine Wiederkehr des Faschismus in der Gegenwart kämpft und «korrekte» politische Ansichten vertritt, so lange wird sie nur die von den Eltern überkommene Tradition des Leugnens fortsetzen.[7]

Wenn die Generation von 1968 den Eltern deren einstigen Faschismus vorhielt, schlossen diese Angriffe auch die «faschistische» Kindererziehung mit ein. Das Persönliche drang ins Politische ein und überwältigte es – oder besser gesagt, die politische Haltung wurde zur Waffe im Krieg der Generationen. Hier zeigt sich, daß die Studentenrevolte nicht so sehr von demokratischen Idealen getragen war, sondern daß der Idealismus der Studenten zur Legitimation einer Revolte herhalten mußte, deren Motiv persönliche Beschwernisse waren. Am Ende des Jahrzehnts beurteilte Michael Schneider das Schicksal der «68er-Generation» auf diese spezifische Weise, die Politisches und Persönliches miteinander verschmolz; er bettete seine Analyse jedoch in einen Zusammenhang ein, der beweist, daß Schneider kein außenstehender Beobachter, sondern selbst Teil der analysierten Gruppe ist. Es ist ein Kontext der Passivität und damit im Grunde der Exkulpation:

Zwar pflegen viele der Enddreißiger ihre schon fast notorische Geschichtsverzweiflung mit den aktuellen gesellschaftlichen Krisen-Tatbeständen unermüdlich zu begründen und zu rechtfertigen; aber ihre gleichsam apriori-

sche Resignation und Willenslähmung, ihr untätig-banges Entsetzen vor dem
«Leviathan», als welcher Staat und Geschichte ihnen heute wieder erscheinen, ist gewiß älteren Datums und entstammt eher ihrer Innen- denn der als
feindlich und übermächtig phantasierten Außenwelt.

Es ist, als ob schon früh ein Geschoß den Lebensnerv dieser Generation
getroffen habe, eine Art Wandergeschoß, das im Laufe der Zeit all ihre gesellschaftlichen Organe – ihre Tatkraft, ihren Willen, ihre Courage, ihr Hoff-
nungsvermögen, ihre utopische Phantasie und damit auch ihre Fähigkeit zur
kreativen Umgestaltung der gesellschaftlichen Verhältnisse – gelähmt hat;
ein Geschoß, das offenbar noch aus der Waffenkammer der Kriegsgeneration
stammt. Es hat jedenfalls den Anschein, als ob das durch Faschismus und
Krieg angeschlagene, latent depressive Lebensgefühl der Vätergeneration auf
die nachfolgende gleichsam verschoben und in ihr erst manifest geworden
ist. Hat die Vätergeneration Trauer, Melancholie, Depression und alle verwandten Gefühlszustände manisch von sich abgewehrt, so scheint jene aus
solchen Stimmungen heute kaum noch herauszufinden.[8]

Schneider mag recht haben, wenn er vermutet, daß «ihre apriorische
Resignation und Willenslähmung, ihr untätig-banges Entsetzen vor
dem ‹Leviathan›» wohl «älteren Datums» seien und «eher ihrer In-
nen- denn der als feindlich und übermächtig phantasierten Außenwelt» entstammen. Untersuchungen der psychologischen und fami-
liären Hintergründe dieser Generation, namentlich der Terroristinnen
und Terroristen, stützen Schneiders Einsicht.[9] Aber wenn er das Bild
eines Wandergeschoßes gebraucht, das «den Lebensnerv dieser Generation getroffen» und «all ihre gesellschaftlichen Organe gelähmt»
habe, nimmt er Zuflucht zur Machtlosigkeit. Wenn diese Generation
von einem Geschoß getroffen wurde, ist sie offenbar nicht für die
Lähmung ihrer Tatkraft, ihres Willens, ihrer Hoffnungsfähigkeit, für
ihre utopischen Phantasien oder die Lähmung ihrer Fähigkeit zur Än-
derung der Verhältnisse verantwortlich. Das Geschoß entschuldigt
nicht nur alles «gelähmte» Tun dieser Generation, es macht auch
deren Angehörige zu Opfern. Exkulpation und Opferhaltung sollen
ein Scheitern erklären, das vorbestimmt war. Das ist genau die Haltung, die die Elterngeneration einnahm, als sie für die unter ihrer
Zuständigkeit begangenen Verbrechen der nationalsozialistischen
Herrschaft zur Rechenschaft gezogen werden sollte. Hier haben wir
einen der scheinbaren Widersprüche im Verhältnis der zwei Generationen: Die Jugend attackiert zwar vehement die Elterngeneration,
aber was die zwei Generationen verbindet, ist ihre Selbstwahrnehmung als «Opfer», die für ihre Taten nicht verantwortlich gemacht
werden können. Die ältere Generation betrachtete sich als von Hitler
und dem Nationalsozialismus «getäuscht» und «verraten» und damit

als Opfer; die jüngere Generation ist durch Kugeln aus «der Waffen-kammer der Kriegsgeneration gelähmt» worden. Das Geschoß ist zu-dem ein zufällig und ohne besonderes Ziel abgefeuertes «Wanderge-schoß», so daß jene, aus deren Waffenkammer es kam, für den Scha-den nicht haftbar gemacht werden können. So sieht sich die jüngere Generation nicht in einer paradoxen, sondern in einer schizophrenen Situation: Sie attackiert und beleidigt vehement die Eltern und ver-steht sich als deren Opfer, während sie sie gleichzeitig entschuldigt.

Peter Schneider spricht in seiner eigenen rückblickenden Ein-schätzung die widersprüchliche Situation der Protestgeneration an, wenn er den exkulpatorischen Blick der Linken auf ihre Eltern kom-mentiert:

Heute, im Rückblick, ist klar, daß die Demonstranten furchtbar naiv und unbefangen in ihrem Antifaschismus waren. (...) In einer reflexartigen Erle-digung wurde jeder, der gegen die «revolutionäre» Tagesordnung war, in die faschistische Ecke gestellt. (...) Nachdem «Faschismus» in Deutschland zu einem generellen Schmähbegriff geworden war, taugte er kaum noch zur Bezeichnung der zwölf Jahre, die ihm seine konkrete Bedeutung gaben. (...) Erst heute ist klar geworden, daß der linke Mißbrauch des Faschismusvor-wurfs ein genauso reflexartiger Entlastungsversuch ist; denn die Reduktion des geschichtlichen Profils des Nazismus auf generelle und übertragbare Merkmale hatte neben ihrem pädagogischen Wert auch eine Entlastungs-funktion. Wenn der Nationalsozialismus die «Verschwörung» einiger mäch-tiger Industrieller war, dann waren unsere Eltern, gleichgültig, was sie getan hatten, Opfer dieser Verschwörung.[10]

Als Introspektion und Selbsterforschung an die Stelle von Angriffen und Beschuldigungen traten, erreichte die Suche nach der eigenen Identität nationale Ausmaße und weckte das Interesse von Sozial-wissenschaftlern und Politikern. In der Literaturwissenschaft be-zeichnete der Begriff «Neue Subjektivität» oder «Neue Sensibilität» diese Literatur der Selbsterforschung. Im Gegensatz zu Theater und Theatralik von Demonstrationen, Straßentheater und Agitprop des vergangenen Jahrzehnts trat nun die Lyrik in den Vordergrund. In der Prosa erschienen sehr viele auf Selbsterforschung zielende autobio-graphische Romane. Inspiriert von vergleichbaren Generationskon-flikten und endlich doch der eigenen Nazivergangenheit innewer-dend, begann auch eine jüngere Generation von österreichischen Schriftstellern, mit autobiographischen Romanen radikale Selbster-forschung zu treiben.

Wie die Bezeichnung «autobiographische Erzählprosa» anzeigt, ist auch diese literarische Kategorie ein Zwitterwesen. Der Literaturwissenschaftler Ralph Gehrke spricht von der Auflösung einer zuvor festgefügten literarischen Kategorie und meint, «daß in einer Welt, die durch Auflösung letzter Traditionsbestände und Auszehrung von Sinnsystemen geprägt ist, überprüfbare Wahrheit keine hinreichende Kategorie mehr für autobiographisches Erzählen sein kann». Diese «Auflösung letzter Traditionsbestände und Auszehrung von Sinnsystemen» müßte wiederum vor dem Hintergrund des Holocaust näher beleuchtet werden. Gehrke beschränkt sich, mit dennoch gültigen Resultaten für sein Spezialgebiet, auf die Feststellung, daß «die Veränderungen der autobiographischen Gattung im engen Zusammenhang mit der durch die Rationalisierung und Technisierung erzwungenen Differenzierung und Komplexität der Moderne zu sehen ist [sic]».[11] Doch sind diese Beobachtungen nicht nur auf autobiographische Erzählprosa, sondern auch auf andere literarische Gattungen anwendbar: Hybridisierung, die Auflösung von bisher theoretisch festgelegten literarischen Gattungen, ist das hervorragendste Merkmal gegenwärtiger Literaturpraxis.

In der nach der «Tendenzwende» entstandenen autobiographischen Erzählprosa ist Erinnerung ein wesentliches Element der Suche nach der eigenen Identität; zusammen mit der wiederentdeckten Freiheit, zu fabulieren und die unwiederbringlichen Verluste der Kindheit nachzuerleben, treibt und strukturiert das Erinnern die Erzählung. Gleichzeitig (und als Nachklang linken Denkens) ist man sich bewußt, daß das Individuum und seine subjektiven Erfahrungen in einem dialektischen Spannungsverhältnis zu sozialen Gruppen und der Gesellschaft stehen: «In der autobiographischen ‹Dialektik von Öffentlichkeit und Privatheit› verwirklicht sich eine Form individueller Geschichtsschreibung, die Subjektivität nicht im Sinne von Einzigartigkeit, sondern als Bewußtwerden des gesellschaftlich Allgemeinen im Subjekt versteht.»[12]

Während die autobiographische Erzählprosa ein weites Gebiet umfaßte, war die sogenannte «Väterliteratur» (Romane über Väter, oder besser gesagt über Väter und Mütter) eine besonders hervorstechende Erscheinung der Jahre um den dreißigsten Jahrestag der Gründung der Bundesrepublik, das heißt von Mitte der siebziger bis in die achtziger Jahre hinein. Die spezifischen Merkmale dieser Romane verwischten sich in den späteren Jahren, aber Variationen über die Hauptthemen erscheinen bis zum heutigen Tag.

Diese autobiographischen Romane weisen eine frappierende thematische und inhaltliche Ähnlichkeit auf. Sprache und literarische Techniken lassen auf eine ähnliche Ausbildung der Autorinnen und

Autoren – die meisten von ihnen sind Berufsschriftsteller, Journalisten, Redakteure oder Lehrer – und einen homogenen Standpunkt schließen. Tatsächlich haben diese Romane so viele inhaltliche, strukturelle und sprachliche Merkmale gemeinsam, daß es sich tendenziell um Formelromane handelt. Bei denjenigen, die ich *in toto* erörtern werde, handelt es sich – in der Reihenfolge ihres Erscheinens zwischen 1975 und 1981 – um folgende Titel: *Die kleine Figur meines Vaters* von Peter Henisch, *Mitteilung an den Adel* von Elisabeth Plessen, *Der Schleiftrog* von Hermann Kinder, *Die Reise* von Bernward Vesper, *Der alltägliche Tod meines Vaters* von Paul Kersten, *Die Mansarde* von Roland Lang, *Brief an meine Erzieher* von E. A. Rauter, *Der Mann auf der Kanzel. Fragen an einen Vater* von Ruth Rehmann, *Vaterspuren* von Sigfried Gauch, *Die Tochter* von Barbara Bronnen, *Geisterwalzer* von Ingeborg Day, *Nachgetragene Liebe* von Peter Härtling, *Suchbild. Über meinen Vater* von Christoph Meckel, *Lange Abwesenheit* von Brigitte Schwaiger und *Der Hausfrieden* von Irene Rodrian.[13] Die meisten dieser Autorinnen und Autoren gehörten der Studentengeneration der sechziger Jahre an; alle haben sich der komplexen Aufgabe gestellt, eine Identität zu erarbeiten, indem sie die Rolle ihrer Eltern in ihrem Leben untersuchten. Oft gingen für sie die barbarischen Erziehungsmethoden der Eltern mit der nationalsozialistischen Vergangenheit Hand in Hand. In Wirklichkeit hat der Nationalsozialismus zwar eine «strenge» Kindererziehung befürwortet, aber er hat sie nicht erfunden. Diese Erziehungsmethoden sind älter als der Nationalsozialismus und wurzeln in einer autoritären Familien- und Gesellschaftsstruktur.[14] Hinter der Wut, die in diesen Autorinnen und Autoren aufsteigt, stehen nicht die Greuel des Holocaust, von denen die Kinder erst später erfuhren, sondern ihre persönlich erlittenen seelischen Verletzungen. So wurde der nationalsozialistische Völkermord zu einem «objektiven» und wirkungsvollen Instrument des Angriffs gegen die Elterngeneration.

Die Autoren entscheiden sich mit wenigen Ausnahmen für einen Ich-Erzähler, was äußerste Nähe zum Gegenstand suggeriert und bewußt die Grenze zwischen Fiktion und Autobiographie verwischt. Sie pflegen die «autobiographische ‹Dialektik von Öffentlichkeit und Privatheit›» und betonen damit ihre Abkehr von Romanen mit einem umfassenderen gesellschaftlichen Panorama, wie sie nach wie vor von Autoren wie Heinrich Böll, Günter Grass, Uwe Johnson, Siegfried Lenz, Martin Walser oder Walter Kempowski geschrieben wurden. Man sollte annehmen, daß es im Zuge der Selbsterforschung zu Reflexionen über jene autoritäre Familienstruktur kommt, als deren Opfer sich die meisten dieser Autorinnen und Autoren empfinden und die sie in ihren alltäglichen Erscheinungsformen so eindringlich beschreiben, und daß sie bestimmte Zusammenhänge zwischen Familienleben und politischer Praxis wenigstens andeuten. Das ist jedoch nur selten der Fall.

In allen diesen Romanen beginnt die Suche nach dem Ich beim Tod des Vaters oder kurz danach. Sein Tod löst eine Kette von Fragen aus, die der Protagonist zu Lebzeiten des Vaters nicht zu untersuchen vermochte – entweder weil die Eltern-Kind-Beziehung keinerlei Fragen zuließ oder weil der Vater unfähig war, andere als stereotype Antworten zu geben, oder weil «jeder Erwachsene/jedes Kind sich diesem ‹Riesen› der Kindheit nur stellen kann, wenn die Bedrohung durch seine physische Präsenz beseitigt ist».[15] Der Erzähler ist also gezwungen, das Leben des Vaters zu rekonstruieren. Das ist ein ausgezeichneter Kunstgriff, der in praktisch allen diesen Romanen den Gebrauch recht ähnlicher Techniken bewirkt. Die Erzähler stückeln das Leben des Vaters aus Erinnerungen, Träumen, Gesprächen zusammen; sie befragen Menschen, die den Verstorbenen gekannt haben; sie durchforschen amtliche Schriftstücke, Photographien und alte Zeitungen und lesen Texte – Briefe, Tagebücher, literarische Versuche –, die der Vater hinterlassen hat. Aber das Nebeneinander dieser vielfachen Perspektiven ergibt kein abgerundetes Bild des Vaters oder des Protagonisten und vermag auch nicht das komplizierte Problem zu lösen, das Individuum in seinen historischen Kontext zu stellen. Die fiktionalen Hilfsmittel stehen im Dienst einer angeblich objektiven Nachforschung, und der Erzähler umgibt die Vaterfigur auch mit entsprechenden historischen Ereignissen und Daten, doch der Mensch, an den er oder sie sich erinnert, wird nie wirklich in die gesellschaftliche und politische Vergangenheit integriert. Der Leser hat den Eindruck, daß der Erzähler diese Szenen nur deshalb in den Roman aufnimmt, um Gründlichkeit und Gerechtigkeit zu dokumentieren. Die wirklichen Interessen des Erzählers liegen jedoch anderswo. Sie liegen beim autobiographischen «Ich».

Dieses autobiographische «Ich» übertönt die vielfältigen Standpunkte und die relativierende Perspektive, indem es bei seinen als Kind erlittenen Mißhandlungen verweilt. Sie reichen von der Kommunikationsverweigerung bis zu lautem Anschreien, von gelegentlicher Bestrafung bis zu systematischen Prügeln und dauerhafter Verstümmelung, in Familien mit total verinnerlichter Gewalttätigkeit und Aggression von freundlichem Tadel bis zu enormem, im Namen der Liebe ausgeübtem Druck. Das Bestürzende an vielen dieser Darstellungen ist nicht die – körperliche und seelische – Brutalität der Bestrafung an sich, sondern die eigentümliche, mechanische, entfremdete Art ihrer Verabfolgung: das leise Mitzählen der Hiebe, das abrupte Umschalten von körperlicher Gewalt auf Bibellektüre, die Aufforderung an das Kind, den Riemen zu holen, mit dem es geschlagen werden soll, die Erwartung einer freundlichen, ja dankbaren Miene nach heftiger Züchtigung oder die Umfunktionierung der Bestrafung in eine Mannhaftigkeits- und Mutprobe. Indem die Erzähler die Psychopathologie dieser Familienverhältnisse bloßlegen, durchsetzen sie ihre Beschreibungen mit Wut und Frustration, die aus früheren Kränkungen, erlittenen Demütigungen und der enttäuschten Erwartung, ein akzeptables Rollenmodell zu finden, herrühren. Diese Polarisierung in eine vorgeblich objektive Recherche mit ihren mannigfachen Perspektiven einerseits und die überwältigenden persönlichen Erinnerungen andererseits macht den eigentlichen, emotionalen Kern dieser Romane aus und verhindert häufig, daß der Erzähler oder die Erzählerin die Komplexität der sozialen Dynamik oder auch nur der eigenen Emotionen versteht. Der Leser bleibt mit dem Eindruck zurück, daß der Erzähler auf dem langen Weg zur Selbstdefinition und zur Bewältigung einer individuellen und kollektiven Vergangenheit noch eine weite Strecke vor sich hat.

In fast allen diesen Romanen kehrt der Vater als gebrochener, entfremdeter, in seinen Idealen «betrogener» Mann aus dem Krieg zurück – das heißt, er sieht sich als Opfer. Die Strategie, sich als Opfer zu sehen, das den Verheißungen des Faschismus unschuldig bis in Vernichtung und Niederlage gefolgt ist, ist natürlich ein Versuch, der Verantwortung zu entgehen; die Mitscherlichs haben diesen Mechanismus mit Hilfe eines psychologischen Modells erklärt. Das Gefühl, ein ohnmächtiges Opfer zu sein, hat im deutschen Denken eine lange Geschichte. In seiner Studie über die Deutschen hat Norbert Elias eine lange Tradition subalterner Indoktrination und Unterwürfigkeit und andere autoritäre Beschränkungen einer freien und unabhängigen Persönlichkeit aufgezeigt. Die Selbstwahrnehmung als Opfer ist daher im intellektuellen und affektiven Repertoire Nachkriegsdeutschlands nichts Neues. Sie verstärkt Passivität und Apathie und heischt nach einem Mitleid, das nur das Opfer zu gewähren bereit ist, in Form von Selbstmitleid. Die selbstmitleidigen Untertöne sind der Basso continuo eines jeden Diskurses über Naziherrschaft und Nachkriegszeit. Das ist die Atmosphäre, in der die künftigen studentischen Aufrührer und Demonstranten aufwuchsen.

Das Gefühl des Vaters, ein ohnmächtiges Opfer gewesen zu sein, ist unabhängig von der Position, die er im Dritten Reich bekleidet hat. Die meisten dieser Romanväter waren im Krieg; einige waren Parteigenossen; zwei waren bei der SS. Die meisten Ehefrauen (die Mütter der Erzähler oder Erzählerinnen) mußten ihre Kinder durch den Krieg und den Zusammenbruch des Dritten Reiches bringen und bewiesen dabei vielfach große Findigkeit und Stärke. Doch nach der Heimkehr ihrer desillusionierten und orientierungslosen Männer schlüpfen diese Frauen wieder in ihre frühere Rolle, in der sie nur die Wahl haben, die Launen ihres Mannes zu unterstützen oder sich ihnen passiv zu unterwerfen – die Wahl zwischen Kollaboration oder Opferhaltung. Die Mutter ist in einigen Fällen eine überzeugte und aktive Partnerin des Vaters, wie auch generell nicht viel darauf hinweist, daß Mütter sich ihren Männern ideologisch widersetzt hätten oder ohne Vorurteile gewesen wären. Bestenfalls bestätigen sie die Einschätzung Ralph Gehrkes: «Die vom Alltagsleben überforderten Mütter versuchen zwar, das strenge Regiment der Väter durch flüchtige Zärtlichkeiten und liebevolle Zuwendung zu mildern, finden aber, daß Zucht und Ordnung sein müssen.»[16]

Man darf sich nicht wundern, daß die Nachahmung des väterlichen Verhaltens besonders bei männlichen Autoren unverkennbar wird, sobald sie Einblick in ihr eigenes Familienleben als Erwachsener gewähren. In diesen kurzen Skizzen erfüllt die Ehefrau oder Freundin eine ähnliche Funktion, wie sie die Mutter des Erzählers gegenüber dem Vater erfüllt hat; es sind genauso periphere Figuren, deren Dienste als genauso selbstverständlich angesehen werden. Diese Frauen helfen und trösten; sie stehen morgens als erste auf, um Kaffee zu kochen, erledigen unangenehme Telefongespräche und pflegen die seelischen Wunden ihrer Partner. Wenn eine Frau doch einmal ihre eigenen Belange vertritt (in Hermann Kinders Roman tritt die Frau der Gewerkschaft bei und wird später Funktionärin), findet der Mann das gefühlsmäßig unannehmbar, auch wenn er angeblich an die Gleichberechtigung glaubt (was er durch Mitarbeit im Haushalt beweist). In Kinders Roman wie in den Romanen Gauchs, Langs und Rauters vermeiden es die Autoren sorgfältig, irgendeine kritische Perspektive einzuführen; sie scheinen vorauszusetzen, daß ihre offenkundige seelische Not ihnen automatisch die Sympathie des Lesers sichert. Doch was den Leser am meisten beeindruckt, ist eine grenzenlose Ichbezogenheit, die nicht im Dienste einer Einsicht oder des persönlichen Reifens steht, sondern im Interesse der Entlastung von Verantwortung.

Die Unfähigkeit, beiderseits befriedigende persönliche Beziehungen einzugehen, erstreckt sich noch auf die nächste Generation: Auch die Kinder dieser männlichen Erzähler können nicht auf das Verständnis des Vaters hoffen. Nehmen wir als Beispiel Sigfried Gauch. Er ist Lehrer an einer Schule für geistig und körperlich behinderte Kinder – eine Berufswahl, die man als Sühne für seinen wirklichen Vater gedeutet hat, der ein hochrangiger Nationalsozialist, zeitweiliger Adjutant Hitlers und nach dem Krieg ein unermüdlicher Unterstützer neonazistischer Sammlungsbewegungen war und seine letzten Lebensjahre mit dem Versuch verbrachte, die physische Unmöglichkeit der Ermordung von «so vielen» Juden zu beweisen. Der Erzähler in Gauchs Roman beschreibt die Anteilnahme seiner behinderten Schüler am Tod seines Vaters; indem er mit ihnen über seinen Verlust spricht, können auch diese Kinder eine Nachdenklichkeit und Trauer zeigen, die sie normalerweise unterdrücken. In den Szenen aber, in denen die Töchter des Erzählers vom Tod ihres Großvates erfahren, gibt es keine Spur von Liebe oder Zuneigung oder familiärer Gemeinschaft in einer Zeit des Kummers, sondern nur die gereizte Manipulation der Familie durch eine ostentativ schlechte Laune, auf die der Erzähler ein Recht zu haben glaubt. Das Gegenbeispiel eines «sorgenden» Vaters bietet Bernward Vesper, der mit seinem kleinen Sohn auf dem Rücksitz eine Autoreise quer durch Europas Drogenszenen unternimmt. In einem letzten, luziden Augenblick läßt er das Kleinkind bei einer Verwandten, bevor er in eine Heilanstalt geht. Das extremste und traurigste Beispiel ist E. A. Rauter; er erwähnt zwar seine durch Abtreibung «vernichtete Nachkommenschaft», kann darüber aber nur zynisch und mit großer Rohheit sprechen.

Immer wieder stößt der Leser in diesen Romanen auf Varianten derselben Familienkonstellation, die sich über Klassenunterschiede hinwegsetzen und stark für die Homogenität des deutschen Bildungswesens sprechen. Ob der Vater Graf ist (Plessen), Geistlicher (Rehmann), Photograph (Henisch), Rechtsanwalt (Härtling), Arzt (Gauch, Schwaiger), Schriftsteller (Vesper, Meckel, Bronnen, Kinder), Landwirt (Rauter), leitender Angestellter in einer Firma (Rodrian), Ermittlungsbeamter für die Bahn (Kersten) oder Glasschneider (Lang), ob er fröhlich oder aufbrausend, gemein oder freundlich ist, er dominiert die Familie entweder durch sein Verhalten oder ex negativo dank der Unterwürfigkeit der Familie. Alle Erzählerinnen und Erzähler sind gesellschaftlich aufgeklärt genug, um zu wissen, daß Autoritarismus und Fügsamkeit gegenüber einer gedankenlosen und brutalen Behandlung durch die Erziehung (in Schule und Familie) und durch die Verinnerlichung sozialer Zwänge und Rollen vermittelt werden; doch anstatt dieses Bewußtsein in Handeln zu übersetzen und mit den etablierten Abhängigkeiten zu brechen, flüchten sich viele von ihnen in einen impliziten Determinismus. Der Glaube an diesen Determinismus wird besonders deutlich, wenn die Kindheit des Vaters beschrieben wird. Dann erscheint unweigerlich ein dominierender Großvater als Ursache für die schlimme Kindheit des Vaters und dessen späteres tyrannisches Verhalten.

Die weiblichen Autoren scheinen auf den ersten Blick psychologisch besser dran zu sein. Sie haben, freilich mehr aus Not als aus eigenem Antrieb, patriarchalische Familienstrukturen abgeschüttelt und scheinen damit ein flexibleres Leben zu führen. Diese Frauen sind alleinerziehende Mütter (entweder geschieden wie bei Ingeborg Day oder unverheiratet wie bei Barbara Bronnen und Irene Rodrian; oder ein Ehemann ist aus unbestimmten Gründen nicht vorhanden, wie bei Ruth Rehmann). Wie ihre männlichen Kollegen sind sie intellektuell orientiert und oft freiberuflich tätig, doch hat die sexuelle Diskriminierung (in der Familie und/oder am Arbeitsplatz) sie zu größerer Anstrengung gezwungen. Außerdem sind Kinder ein wesentlicher Bestandteil ihrer Situation. Wenn die Erzählerinnen keine eigenen Kinder haben, spielen die Sprößlinge von Verwandten oder Freunden in der Darstellung eine Rolle, um die Erkenntnis der Autorin zum Ausdruck zu bringen, daß gegenwärtiges Handeln Konsequenzen für die nächste Generation hat. Die Präsenz von Kindern in diesen Romanen trägt dazu bei, Zeit als etwas Dynamisches vorzuführen, und eröffnet die Möglichkeit der Veränderung, im Gegensatz zu dem eher statischen und geschlossenen Universum, in dem die meisten männlichen Autoren leben.

Trotzdem ist die scheinbar größere Freiheit bei den Frauen kein Zeichen wirklicher Emanzipation. Diese Frauen sind auch keine radikalen Feministinnen mit einem Programm für eine offenere, nicht-autoritäre Zukunft. Mögen auch manche der Protagonistinnen ihre sexuellen Hemmungen abgeschüttelt haben – ihre Wahrnehmung von Geschlechterrollen und Machthierarchien bewegt sich noch im traditionellen Rahmen. Barbara Bronnens Katarina ist scheinbar die befreiteste der Protagonistinnen, aber auch sie sehnt sich danach, den Erzeuger ihres Sohnes zu heiraten, und ist in der sexuellen Beziehung bereit, den Erwartungen des Mannes an eine gefügige Weiblichkeit im konventionellen Sinn zu genügen. Auch Irene Rodrians Hanne steuert am Ende des Romans auf den Zusammenbruch zu, weil es ihr nicht gelingt, als die alleinerziehende Mutter, die sie sein wollte, mit ihrer Tochter zu leben.

Eine kleine, aber doch ermutigende Anzahl dieser Autorinnen baut Brücken in die Zukunft (oder suggeriert dies zumindest). Ruth Rehmanns Erzählerin achtet sehr darauf, ihre halbwüchsigen Kinder demokratisch zu erziehen und auf ihre Fragen und Anregungen einzugehen. Ausdrücklich bezieht sie die Kinder in das Streben nach eigener Identität und die Suche nach der Rolle ihres Vaters in der Vergangenheit ein. Sie läßt die Kinder an ihrem Kummer und ihrer Sorge über die deutsche Vergangenheit teilhaben und versteht es, diese emotionale Suche pädagogisch zu nutzen, indem sie die Kinder nicht nur generell über die Vergangenheit, sondern auch über die Verantwortung jedes einzelnen für sie belehrt und zeigt, wie schwer es ist, unbequeme Fragen nicht zu verdrängen und zu vermeiden.

In Elisabeth Plessens Roman wird die Suche nach dem Selbst ebenfalls sorgsam ausgearbeitet, und die notwendigen Schlüsse werden unerschrocken gezogen. Während einer zweitägigen Reise zur Beisetzung ihres Vaters überdenkt Augusta, die Protagonistin, das Verhältnis zu ihrem Vater und beschließt, schon in Sichtweite des elterlichen Hauses, umzukehren und den Feierlichkeiten fernzubleiben. Sie sagt sich auch von ihrem Bruder los, den sie in den Fußstapfen des Vaters sieht, und bricht mit ihrem egozentrischen, unsensiblen Freund. Die Autorin ergänzt diese dreifache Ablehnung durch den Aufweis von Alternativen. So mußte Augustas Tante ihr unabhängiges Leben mit Altjüngferlichkeit und gelegentlichen Halluzinationen bezahlen; Augusta würde trotzdem dieses Schicksal dem der Mutter vorziehen, deren heftiges Temperament nur ein einziges Ventil kannte: die vehemente und uneingeschränkte Identifikation mit dem Vater. Augustas Schwester hingegen ist unter dem Druck der Erziehung zänkisch und betrügerisch geworden. Gleichsam als Gegengewicht gegen die radikale Trennung Augustas von der Familie läßt die Autorin ihre Protagonistin ein paar Stunden bei Freunden verbringen, die ein kleines Kind haben. Dieses kurze Intermezzo soll veranschaulichen, daß Beziehungen, die auf gegenseitiger Unterstützung beruhen, möglich sind.

Indem Augusta sich weigert, dem Begräbnis des Vaters beizuwohnen, löst sie sich aus dem Würgegriff von Familie und Tradition. Es ist ein individueller Akt der Befreiung, der sich gegen die Fortdauer familiärer Muster wendet. Elisabeth Plessens Roman ist insofern ein Buch der Hoffnung, als Augustas Ziel rückhaltlose intellektuelle Ehrlichkeit ist und sie den Mut hat, gemäß ihrer Einsicht zu han-

deln. Die Trennung von der Familie und dem privilegierten gesellschaftlichen Stand, den diese verkörpert, ist kein übereilter, sondern
ein wohlüberlegter Akt. Ihm gingen viele quälende Versuche Augustas voraus, mit dem Vater ins Gespräch zu kommen, der zwar als
Aristokrat Hitler als Lumpen abtat, aber als Offizier nicht im Traum
daran gedacht hätte, einem Befehl nicht zu gehorchen oder einen Eid
zu brechen. Von keiner Sentimentalität behindert, versucht Augusta,
die Denkweise ihres Vaters nachzuvollziehen, muß aber letztlich die
unüberwindlichen Barrieren anerkennen, die er durch sein starres
Festhalten an Stereotypen und Klischees errichtet.

Ein Bruch mit dem Vater und der Familie, wie ihn Augusta vollzieht, kommt in diesen Romanen selten vor. Viel häufiger ist der
Erzähler/Protagonist in einer Haßliebe zum Vater befangen, aus der
es kein Entrinnen gibt. Das extremste Beispiel liefert der Erzähler
bei Sigfried Gauch, der seine Schilderung damit beschließt, daß er
die Nacht nach der Beisetzung des Vaters in dessen Bett verbringt,
in der Hoffnung, daß eine solche *imitatio patris* als eine Art Exor-
zismus wirken und die Befreiung vom Vater einleiten werde. Aber
dieser Akt kindlicher Frömmigkeit, der als Werkzeug der Erlösung
die symbolische Geste und nicht gründliches Nachdenken und
schmerzliche Selbsterforschung ansieht, bleibt eben nur dies: kind-
lich. Eine Variante zu Gauch bietet Brigitte Schwaiger, deren *Lange
Abwesenheit* damit schließt, daß die Erzählerin sich von der Phantasie losreißt, zusammen mit ihrem Vater im Sarg zu liegen. Die
krassen psychologischen Implikationen dieser Szene unterstreichen
den starken inneren Aufruhr der Erzählerin.

Von den männlichen Autoren präsentiert Peter Henisch die gelun-
genste Vater-Sohn-Beziehung – hauptsächlich deswegen, weil sein
Vater, der im Zweiten Weltkrieg ein bekannter Bildberichterstatter
von der Front war, sich selbst und seinen Opportunismus vorurteils-
los sehen und mit seinem Sohn darüber reden kann. Die Offenheit
zwischen Vater und Sohn erlaubt eine gewisse Lockerung der Gat-
tungsformel: Der Sohn muß zwar noch die verschiedenen Elemente
der Vergangenheit seines Vaters zusammensetzen (viele von ihnen
sind auf Photographien dokumentiert), aber bevor der Vater stirbt,
nehmen die zwei ihre Gespräche auf Band auf, so daß der Sohn später
über sie nachdenken kann. Auch für Henisch ist das Kommen und
Gehen der Generationen ein Motiv, das Hoffnung ausstrahlt. Dem
Tod des Vaters steht die Geburt der Tochter des Erzählers gegenüber.
Mit der fortschreitenden Suche des Erzählers und der Niederschrift
dieser Suche geht die fortschreitende Schwangerschaft seiner Frau

einher. Gerade als der Erzähler seine Suche beendet hat, ist er aufgerufen, selbst die Rolle des Vaters zu übernehmen. Die Geburt der Tochter besiegelt seine neue Identität.

Dagegen führt die scheinbare Offenheit Bernward Vespers nicht zur Befreiung, sondern in die Zerstörung. Vespers Roman – Aufzeichnungen zu einem linken Programm, das den Marxismus mit dem Personen- und Drogenkult eines R. D. Laing und Timothy Leary verbindet – zeichnet die Agonie von Vespers eigener Auflösung nach. Die Entwürdigungen, die er in seiner Kindheit erlitten hat, werden durch seine späteren Kontakte zur Terroristenszene ins Politische projiziert. (Die Terroristin Gudrun Ensslin war die Mutter ihres gemeinsamen Kindes.) Unfähig, die Abhängigkeit eines extremen emotionalen Dualismus, der ihn an seine Familie fesselte, zu durchbrechen, beging Vesper schließlich in der Heilanstalt Selbstmord. Der Umstand, daß dieser Roman in der Bundesrepublik seinerzeit zum Kultbuch avancierte, zeigt deutlich, daß viele von Vespers Zeitgenossen sich mit seiner Not und dem Fehlen von alternativen Visionen identifizierten.

Wie versuchte nun diese Generation, bedrückt von der Last der eigenen wie der Vergangenheit der Eltern, mit dem Holocaust fertig zu werden? Zweifellos war für sie der Holocaust bei der Suche nach ihrer Identität von höchster Wichtigkeit; stand doch die Rolle ihrer Väter bei den während der Naziherrschaft begangenen Greueln im Brennpunkt ihrer Selbsterforschung. Als fiktionalisierte Autobiographien nähern sich die Romane dem Thema Holocaust subjektiv, über den Versuch der Erzähler oder Erzählerinnen, mit den Eltern ins Gespräch zu kommen.[17] Aber Juden kommen in praktisch allen Situationen, die diese Romane schildern, nur ganz am Rande vor. Die Erzählerinnen und Erzähler sehen keinen Widerspruch darin, dem Vater seine Rolle in der Naziherrschaft vorzuhalten, wie folgenschwer oder wie harmlos sie auch gewesen sein mag, und gleichzeitig über die vom Naziregime begangenen Greuel zu schweigen. Wie die Bezeichnung «Faschist» bleiben die Naziherrschaft und ihre Greuel abstrakte Begriffe bar jeder persönlichen Bedeutung und persönlichen Investition wie Entsetzen oder Scham oder Trauer oder auch nur «Betroffenheit». Die meisten dieser Autorinnen und Autoren lassen die Elterngeneration für sich sprechen; damit wiederholen sie aber jene Klischees und euphemistischen Umschreibungen, die den Eltern dazu dienten, die eigene Anpassung an die Naziherrschaft zu rechtfertigen, zu beschönigen, zu umgehen oder zu leugnen. Offensichtlich huldigen diese Autorinnen und Autoren der in den sechziger und siebziger Jahren herrschenden Vorstellung, daß Sprachkritik als solche schon Gesellschaftskritik ist und daß die Eltern sich selber richten, indem sie für sich selbst sprechen. Aber diese Klischees und ihr häufiger Gebrauch werden nur selten analysiert oder auch nur kommentiert. Diese Autoren und Autorinnen müssen sich deshalb die Kritik gefallen lassen, daß sie die Väter nur darum für sich selbst sprechen lassen, weil ihre Erzähler über keine analytische Perspektive verfügen, die den Zusammenhang zwischen den heutigen Worten des Vaters und seinen damaligen Taten aufzeigen würde, und weil sie unfähig sind, ihre eigene Reaktion auf den Holocaust in den Text zu projizieren. Erzählungen, die ganz von einer bestimmten Art des Affekts erfüllt sind – von der Wut auf den Vater und dem Zorn über die Mißhandlung als Kind –, weisen einen sonderbaren Mangel an Emotionen auf, sobald es um den Holocaust geht. Hier wird ganz offenkundig, worauf Eric Santner aufmerksam macht: «Die zweite Generation erbte nicht nur die unbetrauerten Traumata der Eltern, sondern auch die seelischen Strukturen, die diese Trauerarbeit zuallererst verhinderten.»[18]

Wer ist der Vater von Henischs Erzähler und wer ist dieser Erzähler selbst, wenn Klischees wie «der Führer wird schon wissen, was er tut» (S. 42), bei der Abreise des Vaters an die Ostfront widerspruchslos akzeptiert werden? Ist des Vaters Aussage «Ich hätte nichts daran ändern können» (S. 61) lediglich die Reaktion von Menschen, die den Autoritarismus gewöhnt sind und sich mit ihm abgefunden haben, oder äußert er eine Entschuldigung für unverantwortliche Passivität? Konnte der Vater von Gauchs Erzähler wirklich glauben und der Erzähler wirklich fast widerspruchslos akzeptieren, daß «die Ziele [der Nationalsozialisten] ausgesprochen ideal» gewesen seien (S. 104)? Oder konnten der Vater oder der Sohn in Christoph Meckels Roman wirklich glauben, der Vater habe «das Edle gewollt und sein Bestes getan» (S. 89)? Warum unterziehen die Erzähler und Erzählerinnen diese Klischees keiner kritischen Analyse? Warum untersuchen sie nicht, wie diese Klischees als Alibi und Placebo dienen? Der mitunter ironische Ton ihrer Darstellung genügt als Kritik nicht. Hier hat die jüngere Generation vielleicht die Chance vertan, zu lernen anstatt zu (ver-)urteilen, zuzuhören anstatt zu verdächtigen und Trauer um sich selbst als die Kinder dieser instrumentalisierten Eltern, Trauer um die Eltern und endlich auch Trauer um die Opfer und Scham für das diesen Angetane zu empfinden. Dieser Weg war wohl zu mühsam für jene, die mit dem schweren Gepäck von Wut und Zorn unterwegs waren, ja dieses schwere

Gepäck konnte als Beweis «guter Absichten» und gleichzeitig als Entschuldigung für die Kurzsichtigkeit des Blicks dienen. Infolgedessen blieb die jüngere Generation genauso in ihrer eigenen Position gefangen wie die ältere in der ihren.

Elisabeth Plessens Augusta versucht hartnäckiger als andere Erzählerinnen oder Erzähler, an den Vater heranzukommen, indem sie die hermetisch geschlossene Welt seiner Klischees aufzubrechen sucht. Sie hat damit keinen Erfolg, aber sie macht sich dabei innerlich frei, indem sie zu der gerechten, aber auch hoffnungslosen Erkenntnis kommt:

> Er versuchte ehrlich mit sich zu sein – dabei wiederholte er nur dieses grauenhafte, anerzogene Vokabularium, lauter Wörter aus Uhland-Balladen, Offiziersmessen und schwarz-weiß-roten Zeitungen. Er merkte es nicht einmal, er merkte auch nicht, daß diese Wörter alles verdrängten, was er sich vorgenommen hatte, die ganze Ehrlichkeit, und am Ende war alles so, wie es eben gewesen war. Er hatte sich nur wiederholt. (S. 237)

Ruth Rehmanns Erzählerin erinnert sich mit schmerzlicher Klarheit an die Reaktion des Vaters – die stereotype Versicherung, daß alles in Ordnung sei –, als sein einziger Freund, ein Jude, eines Abends heimlich zu Besuch kommt. Ruth Rehmann macht besonders deutlich, daß der Vater, ein protestantischer Geistlicher, es sich nicht leisten kann, für wahr zu halten, was sein jüdischer Freund ihm erzählt, und daher zu Klischees greifen muß, weil er keinen anderen Ausweg weiß. Der Vater sagt: «Sie müssen sich irren. Es wird viel geredet. Sie dürfen das nicht auf sich beziehen» (S. 177). Und er ruft im weiteren Verlauf der Unterhaltung aus: «Nein, ich kann das nicht glauben! Das wäre doch ...», wobei er den Satz nicht beendet; denn nach diesem «das wäre doch» müßte er benennen, was «es» wäre, und mit der Benennung der Realität ihre Existenz anerkennen. Er benutzt in allen diesen Sätzen Modalverben («Sie *müssen* sich irren», «Sie *dürfen* das nicht auf sich beziehen», «Ich *kann* das nicht glauben»), um das eigentliche Verbum emphatisch zu unterstützen, da das Verb allein nicht überzeugend genug wäre. Gleichzeitig führen die Modalverben ein Element der Gegenrealität ein, eine Welt des Wunschdenkens, in der Sätze wie «Sie *müssen* sich irren» oder «Ich *kann* das nicht glauben» Rückzugsgefechte einer Schlacht sind, die längst verloren ist. Aber Ruth Rehmann selbst fragt nie danach, welchen Zweck diese Klischees erfüllten. Hätte sich der Vater nicht hinter ihnen versteckt, so wäre die Realität, der er hätte ins Auge sehen müssen, gelinde gesagt unerquicklich gewesen. Hätte er dann nicht seinem Freund helfen müssen, auch wenn das bedeutet hätte, sich selbst in Gefahr zu bringen?[19] Da die Väter unnahbar bleiben, versuchen es manche Vertreter der jüngeren Generation auf einem anderen Wege. Sie gründen ihre Identität auf die Erkenntnis oder auch die Phantasievorstellung, teilweise jüdischer Abstammung zu sein. Diese Phantasie bedeutet jedoch keineswegs, daß man zu verstehen versucht, was es bedeutet, in Deutschland Jude zu sein (oder gewesen zu sein); vielmehr wird das Judesein für rein persönliche Zwecke instrumentalisiert und idealisiert. Generell ist diese imaginäre Identifikation mit den Opfern der Elterngeneration für die autobiographische Suche von peripherer Bedeutung und kann für das Problem der Selbstdefinition keine Lösung bringen. Sie versucht aber, mit den Juden Bande zu knüpfen, die einerseits die Eltern als Täter eliminieren und andererseits den Kindern eine falsche Entlastung von ihrer historischen Verantwortung gestatten, weil diese angeblich genauso wie die Juden Opfer eben dieser Tätergeneration sind. Die Identifikation als Jude bleibt eine Phantasie, existiert ohne persönliche oder soziale Konsequenzen im luftleeren Raum und ist eher eine Strategie als eine prägende Erfahrung. Sie speist die Selbstwahrnehmung als Opfer und begünstigt damit die innere Erstarrung anstelle eines Reifens. Sie ist ein Ersatz für die Trauer und blockiert als solcher jede Einfühlung und jede Trauer um die wirklichen Opfer der Naziherrschaft.

In der zweiten Generation hat die «Unfähigkeit zu trauern» einen anderen Hintergrund als in der Tätergeneration. Die erste Generation arbeitete zumeist mit Verdrängung und Leugnung der nationalsozialistischen Greueltaten, und abgesehen von philosemitischen Bekundungen war es tabu, *über* Juden zu sprechen (daß es auch *mit* Juden kein Gespräch gab, störte nicht weiter). Dieses Tabu wirkte gleichzeitig als Barriere gegen einen unbedachten Antisemitismus. In der zweiten Generation sind Juden zwar kein Tabuthema mehr, werden dafür aber zu konkreten Zwecken instrumentalisiert. Jack Zipes bemerkt dazu: «Juden werden nur dazu gebraucht, die persönliche und nationale Identität [der deutschen Linken] zu begründen.»[20] Und Santner hebt hervor, daß die deutsche Identifikation mit den Opfern die Juden letztlich sogar noch ihres authentischen Opferstatus beraubt. «In extremen Fällen von Identifikation mit den Opfern (...) werden die jüdischen Überlebenden noch einmal enteignet, nur daß man ihnen diesmal nicht ihren Besitz oder ihre Staatsangehörigkeit, sondern ihre inneren Kämpfe und die Erinnerungen ihrer Zeugenschaft nimmt.»[21]

Zwei Autorinnen aus der hier erörterten Gruppe sprechen offen über Juden. Besonders ausgeprägt geschieht das in Brigitte Schwaigers Roman *Lange Abwesenheit*. Schwaigers Protagonistin, deren Mutter «wahrscheinlich» eine jüdische Mutter hatte, hofft in einer recht selbstgefälligen Phantasie, ihren nazistisch gesinnten Vater dadurch zu treffen, daß sie eine Affäre mit einem älteren Juden hat, der als Vaterersatz und gleichzeitig als Kampfansage an den Vater fungiert. Indessen steht die Autorin ihrem Stoff so undistanziert gegenüber, daß sie weder die Pathologie der Erzählerin vorführen noch ein glaubwürdiges Porträt des jüdischen Liebhabers, seiner Persönlichkeit oder seiner eigenen Motive für diese Affäre geben kann. Die Autorin fragt oder analysiert nicht, sondern identifiziert sich vorbehaltlos mit den Haß- und Rachegefühlen der Erzählerin gegen ihren Vater. Der Liebhaber wird nicht als Person sichtbar; seine Funktion in der Erzählung besteht darin, als Waffe im Kampf gegen den Vater eingesetzt zu werden. Kein Wunder also, daß in diesem Hexengebräu aus heftigen, widersprüchlichen Gefühlen auch die Zutat des Antisemitismus nicht fehlt. Die Erzählerin erniedrigt ihren jüdischen Liebhaber mit denselben antisemitischen Parolen, die auch ihr Vater gebraucht, und verrät mit ihren Schimpf- und Haßtiraden gegen ihn hauptsächlich Selbsthaß. Der Mangel an schriftstellerischer Kontrolle über das gewählte Sujet läßt darauf schließen, daß Brigitte Schwaiger kaum den Versuch gemacht hat, Fragen der Ich-Identität aufzuarbeiten, geschweige denn die wahre Natur der Liebesbeziehung ihrer Erzählerin zu dem jüdischen Mann zu ergründen oder gar ihn selbst als eigenständige Person zu verstehen.

Bei Ingeborg Day hingegen setzt sich die Erzählerin dem ganzen Grauen der Kollektivschuld aus. Es gelingt ihr nicht, das Bild von ihrem Vater als einem liebevollen und treusorgenden Mann mit seiner Mitgliedschaft in NSDAP und SS zu versöhnen, und sie zerbricht buchstäblich daran: Der Roman dokumentiert dies ebenso wie den Prozeß ihrer prekären Gesundung. Days Roman ist der einzige der hier behandelten, der den Holocaust ausdrücklich in den Mittelpunkt der Suche nach dem Ich rückt. Das mag daran liegen, daß Ingeborg Day ihre österreichische Heimat verließ, in die USA heiratete und nach der Scheidung in Amerika blieb. Der tägliche Kontakt mit amerikanischen Juden mag ihr den Holocaust bewußter gemacht haben. Ihr Persönlichkeitszerfall demonstriert, welchen Preis diese Auseinandersetzung fordern kann, wenn ein Mensch von Gefühlen der Schuld, Scham und Trauer überwältigt wird und doch zugleich an einem jener Menschen hängt, die die Verbrechen begangen haben.

Alles in allem zeigen diese Romane einen unaufhebbaren Dualismus als erdrückendes Erbe der Elterngeneration. Am prägnantesten formuliert das der Erzähler bei Gauch: «Nun, Uwe, sage ich wieder laut, ich kenne doch meine eigene schizophrene Situation sehr gut: den Vater als Person lieben und von seiner Persönlichkeit entsetzt zu sein.» (S. 135) In diesem Dualismus erstarrt, können die Erzähler und Erzählerinnen nicht zu der kritischen Einsicht kommen, diesen Wunsch nach klaren Antworten und Lösungen als vergeblichen zu erkennen. Indem sie ihren Eltern ihre Verbohrheit vorhalten, lassen die meisten dieser Erzähler jene Dimension der Einfühlung und des Mitleids vermissen, die möglicherweise zur Trauerarbeit hinführen könnte. Sie sind nicht imstande, einen Bezugsrahmen zu erstellen, in dem gelegentliche Akte persönlicher Freundlichkeit mit massenhaften Greueltaten koexistieren können und ein Kind auf der Suche nach einem akzeptablen Vater sich nicht der Einsicht verschließt, daß dieser Mensch ein nicht akzeptabler Bürger ist. Die meisten von ihnen scheinen aus dem quälenden Leben ihrer Romanfiguren nichts gelernt zu haben. Ihren Frustrationen verhaftet, können sie nicht zu persönlicher oder politischer Reife heranwachsen – oder auch nur verstehen, daß das Hineinwachsen in ein verantwortungsbewußtes Erwachsenenalter ein schwieriger Prozeß ist, der schmerzliche Entscheidungen und die Stärke verlangt, kindliche Bande zu kappen. Zornige Anschuldigungen sowie Opfer- und Entlastungsphantasien haben nur den Effekt, die Durcharbeitung einer Vergangenheit, die nicht vergehen will, auf Dauer zu vermeiden. Ein erster Schritt auf dem Weg zur schmerzhaften Trauerarbeit wäre es, den deutlichen Rat des Holocaust-Überlebenden Jean Améry zu beherzigen:

Es geht euch nichts an, was geschah, denn ihr wußtet nicht oder wart zu jung oder noch nicht einmal auf dieser Welt? Ihr hättet sehen müssen und eure Jugend ist kein Freibrief und brecht mit eurem Vater.[22]

Verkörpern diese Selbsterforschungen in Romanform die tastenden und irregeleiteten Versuche einer jungen Generation von Intellektuellen, so zeitigte ein viel populärer gehaltener Appell in einem viel populäreren Medium eine viel breitere Reaktion: die amerikanische Fernsehserie *Holocaust*, die in der Bundesrepublik Deutschland Anfang 1979 ausgestrahlt wurde, also gerade zu der Zeit, als die Lawine autobiographischer Romane im Anschwellen begriffen war. Der Vergleich zwischen diesen zwei gleichzeitigen Phänomenen ist interessant. In den Romanen der deutschen Autoren gilt das Hauptinteresse niemals dem Holocaust um seiner selbst willen; der Holocaust wird nur gebraucht, um den Vater anklagen zu können. Bei der Fernsehserie mußten die deutschen Zuschauer keine eigene Ansicht zum Holocaust entwickeln, sondern konnten auf eine ihnen vorgesetzte Darstellung des Holocaust reagieren. Daß diese aus dem Ausland kam und ihren Gegenstand sentimentalisierte, scheint Hemmungen beseitigt und eine emotionale Reaktion auf die Geschichte des «Mitmenschen» erlaubt zu haben – eine Geschichte, die sich zugleich als die eigene Vergangenheit erwies. Die Ausstrahlung fiel zwar in eine politisch brisante Zeit (Majdanek-Prozeß, «Affäre Filbinger» und hitzige Bundestagsdebatten über die Verjährungsfrist für nationalsozialistische Verbrechen), doch standen diese Ereignisse der überwältigenden Reaktion auf die Fernsehserie nicht im Wege. Diese Serie machte durch die Personalisierung des Schicksals der Juden, ihrer Erniedrigung und zuletzt ihrer Vernichtung am Beispiel der Familie Dr. Weiss und durch die Darstellung von NSDAP und SS in Gestalt des früheren Arbeitslosen Eric Dorf theoretisches Wissen konkret erlebbar und lieferte einen emotionalen Bezugspunkt. Anton Kaes sagt zu Recht:

Eine amerikanische Fernsehserie von trivialer Machart, produziert aus mehr kommerziellen als aus moralischen Motiven, mehr zur Unterhaltung als zur Aufklärung, hat geschafft, was mit Hunderten von Büchern, Theaterstücken, Filmen und TV-Sendungen, Tausenden von Dokumenten und allen KZ-Prozessen in mehr als drei Jahrzehnten Nachkriegsgeschichte nicht gelungen ist: die Deutschen über die in ihrem Namen begangenen Verbrechen an den Juden so ins Bild zu setzen, daß Millionen erschüttert wurden.[23]

Diese ungewöhnliche Gefühlsaufwallung bedurfte ihrerseits der Erklärung; Thomas Elsaesser bestimmt sie näher, wenn er bemerkt:

Die angesprochenen Emotionen waren ihrerseits komplex. (...) Geradezu stereotyp wiederholte man die Metapher vom «Öffnen der Schleusen», und in aller Öffentlichkeit wurden mit bald hysterischer, bald exhibitionistischer Inbrunst Schuld-, Scham- und Reuebekenntnisse abgelegt.[24]

«Schuld-, Scham-und Reuebekenntnisse» waren gewiß eine positive Reaktion und konnten als Vorbedingung für den Ausdruck von Trauer über die begangenen Verbrechen, die ermordeten Menschen und die zerstörte Kultur angesehen werden. Aber die «bald hysterische, bald exhibitionistische Inbrunst» weckte doch Zweifel an den zur Schau gestellten Emotionen. Während die «hysterische Inbrunst» ihre Ursache in der von Menschen erfahrenen Nah- und Großaufnahme des Holocaust gehabt haben mag (die möglicherweise viele deutsche Zuschauer zur Identifikation mit den Opfern bewog), wurde die «exhibitionistische Inbrunst» vielleicht durch die Erkenntnis veranlaßt, daß «die Augen der Welt auf Deutschland gerichtet waren, um zu sehen, wie es auf die Serie reagieren würde».[25] Das Fehlen einer von Deutschen selbst erarbeiteten Trauer um die Opfer kompensierte man durch die Inbrunst, mit der man das amerikanische Vorbild annahm. Anton Kaes zitiert den damaligen Fernsehspielchef des Südwestdeutschen Rundfunks, Peter Schulz-Rohr, der von der «deutsche[n] Neigung zur manchmal fast exhibitionistisch anmutenden Selbstanklage» sprach, die sich seiner Meinung nach hier «auf fatale Weise mit dem Absolvieren öffentlicher Bußübungen verbindet und jenen moralischen Imponiergestus demonstriert, den die für das empfindlichere Bewußtsein in Anspruch genommene Moralität gerade in Frage stellt».[26]

Es ist zutiefst ironisch, daß erst die Trivialisierung und Sentimentalisierung des Holocaust die deutschen Zuschauer dazu bewegte, Entsetzen und Anteilnahme zu zeigen – eine Wirkung, die die historische Wirklichkeit nicht hervorbringen konnte. Das erlaubt die Vermutung, daß ihre Zurschaustellung von Emotionen ebenso unecht war wie die Identifikation der Autorinnen und Autoren mit Juden, während der intensive Wunsch, die durch das Medium Fernsehen aufgepeitschten Gefühle zu zeigen, das Fehlen echter Einsicht verriet. Über den Holocaust wurde nun viel mehr gesprochen, allerdings unter Bedingungen, die den emotionalen Zugang zur historischen Wirklichkeit versperrten. Die Zwiespältigkeit dieser Position – neben einem erstaunten und neuen Bewußtsein vom Holocaust eine fehlgeleitete Identifikation, die auf einer durch das Fernsehen vermittelten Holocaust-Darstellung beruhte und in einer übertriebenen Reaktion resultierte – kommentierte Anton Kaes mit folgender Feststellung:

In *Holocaust* konnten die Deutschen ihre jüngste Vergangenheit aus der Perspektive der Opfer nochmals durcharbeiten – stellvertretend in der «ungefährlichen» Form eines Fernsehdramas, das jederzeit durch Fernbedienung ein- oder ausgeschaltet werden konnte. Da die von vielen verkündete kollektive Katharsis von einem *Film* ausging, d. h. von einer Fiktion, einer Simulation, liegt der Verdacht nicht weit, daß auch die Katharsis, wenn es denn eine war, einer (Selbst-)Täuschung aufsaß. Dennoch hat sich mit den Ereignissen des deutschen Herbstes und mit der Rezeption des *Holocaust*-Films ein neues Bewußtsein von der Gegenwärtigkeit der Vergangenheit in der heutigen Bundesrepublik eingestellt.[27]

Dieses neue Bewußtsein sollte im folgenden Jahrzehnt im Mittelpunkt stehen.

4.
Autobiographische Romane

Hanns-Josef Ortheil

Die Biographie meines eigenen Existierens (...)
meint: die Biographie eines nachfaschistischen
Erlebens, in dem der Faschismus gleichwohl
die dominante, nie zu vergessende Rolle
spielte.[1]

Hanns-Josef Ortheil wurde 1951 in Köln-Lindenthal geboren. Er gehört der Generation deutscher Schriftsteller an, die für die Studentenbewegung der späten sechziger und frühen siebziger Jahre um
etwa ein Jahrzehnt zu jung waren. Das Erwachsenenalter erreichte
er während der «Tendenzwende», jenes Umschlags im geistigen und
sozialen Klima, als die Welle der autobiographischen Romane einsetzte. Sein erster Roman, *Fermer*, erschien 1979; seither legt er in
rascher Folge Romane, Essays und kritische Studien vor. Das in
mehreren seiner Romane wiederkehrende Thema der nationalsozialistischen Vergangenheit beweist, daß auch die nach dem Krieg
geborene Generation mit dieser Vergangenheit belastet ist. Ortheils
Schriften zeugen von einem unverminderten Bedürfnis nach Selbstdefinition vor dem Hintergrund der Naziherrschaft. In seinen frühen
Romanen *Fermer* und *Hecke* (1983) schildert er mit fast lyrischer
Intensität die Suche seiner jungen Protagonisten nach Identität und
orientierenden Werten für das Leben. 1987 erschien sein großer
Roman *Schwerenöter*, ein Zeit- und Sittengemälde nach Art eines
Schelmenromans.[2] 1992, als die Welle autobiographischer Romane
im Abklingen war, aber wohl veranlaßt durch den Tod seines Vaters,
veröffentlichte Ortheil *Abschied von den Kriegsteilnehmern*, ein
Buch, das man auch als Abschied von der «Väterliteratur» (besser
gesagt der «Literatur über Väter und Mütter») ansehen kann.[3] Der
Roman konzentriert sich auf das Leben des Vaters und kann deshalb
als Gegenstück zu *Hecke* aus dem Jahr 1983 gesehen werden, in
dem es Ortheil hauptsächlich um seine Mutter und ihr Leben

während der Naziherrschaft gegangen war. Ortheil ist von den Verfassern autobiographischer Romane der einzige, dem es wichtig war, das Leben beider Eltern zu erforschen. Wie in vielen Romanen Ortheils ringt der Autor-als-Protagonist auch in *Hecke* und *Abschied von den Kriegsteilnehmern* darum, die Auswirkungen der Hitlervergangenheit auf sein eigenes Leben und Erleben zu begreifen, «eines nachfaschistischen Erlebens, in dem der Faschismus gleichwohl die prägende, dominante, nie zu vergessende Rolle spielte». Vielleicht weil er jünger ist als die turbulente Achtundsechziger-Generation, ist Ortheil in seinen Reflexionen eher nachdenklich als aufbrausend und versucht, beide Elternteile aus sich selbst heraus zu verstehen.

Fermer, der erste Roman Ortheils, enthält bereits viele Themen und Konstellationen, die später in den beiden Romanen über seine Eltern auftauchen werden, steht aber der Literatur der Neuen Subjektivität der siebziger Jahre näher, zu der auch Romane wie Peter Schneiders *Lenz* (1973), Nicolas Borns *Die erdabgewandte Seite der Geschichte* (1976) und Botho Strauß' *Die Widmung* (1977) gehören. Wie die autobiographischen signalisierten auch diese Romane eine Abkehr vom Aktivismus der Studentenbewegung und die Hinwendung zu Introspektion und Selbsterforschung; sie konzentrierten sich jedoch nicht auf die Familie und die Rolle der Eltern während der Naziherrschaft. *Fermer* gilt als «Initiationsroman» oder «Adoleszenzroman», der sich an Vorbildern wie J. D. Salingers *Der Fänger im Roggen* orientiert und durch die Krisenerfahrung des Protagonisten gekennzeichnet ist.[4] Gemeinsam ist diesen Romanen eine «Suche», die häufig buchstäblich eine Forschungsreise ist. Der Titelheld in *Fermer* ist ein junger Rekrut, der eines Abends, «plötzlich und absichtslos» (S. 34), nicht mehr in seine Bundeswehrkaserne zurückkehrt. Diese Desertion ist der Beginn einer äußeren wie inneren Reise. In einem Kommentar zu seinem Roman erläuterte Ortheil zehn Jahre später, was er mit «Desertion» meinte. «[I]n meinen Augen lebte der Deserteur in einem Vakuum, zwischen den Lagern, ruhelos, in Bewegung, eine Art verzweifelter Einzelgängerrolle, ohne die Gewähr, jemals eine Gemeinschaft zu erreichen.»[5]

In seinem sorgfältig gebauten Roman mit sechs Kapiteln zu jeweils sechs Unterabschnitten präsentiert Ortheil das sensible, nachdenkliche Porträt eines jungen Mannes, der die emotionale und geistige Reife erlangt, seine plötzliche Flucht zu verstehen und seine eigenen Maßstäbe und Werte zu finden. Die erzählte Zeit von sechs Monaten reicht von Fermers Desertion im Spätwinter bis zum Spätsommer, als er, eigentlich unterwegs nach Italien, illegal die dänische Grenze überschreitet. Es gibt häufige Rückblicke – oft in Gesprächsform – auf seine Kindheit, das Leben seiner Eltern und die Geschichte von Bekannten und Familien, denen er auf seinem Weg nach Norden begegnet. Im Lauf der Erzählung schildert Ortheil eine nervöse Konsumgesellschaft, die damit beschäftigt ist, ihre Vergangenheit zu vertuschen. Es gibt auch scharfe Seitenhiebe auf bundesdeutsche Institutionen – besonders auf die Schule und das Militär, die beide daran interessiert sind, jede freiheitliche Regung, jedes Spiel der Phantasie und jeden Widerstand gegen die Konformität zu ersticken.

Der Roman versagt sich einen Abschluß, da Fermers Flucht aus Deutschland das Problem seiner Desertion nicht löst. Er betont auch die tiefe Kluft zwischen den Generationen. Unterstützung, Verständnis und Akzeptanz findet Fermer nur bei seinen Altersgenossen, von denen die meisten sein Unbehagen und seine Ablehnung der zeitgenössischen Gesellschaft teilen, während die ältere Generation, auch Fermers Eltern, völliges Unverständnis für das Verhalten der jungen Generation an den Tag legen und darauf beharren, daß nur sie alles richtig machen. Dieser Generationskonflikt und das Problem der Initiation in das Erwachsenenalter sind an sich ein Thema, das vielen Gesellschaften und Literaturen gemein ist, und insofern gehört *Fermer* zu einer größeren, internationalen Gruppe von Romanen. Zu deutschen «Initiationen» gehört jedoch zwangsläufig auch die Auseinandersetzung mit der NS-Zeit und damit mit dem Holocaust. Man kann die Romanfolge *Fermer, Hecke* und *Abschied von den Kriegsteilnehmern* als den sich intensivierenden Versuch Ortheils lesen, diese Vergangenheit zu verstehen. Bevor Fermer zu einem Verständnis der historischen Vergangenheit gelangen kann, muß er die autoritäre Konditionierung seiner eigenen Persönlichkeit überwinden. Danach kann der Protagonist von *Hecke* das Leben seiner Mutter erforschen, die Formation – und Deformation – ihrer Persönlichkeit während der Naziherrschaft verstehen und die Wirkung dieser Persönlichkeit auf seine eigene Erziehung abschätzen. Fast ein Jahrzehnt später kann Ortheil dann den Protagonisten von *Abschied von den Kriegsteilnehmern* das Leben seines Vaters betrachten lassen, was ein viel quälenderes Unternehmen ist, da – im Unterschied zum passiven und traumatisierten Rückzug der Mutter auf sich selbst – der Vater während der Naziherrschaft eine aktive Rolle gespielt hat. Man kann die Folge dieser drei Romane also als eine autobiographische Suche lesen, bei der der Autor drei aufeinanderfolgende Schritte benötigt, um sich von der Peripherie zum Zentrum der nationalsozialistischen Verbrechen vorzuarbeiten.

Ortheil erzählt Fermers sechsmonatige Reise unter dem Leitgedanken von zwei Eigenschaften, die die deutsche Gesellschaft auszeichnen und eine Kontinuität von der Vorkriegs- zur Nachkriegszeit stiften: «Ordnung» und «Geborgenheit». Diese Eigenschaften mögen zwar als positiv oder harmlos erscheinen, doch sind sie mehr als persönliche Vorlieben, denn sie haben gesellschaftliche und politische Konsequenzen. Zu den Verdiensten von *Fermer* gehört der Nachweis, daß keine «persönliche» Charaktereigenschaft oder Handlung rein persönlich ist; Charaktereigenschaften und Handlungen haben vielmehr soziale Implikationen und zeitigen politische Ergebnisse, die letzten Endes ihrem ursprünglichen Zweck entgegenwirken können. Das deutsche Ordnungsbedürfnis illustriert der Roman an vielen verschiedenen Situationen, und das Verhältnis dazu kennzeichnet praktisch alle Hauptfiguren. Wie bei der Beschreibung elterlicher Mißhandlungen in den autobiographischen Romanen, bei der der mißhandelnde Elternteil einst selbst ein mißhandeltes Kind war, gibt es in *Fermer* verschiedene Hinweise darauf, daß das Bedürfnis der Elterngeneration nach Ordnung und Geborgenheit seinen Ursprung in ihrem früheren Leben hatte, d. h. im Chaos des Ersten Weltkriegs und seiner Nachwirkungen. Die Nachgeborenen sind daher nicht nur von dieser elterlichen Angst vor dem Chaos geprägt, sondern auch von deren Sehnsucht nach Schutz vor dem Chaos in der Geborgenheit, wie auch von der Methode, das Chaos zu bändigen, nämlich durch rigide Ordnung. Fermers Vater ist (wie der Vater in *Hecke* und *Abschied von den Kriegsteilnehmern*) von Beruf Ingenieur/Landvermesser und erklärt seine Berufswahl aus dem Bedürfnis, Ordnung zu schaffen und zu erhalten: «Die Vermessungstechnik hat mich dann auch beschäftigt, weil durch die Zeichnung Ordnung in die Landschaft kam.» (S. 223 f.) Die Ehefrauen halten die Häuser in tadelloser Ordnung, sogar die Photographien sind «sorgfältig beschriftet» (S. 163), desgleichen die kitschigen Blumenbilder, die Fermers Vater malt (S. 225). Ortheil zeigt die prägenden Auswirkungen dieser Ordnungsliebe oder Ordnungssucht auf die nächste Generation, wenn er Fermer sich daran erinnern läßt, daß ihn als Kind «die feinen Striche, die Genauigkeit» (S. 224) dieser Miniaturen tief beeindruckt haben. Auch Fermers innere Gefühlsverwirrung wird im Zusammenhang mit Ordnung beschrieben: Einmal «konnte er seine Worte nicht mehr ordnen» (S. 72). Als er auf der Flucht ist, macht er in seinem Elternhaus Station, wo er wieder in die anerzogenen Verhaltensmuster zurückfällt. Er zieht sofort die Schuhe aus, um sie an ihren angestammten Platz «unter die kleine Heizung» zu stellen, und trägt seine schmutzige Wäsche in den Keller, wo er sie sortiert und in den Wäschekorb legt (S. 211). Diese kleine Geste zeigt, wie tief die elterlichen Muster verinnerlicht sind und daß diese Routine gegenüber dem «unordentlichen» Verhalten des Deserteurs etwas Tröstliches, Stabilisierendes hat; sie ist auch ein Indiz für den auf Fermer lastenden, enormen Druck, zu einem gewohnheitsmäßigen Verhalten zurückzukehren.

Nachdem Fermer, im Elternhaus eingetroffen, die Wäsche sortiert hat, nimmt er zunächst ein Bad. Als er anfängt, in der Badewanne zu singen, klopfen die Eltern an die Tür und ermahnen ihn, nicht so laut zu sein (S. 213 f.). Anstatt sich zu freuen, daß sie ihren Sohn nach so langer Abwesenheit wiedersehen, hat sie die Störung, die er in ihrer alltäglichen Routine verursacht, aus dem Konzept gebracht. Schlimmer noch, sie haben Angst, irgend jemand könne ihren heimlichen Besucher in diesem wohlgeordneten Hort der Geborgenheit hören und entdecken, obwohl das Haus allein auf einem ziemlich großen Grundstück mitten im Wald steht. Fermer ist verletzt, als er bemerkt, daß seine Mutter eher Scham über seine Desertion empfindet – für sie ein Musterbeispiel «unordentlichen Verhaltens» –, als daß sie wissen will, *warum* er desertierte, und er ist frappiert, daß das abendliche Ritual am Eßtisch noch immer nach den alten, eingefahrenen Regeln abläuft, die völlig an den veränderten Umständen vorbeigehen, unter denen Fermer jetzt mit am Tisch sitzt (S. 216 ff.).

In dem Maße, wie Fermer gegen die seine Persönlichkeit definierenden Grenzen anrennt, lernt er seine Ängste verstehen, auch die Angst, die mit den Verstößen gegen gesellschaftlich verhängte Restriktionen verbunden ist. Ihm wird klar, daß das willige Befolgen von sanktionierten Regeln ein Gefühl der Befriedigung und Sicherheit, eine Geborgenheit vermittelt, auf die er lernen muß zu verzichten. Als er eine Weile bei seinen Freunden Lotta und Ferdinand und deren Eltern wohnt (die nicht wissen, daß er desertiert ist), dankt er ihnen für ihre Gastfreundschaft dadurch, daß er ihren Garten gründlich in Ordnung bringt. Diese halb therapeutische Beschäftigung macht ihm Freude, aber es ist keine Freude um ihrer selbst willen. Fermer ist ehrlich genug, um zu wissen, daß er sich die Quelle dieser Freude nicht eingestehen darf – die Lust, Ordnung zu schaffen und wohlgelittenen Mustern zu entsprechen:

Er verschwieg, warum ihm die Arbeit gefiel; er betrachtete sie als ein dauerndes Aufräumen. Allmählich ordnete sich der im Winter wie durch einen Erdstoß zusammengefallene Garten wieder (...) manchmal erschien Fermer der kleine, abgegrenzte Bezirk wie eine gültige Ordnung von Dingen, an der er sich beteiligen durfte.

Die alten Zweifel und Fragen wurden schwächer; indem er arbeitete, glaubte er im Garten eine Verbindung wahrzunehmen, an der er Anteil hatte und die ihn, je mehr er sich geduldig vertiefte, beruhigte. (S. 140)

Trost in einer Arbeit zu finden, die Ordnung schafft, bedeutet natürlich, die Grundsätze der älteren Generation zu befolgen. Daß Fermer diese «gültige Ordnung von Dingen» als etwas ansieht, woran er «sich beteiligen durfte», obwohl sie doch seine eigene Schöpfung ist, ist ein Indiz dafür, wie tief in ihm der Geist des Gehorsams sitzt. Fermer lernt, die heikle Balance zu halten zwischen dem Menschen, der er durch seine Erziehung geworden ist, und dem Menschen, der er werden will. Er weiß, daß eine gewisse Ordnung unerläßlich ist, aber er ruft aus: «Den Ordnungen, die immer schon irgendwo für mich bereitet sind, werde ich jedenfalls nicht folgen», woraufhin seine Mutter ihm erklärt: «Du wirst schon noch sehen, daß ein Leben ohne Ordnungen nicht möglich ist, daß es Sicherheiten geben muß.» (S. 219 f.) Fermer ist kein Radikaler; doch er möchte sich seine eigene Welt erschaffen, und seine Wahl geht in die Richtung einer offenen, immer wandlungsfähigen Gesellschaft. Zuvor aber muß er lernen, die Überzeugung, daß strenge Ordnung sein muß und daß das willige Einverständnis mit der bestehenden Ordnung Trost und Geborgenheit bietet, als Versuchung zu durchschauen und abzulehnen. Diese Ablehnung, ob bewußt oder unbewußt, spontan oder überlegt, geht zwangsläufig mit vielfachen und widersprüchlichen Ängsten einher: der Angst, gegen Regeln zu verstoßen, der Angst vor dem Scheitern (was bei der Suche nach neuen Möglichkeiten immer der Fall sein kann) und der Angst davor, der Versuchung zu erliegen und – als psychologischen und gesellschaftlichen Lohn für das Einhalten der bestehenden Ordnung auf Kosten des individuellen Wachstums – die persönliche Bequemlichkeit zu wählen. Der Zusammenhang zwischen Ordnung und Geborgenheit und die widerstreitenden Ängste erklären zu einem guten Teil, warum Menschen sich einer Gruppen- oder Massenidentität unterordnen, und beinhalten wichtige Folgerungen für das Funktionieren einer Demokratie. Ortheil demonstriert in der Unentschlossenheit seines Protagonisten das Vorhandensein dieser Mechanismen und die Notwendigkeit, sie zu erkennen und zu beseitigen. Es ist ein Zeichen von Fermers zunehmender persönlicher und politischer Reife, daß er die in der Geborgenheit gipfelnden «angenehmen Gefühle» schließlich als Tarnung einer tiefsitzenden Angst begreift – der Angst vor Selbständigkeit, vor persönlicher Verantwortung und vor einem «unordentlichen», d. h. den verschiedensten Möglichkeiten offenen Leben. Äußere Manifestation der Geborgenheit in *Fermer* ist das Elternhaus mit dem Garten. Die Zwiespältigkeit dieser Geborgenheit tritt jedoch sofort zutage; denn die räumlichen Vorkehrungen in Haus und Garten zeugen nicht von Vertrauen und gemeinschaftlicher Nachbarschaft, sondern von ängstlicher Abschottung, die sich in Zäunen, Toren und Rolläden manifestiert – Abgrenzungen, die den persönlichen Kosmos gegen das ihn umgebende Chaos abschirmen und alles ausschließen, was in diesem homogenen Universum nicht willkommen ist. Doch ebensowenig wie die panischen Aktivitäten des Tiers in Kafkas *Der Bau* kann die Errichtung von Barrieren Geborgenheit verbürgen; denn die Ängste und Vermeidungen kommen nicht von außen, sondern von innen. Ein alter Klausner ist der einzige Erwachsene, der Fermer zu verstehen scheint und ihm auf seiner Flucht eine Zeitlang Zuflucht gewährt. Auch dieser Klausner braucht die Ordnung, aber sein ordnungstiftendes Handeln ist darauf gerichtet, einen verborgenen Kern zu enthüllen. Er ordnet die Zeit zu einer Regionalgeschichte; denn er «wollte wissen, wo die Erinnerungen versteckt und verborgen waren» (S. 197). Er sieht die Bewohner seiner Gegend gekennzeichnet vom «Pathos einer mit sich selbst zufriedenen Dummheit, der alle Zivilisation zuwider war» (S. 201 f.); sie hätten die Nationalsozialisten begrüßt, weil diese ihr engstirniges, bigottes Dasein verherrlicht hätten. Über die Rückständigkeit und rigide Ordnungswut dieser Menschen macht er sich am Beispiel ihrer Nahrungskette lustig: «Die Geschichte der Ernährung ist hier auch ein trauriges Kapitel (...). Kartoffeln sind den Menschen vorbehalten, Mais gibt man dem Vieh, die Reste den Schweinen, die Knochen dem Hund, an Katzen haben sie sich nicht gewöhnt» (S. 201).

Ortheil ist sich natürlich der gemeinsamen Wurzel der Wörter «geborgen» und «verborgen» bewußt und spielt damit. In seinem fiktionalen Universum birgt die Geborgenheit immer etwas Verborgenes. Deshalb ist Geborgenheit nur Schein, weil sie ein verborgenes Geheimnis birgt, das jedes Gefühl der Sicherheit untergräbt. Der Zusammenhang zwischen den beiden Wörtern deutet aber auch darauf hin, daß man sich nur dann geborgen fühlt, wenn man im Verborgenen lebt. Politisch ausgedrückt, ist dies eine Variante zum «unpolitischen Deutschen», für den geborgen zu sein bedeutet, verborgen zu sein – unsichtbar, verborgen in der Anonymität der Masse oder versteckt an einem Ort, der gar nicht abgesichert genug sein kann, dem «Glück im Winkel». Die Erkenntnis, daß unter dem äußeren Schein etwas verborgen ist, taucht überall in dem Roman auf, am eindringlichsten in der Mitte, als Fermer vorübergehend Unterschlupf bei Lotta und Ferdinand im Landhaus von Lottas Eltern gefunden hat. Beim rituellen Frühjahrsputz entdecken Ferdinand und Fermer im Keller, im hintersten, dunkelsten Winkel des Hauses, mehrere Kartons. Die zwei jungen Männer, geborgen in einem behaglichen Zimmer, sortieren den Inhalt der Kartons und tun sich dabei an einem alkoholischen Getränk gütlich, das Ferdinand (der in einer geheimniskrämerischen Gesellschaft gelernt hat, seine eigenen Geheimnisse zu hüten) sorgfältig versteckt hat. Unter den verschiedenen Briefen, Tagebüchern, Photographien und Zeichnungen[6] stößt Ferdinand auf einige Negative, die seine Eltern offenbar vor ihm versteckt haben, und stellt, nachdem er sie entwickelt hat, fest, daß sie retuschiert worden sind, um irgend jemanden darauf unkenntlich zu machen. Der abwegige Widersinn dieser Retuschen verdeutlicht den Komplex «geborgen/verborgen» aufs treffendste. Was wollten die Eltern erhalten und doch zugleich vernichten, als sie sich die Mühe machten, die Figur zu tilgen, aber den Rest des Negativs aufzubewahren? Das Geheimnis der Identität dieses Menschen wird erst viel später gelüftet, so daß ein Kern aus Dunkelheit und Abwesenheit das Zentrum der Erzählung bildet. Auf seiner Flucht erfährt Fermer später von Lotta, daß es sich bei der getilgten Figur um ihren im Krieg geborenen Bruder handelt, der ertrank, nachdem er seine Eltern mit der Nazivergangenheit seines Vaters konfrontiert hatte. (Ob dieser Tod durch Ertrinken ein Unfall oder Selbstmord war, bleibt ein «Geheimnis».) Der Bruder war empört darüber gewesen, daß sein Vater, der im Hitler-Regime «nicht unwichtige Stellen» (S. 233) bekleidet hatte, in der Nachkriegszeit wieder die Leitung seines kleinen Verlages übernehmen konnte, als wäre nichts geschehen und als gäbe es in dieser Vergangenheit keine Handlungen, die der Erklärung bedürften. In Lottas rückblickender Beschreibung des zerstörerischen Wutanfalls ihres Bruders (S. 233 ff.) klingt das Verhalten vieler Studenten der späten sechziger Jahre an, einer Generation, zu der offensichtlich auch Lottas Bruder gehörte. Mit einer «magischen» Geste, die paradox, naiv, erfolglos, böswillig und kurzsichtig in einem ist, beseitigen die Eltern alle Spuren der Existenz dieses Bruders, so als könne dieser Bann sie davor bewahren, sich der Vergangenheit und des mit ihr verbundenen tragischen Todes ihres Sohnes erinnern zu müssen. In dieser kurzen Szene faßt Ortheil das vergebliche Verdrängen und Verleugnen einer ganzen Generation zusammen. Ferdinands Entdeckung der «Beseitigung» seines Bruders trifft das deutsche Nachkriegselend mitten ins Herz: Auch noch so viel Ordnung und Reinemachen können die Spuren der Vernichtung nicht verwischen, die selbst als Negative positive Anklagen und selbst im Nichtvorhandensein machtvolle Gegenwart sind. Der Tod des älteren Bruders veranschaulicht, wie vergeblich wütende Konfrontationen mit der älteren Generation waren. Beschwichtigt werden kann die Vergangenheit vielleicht nur von einer jüngeren Generation, deren Identität und Selbstverständnis davon abhängen, Licht in diese Vergangenheit zu bringen, und auch nur, wenn diese Vergangenheit offen diskutiert, offen eingestanden und offen betrauert wird. So wie die Eltern hoffen, die Erinnerung an ihren Sohn und die Ursache seines Todes tilgen zu können, indem sie seine Anwesenheit auf den Negativen tilgen, glauben sie, sich auch von ihrer Komplizenschaft mit der NSDAP distanzieren zu können. Obwohl der Vater selbst eine «nicht unwichtige Stelle» innehatte, will er heute nichts mehr mit Menschen zu schaffen haben, «denen die Spuren der braunen Politik noch anzumerken seien» (S. 127). Die opportunistische Selbstgerechtigkeit dieser Bemerkung des Vaters ist eine eklatante Leugnung seiner eigenen Vergangenheit. Sie ist überdies bemerkenswert zynisch: Der Vater hat nichts gegen die Nazivergangenheit eines Menschen, sondern nur gegen deren sichtbare Spuren.

Zu den Einsichten Ortheils in diesem Roman gehört auch die Erkenntnis, daß der Bruch mit der Geborgenheit nicht innerhalb einer einzigen Generation zu bewerkstelligen ist, weil die erste Nachkriegsgeneration noch zu stark von der Erziehung durch ihre Eltern beeinflußt ist. Als Fermer die Menschen kennenlernt, die seine Freunde werden und mit denen er sich nach Norden durchschlägt, um in den Süden (nach Italien) zu gelangen, wissen sie, daß ihre Jugend durch die Vergangenheit ihrer Eltern geprägt, ja traumatisiert worden ist. Ihr einziger Leitstern ist die Anerkennung dieser Bürde und der Sehnsucht nach Geborgenheit sowie der Wille, dieser Verlockung nicht zu erliegen. Diese Bereitschaft, sich ins Unbekannte aufzumachen, ist ein klarer Abschied vom Bedürfnis nach Ordnung, Stabilität und Sicherheit, aber auch von der aufbrausenden Rebellion der Achtundsechziger. Auf der persönlichen Ebene verheißt sie Wachstum, auf der gesellschaftlichen Ebene Toleranz, auf der politischen Ebene Demokratie und Liberalismus – ein Wort, das nach

Isaiah Berlin bedeutet, «mit unlösbaren Wert- und Zielkonflikten zu leben».[7]

Einige dieser Themen finden sich auch in Ortheils nächstem Roman *Hecke*, der vier Jahre später, 1983, erschien. *Hecke* gehört eigentlich zur «Väterliteratur», doch im Unterschied zu diesen Romanen trägt Ortheils Buch nicht die Male elterlicher Gewalt, sondern einer tiefen Desorientiertheit der Mutter als Folge des Nationalsozialismus, die in seelischer Labilität und zeitweiligem Autismus resultiert und den Erzähler/Sohn stark beeinflußt. Gleichwohl teilt *Hecke* mit den meisten dieser Romane bestimmte Grundvoraussetzungen: Die Suche des Protagonisten nach seiner Identität, die unauflösbar mit der Rolle des betreffenden Elternteils in der Vergangenheit verquickt ist, kann nur in der Abwesenheit dieses Elternteils erfolgen. Die Abwesenheit der Mutter ermöglicht es dem Protagonisten, die verschiedensten Quellen nach Informationen über seine Mutter auszuwerten: Zeitungsausschnitte, Tagebücher, Briefe und Photographien, unterschiedliche Schilderungen konkreter Ereignisse und unzuverlässige Zeugen, die entweder ein schwaches Gedächtnis haben oder aus Eigeninteresse sprechen. Und wie in den meisten dieser Romane hält ein straffer zeitlicher Rahmen die fragmentarischen und einander relativierenden Informationsbruchstücke zusammen.

In *Hecke* ist die Mutter, Katharina, Ziel der Spurensuche. Sie verbringt einen einwöchigen Urlaub mit Henner, dem Vater des Erzählers, während der dreißigjährige Sohn (der nie namentlich genannt wird) das Haus hütet. Er ist Architekt; sein Beruf verkörpert mit seinen Bauzeichnungen und Entwürfen jene Ordnung, die Ortheil in *Fermer* analysierte. Es ist aber auch ein Beruf, den der Erzähler «nicht besonders» mag (S. 7). In einer beruflichen Krise steckend und daher frei von gewohnten Einengungen, versenkt er sich in das Leben seiner Mutter während der Hitlerjahre. Die Struktur des Romans spiegelt seine einwöchigen Nachforschungen wider. Am Tage recherchiert er; abends schreibt er. Das Haus, irgendwo im Siegerland, hat viel Ähnlichkeit mit dem Elternhaus in *Fermer*; die Jahreszeit ist wieder der Frühling und verlangt viel Frühjahrsgärtnerei. Die siebentägige Reise durch das Leben Katharinas ist für den Erzähler/Sohn eine Reise in die Befreiung.

Wie so viele Schlüsselbegriffe Ortheils ist auch das Titelwort «Hecke» vieldeutig und nimmt mit jedem neuen Zusammenhang eine neue Bedeutungsschattierung an. «Hecke» und «Gehege» können sich in «Gespinst» (S. 168), «Gestrüpp» (S. 173), «Käfig» (S. 23),

«Umschnürungen» (S. 169) verwandeln; bald meint die Hecke die
schützende Einfriedung aus «dunklen Sträucher[n], die unser
Grundstück umzäunten» (S. 294), bald verweist sie auf einen Zauberkreis, der einen Zufluchtsort einhegt (S. 94), oder auf ein beque-
mes Versteck (S. 12).[8] Diese Verwandlungen betonen die «Offenheit» der Metapher und damit Flexibilität und das Versprechen von
Freiheit; sie verweisen auch auf das Fehlen eben jener Sicherheit
und Stabilität, die das Bild der Hecke zu vermitteln scheint, und
lassen auf ein tiefes Mißtrauen den Erscheinungen gegenüber
schließen. Wie in *Fermer* wird die Verheißung eines Zufluchtsortes
stets von der Besorgnis untergraben, was in diesem Versteck verborgen sein mag. «Hecke» ist zudem der Name eines nahegelegenen
Bauernhofs, auf dem die Angehörigen des Erzählers in den letzten
Tagen des Zweiten Weltkriegs Zuflucht fanden. Für den Erzähler
als Kind war «Hecke» nicht ein Zeichen von Sicherheit, sondern
«ein Wort des unbedingten Erschreckens» (S. 293); denn hier ist,
lange vor der Geburt des Erzählers, der damalige junge Sohn Katharinas – ihr einziges am Leben gebliebenes Kind nach der Totgeburt
eines ersten Sohnes – in den letzten Kriegstagen von einer Handgranate zerrissen worden.

Von der Ausgangsfrage «Aber wie erzählen wir, was wir nicht
begreifen?» (S. 34) getrieben, achtet der Erzähler bei seiner Suche
ganz besonders auf die Mittel, mit denen er seine Untersuchung
vornimmt, nämlich auf die Sprache, genauer gesagt: auf die Sprache,
die ihn geprägt hat, das heißt die Sprache seiner Mutter. Wie das
Familienfoto in *Fermer*, auf dem Abwesendes sich als Anwesendes
erwies, ist die Sprache in *Hecke* ein Mittel sowohl der Vernichtung
wie der Speicherung von Informationen. Als der Erzähler beginnt,
die Geschichte seiner Mutter zusammenzusetzen, fällt ihm auf,
welchen Anteil die Sprache an der Verunklärung dieser Geschichte
hat: «Meine Mutter vergißt, indem sie erzählt» (S. 23). Die Hecke
(der Sprache) ist eine Hülle für Geheimnisse, die verborgen werden
müssen. Aber das beruhigende Gehege der Hecke kann sich auch
in einen Käfig oder ein Gefängnis verwandeln. Im Bewußtsein, daß
die Mutter ihre prekäre Lage mit vielen Menschen teilt, sieht Ortheil ihre Manien in der Gesellschaft gespiegelt. Der Wunsch zu
vergessen ist ihnen allen gemeinsam: «Die Erzähler sitzen im Käfig
ihrer eigenen Worte, sie decken sich beinahe liebevoll mit ihnen
zu, sie wühlen sich wie Erdmäuse immer tiefer ins Dunkel. Erst
später habe ich bemerkt, daß man nur auf diese Weise vergessen
kann.» (S. 23)

Die Sprache wird zur Schutzhülle gegen Ereignisse, an die man sich nicht erinnern darf. Ähnlich den Helden mythischer Reisen, die gewaltige Hindernisse überwinden müssen, um Geheimnisse aufzudecken und so sich selbst und ihr Volk zu erlösen, muß der Erzähler das Gehege der mütterlichen Geschichten dekonstruieren, zum getilgten Kern ihres Vergessens vordringen und die Quellen ihrer verzweifelten Persönlichkeit aufdecken, um herauszufinden, wer er selbst ist. Er ist sich auch bewußt und beschreibt es anhand verschiedener Vorfälle im Roman, daß es für ihn als Erzähler unabdingbar ist, die Sprache vor ihrem Mißbrauch als tarnende Schutzhülle und Instrument des «Vergessens» zu retten, wenn er je Schriftsteller werden will. Durch die seelische Qual der Mutter aufmerksam geworden, erkennt der Sohn schließlich, daß dieselbe Hecke, die vor der Vergiftung durch die Naziherrschaft schützte, auch den Schritt ins Freie verwehrte. In den ersten Jahren der NS-Zeit bildeten Hecken Schutzwälle gegen das Wissen, was draußen geschah: «Was in der Umgebung geschah, verlor an Bedeutung. (...) Statt dessen erwarb man sich eine Art inneren Schutz, ein fein gesponnenes Gehege aus Lektüre, Bildung und Lebensart.» (S. 175) Doch in dem Maße, wie die Naziherrschaft Einschüchterung und Gewalt forcierte, war der Rückzug hinter Hecken nicht mehr passiver Widerstand und Abwendung (eine Haltung, die viele Deutsche später behaupten ließ, sie hätten von nationalsozialistischen Verbrechen nichts gewußt), sondern ein Abwehrmechanismus, der auf Gefängnishaft hinauslief. Der Erzähler mutmaßt über seine Mutter: «Sie sah sich vor, sie deckte sich ab, sie schützte sich, sie wagte es nicht anzugreifen. Das *Gespinst*, in dem sie sich aufhielt, wurde dichter, da sie es mit Worten, Gesten und Handlungen nicht mehr zerreißen konnte.» (S. 168)

Mit seiner Rekonstruktion von Katharinas Verhalten will der Erzähler jedoch nicht ihre Unkenntnis der Geschehnisse beweisen. Im Gegenteil sieht er ihren Rückzug hinter die Hecken, in ein immer undurchdringlicher werdendes Gespinst, als bewußte Ablehnung der Außenwelt, die mit einem zunehmenden Verlust des Selbstvertrauens einhergeht und in Resignation endet. Für den Erzähler ist diese Resignation untrennbar verbunden mit mancherlei Scham: Scham über die nationalsozialistischen Gewalttaten und über die Resignation, Scham über die eigene Furcht und über die Unfähigkeit, diese Gewalttaten zu verhindern. Schon lange, bevor die Greuel in den Konzentrationslagern begangen wurden, gab es Grund, die eigene Rolle unter der Naziherrschaft vergessen zu wollen.

Vergessen durch Erzählen ist nur ein Aspekt, unter dem man die Sprache mißbrauchen kann. Ein anderer ist die Herrschaftsausübung. Der Sohn notiert über seine Mutter: «[I]ndem sie erzählt, beherrscht sie ihr Vergessen» (S. 23), und man könnte ergänzen: beherrscht sie diejenigen, denen sie erzählt. Doch der Mißbrauch der Sprache zur Herrschaftsausübung ist genau das, was Katharina mit den National-sozialisten gemeinsam hat. Der eigenen Praktiken nicht bewußt, bemerkt Katharina sie an anderen. Als junge Frau in Berlin beobach-tet sie, wie Nazispitzel politische Herrschaft durch Herrschaft über die Sprache ausüben, und ist entsetzt: «(...) noch die geringste Ab-weichung vom geregelten Sprachgebrauch entgeht ihnen nicht.» (S. 251) Genau diesen «geregelten Sprachgebrauch» zwischen Mutter und Sohn, dieses Instrument der Mutter, den Sohn an sich zu binden und Herrschaft über ihn auszuüben, muß der Erzähler durchbrechen.

In einem weniger verfänglichen Sinn ist Sprache ferner ein Instru-ment der Verführung. Am Ende begreift der Erzähler, daß die Mutter ihn von klein auf mit ihrem besonderen Sprachgebrauch verführt hat. Die Zwiespältigkeit, die bei Ortheil so viele Charaktere und ihre grundsätzlichen Haltungen auszeichnet, wird hier ganz unzweideu-tig vorgeführt. Einerseits vermittelt die Verführung durch Erzählen dem Kind ein Gefühl der Sicherheit (die Sprache als Hecke), so, wenn der Erzähler-als-Kind zugibt: «Sie kann durch ihre Erzählungen ver-führen, man fühlt sich geborgen, mag sie von noch so entsetzlichen Dingen berichten.» (S. 24) Andererseits erweist sich dieses Gefühl der Sicherheit als trügerisch, weil jene «noch so entsetzlichen Din-ge» zwar in der Erzählung den Stachel des Entsetzlichen verlieren, jedoch als tatsächliche Geschehnisse entsetzlich bleiben. Die Mutter gleitet mit ihren Worten über den Abgrund zwischen den Ereignissen und ihrer Erzählung hinweg. Bezeichnenderweise sorgt sie dafür, daß zwischen den Sätzen keine Pausen entstehen (S. 20); denn Pausen würden den Blick in den Abgrund freigeben. Ihre manipulativen, beherrschenden Erzählungen helfen ihr, zu vergessen und andere in ihr Vergessen zu locken. Die Trias aus «Verführung», «sich geborgen fühlen» und «entsetzlichen Dingen» ist auch eine Litanei, die an geläufige Praktiken während des nationalsozialistischen Regimes er-innert, als persönliche Verantwortung und klares Denken abdankten zugunsten des «Zaubers», verführt und mitgerissen zu werden. Diese «Verführung» durch das nationalsozialistische Regime erzeugte in den Menschen ein Gefühl der Geborgenheit, weil es von der Voraus-setzung ausging, daß der einzelne Teil einer größeren «Geschichte» und damit von individueller Verantwortung befreit und in der Anonymität der Masse geborgen war. Von der nationalsozialistischen Ideologie verführt und in ihr geborgen zu sein erlaubte zwar, die «entsetzlichen Dinge» als solche zu erkennen, aber es stumpfte die Wirkung dieses Entsetzens ab. Hier projiziert der Erzähler die Mutter-Sohn-Beziehung implizit auf die politische Ebene, wo eine ganze Nation bereitwillig verführt und geborgen und damit weniger entsetzt über die «entsetzlichen Dinge» war und nie versuchte, diese Verführung abzuschütteln.

Man könnte an Ortheils Verführungstheorie aussetzen, daß sie zu bequem ist und Raum für zu viele Entschuldigungen läßt. In Wirklichkeit entwickelt Ortheil diese Theorie nicht, um den überwältigenden Erfolg des nationalsozialistischen Regimes zu erklären, sondern um ein sehr verbreitetes Märchen zu entlarven, das in der Nachkriegszeit viele Anhänger hatte; damals versuchten sich die Menschen mit dem Hinweis zu entlasten, sie seien von den Nationalsozialisten «getäuscht» und «verführt» worden. Die Erfahrung des kleinen Kindes, verführt worden zu sein, verschafft ihm selbsterworbene Einsichten in die Ursachen der Abhängigkeit. Das Wachstum seiner Persönlichkeit verlangt, daß er sich von dieser Abhängigkeit losmacht (so wie Fermer der Versuchung widerstehen mußte, Zuflucht in der «Geborgenheit» zu suchen – auch sie ein Synonym für den Schutz der Hecke). Auf der politischen Ebene jedoch hat das Gefühl, getäuscht und verführt worden zu sein, nie das Bedürfnis geweckt, die Passivität abzulegen, Verantwortung für die Verbrechen der Nazizeit zu übernehmen und damit aus dem «Zauberkreis» auszubrechen; es führte zu Selbstmitleid, das nur dazu diente, die Opferrolle weiter zu bestätigen. Mit seiner eigenen Befreiung aus der Verführung gelingt dem Erzähler/Sohn die Lösung einer Aufgabe, welche auf alle wartet, die jenem Märchen anhängen.

Die zweideutige Haltung Katharinas veranschaulicht ein Vorschlag, den sie ihrem Freund, dem Kirchenmaler Peter Hacker, macht: Er soll die Decke der örtlichen Kirche mit einer apokalyptischen Versuchung des heiligen Antonius ausmalen. Während also Katharina selbst mit ihren Geschichten verführt, wünscht sie sich ein Bild, das Standhaftigkeit vor der Versuchung zeigen soll. Die Beschreibung des allmählichen Entstehens dieser Fresken wird zu einem Code für die Erkenntnis des erwachsenen Erzählers, daß Widerstand gegen die Versuchungen durch die Geschichten seiner Mutter geboten ist. Während der Naziherrschaft und in der Jugend seiner Mutter bedeutete Widerstand, die «magischen» Versprechungen der Nationalsozialisten zu verwerfen. In der Nachkriegszeit muß der

Sohn über jene Praktiken der Verführung hinauswachsen, die seine
Mutter in der Nazizeit verworfen zu haben glaubte, die sie aber bei
der Erziehung ihres eigenen Sohnes angewendet hatte. Der Sohn erkennt, daß er von Praktiken geprägt ist, die seine Mutter verabscheu-
te und doch mit den Nationalsozialisten gemein hatte, als sie sich
aus Ablehnung der Naziherrschaft hinter metaphorischen Hecken
versteckte. Es unterstreicht die politische Dimension dieses persönlichen Verhaltens, daß der Erzähler die verführerischen Praktiken
seiner Mutter mit denselben Worten beschreibt, die er für eine Hit-
lerrede benutzt. Fast vorwurfsvoll bemerkt er: «Wie sie mich in den
Kindertagen mit ihren Erzählungen süchtig gemacht hatte, so wollte
sie es wieder versuchen. Ich sollte zuhören, diesem *Singsang* verfallen» (S. 42), während Katharina als junge Frau in Berlin Hitler hörte:
«Dabei verstand sie nicht, was gesagt wurde; sie lauschte dem *Singsang*, dem Krachen, dem Spucken» (S. 214). Katharina ist gegen das
Hitlerregime und wird von ihm in jene Angst und Seelennot getrieben, die ihr Leben bestimmen werden; trotzdem teilt sie in den Augen ihres Sohnes die verführerischen Praktiken des Nationalsozialismus. Hier rühren wir an den Kern von Ortheils politischen Einsichten in seinem Roman: Selbst wer gegen das nationalsozialistische
Regime war, wurde unbewußt ein Teil von ihm.

Die tief verwurzelte Vieldeutigkeit der verführerischen Praktiken
der Mutter, die in den Augen des Sohnes die Nazipraktiken imitieren
und nicht, wie die Mutter wollte, ihnen ausweichen oder widerstehen, tritt noch klarer hervor, als die Verzweiflung der Mutter mit
den Jahren der Naziherrschaft zunimmt. So wie die Nationalsozialisten ihre eigene Sprache und ihre eigenen Parolen erfinden, sucht
auch die Abneigung der Mutter gegen das Regime eine ihr eigene
Sprache. Nach dem Trauma einer während des Krieges in Berlin
erlittenen Totgeburt kehrt Katharina in das Dorf ihrer Eltern zurück
und zieht dort, geborgen in der Familie, ihren zweiten, 1943 geborenen Sohn auf. Sie erschafft sich eine Sprache, die niemand versteht
als nur er; denn «die Sprache, derer sich alle bedienten, sei für
immer häßlich geworden, lemurenähnlich, und hinter jedem Laut
hocke das Sterbegemecker der Toten» (S. 259). Ja, je schlimmer ihre
Verzweiflung und Desorientierung wurden, desto größer war ihre
Hoffnung, Widerstand durch extreme Akte der Sprachmagie zu leisten. So besteht sie darauf, «bestimmte Worte [müßten] rechtzeitig
vor dem Eintreffen der Sieger gänzlich vernichtet und aussortiert
werden, damit niemand sie noch unbedacht im Munde führe»
(S. 287), und zum Verdruß ihrer Familie, die hinter ihrer Hecke ent-

deckt zu werden fürchtet, verfertigt sie «Zettel mit den zerrissenen oder durchgestrichenen Namen der Parteigrößen des Sicherheitsdienstes oder der Sturmabteilung» (S. 287). Dieses «magische» Denken mag bei Katharina ungewöhnlich intensiv ausgeprägt sein, gründet aber in einer allgemein verbreiteten Überzeugung: daß nämlich, wenn das Wort vernichtet ist, auch die von ihm bezeichnete Sache ausgelöscht wird. Sie huldigt also dem in der Nachkriegszeit verbreiteten Glauben, die Nichtexistenz von Worten (also das Schweigen darüber) werde die Nationalsozialisten und die nationalsozialistischen Schrecken auslöschen. Andere, neu erfundene Geschichten werden das Schweigen bedecken, so daß dieses Schweigen, als ein bewußtes Vernichten, unter Worten begraben liegen kann. Mit ihrer «magischen» Zerstörung der Namen vollzieht Katharina ein Ritual der Leugnung. In der Verführung des magischen Denkens befangen, will sie nicht erkennen, daß die gefährliche, ja subversive Macht der Wörter niemals eingedämmt werden kann (so wie die getilgte Figur auf der Photographie niemals verborgen werden kann). Ein gutes Beispiel dafür ist der Gebrauch des Wortes «vernichtet», etwa wenn die Mutter glaubt, daß bestimmte Namen vor der Ankunft der Alliierten «vernichtet» werden müßten, so daß die Träger dieser Namen damit ebenfalls vernichtet wären. Aber die von den Trägern dieser Namen begangenen Verbrechen gipfelten gerade in Akten der Vernichtung in den Vernichtungslagern des Holocaust. Kein magisches Denken der Welt kann die Vernichtung vernichten. Katharina ist auch außer sich, als ihr Mann in einem Brief von der Front Wörter wie «auslöschen, vernichten, niedermachen, brandmarken, ausrotten» gebraucht, und sie reagiert auf diese Beschreibungen der Zerstörung, indem sie den Brief zerreißt (S. 260). Aber wenn sie auch versucht, die Sprache durch Vernichtung der Namen von Nationalsozialisten zu reinigen, oder den Brief beseitigt, der Wörter der Vernichtung enthält, hat sie doch keine anderen Mittel zur Verfügung, als «magisch» zu wiederholen, was die Nationalsozialisten faktisch praktizierten. In Katharinas magischer Welt werden Akte der Vernichtung durch Auslöschen und Schweigen getilgt, und diese Tilgung tarnt sie mit ihren Geschichten. Ihre Geschichten sind letzten Endes Geschichten des Leugnens. So gesehen, ist die Suche des Sohnes nach einer von diesen Ausflüchten nicht beschädigten Sprache nicht nur für seine Integrität als Schriftsteller, sondern auch für die Integrität der Suche selbst unerläßlich. Im Unterschied zu seiner Mutter, die das Unerträgliche «vernichtet», enthüllt der Sohn ihre Akte der Vernichtung und ihre Geschichten als Tarnung und bewahrt sie gerade dadurch, daß er sie enthüllt. Nur das Herausholen dieser verborgenen Geheimnisse aus dem schützenden Gehege kann den Zauberkreis des von Geschichten umhüllten Lügens, Leugnens und Schweigens durchbrechen. Nur dann wird er eine Sprache finden, die zum Vehikel einer echten Suche und zum Ausdruck unerträglich schmerzhafter Erinnerungen taugt.

Zufolge der Rekonstruktion, die der Sohn vom Leben seiner Mutter vornimmt, fällt die entscheidende Episode, die zum Anlaß ihrer Persönlichkeitsstörung wurde, in die Anfangszeit der Naziherrschaft. Eines Tages im Februar 1933 wurde die damals zwanzigjährige Katharina von Nationalsozialisten verhaftet und einige Stunden lang verhört. In einer Erzählung, deren Hauptakteure Worte sind, ist es vielleicht nicht verwunderlich, daß Katharina verhaftet wurde, weil sie ein für die Nationalsozialisten beleidigendes Wort gebraucht hat, nämlich «Mäckeser», einen Siegerländer Ausdruck für wohnsitzlose Wanderhausierer (S. 59 ff., 65). Der Erzähler vermutet, daß die Verhaftung eigentlich als Warnung an Katharinas Vater gedacht war: Die Familie war katholisch und Teil einer entschieden nazifeindlichen Bevölkerung. In den Augen des Sohnes war dieser Tag der «Beginn einer jahrzehntelangen Furcht» (S. 36), die das Selbstvertrauen und die Selbstachtung der Mutter zerfraß und ihre immer stärker strapazierte seelische Gesundheit zerrüttete. Schon im Laufe der zwölfjährigen Naziherrschaft wurde sie immer verwirrter und verschüchterter, doch der Tod ihres kleinen Sohnes am Ende des Krieges war – nach der Totgeburt ihres ersten Sohnes in Berlin – die endgültige Katastrophe, die sie eine Zeitlang in den Autismus trieb. Hier untersucht der Erzähler auch den seelischen Zusammenbruch jener Deutschen, deren Sozialisation sie zum Gehorsam erzogen hatte. Der Gehorsam mag zwar mit einem Gefühl der Geborgenheit belohnt werden, sofern man mit den Erwartungen der herrschenden Gruppe übereinstimmt, erzeugt jedoch ein schweres Trauma, wenn diese Erwartungen den Werten des einzelnen widersprechen.

Ihren plötzlichen und überraschenden Entschluß, den Alt-Parteigenossen Henner zu heiraten, faßt Katharina, nachdem Henner die Priesterweihe ihres Bruders vor Störungen durch die Nazis bewahrt hat. Henner ist ein Bauernbursche, und die völkische Bauernideologie der Nationalsozialisten ist ganz nach seinem Herzen; er ist ein Jugendfreund Katharinas, der seinen Weg als Ingenieur und Landvermesser gemacht hat. Indem er Katharinas Bruder beschützt und sich seiner Parteigenossen erwehrt, erscheint Henner in Katharinas Augen als jemand, der die Dinge im Griff hat und auf ihrer Seite steht.

Er ist die «Hecke», die die bösen Mächte eines ihr unverständlichen und angstmachenden Regimes abwehrt. Durch die Heirat mit ihm meint sie, gegen die Partei auftrumpfen zu können, indem sie Henners Überzeugungen mit dem ganzen Gewicht ihrer Zuversicht, der Suggestivkraft ihrer scharfen Beobachtungen und ihrer magischen Verführungskunst in Frage stellt. Wiederum wird die Zweideutigkeit einer von einer schützenden «Hecke» umhegten Existenz deutlich. Während Katharina einerseits glaubt, durch die Verbindungen ihres Mannes zu den Nationalsozialisten Schutz gefunden zu haben, kann sie andererseits nicht begreifen, wie Henner ein Regime gutheißen und mittragen kann, das sie verabscheut. Wenn es ihr gelänge, Henner den Nazis abspenstig zu machen – so suggeriert ihr das magische Denken –, dann würden alle Nazis verschwinden. Die Beziehung der beiden wird zu einem Zweikampf, ausgetragen auf dem Schlachtfeld der Worte. Schließlich erkennt Katharinas Sohn, daß der persönlichste Kampf seiner Mutter zugleich ihre politischste Tat war: «[S]ie waren gegeneinander angetreten, und jeder versuchte, den anderen zu sich zu ziehen, ihn einzunehmen, um ihm dadurch zu gehören» (S. 157). Im Grunde teilen Vater und Mutter bei allem Unterschied ihrer Meinungen und Taten während des Hitlerregimes das Bedürfnis, geborgen/verborgen zu sein. Die Mutter ist hinter der sie abschirmenden Hecke geborgen/verborgen; der Vater ist in der NSDAP und der Massenbewegung des nationalsozialistischen Regimes geborgen/verborgen.

Die Mutter steht beispielhaft für die vielen Deutschen, die ihre Stimme nicht gegen das Hitlerregime erhoben und in der Nachkriegszeit ihr Schweigen wahrten. Sie verkörpert die Bemühungen und den persönlichen Preis für den Versuch, die Naziherrschaft in Frage zu stellen und ihr, sei es auch noch so zaghaft, zu trotzen, auch wenn man sich in einem verhaßten Regime hinter der Hecke der Geborgenheit verkriecht. Wenn der Sohn das Leben seiner Mutter erkundet und dabei mit sich selbst konfrontiert wird, leistet er etwas, das jenseits des Vermögens, ja der Vorstellungskraft seiner Mutter lag: Nur der Bruch mit persönlichen Abhängigkeitsverhältnissen erlaubt es, individuell und politisch erwachsen zu werden. Der Sohn untersucht nicht nur die politischen Ereignisse, sondern auch die miteinander verquickten psychischen und sozialen Strukturen, die die unheilvollen nationalsozialistischen Programme gedeihen ließen. Die Stärke dieser Abhängigkeitsverhältnisse durchschauend, kommt er nicht nur mit der Vergangenheit ins reine, sondern verkündet auch die Notwendigkeit zu ständiger Wachsamkeit in der Zukunft.

Indem der Sohn Katharinas Lebensgeschichte dekonstruiert, bricht er den Bann und dringt durch die Hecke von Geschichten, die sie um sich selbst errichtet und in die sie ihn hineingezogen hat. Trotzdem ist sein neues Erwachsensein prekär: Einer Konfrontation mit der Mutter und ihren verführenden, besitzergreifenden Ritualen fühlt er sich nicht gewachsen. So verläßt er eine Stunde, bevor sie aus dem Urlaub zurückkehrt, das Haus mit seinen Hecken, nicht ohne vorher Haus, Garten, Vergangenheit und seine Selbstwahrnehmung in Ordnung gebracht zu haben. Als Hommage und Abschiedsgeschenk für die Mutter hinterläßt er ihr seine Aufzeichnungen, die er ihr widmet. Die Ausgangsfrage des Erzählers «Aber wie erzählen wir, was wir nicht begreifen?» (S. 34) wird beantwortet, als er zu dem Schluß gelangt, daß er nur erzählen kann, was er letztlich verstanden hat, und das ist nicht die Ungeheuerlichkeit der wahrhaft unbegreiflichen Verbrechen, sondern das konkrete Leben seiner Mutter – ein Leben, das der Hecken bedurfte, durchsetzt mit Versuchen zu vergessen, durchdrungen von Verzweiflung und Scham. Dieses Leben ist es, das die Biographie ihres Sohnes signifikant geprägt hat, «die Biographie eines nachfaschistischen Erlebens, in dem der Faschismus gleichwohl eine prägende, dominante, nie zu vergessende Rolle spielte».

Abschied von den Kriegsteilnehmern erschien 1992, drei Jahre nach dem Fall der Berliner Mauer und zwei Jahre nach der deutschen Wiedervereinigung. Die erzählte Zeit erstreckt sich vom Vorfrühling bis zum September 1989, als Ungarn die Grenzen öffnete und die DDR-Bürger aus Ungarn über Österreich in die Bundesrepublik zu strömen begannen. Der «Abschied» des Titels ist ein Abschied in mehrfacher Hinsicht. Es ist der Abschied vom Vater des Erzählers, der gestorben ist und mit dessen Beisetzung der Roman beginnt; es ist der Abschied von jener Generation von Deutschen, die am nationalsozialistischen Regime und am Zweiten Weltkrieg beteiligt waren; und es ist der Abschied von der Mauer, dem sichtbarsten Zeichen der Teilung Deutschlands, die viele Menschen als Strafe für das nationalsozialistische Regime empfanden.[9] Teilweise stützt sich Ortheil noch auf das Muster der «Väterliteratur»: Er erkundet das Leben des Vaters erst, nachdem dieser gestorben ist. Aber der Kontext, in dem dieses Muster wirksam wird, ist ein neuer. Nach dem Tod des Vaters – der nie durch einen Eigennamen personalisiert wird – verfällt der Sohn in eine tiefe Trauer, die den Tod des Vaters durch eine mythische Reise ins Totenreich (mit starken Anklängen an die ägyptische Ikonographie) «nachahmt»; von dieser Reise wird der Sohn am Ende des Romans in sein eigenes Leben zurückkehren. Entsprechend dem Beruf des Vaters als Landvermesser und als Hommage des Sohnes an den Vater, der ihn die Landschaft sehen gelehrt hat, ist die Reise entlang einer Ost-West-Achse angelegt. Die Ost-Achse unterstreicht den Weg des Vaters im Zweiten Weltkrieg, über die Elbe nach Berlin, Krakau und Kattowitz. Nach dem Krieg wird dieser Osten für ihn politisch wie persönlich verbotenes Gebiet, das er nicht mehr betreten darf, während die mit dem Osten zusammenhängenden Ereignisse «vergessen» oder geleugnet werden müssen. Der Westen symbolisiert für ihn die Kontinuität zum Leben vor dem Nationalsozialismus, das man durch einen Sprung über den Abgrund der nationalsozialistischen Vergangenheit erreicht.

Der Sohn nimmt die Einladung eines Freundes an, ihn in St. Louis zu besuchen, dem «Tor zum Westen» am Ufer des Mississippi, des «Vaters aller Gewässer», und reist ohne festes Ziel weiter, wohin ihn Zufall und Laune treiben. Die Reise ist auch eine Selbsterkundung und Erkundung dessen, was man braucht, um Schriftsteller zu werden, wobei die Mächte der Einbildungskraft ihn leiten (oder irreleiten). So gibt es viele literarische und kulturelle Anknüpfungspunkte. Von St. Louis macht der Erzähler einen Abstecher in das Hannibal Mark Twains, während er mit einer «Reise ins Landesinnere» auf den Spuren der Entdecker Lewis und Clark wandelt. Der Freund in St. Louis hat eine achtjährige Tochter, und der Sohn spielt unbewußt die Rolle seines Vaters nach und nimmt das Mädchen auf Ausflüge mit, zuletzt auf einem Raddampfer den Mississippi hinunter nach New Orleans. (Mythologisch betrachtet, ist es eine Reise über den Styx in das Totenreich.) Als er erkennt, daß das treibende Motiv des Ausflugs die Nachahmung seines Vaters ist (und er sich über das präpubertäre Gebaren des Mädchens ärgert), schickt er seine kleine Führerin ins Reich der Unterwelt zu ihrem Vater zurück. New Orleans, umgeben von den labyrinthischen Gewässern der Bayous, wird zur Hölle, dem Land der Tilgungen und des Vergessens. Allmählich versinkt der Erzähler in einen Zustand sinnloser Betrunkenheit, taumelt von Halluzination zu Halluzination und kämpft dabei die Erinnerungen an seinen Vater und jede aufkeimende Erkenntnis seines Geisteszustandes nieder. Auf diesem Teil der Reise begleiten ihn Bruchstücke aus Faulkners *Licht im August*, während seine eigene Schriftstellerei zu hieroglyphenartigem Gekritzel verkommt. In der Dämmerzone zwischen Mythos und Realität verschafft ihm nur der Jazz Momente der Klarheit, und ein Jazzmusiker ist es denn auch, der ihm rät, nach Santo Domingo in der Karibik zu gehen, was er auch tut. Er gerät schließlich in ein Bergdörfchen, wo er sich für einige Zeit niederläßt und zu schreiben beginnt. Angeregt durch die Geographie Hispaniolas, tauchen nun überall Anspielungen auf die Toteninsel auf. Im Nachhall jener Szene aus Thomas Manns *Zauberberg*, wo Hans Castorp in einem Schneesturm eine mythische Erfahrung macht, erlebt Ortheils Erzähler während eines tropischen Unwetters auf einem Berg Augenblicke einer tiefen, existentiellen Desorientierung. Als er das Bergdorf, Symbol des «Nichts», wieder verläßt, ist sein Äußeres von den Spuren der inneren Reise gezeichnet. Zollbeamte zweifeln die Gültigkeit seines Passes an, weil dessen Inhaber der Person auf dem Photo nicht mehr ähnlich sieht. Er ist erschreckend abgemagert, seine Haut ist wie Leder, dunkel und trotzdem wächsern durchsichtig. Er ist im Totenreich gewesen und hat das Aussehen einer Mumie – oder seines toten Vaters – angenommen. Auf dieser Reise der zufälligen und doch bedeutsamen Begegnungen trifft er nun auf eine frühere Bekannte, eine Österreicherin, und gemeinsam fahren sie nach Key West, dem westlichsten Punkt der Florida Keys und Heimat von «Papa» Hemingway. In einer traumartigen Nachtszene, in der auch ein rituelles Reinigungsbad in Hemingways Swimmingpool nicht fehlt, nimmt der Erzähler Abschied von seiner literarischen Vaterfigur, dem Autor der Vater-Sohn-Geschichten um Nick Adams. Da er nicht nach Deutschland zurückkehren will, nimmt er die Einladung seiner Reisegefährtin an, ihn nach Wien zu begleiten, und er kommt gerade rechtzeitig, um mitzuerleben, wie viele Ostdeutsche, die darauf brennen, nach Westdeutschland zu kommen, die Botschaft der Bundesrepublik Deutschland in Prag gestürmt und um politisches Asyl nachgesucht haben.

Die kulturellen Bezugspunkte in diesem Teil der Bildungsreise sind nun nicht mehr amerikanische Autoren mit ihrer Konzentration auf das Intime und Persönliche, sondern die Monatsbilder Pieter Brueghels im Kunsthistorischen Museum, die den Erzähler durch die Geschichten in ihren menschenbevölkerten Landschaften «magisch» anziehen: In ihnen findet er das Leben seines Vaters und sein eigenes Leben ausgedrückt. Da er einigen Ostdeutschen in Wien helfen will, ihre in der deutschen Botschaft festsitzenden Bekannten ausfindig zu machen, reist der Erzähler nach Prag und bricht dabei das alte Tabu des Vaters, das Ostverbot. Die politische Befreiungsbewegung der DDR-Bürger fällt mit der Selbstbefreiung des Erzählers aus der bedrückenden elterlichen Abhängigkeit zusammen, während dem befreienden Zug der Ostdeutschen in den Westen die befreiende

Reise des Erzählers nach Osten entspricht. In einer traumartigen Vision trägt der Erzähler seinen Vater und seine vier im Krieg und danach als Kleinkinder umgekommenen Brüder[10] nach Art des heiligen Christophorus auf dem Rücken in östlicher Richtung, über die Elbe, vorbei an Berlin, vorüber an Szenen von Krieg und Zerstörung, zu einem Grabhügel in der flachen Weite des Ostens, wo er sie begräbt.

Diese ausführliche Beschreibung der Reise mit ihren einzelnen Stationen wäre für unsere Erörterung überflüssig, wenn sie nicht einen unerwarteten Ausdruck der Trauer lieferte. In diesem Roman, geschrieben fast fünfzig Jahre nach dem Ende des Zweiten Weltkriegs und des Holocaust, ist die «Unfähigkeit zu trauern» endlich einer Art Trauer gewichen. Im Unterschied zu anderen Romanen über Väter und Mütter, in denen polarisierte Emotionen Einsicht und Reife behindern, vollzieht *Abschied von den Kriegsteilnehmern* das lange Ritual des echten Trauerns um den Vater mit all den schmerzlichen Schritten, die notwendig sind, um schließlich zu einer Befreiung zu gelangen. Dieser Reifungsprozeß verläuft parallel zu den politischen Ereignissen: Die gewaltlose Auseinandersetzung mit dem Vater spiegelt sich in der «samtenen Revolution» der DDR wider, die just zu der Zeit, als der Roman geschrieben wurde, die Hoffnung auf Freiheit und eine reife politische Zukunft beflügelte. Mit der Trauerarbeit und ihrem Abschluß bringt der Roman die durch das nationalsozialistische Erbe gekennzeichnete Nachkriegszeit zu einem Ende. Zwar scheut sich der Erzähler, am Ende des Romans in das Land zurückzukehren, das damals noch Westdeutschland war, aber er hat doch das in Richtung Osten wirkende Tabu der Vermeidung und Repression zu durchbrechen vermocht; er schließt einen Kreis, in welchem die östliche Richtung nicht mehr tabuisiert ist. Für die Deutung des Romans ist es wichtig, daß dieser Kreis (und so manche Anspielung auf eine kreisförmige Bewegung in dem Buch) kein einsperrendes Gehege ist, sondern Symbol einer Reise, die an ihrem Ende den Protagonisten in die Freiheit entläßt.

Auf dieser Entdeckungsreise in das eigene Ich muß der Erzähler auch die Rolle seines Vaters während der Naziherrschaft erkunden. Mit dem Fortgang der Reise nimmt auch das Verständnis und Akzeptieren von bislang unzugänglichen Seiten des Vaters zu. Epiphanien führen wo nicht zu klaren Antworten, so doch zumindest zu der Erkenntnis des Sohnes, daß es Geheimnisse gab. Eine derartige Erinnerung dreht sich zum Beispiel um das Wort «Verzweiflung». Auf dem karibischen Berg im tropischen Unwetter verirrt, erliegt der

Erzähler «der Verzweiflung»; blitzartig fällt ihm ein, wie er sich einmal als Zehnjähriger auf einer Wanderung mit dem Vater verirrte. Völlig orientierungslos, war auch der Vater der «Verzweiflung» erlegen und hatte in dieser Situation seinem Sohn von einem ähnlichen Ereignis während des Krieges an der Ostfront erzählt, als er zur Strafe für irgendein kleines Vergehen einen nächtlichen Spähtrupp anführen mußte und dabei fast von den Russen entdeckt worden wäre (S. 282 ff.). Zur Bestürzung des Sohnes hatte der Vater, von Erinnerungen überwältigt, geweint. In dem Moment merkte der Sohn, daß der Vater «Geheimnisse» hatte, die in «jener anderen Zeit» gründeten, und daß sich aufgrund dieser Entdeckung ihr Verhältnis zueinander unwiderruflich geändert hatte:

> In Wahrheit war diese Szene aber der Anfang meiner Mitwisserschaft gewesen, ja, diese Szene hatte das Bild meines Vater verändert, denn seit dieser Szene hatte mein Vater für mich nicht nur etwas Vertrautes, sondern auch etwas Fremdes, und dieses Fremde hatte seine Wurzeln in einer anderen Zeit. Diese Entdeckung war mir wie die Entdeckung eines Geheimwissens vorgekommen, von nun an hatte ich die andere Zeit, die der Vergangenheit, für eine Zeit der Geheimnisse gehalten. Zum Glück hatte ich ein solches Geheimnis kennengelernt, ja, hatte ich gedacht, das ist das erste Geheimnis, aber es wird noch viele weitere geben, und ich werde sie alle aufdecken müssen. (S. 285)

Das Gefühl verborgener Geheimnisse erinnert an Szenen aus Ortheils früheren Romanen mit ihrer Dialektik von Geborgenem und Verborgenem. In diesem Fall ist das Geheimnis in einem scheinbaren Widerspruch versteckt. Als der Vater seinem Sohn von jenem Spähtrupp erzählt, beschwört er hauptsächlich Geräusche herauf, wohl weil in der Dunkelheit der Nacht das Gehör der wichtigste Sinn ist. Er hört «russische Stimmen» in der Nähe, glaubt, daß sie entdeckt worden seien, und wartet, «die Augen geschlossen», auf den Einschlag der Granate, aber dann herrscht nur Stille, «eine unerträgliche Stille» (S. 283 f.). Dann berichtet der Erzähler abschließend: «Dieses Erlebnis, hatte Vater gesagt, sei ihm durch Mark und Bein gegangen, dieses Erlebnis habe ihn lange beschäftigt, die nächtlichen Bilder sei er lange nicht losgeworden, nein, nie losgeworden sei er die Bilder, bis heute nicht.» (S. 284) Aber was für Bilder waren das, wenn er doch nur abwechselnd Geräusche und Stille gehört, aber nichts gesehen hatte, weil seine Augen geschlossen waren? Die Schilderung des Vaters birgt ein Geheimnis: Er schweigt über das, was er sah. Es muß etwas so Erschütterndes und Entsetzliches gewesen sein, daß er noch Jahre später beim plötzlichen Gedanken daran weinen muß.

Wie die Geschichten Katharinas in *Hecke* birgt die Geschichte des Vaters von dem nächtlichen Erkundungsgang ein verstecktes Geheimnis, das gleichwohl durch die Tränen sein Vorhandensein verrät; die Funktion der Geschichte besteht darin zu verbergen, was er sah, und dieser Akt des Verbergens hinterläßt seine Spuren. Die Stille, zugedeckt von den Worten, spricht; sie spricht durch die Abwesenheit dessen, was der Vater sah.

Die Erkenntnis des Zehnjährigen, daß er «die Geheimnisse (...) alle aufdecken» wird müssen, kommt nicht auf gegen die Macht der Verdrängung in der älteren Generation und gegen deren Ausweichen und Leugnen, wenn der Junge sie danach fragt. Dies wird dem Sohn klar, als er älter wird. In *Hecke* war Henner ein Landvermesser für die Bahn gewesen. In *Abschied von den Kriegsteilnehmern* ist der Vater zum Reichsbahnrat befördert worden und wird in den ersten Kriegsmonaten nach Kattowitz geschickt, um Bahnstrecken «für den militärischen Transport» zu verlegen (S. 100). Seine Frau, in Berlin zurückgeblieben und noch traumatisiert von der Totgeburt ihres ersten Sohnes, besucht ihn in Kattowitz, da er keinen verlängerten Wochenendurlaub mehr bekommt. Sie fahren zum Wandern in die Beskiden – südlich des «schlesischen» Kattowitz – und in die Hohe Tatra (S. 103). Der Vater besucht auch des öfteren das nahegelegene Krakau, das ihm besser gefällt als irgendeine andere Stadt in der Gegend. Unerwähnt bleibt der Umstand, daß die Spitze eines kleinen Dreiecks zwischen Kattowitz und Krakau, rund 35 Kilometer von Kattowitz und keine 60 Kilometer von Krakau entfernt, ein Ort namens Auschwitz bildet, so daß sich der Vater in unmittelbarer Nähe des Todeslagers befand und auf dem Weg von Kattowitz nach Krakau daran vorbeigekommen sein muß. Wie um den Blick auf einen vergleichsweise weniger entsetzlichen Aspekt des Holocaust zu lenken, erwähnt der Text die Verwüstungen in Krakau: «In Krakau aber hatten sehr viele Juden gelebt, und nach dem Einmarsch der Wehrmacht in Polen hatten SS-Verbände schon bald damit begonnen, die Juden aus ihren Wohnungen in der Stadt und im alten Judenviertel zu vertreiben. Die alte Synagoge war bis auf die Grundmauern niedergebrannt worden, in Krakau hatten Pogrome stattgefunden.» (S. 104) Doch bleibt dieser Satz merkwürdig vage. «Sehr viele Juden» läßt nicht unbedingt an die enorme Zahl von 60000 Juden denken, die in Krakau lebten; bei der Vertreibung aus ihren Wohnungen bleibt der Schrecken der Deportation, Ghettoisierung und schließlich Vernichtung unerwähnt;[11] nur das Niederbrennen der alten Synagoge herauszugreifen legt den Gedanken nahe, dies

sei der einzige Akt des Vandalismus gewesen, denn auch das Ausmaß der Pogrome wird nicht angesprochen. Die Aktivitäten der
Wehrmacht (ihr Einmarsch in Polen) werden streng getrennt von
denen der SS (die Vertreibung der Juden). Doch galt diese Trennung
offenbar nicht mehr, als beide Gruppen gemeinsame Quartiere bezogen, wovon an anderer Stelle erzählt wird. Zudem fällt an diesen
Sätzen das Fehlen einer klaren Erzählperspektive auf: Der Leser kann
nicht sicher sein, wer an dieser Stelle erzählt. Gibt der Sohn die
Worte des Vaters wieder, oder wartet er mit eigenen Informationen
auf? Es hat den Anschein, als wolle der Sohn diese Information wei-
tergeben, ohne seinen Vater zu belasten; auch akzeptiert er das Leugnen des Vaters, ohne dessen Zwiespältigkeit zu kommentieren,
wenn er feststellt: «Für meinen Vater jedoch hatte es immer festge-
standen, daß er in die Judenverfolgungen nicht verstrickt gewesen
war, er hatte behauptet, sich nicht erinnern zu können, in den
Kriegsjahren auf Juden getroffen zu sein» (S. 108). Die Leerstellen
dieser verschwommenen Aussage betreffen den Sohn ebenso wie den
Vater, da der Sohn unkritisch wiederholt, was der Vater ihm vermutlich erzählt hat. «In die Judenverfolgungen nicht verstrickt» gewesen
zu sein läßt natürlich viel Raum für ein stillschweigendes Wissen
von den Greueltaten, und hinter der Behauptung, «sich nicht erinnern zu können, in den Kriegsjahren auf Juden getroffen zu sein»,
kann sich vielerlei verbergen: die Bestätigung einer Verdrängung (das
«Nichterinnern» läßt beliebig viel Spielraum für «unerinnerte» Begegnungen),[12] das pedantische Sichverschanzen hinter dem Wort «getroffen» (wenn er Juden schon nicht wirklich «getroffen» hat, kann
er trotzdem von ihrem Schicksal gehört haben) oder gleichzeitig
auch das gedankenlose Eingeständnis der Ghettoisierung und Vernichtung der Juden (denn nach ihrer Ghettoisierung war es in der
Tat nicht mehr möglich, offen auf sie zu «treffen»). Auf die «Geheimnisse» des Vaters aufmerksam geworden, deutet der Sohn die
immer häufiger werdenden Tagträumereien und das Grübeln des Vaters als Zeichen für verdrängte Erinnerungen und ständige Versuche,
die Vergangenheit neu zu ordnen.

Auch andere Schlüsselstellen sind von dieser Unentschiedenheit
der erzählerischen Perspektive geprägt und erlauben mehrere mögliche Deutungen; sie lassen ebenso auf die Konflikte des Sohnes
wie auf den exkulpatorischen Standpunkt des Vaters schließen.
«[M]ein Vater hatte den Krieg verflucht und das, was der Krieg
anrichtete unter den Menschen, nichts als Tod und Verzweiflung.
Und doch hatte mein Vater wieder nach Osten aufbrechen müssen,

er hatte weiter in Kattowitz wohnen müssen, während meine Mutter in Berlin ganz von vorne hatte beginnen müssen (...).» (S. 102) Wiederholt hier der Sohn, was der Vater ihm erzählt hat, glaubt er ihm und zeigt Mitleid mit ihm, oder ist der Wunsch des Sohnes, den Vater nicht zu belasten, Beweis kindlicher Zuneigung und der Schwierigkeiten, sich von diesen Banden freizumachen? Der passive Gehorsam, die Scheu vor Verantwortung und Züge von Selbstmitleid, die diese Stelle kennzeichnen, sind uns aus anderen Texten Ortheils bekannt. Wieder einmal arbeitet die Sprache mit Verschweigungen. Warum sagt er nicht deutlich, warum das Leben in Kattowitz so unerfreulich ist, wie die Formulierung «er hatte weiter in Kattowitz wohnen müssen» nahelegt? Die unentschiedene erzählerische Perspektive entlastet den Vater weniger, als daß sie ihn vorsichtig, ja ängstlich zeigt. Die Verfluchung «des Krieges» ist lediglich eine hilflose Geste, denn der Fluch gilt einem abstrakten Begriff, der sich als solcher dem Fluch entzieht. Die schweigende Angst zeigt sich auch, als der Vater vor einem SS-Mann, mit dem er zusammenwohnt, seine Gefühle nicht zeigen will und lieber ein neues Quartier sucht (S. 102). Woher weiß der Sohn das? Der Vater muß ihm offenbar von dem Vorfall erzählt haben, aber aus wessen Sicht wird der Vorfall erzählt?

Wie so viele Angehörige der Nachgeborenengeneration sieht auch der Erzähler schließlich ein, daß es auf seine Fragen keine Antworten gibt und daß ohnedies die Antworten nur Gültigkeit beanspruchen können, wenn sie unaufgefordert gegeben werden:

Ich hatte meinen Vater drängen wollen, sich zur Verfolgung der Juden zu äußern, je mehr ich ihm aber zugesetzt hatte, um so mehr hatte er sich mir verweigert. Ich hatte selbst gespürt, daß das Gerichtsverfahren, das sich zwischen uns angebahnt hatte, auf sehr schwankender Grundlage stand, das einzig Richtige wäre gewesen, mein Vater hätte – auch ohne mein Fragen, aus eigenem Antrieb – von der Zeit in Kattowitz und der Umgebung von Kattowitz erzählt. (S. 106)

In allen diesen «Romanen über Väter und Mütter» stellen die Kinder, respektvoll oder grollend, in Liebe oder Haß, die Eltern zur Rede, um aufgeklärt zu werden und zu urteilen; aber sie verlangen niemals, daß die Eltern aus Liebe und Achtung für ihre Kinder die Scham überwinden, ihr Lügen und Leugnen eingestehen und über ihr eigenes Versagen oder Schlimmeres sprechen. Indem sie in ihrem Leugnen erstarrt bleiben, beweisen die Eltern eine Eigenliebe, die größer ist als die Liebe zu ihren Kindern. Diese Verweigerungshaltung rechtfertigt wiederum die Unnachgiebigkeit der Kinder.

Zuletzt gelangt Ortheils Erzähler zu einer recht spekulativen
Schlußfolgerung; sie entspricht seiner Enttäuschung darüber, wie
wenig Informationen er eigentlich zusammengetragen hat, und zeigt,
daß im Zentrum des Vater-Sohn-Konflikts «das Schicksal der Juden»
steht. «Mein Vater aber hatte sich – ich habe nie erfahren, ob aus
Unwissenheit, Lethargie oder Angst, nicht einmal das habe ich erfahren – nicht um das Schicksal der Juden gekümmert, und genau
das, diese mangelnde Zuwendung oder Stellungnahme, hatte ich ihm
vorgeworfen.» (S. 108) Aber trotz dieser unzweideutigen Anerkennung des Holocaust durch den Erzähler und seinem expliziten
Wunsch, seinen Vater darüber sprechen zu hören, verrät auch der
Erzähler selbst eine gewisse Befangenheit, die sich in gewundenen
Umschreibungen äußert. Analysiert man, wie der Erzähler die aus-
weichenden Antworten seines Vaters in bezug auf Auschwitz beschreibt, so erkennt man, daß die Ausflüchte des Vaters eine gleichermaßen ausweichende Sprache beim Sohn erzeugt haben. Er sagt:

Es war aber doch ganz unmöglich gewesen, daß man von diesen Pogromen
und der Vertreibung der Juden nichts erfahren hatte, ich hatte mir nie vorstellen können, daß eine solche Unerfahrenheit möglich gewesen war, und
ich hatte mir erst recht nicht vorstellen können, daß man nichts von dem
Lager Auschwitz erfahren hatte, das sich etwa in der Mitte des Weges von
Kattowitz nach Krakau befand.
    Wie oft hatte ich meinen Vater nach dem Lager Auschwitz, nahe bei Kat-
towitz, nahe bei Krakau, gefragt, und wie oft waren wir über seine Antworten
in Streit geraten! Denn auf meine Fragen hin hatte mein Vater immer wieder
etwas anderes geantwortet, einmal, daß er von dem Lager Auschwitz gar
nichts gewußt, dann, daß er das Lager Auschwitz für ein Arbeitslager, dann,
daß er das Lager Auschwitz für ein Arbeitslager wie andere Arbeitslager gehalten habe. Diese Antworten aber hatte mein Vater nur auf mein heftiges
Drängen hin gegeben, und meist war er nach diesen Antworten in jene
schweigsame, trotzige Abwesenheit verfallen, die viele immer für Träumerei
gehalten hatten. (S. 104 f.)

Trotz seines brennenden Wunsches, die Wahrheit herauszufinden,
beachtet der Sohn sprachliche Tabus, die einen beschränkten Zugang
zu eben jenen Wahrheiten bedeuten, die er aufdecken will. Er spricht
von «Pogromen» und «Vertreibungen der Juden», was in einen anderen historischen Zusammenhang gehört: «Pogrome» waren kein
systematischer Völkermord, und von den Nationalsozialisten wurden die Juden nicht «vertrieben», sondern ermordet. Indem er sich
auf die Vertreibung der Juden aus Krakau konzentriert, vermeidet er
es, sich der Vernichtung im nahen Auschwitz zu stellen. Die Formulierung «Vertreibung der Juden» ist eine Umschreibung, die das

ganze Entsetzen des Holocaust verbirgt. Auch versucht er den mit dem Wort «Auschwitz» verbundenen Schrecken zu entschärfen, indem er (wie der Vater) von ihm nur als einem «Lager» spricht, nicht vom Vernichtungslager, das es war. Und niemals fragt er den Vater oder sich selbst, ob nicht der Vater dabei geholfen hat, eben jene Bahnstrecke zu bauen, auf der Menschen in ihren schrecklichen Tod transportiert wurden.

Gleichwohl geht Ortheil in mehr als einer Hinsicht über andere Autoren der «Väterliteratur» hinaus, wenn er die Bemühungen des Erzählers selbst um Bewältigung seiner Vergangenheit beschreibt.

[I]n schlimmen Augenblicken war es mir sogar so vorgekommen, als sei die menschliche Geschichte mit diesen Verfolgungen an ein Ende gelangt. So hatte ich einen Neubeginn des Lebens nach diesen Verfolgungen und Morden oft für etwas nicht nur Verlogenes, sondern für etwas Unmögliches gehalten, ich hatte nicht einmal verstehen können, wie man mit dem Bewußtsein, daß so etwas einmal geschehen war, noch einmal Mut hatte fassen können, noch einmal von vorne zu beginnen. In schlimmen Augenblicken hatte ich daran geglaubt, daß sich die Geschichte des Landes, in dem ich nach dem Krieg geboren worden war, ein für allemal erledigt hatte, während doch andererseits meine Geburt ein sichtbares Zeichen dafür gewesen war, daß die Geschichte nun einmal weiterging. Ich selbst konnte doch nicht Tag für Tag, Woche für Woche in Gedanken an die an ein Ende gelangte Geschichte leben, doch ich konnte mich auch nicht von dieser Geschichte befreien, indem ich so tat, als wäre nichts Nennenswertes geschehen. (S. 107)

Auch hier schwächt der Erzähler die Ungeheuerlichkeit des Völkermordes ab, wenn er von «Verfolgungen und Morden» spricht. Die Vermutung des Erzählers, «diese Verfolgungen» könnten das Ende der Geschichte anzeigen, erinnert an Dan Diners Diktum vom Holocaust als einem «Zivilisationsbruch». Im Jahr 1992, als dieser Roman erschien, stand jedoch der Gedanke einer geschichtlichen Kontinuität, die auf die Errungenschaften vor dem Holocaust zurückgriff und über den Holocaust hinweg eine Brücke in die Gegenwart schlug, längst wieder im Vordergrund. Ortheil kleidet seine Aussage in praktische Überlegungen, die eine schmerzende, polarisierte Kontinuität verbürgen. Denn Geschichte nach dem Holocaust ist von den Ereignissen des Holocaust gezeichnet, so wie auf einer persönlichen Ebene das «nachfaschistische Erleben» des Erzählers davon gezeichnet ist, wie seine Eltern mit dem «Faschismus» umgingen. Die Kontinuität der Geschichte bedeutet für Ortheil und seinen Erzähler nicht, den Holocaust durch Entrückung in die Vergangenheit zu historisieren, sondern die begangenen Verbrechen einzugestehen und deren bleibendes und verstörendes Vermächtnis anzuerkennen.

Mit der Trauerarbeit seines Protagonisten wirft Ortheil eine andere wichtige Frage auf. Die Mitscherlichs hatten postuliert, daß der
Deutschen «Unfähigkeit zu trauern» sich ebenso auf die Opfer wie
auf die Täter beziehe. Beginnt die Generation der Nachgeborenen,
für die Ortheil exemplarisch steht, sich an die «Fähigkeit zu trauern»
heranzuarbeiten? Wenn der beendete Prozeß des Trauerns um den
Vater einen Abschluß und die Möglichkeit des Weitergehens verheißt,
welche Folge hat dieses Ende dann für die Trauer um die Opfer?
Ortheil hat mit der Trauer um seinen Vater einen wichtigen Schritt
getan, doch bleibt diese Trauer noch reine Familienangelegenheit.
Für den Sohn wie für den Vater bleiben «die Juden» ein abstrakter
Begriff, auch wenn sie in ihrem Verhältnis zu diesem Begriff zu entgegengesetzten Standpunkten gelangen: Der Standpunkt des Vaters
ist das Leugnen, der des Sohnes das Anerkennen. Der kollektive
Plural verweist auf eine ununterscheidbare Masse von Menschen
und vermeidet damit die schmerzliche Anerkennung «der» Juden als
Individuen. Solange «die Juden» ein Objekt des rein deutschen Diskurses bleiben, der «die Juden» als fühlende Menschen ausschließt
und in ihnen nicht die individuellen Opfer der Täter sieht, so lange
sind sie nicht in die Trauerarbeit eingeschlossen.

Ortheils Erzähler hatte den Mut, sich auf die rückhaltlose und
schmerzliche Arbeit des Trauerns um seinen Vater einzulassen. Auf
einer Trauerreise, die auch eine Reise in das Innere seines Selbst war,
hat er die Aussichtslosigkeit seines Wunsches erkannt, als Nachge-
borener ein väterliches Geständnis zu hören. Doch diese Erkenntnis
als Abschluß seiner Reise erstreckt sich nicht auf den Holocaust,
den der Erzähler als einen unwiderruflichen Bruch mit fortdauernden
Auswirkungen auf die Gegenwart anerkennt. Dort, wo der Schmerz
um die begangenen Verbrechen und die Trauer um die Opfer laut
werden müßten, herrscht auch bei Ortheil Schweigen.

5.
Der Krieg an der Ostfront

Hermann Lenz

Aus dieser Perspektive wird die bequeme
Praxis, kulturelle Texte zu scheiden in
solche, die sozial und politisch geprägt
sind, und solche, die es nicht sind, zu
etwas Schlimmerem als einem bloßen
Irrtum. (...) Die einzig wirkungsvolle
Befreiung aus solcher Befangenheit beginnt
mit der Erkenntnis, daß nichts existiert,
was nicht gesellschaftlich und geschicht-
lich ist – ja mehr noch, daß «in letzter
Instanz» alles politisch ist.[1]

Aber dann fragt sich natürlich: Haben wir
es mit Vergangenheit oder mit Erinnerung
zu tun?[2]

Hermann Lenz, 1913 in Stuttgart geboren, war zwanzig, als Hitler
an die Macht kam, und gehörte der bevorzugt eingezogenen Alters-
gruppe an, als die Vorbereitungen zum Zweiten Weltkrieg begannen.
1938 absolvierte er seine militärische Ausbildung. Im Frühjahr 1940
wurde er eingezogen und war am Einmarsch in Frankreich und dessen Besetzung beteiligt. Ende Oktober 1941 wurde er nach dem deutschen Einmarsch in Rußland an die Ostfront geschickt. Hier gehörte
er den militärischen Verbänden an, die Leningrad belagerten, und
erlebte den Stellungskrieg in den Wolchow-Sümpfen. Nach dem
Rückzug der deutschen Armee entlang der Ostseeküste kämpfte er
in den letzten Kriegsmonaten gegen den Einmarsch der Amerikaner
im Moselgebiet, wo er gefangengenommen wurde. Danach kam er
in ein Lager in den USA. Im Winter 1946 kehrte er in seine Heimatstadt Stuttgart zurück.

Den Roman, in dem er über seine Teilnahme am Krieg schreibt,
nannte er mit einem Anflug von Ironie und viel kritischem Scharf-
sinn *Neue Zeit*. Abgesehen von einigen Rückblicken behandelt der

Roman in etwa das Jahrzehnt zwischen 1937 und 1946 und schließt damit noch die letzten zwei Jahre vor dem Ausbruch des Krieges mit ein, als der Protagonist, Student an der Universität München, seine Kommilitonin Hanni Treutlein kennenlernt, die nach dem Krieg seine Frau wird. Aufgezeichnet wird die Zeit der Hauptfigur als Soldat an der Ostfront bis zu seiner Heimkehr aus dem Kriegsgefangenenlager in den USA. Der Roman erschien 1975, dreißig Jahre nach Kriegsende, und ist der dritte Band in einer Reihe von neun autobiographischen Romanen, die Lenz seit 1966 verfaßt hat. Sie decken sein ganzes Leben ab, wobei die Spuren bis in die Generation der Urgroßeltern zurückverfolgt werden, und reichen schließlich bis in die Gegenwart hinein: Der letzte Roman, *Freunde*, erschien 1997, ein Jahr vor dem Tod des Schriftstellers im Mai 1998, und erzählt die jüngsten Ereignisse in seinem Leben.[3]

Nach der Rückkehr aus dem Zweiten Weltkrieg widerstrebte es Lenz, sich in die erfolgsorientierte, vergessensselige deutsche Nachkriegsgesellschaft zu integrieren. Er bekleidete ein kleines Amt als Sekretär des Süddeutschen Schriftstellerverbandes und verwandte im übrigen seine Kraft darauf, penibel Tagebuch zu führen, wie er es schon an der Front getan hatte, und «Geschichten zu erfinden», die er veröffentlichte. Das Schreiben war für Lenz wie für sein erzählendes Alter ego Eugen Rapp nicht nur «Flucht» aus der Gegenwart, sondern auch «Zuflucht» zu einer Gegenwelt, in der er sich auf die Erfahrungen konzentrieren konnte, die allein ihm wichtig waren. Seine fiktionale Welt war keineswegs idyllisch, sie scheute sich aber auch nicht, Rückzüge in die Vergangenheit auszuloten – namentlich ins Biedermeier und ins Wien der Jahrhundertwende – oder surrealistische Alternativen zu erschaffen. In der deutschen Wirtschaftswundergesellschaft fanden seine «erfundenen Geschichten» keinen großen Beifall, doch fehlte es nicht an einem kleinen Kreis treuer Leser. Um die Zeit seines fünfzigsten Geburtstags, Anfang der sechziger Jahre, hatte er eine literarische Form gefunden, die ihm eine Verschmelzung der zwei sein Leben bestimmenden Tätigkeiten erlaubte: Das «Geschichtenerfinden» und das Tagebuchschreiben verschmolzen zum autobiographischen Roman.[4] Man hat Lenz' Einsicht, im eigenen Leben den Stoff für seine Erzählprosa zu finden, mit Prousts *Recherche* verglichen, wie denn überhaupt Ähnlichkeiten zwischen Lenz und Proust bemerkt worden sind.[5] Zwar gibt es in den Romanen von Lenz nicht die große Epiphanie, die der Madeleine-Episode aus der *Suche nach der verlorenen Zeit* entspräche, doch gibt es gleichsam Ketten von kleinen Epiphanien des *temps retrouvé* in den Beispielen einer dem Vergessen entrissenen Zeit. Bei Lenz mögen die Tagebücher der Erinnerung geholfen haben, doch geht die Erinnerung über das Nacherzählen dieser Notizen hinaus: Sie hebt Szenen heraus, deckt Erinnerungslücken auf und stellt das Erlebte in einen Kontext. In den Romanen und besonders in *Neue Zeit* geht es ebensosehr um das Erinnern und das Vergessen wie um bestimmte Ereignisse.

In den letzten dreißig Jahren hat Lenz neben der Arbeit an den autobiographischen Romanen weiter «Geschichten erfunden» und eine große Trilogie mit dem Titel *Der innere Bezirk* über die Zeit des Nationalsozialismus veröffentlicht.[6] Hier kehren einige der Hauptfiguren aus den biographischen Romanen (Eugen Rapp, Hanni Treutlein) als Nebenfiguren wieder, wie umgekehrt die in *Der innere Bezirk* im Mittelpunkt stehende Margot von Sy unter einem anderen Namen einige Auftritte in *Neue Zeit* hat. Die Trilogie ist eine umfängliche Erkundung unterschiedlicher Verhaltensweisen im Deutschland der NS-Zeit, während sich *Neue Zeit* hauptsächlich auf die Front konzentriert. Zusammen dokumentieren diese Romane Hermann Lenz' anhaltendes und tiefes Bedürfnis, sich mit der NS-Zeit aus allen möglichen Blickwinkeln auseinanderzusetzen.

Seine ersten autobiographischen Romane, die noch in den politischen Turbulenzen der späten sechziger Jahre erschienen, fanden kein großes Publikum. Dieses anfängliche Desinteresse am Werk Hermann Lenz' hat man seinem bedingungslos subjektiven Stil und seinen den herrschenden literarischen Tendenzen nicht entsprechenden Themen zugeschrieben. 1973 war es dann Peter Handke, der den damals sechzigjährigen Lenz «entdeckte» und eine Würdigung verfaßte, die Lenz im Handumdrehen zu Anerkennung und Prominenz verhalf.[7] Doch war diese Anerkennung wohl nicht einzig und allein Handke zu verdanken; man könnte vielmehr sagen: Handke hat Lenz im richtigen Augenblick «entdeckt», als sich das geistige Klima vom politischen und literarischen Aktivismus der Linken ab- und der Innenschau einer Neuen Subjektivität zuwandte. Hermann Lenz hatte immer im «inneren Bezirk» gelebt, so daß vielleicht einfach seine Zeit gekommen war.

Größere Anerkennung wurde seinen Romanen dann gerade zu der Zeit zuteil, als die Welle von autobiographischen Romanen einsetzte. Freilich sind die Romane von Hermann Lenz in ihrer Subjektivität und Introspektion radikaler als die der jüngeren Generation. Seine Selbsterforschung gehorcht einem anderen Antrieb: Er sucht nicht nach einer sozialen und persönlichen Identität angesichts einer

problematischen nationalen Identität, sondern will prüfen, wie weit
seine eigene Erlebnisfähigkeit reicht. Es ist eine philosophische, exi-
stentielle Suche in der Folge von Mark Aurel, Epikur und den Stoi-
kern und von Anfang an gekennzeichnet durch das, was Hans Dieter
Schäfer «das pessimistische, von der Krisenphilosophie des Existen-
tialismus geprägte Lebensgefühl der jungen Generation vor Ausbruch des Zweiten Weltkriegs» genannt hat.[8]

Lenz' autobiographische Romane sind wie ein Gutteil Nachkriegsliteratur literarische Zwitter. Er benutzt das «dokumentarische» Material seiner Tagebücher (wobei die Tagebücher selbst höchst subjek-
tive «Dokumente» darstellen) und verwandelt dieses Material in Erzählungen. Die Romane zeichnen seine Lebensgeschichte auf, sind
aber gleichzeitig das Gefäß seiner Beobachtungen und Reflexionen.
In ihnen allen ist die weitgehende Übereinstimmung von Fiktion
und «Realität» frappierend. Sie lädt wie andere literarische Zwitter-
formen zu einer Überprüfung der innerliterarischen Grenzziehungen
ein, in diesem Fall der Grenze zwischen Autobiographie und autobiographischer Erzählung. Während der Stoff, aus dem Lenz seine
Romane gestaltet, eindeutig autobiographischer Art ist, gehen die
literarischen Techniken und Perspektiven des Autors über ein rein
autobiographisches Schreiben hinaus. Der Erzählerstandpunkt der
dritten Person, der Distanz zwischen Autor und Protagonist schaffen
soll, sowie der Name des Protagonisten – Eugen Rapp – sind erste
Hinweise darauf, daß es sich nicht um eine Autobiographie handelt.
Man hat Lenz als literarischen «Modernen» angesehen, der von der
Sprachskepsis eines Hugo von Hofmannsthal geprägt ist; für Birgit
Graafen gehört Lenz «in die Nähe jener Autoren, die bereits um die
Jahrhundertwende die Krise des realistischen Erzählens in der Hinwendung zum Subjekt der Wahrnehmung zum Ausdruck brachten».[9]
Die Aufspaltung des Erzählerbewußtseins in dialogisierende Stim-
men, die Entrückung von Ereignissen, die wie durch das falsche Ende
eines Fernrohrs gesehen werden, und umgekehrt die Überhöhung
bestimmter Augenblicke zu Epiphanien von erlesener Einfachheit
oder schockierendem Grauen, sowie endlich die Spannung, die zwischen subjektiver Erfahrung, intensiver Erinnerung und distanzier-
tem, gelassenem Erzählen erzeugt wird, verraten den literarischen
Könner. Insbesondere die Rekonstruktion der verlorenen Zeit, die
Dokumentation der Art, wie Erinnerung funktioniert, die Demonstration ihrer Fehlleistungen durch Gedächtnislücken und Auslassungen und die Beschleunigung oder Stauung des Erzählstroms bestätigen das Fiktive dieser Werke. Dies alles läßt sich besonders gut

in *Neue Zeit* beobachten, weshalb dieser Roman nicht bloß eine Autobiographie oder ein «Kriegsbuch» ist, sondern ein literarisches Werk, das ebensosehr auf sich selbst reflektiert, wie es die Augenblicke und Stimmungen vergangener Erfahrung einzufangen sucht.

Lenz' radikaler Subjektivismus und sein Desinteresse gegenüber dem Strom des Alltagslebens machten ihn von klein auf zum «Außenseiter» oder «Einzelgänger». Doch ist der Grund für diesen Rückzug auf sich selbst wohl nicht in äußeren Ursachen wie der väterlichen Ungehaltenheit über den Sohn oder den brutalen Prügeln eines Volksschullehrers zu suchen.[10] Ganz im Gegenteil hat Lenz diese grobe Behandlung wohl eher durch seine demonstrative Uninteressiertheit an der Umwelt provoziert. Birgit Graafen äußert in ihrer Studie über Hermann Lenz die Vermutung, daß diese «Geistesabwesenheit» ein integrierender Bestandteil seiner Persönlichkeit ist: «Besonders auffallend ist die Geistesabwesenheit des Jungen, die von der Großmutter als wesensgemäß akzeptiert wird – ‹dieses Abwesende gehörte doch zu ihm› –, bei Eltern und Lehrern jedoch auf Unverständnis stößt.»[11] Graafen führt diese Geistesabwesenheit Lenz' auf seinen Großvater mütterlicherseits zurück und bemerkt dazu, daß «mit der Darstellung des Großvaters eine innerfamiliäre Tradition der Sensibilität begründet wird, die der wesensmäßig als fremd empfundenen Vaterfigur die innere Übereinstimmung von Großvater und Enkel entgegenhält» (S. 158). Man fragt sich, ob Lenz nicht auch der Erbe gewisser säkularer Überreste jenes schwäbischen Pietismus ist, der einige Generationen vor ihm die beherrschende spirituelle Einstellung war.[12] Hierfür sprächen seine Eigenbrötelei, die Ablehnung des Intellektualismus, das Gefallen an Erfahrungsunmittelbarkeit, die auffallende Konzentration auf gleichgültige, banale Gegenstände und Ereignisse sowie die etwas defensive Überbetonung seiner bescheidenen, kleinbürgerlichen Herkunft, die großen Wert auf formale Bildung legt.[13] Lenz' Abneigung gegenüber jedem politischen Engagement und seine Nichtbeteiligung an aktuellen politischen Debatten lassen ihn in Verbindung mit seiner Flucht in die Literatur natürlich als einen der katastrophal vielen «unpolitischen Deutschen» erscheinen, die es seit der Mitte des 19. Jahrhunderts gibt. Ein wichtiger Aspekt seines Œuvres ist das Bemühen, eine Stimme für die schonungslose Konfrontation mit dem Ich zu finden, das diese Passivität zu rechtfertigen sucht. Er erkennt sie an und erduldet ihre Konsequenzen, ohne sich doch von ihr freimachen zu können. Insofern tragen die «politischen» Romane, allen voran *Neue Zeit*, in ihrer skrupellosen Ehrlichkeit die Merkmale eines Bekenntnisses. Kein

anderer Nachkriegsautor hat diese Passivität so unbarmherzig er-
forscht wie Hermann Lenz. Sein Alter ego Eugen Rapp ist sich des
Sachverhalts bewußt, den der Historiker Fritz Stern so formuliert
hat: «In einer Zeit gewaltsamer gesellschaftlicher Veränderungen
und Unruhe bedeutet eine angeblich unpolitische Haltung schon an
sich eine Unterstützung der bestehenden Ordnung.»[14]

So wie der doppelte Fokus der erfundenen Geschichten und der
Tagebücher in den autobiographischen Romanen miteinander ver-
schmilzt, kennt auch Lenz' schöpferisches Repertoire die Verschmelzung des introspektiven Rückzugs in die selbsterschaffene Welt mit
scharfen und eindringlichen Beobachtungen der Welt ringsum. Es
sind dies die herausragenden Merkmale seines künstlerischen Universums. Eugen Rapp sieht in der genauen Beobachtung ein Mittel,
innere Klarheit zu gewinnen, doch ist sie auch notwendig für die
Aufgabe des Künstlers, wie er sie versteht: «Alles sehen, alles hören,
alles spüren, alles riechen, was sich dir hier zeigt. Laß es in dich
eindringen, nimm daran teil, dann wird es dir klar.»[15]

Hitlers Machtergreifung im Januar 1933 fiel zeitlich ungefähr mit
Lenz' Studienbeginn zusammen. Sein Wunsch, sich von Allerwelts-
kontakten zurückzuziehen, das daraus resultierende Gefühl der Iso-
lierung und die Sorge und Unruhe, die mit dem Dasein in der Welt
und ihren Forderungen verbunden waren, wurden durch die politischen Entwicklungen noch verstärkt. Wie reagierte ein Introvertier-
ter mit einer Vorliebe für die *vita contemplativa*, ein «unpolitischer
Deutscher» auf eine Zeit, in der die meisten Menschen (und auch
sein eigener Vater) in einem euphorischen Optimismus befangen waren und nichts für «Schwarzseher» übrig hatten? Passivität, sogar
passiver Widerstand, und Fatalismus waren im Dritten Reich unter
den Deutschen nicht selten, und Lenz schildert seinen Eugen Rapp
in diesem Sinne – als einen intelligenten (jedoch nicht intellektuellen) einzelnen, der es nicht vermag, aus seiner schützenden Hülle
herauszutreten, um Stellung zu beziehen. Eugen Rapp steht nicht für
den «guten Deutschen» der sogenannten «Inneren Emigration», der
es nicht wagte, den Mund aufzumachen. Er leiht seine Stimme nicht
nachträglich denen, die zu eingeschüchtert oder zu gelähmt waren
und jetzt vielleicht hoffen, in ihm ihren Apologeten zu finden. Dazu
ist er viel zu sehr Individualist und Einzelgänger, d. h. jemand, der
seine Gedanken und Beobachtungen für sich behält und von seinesgleichen als Außenseiter betrachtet wird. Aber Lenz gibt dem lange
Verschwiegenen eine Stimme. (In der Trilogie *Der innere Bezirk* ist
sein Protagonist, der Diplomat von Sy, eine Weile politisch aktiv: Er

beteiligt sich an einer Verschwörung gegen Hitler. Doch als sich diese Pläne zerschlagen, ist von Sy erleichtert.) Die politischen Ereignisse mögen Lenz in seiner Außenseiterhaltung und dem Verzicht auf jeden weltlichen Ehrgeiz bestärkt haben, doch diese Einstellungen bestanden schon vor der nationalsozialistischen Herrschaft und überdauerten deren Zusammenbruch.

Lenz' Subjektivität, seine Passivität gegenüber aktuellen Ereignissen und der in vielen seiner literarischen Werke thematisierte Rückzug in die habsburgische Vergangenheit haben ihm den Ruf eines konservativen Schriftstellers eingetragen. Lenz' Konservativismus zeichnet sich durch die Orientierung an einer Vergangenheit aus, die nicht eigentlich idealisiert wird, aber, anders als die Gegenwart, von Stabilität und Ordnung geprägt ist. Die Vergangenheit wird nicht blind und ahistorisch verherrlicht, sondern als Zuflucht aus der Gegenwart gesehen, besser gesagt: als eine Zuflucht, die die Gegenwart erträglich macht. An der Front findet Eugen Rapp Zuflucht nicht im Schreiben an sich, sondern im Schreiben über das Wien der Habsburger, «weil du halt weitertaumelst und ans alte Wien denkst, dich flüchtest in eine vergangene Zeit. Gut so, weil du's sonst nicht ertrügest ... Du ertrügest nicht die neue Zeit ohne Erinnerung an eine alte ...» (S. 177) Eugen ist sich der Diskrepanz zwischen seiner Umgebung – einem Schlachtfeld – und seinem Schreiben völlig bewußt: «Da wurde in einen Menschenkopf eine Maschinenpistolensalve hineingejagt, der Menschenkopf lag neben seinen Füßen, er sah's von oben her und ganz nahe; und trotzdem schrieb er wenig später Verse, in denen nur ein heller Schein und Schimmer war.» (S. 196) *Neue Zeit* versagte vor den Ansprüchen jener Kritiker, die sich von dem Roman eine explizite Kritik und tiefgreifende Analyse des Krieges und der Naziherrschaft sowie das Bekenntnis eines neu entdeckten politischen Engagements erwartet hatten. Wenn Lenz die intensiven täglichen Erlebnisse seines Helden, bis hin zu dem Stumpfsinn eines endlosen Krieges in den Schützengräben, unkommentiert registrierte, schlossen die Kritiker auf eine passive Billigung der Ereignisse. Liest man jedoch *Neue Zeit* als ein Zeugnis und Bekenntnis, das in dem Satz gipfelt: «aber schuldig war er sowieso, und als Soldat bist du am Hitler schuldig» (S. 381), dann ist der ganze Bericht nicht nur ein Dokument des Geschehenen, sondern auch das Bekenntnis eines «unpolitischen Deutschen», der nicht die Kraft fand, anders zu handeln. Dieser Roman ist in seiner apolitischen Haltung eine politische Aussage gerade darum, weil er die Politik scheut.

Hermann Lenz muß sich dieses generellen Einwandes gegen sein Werk bewußt gewesen sein, denn er thematisiert ihn in einer kurzen Szene des Romans. Während des Rückzugs durch Polen wird Eugen eines Abends von einem jungen Offizier und seiner Frau gebeten, aus seinem im Entstehen begriffenen Roman vorzulesen:

Und er las von Erfahrungen eines jungen Mannes im entschwundenen, zu nichts zerflossenen Wien der Jahrhundertwende und merkte, daß sein Gelesenes den beiden skurril vorkam, befremdend oder kurios (das mindestens). (...) Und wieder las er seine Schilderungen von Gefühlen, Lichtreflexen, die ihr doch zuwider sein, sie ärgern mußten (es lag in der Luft). (S. 343)

Daraufhin artikuliert die Frau des Offiziers den Standpunkt vieler Lenz-Kritiker, die den Rückzug des Schriftstellers in seine selbsterschaffene Welt tadeln: Da die Frau weiß, daß Rapp aus Stuttgart kommt, erwähnt sie die schweren Bombenangriffe der Alliierten auf die Stadt und fordert Direktheit anstelle von Ausflüchten: «Heute aber müßte einer *das* beschreiben. So, wie's ist.» (S. 343) «Das», was Rapp beschreiben soll, ist natürlich genau das, was er mit Schweigen übergeht. All jene, die eine Beschreibung «dessen» mit all seinen schrecklichen Aspekten fordern, werden von Lenz enttäuscht; denn er ist kein Chronist von Ereignissen, sondern ein Chronist der Wirkung von Ereignissen auf den einzelnen. Ihm liegt vor allem daran, die Erinnerung in seinen Dienst zu stellen, um zu zeigen, was ihr entfällt oder verdrängt wird. Die Erinnerung wird als selektiv und subjektiv anerkannt, doch spricht sie auch aus dem, was sie ausläßt oder verschweigt.

Lenz' Konservativismus speist sich niemals, wie etwa bei Ernst Jünger, aus ästhetischen Überlegungen.[16] Für den Glanz des Schlachtfeldes oder die heroische Haltung diverser deutscher Eliten kann Lenz sich nicht begeistern. Seine ästhetische Sensibilität prägen Einschnitte und Risse, kontinuitätssprengende Abgründe, Zeit- und Bewußtseinsbrüche, schwarze Löcher, die die entscheidenden Ereignisse verschlingen. Seine erzählerischen Techniken entsprechen sowohl diesen zerbrochenen Kontinuitäten wie dem Wunsch, die Albträume zu besänftigen. Peter Handke nennt Lenz' unfertige Sätze und *Neue Zeit* generell «verzerrt, detailvergrößert, mit Zeitsprüngen, alogischem Übereinanderschieben von wechselnden Menschengesichtern, lebenden und toten», die er «noch einmal vor uns und für uns TRÄUMT. (...) Mitten in den Sätzen springt auf diese Weise die Zeit um, wechseln die Orte, werden Gesichter vertauscht, versinkt ein Anblick vor einer Erinnerung, vergeht die Erinnerung vor einem Droh-Geräusch, wird das Geräusch verdrängt durch das Sich-Versenken in eine Photographie.»[17] Mit seinen Diskontinuitäten, Zersplitterungen und Fragmentierungen und mit der sorgfältigen Registrierung des Gedächtnisses und seiner Auslassungen ist Hermann Lenz in der Tat ein Schriftsteller der vom Holocaust geprägten Sensibilitäten. Er weiß, daß er nicht «das» beschreiben kann, «so wie's ist», und schärft immer wieder die Aufmerksamkeit des Lesers dafür, daß sein (und seines Protagonisten) Standpunkt ein subjektiver ist. Die Lücken und Löcher in Lenz' «Subjekt-Position»[18] wollen nichts verleugnen und nichts beschönigen; der Text führt vielmehr das Schweigen vor und enthüllt dabei die Traumata, die hinter einer Mauer des Schweigens rastlos umhertreiben. *Neue Zeit* lebt von der Spannung zwischen der von schwarzen Löchern des Schweigens durchzogenen Wiederaneignung einer bedrückenden Erinnerung und der «Erfindung» von Träumen und Geschichten als Palliativ. Lenz versucht der Traumata und Alpträume der unerträglichen Gegenwart in *Neue Zeit* dadurch Herr zu werden, daß er gebetsmühlenartig und in beschwichtigender Wiederholung gewisse Schlüsselformulierungen verwendet, zum Beispiel «so tun, als ob nix wär» (S. 151, 146, 161, 216), «das Genick einziehen» (S. 34), «sich klein machen» (S. 257, 297, 301), «alles hinnehmen» (S. 201), «es wegschieben» (S. 337), «weil du nicht gefragt wirst» (S. 78), «verhindern kannst du nichts» (S. 238).

Eugen Rapps Passivität und sein Gefühl der Ohnmacht gegenüber den Entscheidungen des nationalsozialistischen Regimes sind weder als Appell an das Mitleid des Lesers noch gar als Andeutung eines heimlichen Einverständnisses oder als Argument der Entlastung gedacht. Vielmehr fordert der Roman den Leser ständig heraus, indem er ihn zwingt, sich dieselben Fragen zu stellen, die der Protagonist mit seinem (passiven) Verhalten schon beantwortet hat. Was außer passivem Widerstand war während des Nationalsozialismus einem Menschen möglich, der sich schon vorher aus der Welt in eine eigene Gegenwirklichkeit zurückgezogen hatte? Diese Herausforderung wird noch klarer, wenn man *Neue Zeit* zum Beispiel mit einem Kriegsroman wie Heinrich Bölls *Wo warst du, Adam?* vergleicht. In Bölls Roman ist die Erzählperspektive der dritten Person wohl «objektiv», wenn auch von Sympathie für die Mühsal des «kleinen Mannes», des einfachen Soldaten, getragen. Während der Leser in die Geschichte hineingezogen und zur Identifikation mit dem Protagonisten ermutigt wird, werden die elitären Ungleichheiten in der Wehrmacht kritisch präsentiert und der Wahnsinn des Krieges beim Namen ge-

nannt. Doch schiebt sich diese Kritik vor das größere Gesamtbild,
nämlich die eigentliche Ursache des Krieges – den Nationalsozialismus – und vor die Rolle des einzelnen und des Militärs gegenüber dem
Nationalsozialismus und dem nationalsozialistischen Völkermord.
Trotz seines kritischen Standpunkts ist Bölls Roman nicht weniger
fatalistisch als der von Lenz. Im Gegensatz zu *Wo warst du, Adam?*
bietet die dritte Person Singular in *Neue Zeit* keine «objektive» Darstellung des Krieges und versucht nicht, die Sympathie des Lesers zu
wecken; statt dessen zeigt das Buch den Protagonisten in Wechselwirkung mit seiner Umgebung. Der Leser sieht nur das, was der Protagonist registriert. Diese nicht-allwissende Perspektive in der dritten
Person zwingt den Leser, die gebotenen Informationen zu ergänzen und
damit den Protagonisten zu interpretieren und die Bedeutung der beschriebenen Szene, die blinden Flecken im Text und die Situation des
Protagonisten im Augenblick seiner Beobachtungen zu erschließen.

Überdies wird Lenz' Perspektive in der dritten Person ständig
durch ein dialogisierendes «du» unterbrochen. Dieser Bruch in der
Erzählperspektive betont die Subjektivität der Darstellung. Er liefert
kein komplettes Bild des Krieges, geschweige denn ein autoritatives,
sondern beschreibt nur die Verhaltensweisen eines einzelnen, wobei
andere Alternativen möglich sind und in der Schilderung anderer
Charaktere angedeutet werden. Eugen Rapps Bewußtsein ist gespalten, so daß er praktisch mit sich selbst sprechen kann, wenn er des
Zuspruchs durch einen beruhigenden «anderen» bedarf oder jemanden braucht, mit dem er den Schrecken der Situation teilen kann. In
solchen Augenblicken tritt er sozusagen aus sich selbst heraus und
beobachtet sich aus einer gewissen Distanz. Nach einer brutalen
Schlacht grübelt er nicht über die Ereignisse nach, sondern über
seine eigene Stellung dazu: «Verhindern kannst du nichts, aber du
kannst dir selbst zuschauen und aufpassen, wie du dich in dem, was
kommt, verhältst» (S. 238).

Eine andere auffallende Eigentümlichkeit der künstlerischen
Sichtweise von Hermann Lenz ist die außerordentliche Aufmerksamkeit für Details. In diesen Passagen werden Bruchstücke und
Augenblicke kurz angeleuchtet, um sogleich wieder in einem Meer
aus Dunkelheit und Schweigen zu versinken, so daß keine Szene
vollständig ausgeführt ist. Die Einzelheiten, Bruchstücke, Bilder, Augenblicke, auf die Eugen Rapp seine Aufmerksamkeit richtet, werden zu Brennpunkten dessen, was unausgesprochen bleibt. Eugen
artikuliert nicht, was er denkt oder fühlt, und kommentiert seine
Erfahrungen nicht. Vielmehr kann man seine Reaktionen an der (ab-

lenkenden) Aufmerksamkeit «ablesen», die er Einzelheiten und Augenblicken zuteil werden läßt; über sich selbst reflektierend, spricht er von solchen Augenblicken als der Quintessenz des Lebens. «Allerlei Momente: Nur aus solchen setzte sich's also zusammen; häufte sich an, lagerte sich ab, sammelte sich an ... Und was wirst du in dreißig Jahren davon wissen? Hoffentlich alles bis in jede Einzelheit ... Denn solche Einzelheiten schärften das Gemüt; auf die kam es ihm an.» (S. 41)

Die Aufmerksamkeit für Einzelheiten trägt auch dazu bei, den Überblick über das größere Ganze zu verlieren. Hier entsprechen die Techniken Lenz' wie diejenigen Bölls den kurzfristigen Zielen des Überlebenskampfes im Krieg, dem Dasein von Augenblick zu Augenblick, das keine größeren Ausblicke fordert und erlaubt. Jedoch wird bei Lenz der Brennpunkt der Existenz als eine Serie von kleinen, epiphanieartigen Explosionen erlebt, die Augenblicke beleuchten, aber ohne Zusammenhang sind, so daß ihre Reihenfolge gleichgültig wird. Die Zeit hört auf, als logische, zielgerichtete Abfolge zu existieren. Diese Wahrnehmung bewährt sich im Roman außerordentlich gut; denn sobald Eugen Rapp seine Stellung in den Sümpfen von Leningrad bezogen hat, hört die Zeit auf zu existieren, auch wenn die Jahreszeiten wechseln. Zeit reduziert sich auf einzelne Ereignisse im Raum. In dieser erzählten Welt weisen Zeitbestimmungen wie «und dann» oder «später» nicht auf den geordneten Ablauf der Zeit von einem Ereignis zum nächsten hin, sondern zeigen lediglich an, daß eine Szene aufhört und die nächste beginnt. Die Zeitbestimmungen «und dann», «und später» verunklären eher die geordnete Reihenfolge, weil sie alles bedeuten können: Sie können Zeitsprünge von wenigen Stunden bis zu einigen Tagen oder mehreren Wochen beinhalten. Sie stiften nicht Kontinuität, sondern beleuchten im Gegenteil die irritierenden Lücken, die Zerstörung von Kontinuität. Der Leser selbst muß die chronologische Zeit rekonstruieren, indem er auf das Vergehen der Jahreszeiten achtet oder die Erzählung mit geschichtlichen Daten vergleicht.[19]

Das konzentrierte Beachten von Einzelheiten erfüllt zwei scheinbar widersprüchliche psychologische Funktionen: Die Konzentration auf Einzelheiten hindert daran, die Szene als ganze zu überdenken, während diese eben dadurch registriert und nicht verdrängt oder «vergessen» wird. Ein Beispiel mag das veranschaulichen: Einer von Eugen Rapps Bekannten ist durch einen Rohrkrepierer in seinem eigenen Granatwerfer getötet worden (S. 189); Eugen ist durch diesen Tod so berührt, daß er nicht zur Beerdigung gehen kann, erfährt jedoch, daß nach der Beisetzung des Mannes im Sumpf noch seine Stiefel aus dem Sumpfboden geschaut haben (S. 190). Dieses Bild der aus dem Sumpf ragenden Stiefel faßt die Trauer Eugens wie in einem Brennglas zusammen.

Ein im ganzen Roman wiederkehrendes Thema ist, daß Eugen nicht hört, nicht sieht, nicht weiß, was los ist, selbst wenn er an den Ereignissen teilnimmt. Einmal wird er fast von einem deutschen Panzer überrollt, weil er diesen in seiner Geistesabwesenheit weder gesehen noch gehört hat (S. 240). Ein andermal war sein Verband in Kampfhandlungen verwickelt, um den Rückzug zu sichern, und er hört, wie die Männer über das Geschehene sprechen. Eugen fragt einen von ihnen: «Woher weißt du denn das alles?» und der andere erwidert: «Mensch, hast du's denn nicht selber g'merkt? Du bist doch auch dabeigewesen!» Woraufhin Eugen sinniert: «Und es erschien ihm wieder einmal sonderbar, daß jeder, der in so etwas verwickelt wurde, etwas anderes sah und erfuhr.» (S. 294) Doch der Grund für seine Geistesabwesenheit in Augenblicken, die doch eigentlich die gespannteste Aufmerksamkeit verlangt hätten, ist derselbe, der ihn zur Konzentration auf Einzelheiten veranlaßt: Es ist der Versuch, das Entsetzen des größeren Ganzen auszublenden, das Trauma zu bewältigen. Seine Geistesabwesenheit bildet eine Schutzhülle. Der ständige Gebrauch von Verben wie «rutschen/gleiten» «trotten», «stolpern», «taumeln», um zu beschreiben, wie Eugen durch den Krieg kommt, erhöht den Eindruck eines Träumers und Schlafwandlers. Seine Verwunderung darüber, «daß jeder (...) etwas anderes sah und erfuhr», relativiert und begrenzt die Kriegserfahrungen auf das, was er allein durchgemacht hat, und betont ausdrücklich, daß das alles ist, was er sagen kann. Die folgende Stelle ist hierfür ein gutes Beispiel.

Wieder kamen sie in ein anderes Dorf, und in einem Haus war noch eine Bauernfrau. Als Eugen mit ihr in der sonnenhellen Stube allein blieb, sagte sie: «Ihr weggehen und ... Bude anzünden.» Sie lachte und fuhr mit einem Arm durch die Luft. Eugen schaute auf den Zimmerboden und schüttelte den Kopf. Nun wußten die Russen also schon von dem Befehl ‹Verbrannte Erde›. Du hast noch nichts davon gesehen, aber warte nur.

Die Frau brachte ihm eine Tasse Milch, die von Rahm flockig war. Am Tassenrand klebten Heufasern, und er wischte die Heufasern weg; dann trank er rasch und tapfer. Ein Bottich stand neben dem Kachelofen; darauf lag ein nacktes Mädchen, das stumpfen Blickes auf ihn schaute. Die Frau redete mit diesem Mädchen, das sich nicht bewegte, einen Arm herunterhängen ließ, als ob es leblos wäre; mit erloschenen Augen lag es da. Und immer noch sprach die Frau, griff nach den nackten Mädchenbeinen, zog den Leib herab, preßte die Schöne an sich, denn die war schön und blond, das Gesicht breit, stumpfnäsig, aber ohne Mienenspiel; eine Gemütlose oder Gemütskranke, eine Achtzehnjährige, die sich abgestumpft hatte (aber wie es wirklich ist, das weißt du nicht).

Die Frau stellte das Mädchen vor den Kachelofen, als ob sie eine Puppe aus feinhäutigem weißem Fleisch wäre, eine mit schlenkernden Armen, die sie ihr ins Kleid stopfte, wobei sie zu Eugen herüberlächelte.

Er ging hinaus, wartete auf die andern. (S. 298 f.)

«Wieder kamen sie in ein anderes Dorf» stellt ein sich wiederholendes Einerlei her, in dem «das andere» in dem «wieder» aufgeht. Aber sobald dieses monotone, sich wiederholende Einerlei festgestellt ist, wird es von einem singulären Vorkommnis unterbrochen: «in einem Haus war noch eine Bauernfrau.» Diese Zäsur gibt zu verstehen, daß alle Dörfer, durch die die Armee bisher gekommen ist, menschenleer waren. Die Anwesenheit dieser einzelnen Bauernfrau impliziert die Abwesenheit der anderen Dorfbewohner und wirft die Frage auf, warum keine anderen Dorfbewohner mehr da waren. «In einem Haus» beschwört Bilder der Flucht herauf, obgleich Eugen Rapp anscheinend nicht darüber nachdenkt, warum wohl die Dörfer verlassen worden sind. Dann tut sich zwischen dem ersten und dem zweiten Satz eine klaffende Lücke auf: «Als Eugen mit ihr (...) allein blieb» zeigt an, daß kurz vorher noch andere da waren, wodurch der Eindruck entsteht, daß jedes Haus in dem Dorf von Soldaten durchsucht wird. So wie die Anwesenheit der einzelnen Frau die Abwesenheit der anderen Dorfbewohner verrät, so verrät Eugens Anwesenheit in ihrem Haus die Abwesenheit der übrigen Soldaten. Warum ist Eugen nicht mit den anderen weitergegangen? Die folgende Szene ist ein komprimierter Augenblick der Erleuchtung (unterstrichen durch die «sonnenhelle» Stube). Es ist ein Augenblick der Erinnerung, dem Vergessen entrissen in seiner ganzen Beobachtungsintensität und dem ganzen uneingestandenen Trauma, das unter der Oberfläche des Unausgesprochenen lauert. Wenn man Eugens Verhalten und seine Reaktion auf die Situation in dieser Szene «liest», liest man die Reaktion eines Menschen, dem die Geistesabwesenheit als Selbstschutz dient. Die Erinnerung holt Fragmente der Situation und die Ursache ihrer Verdrängung herauf. Sie beleuchtet oder entbindet das Verdrängte nicht, sondern nimmt es als einen Bestandteil in die Szene hinein. Lenz hätte nachträglich sein Alter ego die Situation «verstehen» und kommentieren lassen können; dies hätte jedoch den nachträglichen Blick auf eine Situation bedeutet, die Lenz als Wiedererinnerung eines Augenblicks präsentieren will, wie er sich damals konstituierte.

Während Eugen unschlüssig in der Stube steht, spricht die Bauernfrau in gebrochenem Deutsch ihre einzigen Worte: «Ihr weggehen und ... Bude anzünden» und lacht dabei. Lacht sie aus Verzweiflung? Überspielt sie ihre Angst? Hofft sie, daß Eugen ihr widerspricht und sie vor dem beschützt, was sie kommen sieht? Die Verheerung rings um das Haus, die zuerst nur durch das Alleinsein der Frau angedeutet wurde, wird jetzt durch ihre Bemerkung und die sie begleitende Gebärde unterstrichen. Eugen blickt daraufhin zu Boden. Tut er das, weil es in dieser Umgebung keinen tröstlichen Ruhepunkt für seine Augen gibt? Schlägt er die Augen nieder, weil er der Frau nicht in die Augen sehen kann? Schämt er sich? Genauso unergründlich ist sein verneinendes Kopfschütteln: Ist es ehrlich gemeint, oder will er die Frau nur beruhigen? Schaut er zu Boden, weil er ihr nicht ins Gesicht lügen kann? Während so sein Körper vieldeutig auf den Satz der Frau reagiert, schweifen seine Gedanken unbeholfen ab und registrieren scheinbar überrascht eine allgemein bekannte Tatsache. Warum überrascht es ihn, daß «nun die Russen schon wußten», was doch übliche Praxis der deutschen Armee auf ihren Rückzügen war und als Befehl auch für Rapp keine Überraschung darstellen konnte?[20] Geht er der unmittelbaren Konfrontation mit der Bauernfrau aus dem Weg, indem er über Offenkundiges nachdenkt? Beschränkt sich seine Reaktion auf «die Politik der verbrannten Erde» auf einen einfachen Blick zu Boden? Eindeutig nein; denn nun spaltet sich Eugens Perspektive. Er sucht Distanz und Hilfe im Gespräch mit der zweiten Person und ihrer beruhigenden Botschaft: «Du hast noch nichts davon gesehen.» Die Aufspaltung der erzählerischen Perspektive wiederholt sich in der Spaltung zwischen der Unmittelbarkeit der Situation und Rapps ausweichender Reaktion. Da er von der Umsetzung einer Politik der verbrannten Erde «noch nichts» gesehen hat, gibt es einen Augenblick der Hoffnung, den jedoch das «aber warte nur» sogleich zunichte macht. Aber was macht Rapp so sicher, daß der Befehl «Verbrannte Erde» auch wirklich durchgeführt wird? Was hat er gesehen oder gehört, das ihn in der Überzeugung bestärkt, daß dieser Anordnung Folge geleistet wird? Die Kluft zwischen dem «noch nichts» und dem «aber warte nur» stellt das Eingeständnis eines Wissens dar, das sich gegen seine Artikulation sträubt.

Bisher enthält die Szene nichts, was erklären könnte, warum «Eugen mit ihr [der Bauernfrau] in der sonnenhellen Stube allein blieb», nachdem die anderen gegangen sind. Warum blieb Eugen? Das Schweigen hierüber deutet darauf hin, daß Eugen sich seiner Gründe selbst nicht bewußt ist. So darf der Leser vermuten, daß Eugen –

vielleicht unbewußt – nicht gehen will. Der erste Teil der Szene wirkt als eine Art Sichtblende, die verbirgt, warum Eugen bleibt. Es gibt in dieser kurzen Einleitung sensorische Bilder: Das Zimmer ist sonnenhell, die Bauernfrau lacht und gestikuliert beim Reden. Der Eindruck von lebhaft empfundenen sinnlichen Eindrücken, verbunden mit einer Geistesabwesenheit, die nach der Bedeutung des Beobachteten zu fragen «vergißt», verstärkt sich im folgenden noch. Die Bauernfrau bringt Eugen eine Tasse Milch. Hat er sie darum gebeten? Oder brachte sie sie ungefragt? Und warum brachte sie sie? Was erwartete oder erhoffte sie sich davon? Glaubte sie, Eugens Verweilen in der Stube deute auf ein Interesse seinerseits hin, das sie zu ihrem Vorteil nutzen wollte? Was will Eugen ausblenden, wenn er seine Aufmerksamkeit auf die kleinste Stelle vor seinen Augen richtet: die Rahmflocken in der Milch? Aus dieser äußersten Reduktion erweitert sich das Blickfeld langsam wieder. Zuerst reicht es gerade bis an den Tassenrand, auf dem er (wieder in Großaufnahme) Heufasern sieht, die er wegwischt; dann trinkt er «rasch und tapfer». Warum «rasch»? Um etwas Unangenehmes hinter sich zu bringen? Weil er keine Milch mag, aber die Frau nicht brüskieren will? Was will er erledigen, daß er so «rasch» trinken muß? Und warum trinkt er «tapfer»? Nachdem er den Dreck und das Ungeziefer der Sümpfe überlebt hat, ekelt ihn doch nicht etwa vor den Heufasern auf dem Tassenrand? Befürchtet er, vergiftet zu werden? Ist es «tapfer» von ihm zu trinken, weil die Situation unangenehm oder unerträglich ist? Erst beim Trinken – oder danach – schweift sein Blick noch weiter umher. Oder vielleicht gesteht er sich jetzt erst ein, was er in der sonnenhellen Stube schon früher registriert haben muß. Als müßten sich seine Augen erst langsam zum Mittelpunkt der Szene vortasten, wandert sein Blick jetzt von den Rahmflocken zum Tassenrand, von dort zu einem Bottich, von dort zu einem Kachelofen und endlich zu dem nackten Mädchen, das darauf liegt. Warum liegt sie dort nackt, obwohl Winter ist? Nach all den ablenkenden Gesten und Blicken faßt Eugen Rapp schließlich die Frau und das Mädchen fest ins Auge, mehrfach und eingehend ist jetzt von ihnen die Rede: «Die Frau redete mit diesem Mädchen, das sich nicht bewegte, einen Arm herunterhängen ließ, als ob es leblos wäre; mit erloschenen Augen lag es da. Und immer noch sprach die Frau, griff (...) zog (...) preßte.» Die Frau stellt das Mädchen auf die Füße und kleidet es an. Aber das Mädchen bleibt leblos. Warum lächelt die Frau zu Eugen herüber, während sie es vom Ofen zieht und ankleidet? Bietet sie das Mädchen dem Soldaten an, in der Hoffnung, daß ihr Plünderung

und Vergewaltigung und die vielen anderen Brutalitäten erspart bleiben, die das Militär gegen die Zivilbevölkerung begeht? Versucht sie
ihn zu bestechen, damit er sie vor den anderen Soldaten schützt?
Und warum ist diese achtzehnjährige Schöne «leblos (...) mit erloschenen Augen»? Ist sie schon viele Male so mißbraucht worden?
Opfert hier eine Mutter ihre Tochter, um zu schützen, was sie glaubt
schützen zu können? Die Szene ist nicht besonders kraß; das ganze
Entsetzen wird erst klar, wenn man die sorgfältig notierten Einzelheiten erwägt und deutet. Die junge Frau als «eine Gemütlose oder
Gemütskranke» zu bezeichnen ist wohl richtig, aber zweifellos eine
Untertreibung, die notwendig ist, um Eugen vor der vollen Einsicht
in das zu schützen, was er sieht. Als Eugen eine Vermutung wagt –
«eine Gemütlose oder Gemütskranke, eine Achtzehnjährige, die sich
abgestumpft hatte» –, wird diese Vermutung sogleich zurückgenom-
men, und als Zeichen dafür, daß dies eine traumatische Situation
ist, spaltet sich sein Bewußtsein, so daß er sich im Zwiegespräch
selbst versichern kann: «aber wie es wirklich ist, das weißt du
nicht.» Diese Technik des Zwiegesprächs hat etwas Beruhigendes,
und der Inhalt des Zwiegesprächs entschärft die Brisanz der Beobachtung. Eugens Abrücken von seiner Vermutung wird flankiert von
einem ausdrücklichen Eingeständnis des Nichtwissens («das weißt
du nicht»), während die Parenthese die Vieldeutigkeit dieser Bemerkung erhöht: Als eine in Klammern gesetzte Feststellung signalisiert
sie ihre eigene relative Bedeutungslosigkeit; doch als Feststellung,
die wichtig genug ist, um überhaupt gemacht zu werden, fordert sie
den Leser zu einer eigenen Stellungnahme heraus. Das Wissen, das
etwa den Anlaß für Eugens zaghafte Vermutung abgibt, wird in
Schweigen gehüllt, aber dieses Wissen lebt in den Rissen und Sprün-
gen, die den blitzartig beleuchteten Augenblick der Wahrnehmung
umwittern, und durchbricht wie ein Sprengsatz die von Vieldeutig-
keiten brüchige Oberfläche.

   Während die Frau ihm noch zulächelt und das Mädchen herrich-
tet, geht Eugen hinaus und wartet auf die anderen. Das Ausbleiben
einer emotionalen Reaktion auf die Szene, deren Zeuge er geworden
ist, und die sofortige Verschleierung einer möglichen Meinung sagen
etwas über Eugen aus. Ein innerer Selbstschutzmechanismus läßt
ihn die Szene ohne emotionale Anteilnahme registrieren. Es gibt
keinen Schock, keine Trauer, kein Mitleid, aber ein ganzes Arsenal
von Verteidigungsmechanismen, die verhindern, daß diese Gefühle
aufkommen. Das Ausbleiben einer affektiven Reaktion ist daher keine Verstocktheit oder Gefühllosigkeit, und der Eindruck dieser Szene

auf Eugen muß gerade am Ausbleiben einer Reaktion, am Schweigen abgelesen werden. Die Stärke seiner Selbstschutzmechanismen, die eine affektive Reaktion verhindern, ist ein genauer Gradmesser für das Ausmaß seiner emotionalen Erschütterung. Daß Eugen hinausgehen kann und daß die Selbstschutzmechanismen funktionieren können, sagt noch etwas anderes über Eugen: Er hat gelernt, wie man durch das Filtern und Verdrängen von Wissen überlebt. Kein anderer Nachkriegsautor hatte den Mut, sich zu diesem Verfahren zu bekennen und es vorzuführen.

Wie geht ein Mensch wie Eugen Rapp, der sich über Abgründe der Geistesabwesenheit hinweg von einem blitzartig beleuchteten Fragment zum anderen vortastet, der radikal alles von sich fern hält, was nicht Teil seiner subjektiven Erfahrung ist, und das Ferngehaltene zum stummen Partner seiner Zeugenschaft macht, mit dem Holocaust um? Als Student in München verliebt er sich in Hanni Treutlein, die wie er Kunstgeschichte studiert. Nach der Naziterminologie ist Hanni «Mischling»: Ihre Mutter ist zwar katholisch, aber jüdisch; ihr Vater ist es nicht. Vielleicht ist es zuviel gesagt, Eugen habe sich in Hanni «verliebt»; denn auf die Beziehung wirkt sich von Anfang an der rabiate Antisemitismus der Naziherrschaft aus, der eine Heirat verbieten würde und keine Hoffnung auf eine positive Zukunft läßt. Der einzige Hinweis auf Hannis sexuelle Attraktivität findet sich, als die zwei zum Baden gehen und Eugen bemerkt, «daß die Treutlein Hanni überraschend nett gewölbt war. Warum die so was sonst nie sehen ließ? Ach darum halt; und sie sollte es so machen, wie sie wollte.» (S. 46) Da die Beziehung nur aus der Perspektive Eugens geschildert wird, erfährt der Leser nicht, wie sehr Hanni Eugen liebt, doch wird beschrieben, daß sie zutiefst besorgt um ihn ist. Eugen spürt, daß Hanni Treutlein «die Struktur seines Innenlebens» (S. 52) erfühlt, und zeigt seine tiefe Verbundenheit mit ihr durch das Eingehen auf ihre Stimmungen und Empfindlichkeiten. So registriert er zum Beispiel, daß sie sich einmal mitten im Satz unterbricht, als sie gerade überglücklich und stolz schildern will, wie sie nach nur vierzehntägiger Vorbereitung ihr philosophisches Rigorosum geschafft hat, gerade noch «vor Torschluß», bevor «Halbjuden» nicht mehr promoviert wurden; in ihrer Freude vergißt sie aber für einen Augenblick, daß Eugen es unter viel günstigeren Umständen nicht geschafft hat. Sie sagt zu Eugen: «Was glaubst du, wie ich da aufs Mündliche geschafft hab! Wozu die andern sich ein halbes Jahr Zeit lassen, hab ich ... Aber du weißt es ja.» (S. 210) Daß Hanni sich unterbricht und schweigt, zeigt ihre Sensibilität für Eugen; daß er es seinerseits bemerkt, beweist seine Sensibilität für alles, was Hanni sagt und nicht sagt; es impliziert aber auch Selbstkritik, weil er schuld daran ist, daß sie die Beschreibung ihres Triumphs unterbrochen hat.

Einige Kritiker haben bemängelt, daß Eugen seine Hanni konsequent und «mit allmählich irritierender Zähigkeit» als «Treutlein Hanni» bezeichnet, was auf eine gewisse Distanzierung schließen lasse.[21] Aber im südlichen Deutschland ist diese Namensstellung weit verbreitet; für Eugen mögen darin Anklänge an Heimat, Vertrautheit, ja Nähe und an eine Bodenständigkeit mitgeschwungen haben, die er sonst nicht empfand. Wenn er von Hannis Freundin Helga Wendlinger spricht (S. 218), einer Frau, der er sich nicht verbunden fühlt, nennt er zuerst den Vor- und dann den Nachnamen. Auch daß Lenz seine Figuren im Gespräch häufig Mundart reden läßt, dient einem ähnlichen Zweck wie die Namensumstellung «Treutlein Hanni». Die verschiedenen Mundarten, die Lenz mit feinem Ohr registriert, machen einen Sprecher kenntlich und dokumentieren das Entstehen einer Gruppenidentität an der Front, wo Soldaten derselben Kompanie oder Division ursprünglich aus derselben Gegend Deutschlands stammten. Am meisten berühren Eugen die schwäbische und die bayerische Mundart, und wenn er sie an der Front hört, beschwören sie in ihm ein Gefühl von Vertrautheit und Heimat herauf.[22]

Durch die Beziehung zu Hanni ist sich Eugen der ständig zunehmenden Drangsalierung und Verfolgung der Juden bewußt. Als Student mietet sich Eugen eine Zeitlang im Hause von Hanni Treutleins Vater ein und behält diese offizielle Adresse auch während des ganzen Krieges bei. Er würde nie auch nur im Traum daran denken, diese Adresse aufzugeben, aber sie bereitet ihm auch Sorgen. Da die Gesetzgebung des Regimes darauf ausgerichtet ist, jede Verbindung zwischen Ariern und Juden – auch «Mischlingen» – zu unterbinden, könnte die Gestapo seine Halsstarrigkeit leicht als Akt des politischen Widerstandes auffassen. Noch bevor Eugen zum Studium nach München ging und erfuhr, daß Hannis Vater seine Stelle als Universitätsprofessor verloren hatte, weil er mit einer Jüdin verheiratet war, hatte er ähnliche Schikanen gegenüber jüdischen Professoren in Heidelberg erlebt (S. 47). In einem Roman, der bei konkreten Zeitangaben sehr vage ist, gibt es doch Daten, die präzise angegeben werden und verraten, daß sie zu Eugen in seiner allgemeinen Geistesabwesenheit durchdringen und ihn erschüttern. Das eine ist «Freitag, de[r] zwölfte August neunzehnhundertachtunddreißig», der Tag, an dem «viele

Synagogen zerstört wurden», während «tags zuvor, also am elften August neunzehnhundertachtunddreißig, die Nürnberger Synagoge abgerissen worden war» (S. 69).[23] Wie bei Lenz üblich, gibt es zu dieser Zerstörung keinen Kommentar und kaum ein Wort der Empörung; das Datum allein soll wohl die Ereignisse dieses Tages als aufgezeichnete Geschichte dem Leser ins Bewußtsein brennen. Daß die Daten ausgeschrieben werden und daß bei dem Verweis auf den Tag zuvor die Jahreszahl wiederholt wird, erhöht nur ihre Bedeutung. Es läßt auch vermuten, daß Lenz die Zeit verlangsamen wollte, um die Daten eindrücklicher und einprägsamer zu machen; es verlangt Mühe, Zeit und Aufmerksamkeit, diese ausgeschriebenen Jahreszahlen durchzubuchstabieren. Sie tragen gleichsam die Last der Ereignisse, die Erinnerung an die Ereignisse und die zerstörten Gebäude und an die stumme, ohnmächtige Empörung.

Ein anderes eindeutig bezeichnetes Datum ist der 10. November 1938, der Tag nach der «Reichskristallnacht». An diesem Tag endet für Eugen zunächst einmal die Militärzeit. Lenz beschreibt Eugens erneuten Kontakt mit dem Zivilleben mit einem bei ihm seltenen ironischen Unterton; doch dann läßt er Rapp (wie um alles auszuschließen, was als möglicher Kommentar zu diesem Akt des Vandalismus aufgefaßt werden könnte) sich gleich wieder in sein Schneckenhaus verkriechen:

Dann ging er weg. Und schon auf dem Perron der Straßenbahn war keiner mehr aus der Dom-Pedro-Schule sichtbar, dafür allerdings einiges andere. Scherben von Schaufensterscheiben beispielsweise, eingeschlagene Türen und geplünderte Läden. Vor einem Laden eine neue Handtasche auf dem Trottoir. Wenigstens nahm niemand diese Handtasche weg. Eine Frau im Schürzenkleid wich vor ihr aus.
Sie hatten alle jüdischen Geschäfte plündern lassen; ohnmächtig sein und gelähmt bleiben, darauf läuft's für dich hinaus.
Am zehnten November kam er in das Haus Mannheimer Straße fünf. Treutlein Hanni deutete auf die Mäntel (...) (S. 81)

Die Verwandten Hannis sind im Haus, um zu beraten, ob und wie sie Deutschland verlassen sollen. Der Satz, der vom Vandalismus und von Eugens Lähmung spricht, ist optisch herausgehoben: Die zwei Zeilen bilden einen eigenen Absatz. Für Eugen gehören die zwei Satzteile in der angegebenen Reihenfolge zusammen: Vandalismus erzeugt Lähmung. Es ist bezeichnend, daß er die Urheber des Pogroms als «sie» bezeichnet und das Passiv wählt («sie hatten alle jüdischen Geschäfte plündern lassen»), so daß eine konkrete Identifizierung der Täter – jener, die die Plünderungen befohlen, und jener, die sie tatsächlich begangen haben – ausgeschlossen ist. Die anonymen Befehlsgeber und die anonymen Vollstrecker bilden eine Hierarchie der Täterschaft, durch die «sie» alle in der Nachkriegszeit ihre Verantwortung für die Verbrechen leugnen konnten. Jene, die die Verbrechen befohlen hatten, hatten sie nicht selbst begangen, und jene, die sie begangen hatten, konnten sich hinter einer Hierarchie von Befehlen verschanzen, denen sie angeblich gehorchen mußten. Wie für Eugen typisch, verrät auch in diesem Fall seine Reaktion weder offenen Mut noch Gefühle. Die Anonymität der Täter steht in direktem Zusammenhang mit der Ohnmacht der Opfer und derer, die auf ihrer Seite stehen. Der zweite Teil des Satzes bietet dann eine Entschuldigung für das Ausbleiben einer heftigen Reaktion – einer Reaktion, die Eugen gleichwohl empfunden und mit dem Rückzug in die Lähmung verdrängt haben muß. Abgestürzt in die Kluft zwischen dem ersten und dem zweiten Teil des Satzes, zwischen dem Bemerken des Vandalismus und dem Eingeständnis der Lähmung als Reaktion darauf, ist der verschwiegene Ausdruck von Affekt, Abscheu und Empörung, verbunden vielleicht mit Scham und der Angst vor weiteren Gewalttaten. Das Verhalten von Hannis Verwandten zeigt die Reaktion auf diese Zerstörungen viel drastischer. Indem Eugen ihre Reaktion mitteilt, korrigiert er seine eigene Version der Ereignisse.

Die Vermeidung genauer Zeitangaben und das Verwischen der Chronologie, die bei Eugen an der Front auffielen, gelten entsprechend auch in der Heimat. Mit Ausnahme der zwei genannten Beispiele wird der chronologische Ablauf der zunehmenden Verfolgung und Deportation der Juden verwischt und muß durch die Geschichtskenntnisse des Lesers geordnet werden. Eugens Ängste und Sorgen werden drängender; da seiner Besorgnis aber der Bezug auf Ereignisse in der Zeit fehlt, wird sie zur permanenten Grundsituation von Eugens Dasein. Die Informationen im Roman sind anekdotisch und wie üblich auf bestimmte Szenen beschränkt. So macht Hanni ihren Doktor in Kunstgeschichte, kurz bevor Juden von der Promotion ausgeschlossen werden. Der Roman nennt als Stichtag nur den «ersten Juli» (S. 210), unterläßt aber die Hinzufügung der Jahreszahl 1942, die der Leser selbst beisteuern muß, um den Vorgang zeitlich richtig einordnen zu können. Hannis Professor, der an seinem Volkswagen demonstrativ den Hakenkreuzwimpel führt, läßt sie wissen, ihm sei nicht bekannt gewesen, daß die neue Regelung auf sie zutreffe, und beschleunigt die mündliche Prüfung. Dann findet Hanni eine Anstellung im Auktionshaus des alten Parteigenossen Weinmüller. In beiden Fällen helfen Parteigenossen einer «Halb-Arierin» (S. 211) – wohl weil sie in Hanni einen Menschen sehen, den sie schätzen, und weil sie sich mit ihrem Tun nicht selbst in Gefahr bringen. Noch ist Hanni nicht in die Tötungsmaschinerie geraten, doch ihre Lage verschlechtert sich zusehends, und es kann kein Zweifel daran bestehen, daß Mischlinge ersten Grades zuletzt ebenfalls in die Vernichtungslager geschickt werden.[24] Rapp wird dies vermutlich im Herbst 1944 bewußt, als eine junge Frau, die von seiner Beziehung zu Hanni weiß, ihn kalt und grausam aufklärt: «Jetzt kommen auch Halbjuden ins Lager.» (S. 342) Tatsächlich ist Hanni, kurz bevor diese Bemerkung fällt, zu Zwangsarbeit herangezogen worden (sie muß in einem Trambahndepot Straßenbahnwagen waschen); Weinmüller «hatte fast geweint» (S. 348), als er hiervon erfuhr, konnte aber anscheinend nichts dagegen unternehmen.

Der Verlauf des Krieges beschleunigt die Verfolgung und Vernichtung der Juden. Jeder Kontakt mit ihnen wird zu einer hochpolitischen Demonstration. Das zeigt sich, als Ende 1942 Hannis Mutter «mühsam gestorben» ist (S. 212). Die Todesursache wird nicht erwähnt, doch ist man versucht zu sagen, daß dieser Tod rechtzeitig kam; denn wenige Monate später, im Sommer 1943, begann die Deportation der jüdischen Partner aus Mischehen, und es wurde erwogen, die Zwangsscheidung einzuführen.[25] Der zuständige Pfarrer, der Hannis Mutter, eine jüdische Frau katholischen Glaubens, eigentlich hätte beerdigen müssen, entzog sich seiner Pflicht und «wich vorsichtig aus», aber «ein kleiner alter Kollege machte es dann trotzdem» (S. 212). Die sachliche, ja gefühllose Beschreibung dieses Begräbnisses («er machte es dann trotzdem») und die Bezeichnung des anderen Priesters als «Kollegen» spiegeln nicht nur die Unfeierlichkeit der Handlung, sondern auch eine Abstumpfung der Gefühle wider. Die Identität der Erzählerstimme in diesem Teil der Schilderung ist für den Leser nicht klar: Ist es die Stimme Eugens, oder berichtet Eugen, was er gehört hat, und wenn ja, von wem gehört? (Hanni und Eugen befinden sich, umgeben von Hannis Freundinnen und Arbeitskolleginnen, in einem Antiquitätenladen, als diese Schilderung vom Tod der Mutter eingeschaltet wird.) Hanni macht das Beste aus der Situation, indem sie für das Grab der Mutter ein altes schmiedeeisernes Kreuz auftreibt. Das Leid, das das Verhalten der zwei Priester bereitet, und Hannis Schmerz bleiben unerwähnt. Doch Eugen ist verwirrt genug, um seine Reaktion auf eine andere Ebene zu verschieben, wo er seine Emotionen auf die für ihn typische Weise – durch Ausweichen und Konzentration auf beiläufige Einzelheiten –

ausdrücken kann. Umgeben von Kunstgegenständen, steht er in dem Laden und sinniert: «Die Risse und die Sprünge, die abgeschlagenen Ecken an alten Schreibzeugen oder Vasen, wurden sorgfältig gekittet, damit's nach außen glatt und sauber aussah. Ein Kenner freilich merkte, wie es sich verhielt; obwohl du dich nicht als Kenner bezeichnen möchtest.» (S. 212 f.)

Vielleicht glaubte der kleine Priester, weil er alt war, habe er weniger zu befürchten? Das «Ausweichen» des anderen Priesters zeugt von einer Kooperation mit den Nationalsozialisten, die nur allzu verbreitet war. In dieser minimalen Geste des «Ausweichens» sind ansatzweise viel gewichtigere Fälle von Kooperation enthalten, die das Regime nicht ausdrücklich verlangte, auf die es aber zählen konnte. Diese kleine Szene wirft genau jene Frage auf, die nach dem Krieg jeden Versuch einer Stellungnahme zur deutschen Vergangenheit umtrieb: Warum waren so viele Menschen so sehr zur Zusammenarbeit mit den Nationalsozialisten bereit, obwohl sie gar nicht dazu gezwungen wurden? Oder anders ausgedrückt: Warum gab es so wenige, die auch nur jenen bescheidenen Anstand aufbrachten, den wohl der kleine Priester besaß und den Hannis Professor und Weinmüller sich leisten konnten?[26]

Eugen versucht, seine wachsenden Ängste durch unpersönliche Hinweise auf die Deportation und Auslöschung der Juden in den Vernichtungslagern einzudämmen. So bleiben das Wort «Auschwitz» und der Völkermord, für den es steht, eine ferne, abstrakte Größe. Erst als das persönliche Element eingeführt und Hanni mit dem Gedanken an Auschwitz verbunden wird, kommt es zu einer affektiven Reaktion; dann freilich ist dieser Gedanke so vernichtend, daß er bewußt abgebrochen wird: «Vom Londoner Sender wußte man den Namen Auschwitz und was dort geschah. Es wird sich an uns allen rächen, warte nur; und wenn du an die Treutlein Hanni denkst ...» (S. 307) Wie in so vielen anderen Fällen ist es auch hier das Schweigen, das den Affekt vermittelt. Nur ganz gelegentlich werden Emotionen ausgedrückt, und auch dann nur im Zusammenhang mit Hanni. Als Eugen im Herbst 1944 von jener Dame erfährt: «Jetzt kommen auch Halbjuden ins Lager», reagiert er «aus dem Bauch heraus»:

Wie ein Pflasterstein war es in ihn hineingeschmissen worden, obwohl er immer schon damit gerechnet hatte, das werde mal passieren; aber es nützte nichts, wenn er's nur dachte, sich vorstellte. Erst, wenn es geschah oder, wie jetzt, nahe war in dem Gesicht der schönen Dame, spürte er in seinen Bauch die Schärfe hineinschneiden; denn, daß es nicht mehr lange auf sich warten ließ, war offensichtlich. (S. 344)

Eugens körperliche Reaktion in dieser kurzen Szene (er spürt «in seinen Bauch die Schärfe hineinschneiden») ist als affektive Antwort auf die drohende Deportation und Vernichtung das Stärkste, was man in der Literatur der Tätergeneration nur finden kann, aber selbst diese Reaktion ist in Passivität gehüllt.

In einem anderen Fall wird eine der entsetzlichsten (allerdings dokumentarisch nicht überzeugend zu belegenden) Praktiken der Todeslager erwähnt, nämlich die Verarbeitung von Menschenknochen zu Seife. Wie in jeder Literatur, die nicht von Überlebenden verfaßt ist, wird die Erwähnung dieser und ähnlicher Praktiken in mehrere Schichten der Distanzierung gehüllt. Hanni Treutleins Vater erfährt davon aus einem Schweizer Rundfunksender, den er heimlich abhört, und erzählt es Hanni und Eugen. Der Vater, obzwar prinzipiell bereit, alles Schlechte über die Nationalsozialisten für wahr zu halten, kann dies «trotz allem» nicht ganz glauben, doch Eugen bekräftigt, vielleicht aufgrund seiner Fronterfahrung: «Denen trau ich alles zu» (S. 257), während Treutlein Hanni, die persönlich am meisten Betroffene, nichts sagt, sondern «durch die offene Balkontür zum Nachbarhaus schaut, wo ein Bildhauer bronzierte Hitlerbüsten zum Trocknen hinausgestellt hatte». Hannis Schweigen spricht für sich: Sie glaubt, was der Schweizer Sender gesagt hat. Ihr Blick zur offenen Balkontür hinaus mag eine Ablenkung von der Unmittelbarkeit der Konfrontation sein, aber er suggeriert auch die Suche nach einer Fluchtmöglichkeit, die durch die billigen Hitlerbüsten verstellt ist. Selbst bei offener Tür gibt es keinen Ausweg. Wie zum Eingeständnis dieser Tatsache, aber mit einer psychologisch verzögerten Reaktion, die anzeigt, daß Hanni Treutlein Zeit braucht, um die ganze Ungeheuerlichkeit dessen, was der Vater berichtet hat, zu verdauen, lautet der nächste Satz bei Lenz: «Später erzählte sie, jetzt seien ihre Verwandten Ada und Olga Reé in Berlin auch abgeholt worden, und hinter Riga habe man die beiden zum letztenmal gesehen.» (S. 257)

Hier und in ähnlichen Szenen werden von Lenz die großen Ängste, Sorgen und Leiden von Juden, «Mischlingen» und den im *univers concentrationnaire* lebenden Menschen angesprochen, wiewohl nicht ausgesprochen.[27] Lenz steht unter den westdeutschen Schriftstellern insofern einzig da, als er sein Alter ego – freilich in gewundener und «stummer» Sprache – einräumen läßt, klare Kenntnis von den nationalsozialistischen Verbrechen gehabt zu haben, und nicht nur dieses Wissen, sondern auch die damit verbundenen Ängste, das heißt den affektiven Kontext dokumentiert. Freilich vermag er dies nur zu tun, wenn die persönliche Ebene berührt ist.

Um so interessanter ist es daher, zu sehen, wie Eugen Rapp mit unpersönlichem Wissen umgeht, mit dem Wissen, das er als Soldat an der Ostfront erwirbt. Nach den im Roman gegebenen Informationen wird Eugen Rapp Ende Oktober 1941 von Südfrankreich in das Gebiet um Leningrad verlegt, zu einer Zeit also, als das «Unternehmen Barbarossa» sich festgefahren hatte und erkennbar geworden war, daß die deutsche Armee weder Leningrad noch Moskau vor dem Winter würde einnehmen können. Eugen dient als Gefreiter im 5. und im 6. Infanterieregiment und ist zeitweilig Schreiber für den Divisionsstab. Er gehört zu dem Wehrmachtsteil, der den Belagerungsring um Leningrad legte, und bleibt an diesem Frontabschnitt bis zum Rückzug der deutschen Armee durch Litauen, Ostpreußen und Polen. Abgesehen von kurzen Abstechern zum Divisionsstab und einigen Fahrten zu Verbänden hinter den Linien tut er an der Front Dienst. Nach seiner Ankunft ist er in Peterhof stationiert, wo er über das Eis des Finnischen Meerbusens bis nach Leningrad und Kronstadt hinübersehen kann. Irgendwann im Sommer 1942 wird sein Verband in die Wolchow-Sümpfe verlegt, Anfang 1943 dann an den Ladoga-See, später in die Malukssa-Sümpfe. Der Rückzug von dort wird von vielen kleinen Gefechten unterbrochen (jedenfalls kommen sie Eugen aus seiner beschränkten Perspektive klein vor), deren Schauplatz viele kleine Dörfer und Weiler sind.

So wie für Eugen Rapp die Zeit aufhört zu existieren und die Jahreszeiten nur mehr einen immer wiederkehrenden Zyklus markieren, wird auch der Raum undefinierbar. Bei der Ankunft in Peterhof bemerkt Eugen noch das schwer beschädigte Schloß, aber schon bald schrumpft der «Raum» auf die geographischen Formationen von Erde und Sumpf zusammen und beschränkt sich auf die Wirkung der Jahreszeiten – heiße, mückenverseuchte Sommer und unvorstellbar kalte Winter. Rapp nennt die Namen einiger Orte, durch die er kommt, wenn er auf Heimaturlaub fährt, aber die Gefechte, die sich seinem Gedächtnis einprägen, ereignen sich an Plätzen wie «Posselok sieben», was nach Eugens Erklärung «Arbeitersiedlung» bedeutet (S. 260), oder in Waschkowo, «auf Deutsch soviel wie Wanzendorf» (S. 311), oder nahe einem Schloß im Wald, «das Lissino Corpus, also Fuchsbau hieß» (S. 290). Diese Orte könnten überall sein und werden bedeutsam nur durch die Ereignisse, die dort stattfinden. An der Front verliert Eugen einiges von seiner zu Hause gezeigten Passivität und Resignation ob der politischen Entwicklung. Er wiederholt noch immer gebetsmühlenartig die Litanei vom sich klein machen, den Kopf einziehen, «weil du nicht gefragt wirst», und dergleichen. Aber die Passivität steigert sich zu passivem Widerstand, wenn er sich weigert, auf die Russen zu schießen, oder wenn er bloß «weiterstapft» (S. 240), «nach vorne stolpert» (S. 242) oder «hinter den andern hertappt» (S. 235). Nach einem besonders heftigen Gefecht erhält er das Eiserne Kreuz zweiter Klasse: «Das bekommt jeder, der noch übrig ist.» (S. 237) Ein andermal (er sagt nicht, wann und aus welchem Anlaß) bekommt er das Sturmabzeichen und den «Gefrierfleischorden» (S. 262).

Gelegentlich werden die Zustände an der Front beschrieben, vom Mangel an Munition, Gerät und Kleidung bis zu den häufigen Denunziationen von Soldaten durch andere Soldaten. Einige sterben durch «eigenes Feuer» oder wenn ihnen die Waffe in der Hand explodiert, oder sie kommen in Untersuchungshaft oder Strafbataillons.[28] Im letzten Kriegsjahr ist Eugen selbst in Gefahr, vor ein Kriegsgericht gestellt zu werden, und zwar wegen einer Bemerkung, die er gegenüber einem später zu den Russen übergelaufenen Soldaten gemacht hatte, wonach die Russen bis Ende 1943 nach Ostpreußen vordringen würden und der Krieg in einem halben Jahr zu Ende sein werde. Die Russen hatten daraufhin Rapps Bemerkung auf Flugblättern abgedruckt, die sie über den deutschen Stellungen abwarfen (S. 309–312).

Die Annahme, die einfachen Soldaten der deutschen Armee hätten auf ehrenhafte Weise Krieg geführt und seien in die Massenmorde und Greueltaten an der Ostfront nicht verstrickt gewesen, ist in den letzten Jahrzehnten durch mehrere Untersuchungen widerlegt worden. So konstatiert der deutsche Historiker Christian Streit: «In der westdeutschen Geschichtsschreibung war es bis in die Mitte der sechziger Jahre nahezu ein Glaubenssatz, daß die Wehrmacht mit den nationalsozialistischen Verbrechen, die im wesentlichen auf die Ermordung der Juden reduziert wurden, nichts zu tun gehabt habe.»[29] Heute sind im Übermaß schlimmste barbarische Akte durch ein zunehmend brutalisiertes Militär dokumentiert. Dasselbe gilt für die mehr oder weniger bereitwillige, häufig aus Gründen des persönlichen Fortkommens gewährte oder aus bürokratischer Rivalität erwachsende Zusammenarbeit der Militärführung mit der SS bei der Durchsetzung dieser politischen «Direktiven». In welchem Umfang war Eugen Rapp an diesen Brutalitäten und Tötungsaktionen beteiligt oder hatte von ihnen Kenntnis, und wie ging er mit dieser Situation um? Er beschreibt einige Fälle, in denen vermeintliche sowjetische Kommissare gefangengenommen und zur Aburteilung der Division überstellt werden; er begegnet Partisanen, weiß, daß sie erschossen werden, und verhilft einem von ihnen zur Flucht

(S. 334); er sieht den geschändeten Leichnam einer russischen Frau (S. 156ff.). Er weiß von der Politik der «verbrannten Erde». Das Erschießen von «Partisanen», «Kommissaren», Juden sowie von Zivilisten, die angeblich einer dieser Gruppen angehörten, wurde befürwortet und war durch Direktiven wie den Barbarossa-Erlaß oder den Kommissarbefehl sogar gedeckt. In Lenz' Text gibt es keinen Hinweis darauf, daß solche Akte mehr als nur vereinzelte Vorkommnisse gewesen wären.

Auch mit Angehörigen der SS hat Rapp flüchtigen Kontakt. Einmal beobachtet er, wie SS-Leute russische Kriegsgefangene beaufsichtigen, die Panzer und Leichen aus dem Sumpf ziehen. Sie haben fünfschwänzige Peitschen mit Stahlkugeln in der Hand, und Eugen, der passive Widerständler, fragt einen der SS-Leute eher sachlich als vorwurfsvoll: «Damit schlagt ihr also zu?» (S. 181) Darauf wird der andere verlegen und gibt die vage Antwort: «Das brauchen wir bloß so ...» (S. 181) Generell jedoch – und im Widerspruch zum historischen Befund[30] – scheint es bei Lenz kein Fraternisieren zwischen SS und Militär gegeben zu haben. Von einem bestimmten Offizier bemerkt Eugen, er «hatte den Bayern nichts zu sagen, weil er zur SS gehörte» (S. 182). Eugen weiß um die vielen Spitzel und Denunzianten in seiner Einheit und die überzeugten Fanatiker und Opportunisten und versucht, den Kontakt mit ihnen einzuschränken. Bedeutet dies, daß er von den Verbrechen, die um ihn herum begangen wurden, keine Kenntnis hatte?

In krassem Gegensatz zu seinen Ängsten um Hanni und seinem Wissen um die Verfolgung der Juden in der Heimat äußert er keine Teilnahme am Schicksal der Juden in Rußland; auch erwähnt er während seines ganzen Aufenthalts an der Ostfront niemals, einem von ihnen begegnet zu sein. Das ist um so erstaunlicher, als er wiederholt die rund vierzig Kilometer südlich von Leningrad gelegene Stadt Krasnogwardelsk erwähnt, durch die er auf dem Weg zur Front gekommen war. Krasnogwardelsk war im Oktober 1941, zu der Zeit, als Eugen Rapp in diese Gegend kam, Sitz der Einsatzgruppe A. Die Einsatzgruppe A mit ihren diversen Einsatzkommandos war der vorrückenden deutschen Armee auf ihrem Weg durch Lettland und Estland auf den Fersen gefolgt und hatte im Herbst 1941 ihren Sitz in Krasnogwardelsk genommen.[31] Eugen Rapp ist sich der Feindseligkeit der russischen Bevölkerung bewußt und beschwört in einem kurzen Satz – «In einem Baum hing ein Gehängter» (S. 139) – die vielen von den Deutschen begangenen Grausamkeiten. Wie jedoch Raul Hilberg in diesem Zusammenhang bemerkt:

Die Einsatzkommandos, die im Gefolge der Armeen weiter nach Osten vorrückten, trafen auf immer weniger Juden. Die Zahl der Opfer nahm aus zwei Gründen ab. Zum einen aufgrund der geographischen Verteilung. Im Oktober/November 1941 hatte man die dichtesten jüdischen Siedlungsgebiete bereits hinter sich gelassen. (...) Der zweite Grund war der immer geringer werdende Anteil von Juden, die an ihrem Wohnsitz verharrten. Mit zunehmender Entfernung von der Ausgangsstellung gewann die sowjetische Evakuierung von Industrie- und Landarbeitern an Durchschlagskraft. Zahlreiche Juden wurden auf diese Weise evakuiert, viele andere flohen auf eigene Faust.[32]

Hilberg betont: «[I]n den frostklirrenden Breiten Leningrads gelang es der Einsatzgruppe A lediglich, einige wenige umherirrende jüdische Opfer einzufangen.» Die Einsatzgruppen-Berichte bestätigen dies.[33] Aber selbst wenn die Einsatzgruppe nicht mehr viele Juden vorfand, war sie doch da, um sie aufzuspüren, und Eugen muß zumindest von ihrer Präsenz und ihren Zielen gehört haben.

Eugen kommt auch einige Male durch die Stadt Narva an der estnisch-russischen Grenze, in der es früher eine größere jüdische Gemeinde gegeben hatte. Laut einem Einsatzgruppen-Bericht vom 12. Oktober 1941 (kurz bevor Eugen Rapps aus Frankreich kommende Division die Stadt passiert) waren zu diesem Zeitpunkt die Verfolgung der estnischen Juden – wozu auch die Pflicht zum Tragen des Judensterns gehörte – und ihre Ermordung noch nicht abgeschlossen. Noch 1943 wurde das Konzentrationslager Vaivara errichtet, von dem es ein Außenlager in Narva gab. Sollte dies Eugen wirklich nicht bewußt gewesen sein? Er registrierte das Tragen des Judensterns in Deutschland in einer Szene auf dem Weg von Südfrankreich nach Leningrad, die zugleich Schweigen als höchst beredte Sprache vorführt. Der Weg dieses Truppentransports führt durch Berlin, und Eugen bemerkt vom Zugfenster aus, «abseits von andern, ein Mädchen mit gelbem Judenstern neben dem rostigen Eisenträger einer Wartehalle mit der Tafel ‹Berlin-Moabit›» (S. 138 f.). Einige seiner Kameraden, die von der Liaison mit Hanni wissen, sehen das Mädchen auch und reagieren – die meisten ohne Worte. «Jussy sagte: ‹Oh, das jüdische Mädchen ...› Hochreither nickte und sah Eugen aus hellblauen Augen an. Goeser biß sich auf die Unterlippe. Die andern schauten geradeaus.» (S. 139) Wenn schon ein einzelnes jüdisches Mädchen in Berlin diese Erkenntnis und Reaktion auslöst, warum bemerkt Eugen dann nicht auch die Verfolgung und Dezimierung der estnischen Juden, warum sieht er nicht die Mißhandlung und den Hungertod russischer Kriegsgefangener (er sieht nur, daß sie von SS-Leuten mit fünfschwänzigen Peitschen bewacht werden), warum nimmt er nicht Notiz von den Verheerungen und Morden an der Zivilbevölkerung? Ist es wirklich glaubhaft, daß er zwar an der Front ständig entsetzliches Elend miterlebt, daß aber die Greueltaten, deren Zeuge er wird, sich auf die wenigen von ihm herausgehobenen Szenen beschränken? In einem Fall offenbart Eugen, *daß* er von den Verfolgungen in Wilna weiß, aber nicht, *was* er weiß. Er erwähnt, sein und Hannis Freund Wieland befinde sich «im Korpslazarett bei Wilna (auch keine erfreuliche Gegend)» (S. 214). Dieses umgangssprachliche «auch» in «auch keine erfreuliche Gegend» suggeriert ein unausgesprochenes Wissen und gibt zu verstehen, daß es noch andere Gegenden dieser Art gibt; in dem Wort «erfreulich» schwingen moralische Untertöne mit, und als verneintes Adjektiv taucht es die ganze «Gegend» in unheilschwangeres Licht. Hinter dem in Klammern eingeschalteten Kommentar verbirgt sich die Tatsache, daß in und um Wilna, dem «litauischen Jerusalem», zwischen Frühherbst 1941, als die deutschen Truppen einmarschierten und die Einsatzgruppe A eintraf, und Dezember 1941 rund 70000 Juden getötet wurden.[34] Wieviel weiß Eugen von diesen Greueltaten? Vielleicht gründet sein Wissen auf Gerüchten und Flüsterpropaganda, die kein Spitzel hören darf, und ist ebenso vage, wie seine Art, es auszudrücken, kryptisch ist. Doch scheint er an dem, was er gehört hat, nicht zu zweifeln; seine Bemerkung in Klammern mag sich über konkrete Einzelheiten ausschweigen, zeugt aber von Wissen. Bei einem späteren Heimaturlaub Eugens ist ein ähnliches Muster zu beobachten: Er begegnet einer Freundin und beschreibt ihre Reaktion auf seine Erzählungen, womit zu verstehen gegeben wird, daß er Helga Informationen gab, die in der Erzählung nicht vorkommen.

Und Helga, die gern saftig schwätzte, eine, die durabel aussah und manches nicht so genau wissen wollte, wie Eugen es an die Wand malte – «ach was, weiter geht es immer, und mir ist es wurscht; ich leb doch jetzt!» sagte sie und schickte ihren Worten einen kräftigen Lacher nach –, die konnte Eugens belastendes Geschwätz nicht so recht leiden, das spürte er. (S. 255 f.)

Zweimal in diesem ungelenken Satz wird auf Eugens «Geschwätz» angespielt, doch fungiert Helgas Widerwillen gegen dessen Inhalt als Schirm, hinter dem die von Eugen gelieferten Informationen verborgen bleiben. Der Leser erfährt nicht, was genau Eugen «an die Wand malte». Lenz liefert und verweigert zugleich Information, die durch das Schweigen nur erhärtet wird.

Unter Wahrung seines gegen Ende des Romans fast zum Ritual werdenden beredten Schweigens hat Eugen auf seinem eben erwähnten Heimaturlaub noch eine weitere Unterhaltung, diesmal ein «eindeutiges Gespräch» mit seinem Vater, einem Bewunderer der Nazis. Die Bedeutung des Anlasses wird wieder einmal durch eine präzise Zeitangabe unterstrichen: «im dritten Kriegsjahr; genau gesagt: am fünfzehnten Mai Anno dreiundvierzig ...»³⁵ Aber der Inhalt dieses «eindeutigen Gesprächs» bleibt ausgespart. Statt dessen bricht, wie bei anderen traumatischen Anlässen, der Gedanke ab, und Eugens Interesse verlagert sich auf die Selbstbeobachtung, das Registrieren seiner Reaktionen auf das, wovon gesprochen wird.

Eindeutiges Gespräch zwischen Vater und Sohn im dritten Kriegsjahr; genau gesagt: am fünfzehnten Mai Anno dreiundvierzig ... Und du nimmst alles arg verschwommen auf. Als ob das Haus, die Stube [dieses altmodische Wort akzentuiert Eugens Rückzug in eine andere Zeit] unterm Dach, wo seine Bücher standen und der Schreibtisch von der Mutter blank gewischt war, aus grauem Stoff seien; also ungefähr wie Wespennester; so dieses Weiche, das an den Fingerspitzen wie ein Pulver oder wie Asche samtig war. (S. 254f.)

Ist der Umstand, daß Eugen alles durch den verschwommenen Filter eines pulver- oder ascheartigen Grau wahrnimmt, eine Metapher für das, was er weiß? Eugen Rapps Bewußtsein, das sonst so empfindlich auf konkrete Einzelheiten reagiert und so geübt darin ist, seine Aufmerksamkeit von einer traumatischen Konfrontation abzuziehen und doch den traumatisierten Blick nicht abzuwenden, entmaterialisiert in diesem Fall unter dem Eindruck des «eindeutigen Gesprächs» mit dem Vater die Stofflichkeit des Hauses, der Stube, der Bücher und des Schreibtischs, so als hätten tödliche Strahlen diese ganze Stofflichkeit durchdrungen und sie, ohne ihre Gestalt anzutasten, in Pulver und Asche verwandelt. Das Gespräch mit dem Vater verwandelt nicht einfach die Wirklichkeit; es verwandelt sie gemäß dem unausgesprochenen Thema ihres Gesprächs. Das graue Weiche von Pulver und Asche ist keine willkürliche Zufallsmetapher, zu der Eugen greift, sondern eine sehr präzise Verschiebung. Wo Eugens Gedanken sich weigern, aufzunehmen, sind seine Sinne zur Stelle und «sprechen». Besser gesagt: Lenz registriert, wie Eugen seine innere Wirklichkeit während des Gesprächs ausdrückt, obwohl er nicht von dem spricht, worüber Eugen und sein Vater reden.

Eugen Rapp führt in diesem Roman eine Geistesabwesenheit vor, auf die von Zeit zu Zeit erhellende Schlaglichter fallen; er führt das Schweigen vor, in das die Erinnerung versinkt, und auch das Schweigen, das abschirmt, ohne zu verdrängen. Lenz führt an seinem Protagonisten vor, wie das Bewußtsein mit schockierenden Ereignissen und anhaltender Traumatisierung fertig wird, wo es an die Grenzen des Sagbaren stößt und wie die Erinnerung auswählt und subjektiviert. Aus dieser Gedanken- und Erinnerungslandschaft tauchen die erzählten Ereignisse wie Inseln aus einem Meer des Schweigens auf; an ihrem gemeinsamen Grund aber sind sie durch eine Erinnerung verbunden, die sich nicht zeigen will. Der französische Philosoph Jean-François Lyotard hat genau zu diesem Punkt festgestellt:

Durch eine Darstellung wird ein Inhalt in das Gedächtnis aufgenommen, und eine solche Einschreibung mag als ein guter Schutz gegen das Vergessen erscheinen. Ich glaube indes, daß eher das Gegenteil zutrifft. Nach gängiger Auffassung kann nur dasjenige vergessen werden, das aufgezeichnet wurde, denn nur was aufgezeichnet wurde, kann auch wieder gelöscht werden. (...) Man *muß*, gewiß, man muß in Wort und Bild einschreiben. Es kann nicht darum gehen, der Notwendigkeit von Repräsentation und Darstellung zu entgehen. Das wäre die Sünde, sich heilig, gerettet zu wähnen. Aber eines ist es, ob die Darstellung der Rettung des Gedächtnisses dient, ein anderes, ob sie versucht, den Rest, das unvergeßlich Vergessene zu bergen.[36]

Lenz' sorgfältige Vermessung der Art, wie Erinnerung entsteht (was sie herausgreift, wie sie arbeitet, was sie «vergißt»), seine Darstellung der verschiedenen Arten des Schweigens und der Abwesenheit, die Lücken und Risse, die einen wesentlichen Teil seines Textes ausmachen – sie sprechen von dem Trauma, das Angehörige der Tätergeneration erleben, wenn sie sich den Verbrechen der Naziherrschaft stellen. Bei Lenz bewahrt und enthüllt die Sprache des Schweigens, worüber sie nicht sprechen kann.

6.
Brüche und Verschiebungen

Gert Hofmann

Man hat kein Maß mehr, für nichts,
seit das Menschenleben nicht mehr das
Maß ist.[1]

Bis in die jüngste Zeit herrschte die Meinung vor, daß die meisten
Deutschen, die das Hitlerregime miterlebt hatten, aus Angst vor den
Brutalitäten der Nazis wie gelähmt gewesen seien und sich daher
stumm, passiv und unbeteiligt verhalten hätten. Diese Einschätzung
ist vor allem durch die 1990 erschienene Untersuchung Robert Gel-
latelys über *Die Gestapo und die deutsche Gesellschaft* in Frage
gestellt worden. Gellately kommt darin zu dem Schluß, «daß das
gefürchtete ‹Herrschaftsorgan› des Regimes ohne ein beträchtliches
Maß von Mitarbeit der Bevölkerung große Schwierigkeiten gehabt
hätte».[2] Bedenkt man die ungeheuren Brutalitäten, die die Gestapo
beging, war ihr Apparat relativ klein;[3] Gellately ist denn auch der
Ansicht, daß die Gestapo kein «Herrschaftsorgan» war, sondern
«weitgehend eine reagierende Organisation», deren «Funktionieren
von der fortgesetzten Mitarbeit deutscher Bürger abhing» (S. 158).
Diese Mitwirkung äußerte sich am häufigsten in Form von Denunziationen. «Anzeigen aus der Bevölkerung [bildeten] das Schlüs-
selglied in der dreidimensionalen Wechselwirkung zwischen Polizei,
Bevölkerung und Politik.» (S. 158) Antisemitismus spielte bei diesen
Denunziationen zwar eine gewisse Rolle, doch waren die Motive
«gewöhnlich von privaten Interessen bestimmt (...) und [wurden] für
Zwecke umfunktioniert (...), die mit bewußter Unterstützung des
Regimes überhaupt nichts zu tun hatten» (S. 169); Beweggründe wa-
ren «Groll, Rache oder Eifersucht» (S. 165) aufgrund «von persönli-
chen Streitereien, Feindschaften und Aversionen aller Art» (S. 167).
Es gab sogar die «Bereitschaft von Eheleuten, einander anzuzeigen»
(S. 170), zum Beispiel um die Scheidung zu erlangen. Wie Gellately
berichtet, war die Zahl der Denunziationen von «Nörglern und
Miesmachern» zeitweilig so groß, daß «das System beinahe überla-

stet war» (S. 176f.). Die gefürchtete Brutalität der Gestapo und ihrer Einschüchterungs- und Verhörmethoden erzeugte eine Atmosphäre des Mißtrauens, der Angst und Furcht, und nicht selten begingen die Denunzierten Selbstmord. In der Nachkriegszeit wurde kein einziger Denunziant für seine Taten vor Gericht gestellt oder anderweitig zur Rechenschaft gezogen.

Die westdeutsche Nachkriegsliteratur, die sich mit dem Dritten Reich befaßt, hat auch diese Praktiken thematisiert. Die Hinweise auf Denunziationen dienen jedoch in der Regel nur dazu, den Rahmen einer Szene zu entwerfen oder eine Stimmung zu erzeugen; sie werden als etwas «Gegebenes» hingenommen, das keiner Untersuchung bedarf, und stehen selten im Mittelpunkt des Interesses. Die Persönlichkeit und die Motive der Denunzianten, die Mechanismen, die breiteste Teile der deutschen Bevölkerung zur aktiven Mitwirkung am Denunzieren bewogen, oder die vielfältigen Folgen der Denunziation für die Opfer bleiben weitgehend ausgespart, so als verdienten diese Themen keine nähere Untersuchung.

Eine der wenigen Ausnahmen ist Rolf Hochhuths Roman *Eine Liebe in Deutschland* von 1978.[4] Er rekonstruiert im Dokumentarstil die Folgen einer solchen Denunziation für ein Paar, das gegen die Rassegesetze völkischer Reinheit verstoßen hatte. Der junge polnische Geliebte wird gehängt, die deutsche Frau, die mit einem Soldaten verheiratet ist, wandert in ein Konzentrationslager. Hochhuth hat die einstigen Denunzianten und die an der Hinrichtung des jungen Polen beteiligten Personen in den siebziger Jahren interviewt und diese Gespräche in seine Erzählung eingebaut. Alle bestritten, irgend etwas falsch gemacht zu haben, und beriefen sich darauf, sie hätten «nur» gemäß den damals geltenden Gesetzen gehandelt, doch läßt Hochhuth keinen Zweifel daran, daß der junge Pole hätte gerettet werden können. Warum hat man die verräterischen Liebesbriefe nicht vernichtet, anstatt sie der Gestapo auszuhändigen? Antwort: weil die Frau, die die Briefe aushändigte, sich in den Besitz des Lebensmittelgeschäfts der untreuen Ehefrau zu bringen hoffte. Hochhuth fragt einen pensionierten Förster, der den Galgen errichten half, ob das nicht «*schwierig*» für ihn gewesen sei. Der Rentner, «irritiert durch die Dummheit meiner Frage», erwiderte: «Schwierig? – Kann doch jedes Kind! Hier ein Pfahl, da ein Pfahl – und drüber ein Balken!» (S. 194) Hochhuth veranschaulicht Amnesie, Verdrängung, Verleugnung, die beschönigenden Lügen und den Eifer, Befehlen zu gehorchen, die jede menschliche Rücksicht vermissen lassen. Er deckt das atemberaubende Maß an moralischer Roheit auf, die jedes menschliche Gefühl negierte und stolz auf ihre technische Effizienz war – eine Roheit, die maßgeblich zur prompten Umsetzung der tödlichen Holocaust-Befehle beitrug. Selbst die deutsche Ehefrau, die als Opfer jener Denunziation das Konzentrationslager überlebt hat, bricht noch heute in Tränen aus, wenn sie an den jungen Polen denkt, und gibt zu, daß sie schuld an seinem Tod war – sogar diese Frau will heute ebensowenig mehr an die Katastrophe denken wie die Täter.

In seiner summarischen Anklage gegen die beteiligten Personen ignoriert Hochhuth differenziertere Positionen und ist kaum daran interessiert, die doch gewiß sehr komplizierten Gedankengänge des überlebenden Opfers zu ergründen. Er geht journalistisch vor, stützt sich auf seine umfangreiche Dokumentation und meidet jedes Spiel der Phantasie. Der Roman konzentriert sich hauptsächlich auf die schreiende Diskrepanz zwischen dem Verhalten der Täter, wie es dokumentarisch belegt ist, und ihren eigenen späteren Einlassungen dazu. Demgegenüber geht es Gert Hofmann vor allem um die Konsequenzen der Denunziationen, wie sie sich den Opfern einschreiben und nicht nur individuelle Biographien, sondern die Vorstellung von einer gemeinsamen Menschlichkeit überhaupt zerstören.

Gert Hofmann wurde 1931 im sächsischen Limbach an der Saale geboren und starb 1993 in Erding bei München. Zum Erzählen fand er relativ spät, nachdem er sich zuvor einen Namen als Hörspielautor gemacht hatte. Die Novelle *Die Denunziation* ist seine erste größere Prosaerzählung; sie erschien 1979, in demselben Jahr, in dem die amerikanische Fernsehserie *Holocaust* in der Bundesrepublik ausgestrahlt wurde, und ein Jahr nach Rolf Hochhuths *Eine Liebe in Deutschland*.[5] Von da an bis zu seinem Tod 1993 veröffentlichte Hofmann durchschnittlich jedes Jahr eine Prosaerzählung. Die Akzente werden unterschiedlich gesetzt, doch schildern alle seine Werke stark traumatisierte Charaktere. Einige dieser Erzählungen spielen in den Jahren des Hitlerregimes oder greifen erinnernd auf sie zurück, und die in der Gegenwart durchlittenen Traumata hängen eindeutig mit Ereignissen jener Zeit zusammen.[6]

Die Denunziation ist eine klassische Novelle in dem Sinne, daß sie den Kriterien dieser Gattung genügt, wie sie sich in rund zweihundert Jahren herausgebildet haben. Einige dieser Kriterien spielen eine wichtige Rolle in diesem Text und müssen als solche benannt werden, damit klar wird, wo Hofmann herkömmliche Gattungsgrenzen beachtet und wo er sie überschreitet. Ein Schlüsselelement der Gattung «Novelle» ist zum Beispiel die zentrale Bedeutung einer einzelnen «unerhörten Begebenheit», ein anderes der plötzliche, ele-

mentare Schock, der als Schicksal erfahren wird, der losgelöst ist von
jeder logischen oder psychologischen Erklärung und der abrupt, «eines Tages», wie aus dem Nichts geschieht.[7]

Die Denunziation behandelt die Zerstörung der Familie Hecht im
letzten Kriegsjahr. Aufgrund einer Denunziation wird der Vater zu
einem Strafbataillon an der zurückweichenden Ostfront versetzt, wo
er bereits nach vier Wochen fällt; die Mutter begeht bald darauf
Selbstmord, indem sie ins Wasser geht; die vierzehnjährigen Zwillinge Karl und Wilhelm werden getrennt. Der eigentliche Anlaß für
die Denunziation ist nach dem Krieg natürlich nicht mehr zu eruieren, aber einer der Brüder (Wilhelm) fragt sich, ob sie etwas zu tun
hatte «mit dem Schicksal unseres halbjüdischen Nachbarn L. Silberstein, (...) der so lange auf wunderbare Weise der Aufmerksamkeit
der Behörden entgangen oder von ihnen geduldet worden war und
ungefähr um diese Zeit zwecks Liquidierung aus unserer Stadt entfernt» wurde (S. 16). Die Erzählung setzt an dem Punkt ein, als einer
der Brüder, Karl Hecht – mittlerweile ein erfolgreicher Rechtsanwalt
in derselben Stadt, in der er aufgewachsen ist –, eines Abends Mitte
der siebziger Jahre plötzlich und unerwartet die Nachricht erhält,
daß sein Zwillingsbruder Wilhelm im New Yorker Bellevue Hospital
gestorben sei. Wilhelm, der über den Brüchen, welche die Denunziation in seinem Leben verursacht hat, und über seinem Unvermögen,
die Denunzianten ausfindig zu machen, allmählich den Verstand
verloren hat, hat Karl seine Aufzeichnungen, Rechnungen, Briefe
und Briefentwürfe, Rezepte und Notizbücher hinterlassen. In der
Nacht, in der er die Nachricht und das Paket von seinem Bruder
erhält, liest und zitiert Karl diese Aufzeichnungen, und Wilhelms
Stimme steht kontrapunktisch gegen die Stimme Karls, der im Gegensatz zu seinem Zwillingsbruder ganz im deutschen Wirtschaftswunder und den mit ihm einhergehenden Verdrängungen, Verleug-
nungen und bewußten Versuchen des Vergessens aufgegangen ist. In
derselben Nacht soll sich Karl auf einen am nächsten Tag stattfindenden Prozeß vorbereiten, bei dem der Lehrer Wilhelm Treterle sich
wegen eines tätlichen Angriffs gegen einen Mitbürger verantworten
muß, der von Treterle beschuldigt wird, ihn denunziert zu haben.
Die Erzählperspektive scheint diejenige Karls zu sein, aber doch
nicht ganz: Karls Gedanken und Beobachtungen und sogar die Beschreibung dessen, was er in dieser Nacht tut, gehen in einen Brief
ein, den Karl seinem geheimnisvollen Kollegen Flohta schreibt; dieser fungiert als Karls Partner in einem inneren Dialog, da er den
Inhalt von Karls Brief anscheinend nicht nur kommentiert, sondern

auch präsentiert und umformuliert.[8] Raum und Zeit der Erzählung
sind streng kontrolliert: Karl verläßt sein Zimmer nicht (nur einmal
geht er in die Küche, um sich Kaffee zu kochen); meist wandert er
ruhelos zwischen Schreibtisch, Fenster und den Bücherregalen auf
und ab, hinter denen er eine Flasche Whiskey versteckt hat; er beginnt nachts gegen elf Uhr mit der Aufzeichnung seiner Gedanken
und Handlungen und ist am frühen Morgen damit fertig.

Karls Brief an Flohta scheint von selbstsüchtigen Rationalisierungen getragen zu sein. In verwickelten Kommentaren verteidigt Karl
sein Erwachsenenleben: die Sehnsucht und sogar den Stolz darauf,
seine traumatische Kindheit vergessen zu haben, die Selbstgerechtigkeit des wirtschaftlich Erfolgreichen, das Bedürfnis, zu den Hono-
ratioren der Stadt zu gehören, und seine Ungeduld mit Leuten wie
Treterle, die seine sorgsam gepflegte Ordnung bedrohen. Doch zeigt
er auch ein schlechtes Gewissen über den Verrat seiner Grundsätze
und das Bedürfnis nach Beichte und Vergebung. Trotz seiner hart-
näckigen gegenteiligen Beteuerungen scheint Karl Selbstzweifel zu
hegen. Er braucht Flohta als moralischen Schiedsrichter.

Im Unterschied zu Schriftstellern, die mehrere Perspektiven einführen, um deutlich zu machen, daß die «Wahrheit» sich uns entzieht und nicht ermittelt werden kann, bedient sich Hofmann der
Perspektivenvielfalt, um tiefgreifende Desorientierungen und Risse
in der Wahrnehmung der Wirklichkeit selbst aufzuzeigen. Entsprechend einer wichtigen Definition der Novelle – die «unerhörte Begebenheit» muß plötzlich, als Schicksalsschlag eintreten – werden
die Brüche in der *Denunziation* durch Ereignisse verursacht, die sich
dem Einfluß der Opfer entziehen. Trotzdem bleibt der entscheidende
Augenblick, der plötzliche, unerwartete Bruch, eigentümlich verschoben.[9] Zwar ist die Denunziation die primäre «unerhörte Begebenheit», die das Leben der Zwillinge erschüttert, aber die eigentliche «unerhörte Begebenheit» in ihrem Leben ist deren Folge: Die
Zwillinge werden nach dem Tod des Vaters und dem Selbstmord der
Mutter getrennt. Dieser Bruch ist so verheerend, daß er die seelische
und geistige Entwicklung der Zwillinge beeinträchtigt. Er wirkt sich
auch auf allen Ebenen der Erzählung aus: auf der Ebene von Handlung und Charakterzeichnung, auf der Ebene der strukturellen und
syntaktischen Textorganisation und bei der Erzählerstimme selbst.
Ein wichtiger Bestandteil des Textes sind Auslassungen (Ellipsen),
die den Abbruch eines Gedankenganges oder unfertige, abgebrochene
Sätze markieren. Dieser Bruch wirkt sich auch auf die Handhabung
der Zeit aus, wo häufig eingestreute Adverbien wie «plötzlich» oder

«gleich» den gleichmäßigen Zeitfluß aufhalten und einen atemlosen Stakkatorhythmus begünstigen, wie zum Beispiel an der folgenden Stelle:

Die Nachricht vom plötzlichen Hinscheiden (am 8. September) und der sofortigen Einäscherung (am 9.) meines fünfundvierzigjährigen Zwillingsbruders Wilhelm, von dem ich, wie Sie sich vielleicht erinnern, schreibt der Anwalt Karl Hecht, seit fast fünfzehn Jahren ja nichts mehr gehört hatte und die mir seitens der Verwaltung des *Bellevue Hospitals* in *New York* soeben auf englisch zuging, zusammen mit dem tröstlichen, wenn wohl auch erlogenen Zusatz, daß er «friedlich und gefaßt» verschieden und seine sterblichen Reste auf seinen Wunsch hin sofort (am 10.) nach hier abgegangen und mit ihrem Eintreffen (Luftfracht, Express) also bereits am 12. zu rechnen sei, was, wie ich im Kopf überschlage, ja schon morgen ist. (S. 5)

Das ist der erste Satz der Erzählung. In Wirklichkeit ist es gar kein Satz. Das vermutliche Subjekt dieses Satzes – «die Nachricht» – ist mit keinem Verb verbunden, eine Auslassung freilich, die man bei dem Wust von unterbrochenen, verschachtelten Satzfragmenten leicht übersehen kann. Das fehlende Verb hätte dem Satz Halt geben müssen; statt dessen schieben sich die Satzfragmente in einem drängenden Rhythmus vorwärts. Zwei Relativsätze sind mit der ersten, erschütternden Information locker verbunden; diese Erschütterung teilt sich dann dem ganzen Text mit, am unmittelbarsten in der sehr ungewöhnlichen, ja verwirrenden Reihenfolge der Relativsätze. Auf «Die Nachricht vom plötzlichen Hinscheiden (...) und der sofortigen Einäscherung (...) meines Zwillingsbruders» folgt ein Nebensatz, der sich auf «Bruder» bezieht («von dem ich (...) nichts mehr gehört hatte»); dann, als Rückkehr auf bereits verlassenes Gelände, folgt ein zweiter Relativsatz, der auf die ersten Worte des Satzes zurückgreift: «Die Nachricht (...) die mir (...) soeben auf englisch zuging». Der Bruch zwischen Substantiv und Relativsätzen wird durch die Einschübe verstärkt und steigert das Gefühl der Fragmentierung. Die Eile des Tons, das Einfügen der vielen Nebensätze und Nebengedanken sowie das Vollpfropfen eines einzigen, unvollständigen Satzes mit einer Überfülle von Informationen verleihen dem Text einen drängenden, nach Atem ringenden Rhythmus. Er läßt auf einen Schock schließen, der vermutlich von der «Plötzlichkeit» der Nachricht herrührt und durch die Hinwendung zu alltäglichen Einzelheiten kompensiert werden soll.

Aber nicht nur Grammatik und Syntax sind in diesem gebrochenen, atemlosen Satzfragment gestört. Es findet auch eine psychologische Verschiebung statt, die die Aufmerksamkeit von der «unerhörten Begebenheit» auf eine etwas erträglichere Wirklichkeit lenkt. Bereits die ersten Wörter des Textes zeigen diese eigentümliche Verschiebung an; denn «plötzlich» kommt in Wirklichkeit nicht der Tod des Bruders, sondern die Nachricht davon. Da Karl Hecht seit fast fünfzehn Jahren nichts von seinem Bruder gehört hat, kann er gar nicht wissen, ob der Tod seines Bruders plötzlich eingetreten ist oder nicht. Und in der Tat ist sein Bruder (wie Karl im Laufe dieser Nacht bei der Lektüre der Aufzeichnungen herausfindet) einem langen Siechtum erlegen und nicht plötzlich gestorben. Daß Karl den Tod seines Bruders als «plötzlich» bezeichnet, verrät uns, daß er auf ihn nicht vorbereitet war. Die Verschiebung der «Plötzlichkeit» von der Nachricht auf den Tod des Bruders sowie die nachfolgende Flut technischer Einzelheiten veranschaulichen das Bedürfnis Karls, die Wirklichkeit zu verändern, und verweist auf ein tiefsitzendes, noch unbewältigtes Trauma.

Im nächsten Satz erfolgt die Fragmentierung statt in direkter in indirekter Rede, die den Erzähler bewußt unkenntlich macht und die Erzählperspektive verundeutlicht.

Da ist er also, obwohl er der Ältere und Kräftigere war, vor dir gestorben, habe Hecht gedacht und den New Yorker Brief wieder zusammengelegt.

Die erste Hälfte dieses Satzes («Da ist er also (...) vor dir gestorben») steht im Indikativ. Sie muß jedoch das indirekte Zitat von Worten Karl Hechts durch den Empfänger des Briefes sein, in dem Karl von sich in der zweiten Person spricht. Die zweite Hälfte des Satzes steht im Konjunktiv des Perfekts («habe Hecht gedacht») und scheint eine Aussage des Empfängers zu sein; handelt es sich um einen Kommentar oder um eine Wiedergabe von Hechts eigenen Worten? Jedenfalls liest der Leser nicht das, was Hecht geschrieben hat, sondern das, was der Adressat mitzuteilen für gut befindet. Der Inhalt des Satzes enthüllt auch Karls Rivalität mit dem «älteren und kräftigeren» Bruder, was wiederum an den Tatsachen vorbeigeht, da man sich fragen muß, wieviel älter und kräftiger Wilhelm als Zwilling denn gewesen sein kann. Diese Rivalität wird auch in dem «also, obwohl» angedeutet und kann als Befriedigung Karls darüber verstanden werden, daß er seinen Bruder überlebt hat.

Wenige Zeilen später wird die Kontinuität nicht durch den Wechsel vom Indikativ zum Konjunktiv, sondern durch den Wechsel des Bezugs unterbrochen:

Und ich denke sofort: Das wirst du heute nacht doch nicht etwa auch noch studieren müssen, denn er ist mehr als beschäftigt, und die Nacht ist äußerst schwül, und ich habe für die Schreibereien meines Bruders nie viel Sinn, mit seiner Handschrift dagegen immer die größte Mühe gehabt. (S. 6)

Mit Ausnahme von «die Nacht» sind alle Subjekte in diesem Satz Personalpronomen und beziehen sich auf Karl Hecht. Die ich-du-er-ich-Sequenz verrät Ruhelosigkeit und die Unfähigkeit zu Kontinuität und Einheit. Karl Hechts Persönlichkeit beginnt sich in einen dialogischen oder trialogischen Diskurs aufzuspalten. Diese Aufspaltung verweist auf die Fragmentierung seiner Persönlichkeit und erweist sich im Verlauf der Erzählung als konstituierend für ihn.

Denunziation ist nicht nur eine Verletzung der Privatsphäre. Sie verbreitet eine Aura autoritärer Überwachung und raubt dem Individuum das Grundvertrauen in die Welt, die es umgibt. Nach der Denunziation mit ihren Folgen hat die Welt aufgehört, als selbstverständliches, erkennbares und geordnetes Universum zu existieren. Diese Katastrophe spiegelt sich am bewegendsten in der Trennung der Zwillinge. Auf einer Photographie aus Wilhelms Aufzeichnungen, die aus einer Zeit «kurz *vor* dem Unglück» (S. 6) stammt, erscheinen die Zwillinge «gleich groß» (keine Rivalität!) und schauen beide gleichermaßen «trotzig und ungebrochen» in die Kamera. Sie stehen so eng beieinander, daß Karl Hecht nicht sagen kann, zu wem die auf dem Bild so deutlich sichtbare Hand gehört (S. 7). Die Trennung der Zwillinge hat diesen Zusammenhalt für immer zerstört. Das schwindelerregende Nebeneinander von Zeitfragmenten in dem undatierten Entwurf eines Briefs des verzweifelten Wilhelm an einen unbekannten Empfänger gibt seiner Klage Ausdruck und umgeht doch gleichzeitig deren direkte Artikulation.

Wir sollen getrennt werden. Wie? Wir sollen getrennt werden! Die Bücher sind plötzlich wie ausgestorben, das Spielzeug ist sofort tot. ... Denn wie wäre das denkbar? Wir überlegen. Wir haben ja bisher alles gemeinsam erlebt, soll das nun geteilt werden? Und die Gespräche, die wir geführt haben? Sollen die einzelnen Sätze und Wörter, die wir geäußert haben, nun geteilt werden? Lieber Herr, wir sind aber doch so konstruiert, daß alles auf uns zusammen zukommt und daß alles, was auf uns zukommt, von uns zusammen ... Erst hat man uns ineinander hineingetrieben, jetzt wollen sie uns wieder auseinander heraustreiben ... Eine neue Konstruktion würde da nötig sein, jeder von uns würde da aus völlig neuen Bestandteilen völlig neu zusammengesetzt werden müssen ... (S. 62 f.)

Der Schock über die bevorstehende Trennung ist so groß, daß die Klage sogar rückblickend nur im Konjunktiv, als Möglichkeit formuliert werden kann. Weder die tatsächliche Trennung noch die

Konsequenzen dieser Trennung im Leben der Zwillinge werden in Wilhelms Aufzeichnungen oder Karls Erinnerungen unmittelbar angesprochen. Statt dessen ist dieses ganze Dokument – der Brief, den Karl an Flohta schreibt, das Bruchstück aus Wilhelms Aufzeichnungen, das er auswählt, und der Bericht samt allen Zitaten und Paraphrasen, den Flohta von Karls Brief gibt – ein Ausdruck des Traumas dieser Trennung, bis hin zu den «einzelnen Sätzen und Wörtern». Die gebrochene Sprache verkörpert den Bruch selbst, seine Auswirkung auf die emotionale und intellektuelle Verfassung der Zwillinge und Karls Bemühen, das Trauma zu vergessen. Man darf schlußfolgern, daß so, wie «die Nachricht vom plötzlichen Hinscheiden» eine Verschiebung zum Zwecke des Selbstschutzes war, auch die Betonung der Denunziation die traumatische Auswirkung der Trennung verschiebt. Damit wäre der Titel der Novelle selbst ein Beispiel für solch eine Verschiebung.

Einmal verinnerlicht, bilden die Brüche und Risse die Grundlage für das jeweils anders «neu zusammengesetzte» Ich der Brüder, und jeder der Brüder arrangiert sich mit ihnen je nachdem, wie er die ursprüngliche Trennung bewältigt hat. Für Karl artikuliert sich das Unerbittliche dieses Bruches in seinem eigenen Gefühl der Ohnmacht gegenüber Kräften, die ihn zerstören können. Von Panik überwältigt, schreibt er an Flohta:

Es geht da etwas seinen Gang, folgt seinem Gesetz. Aber ich will das nicht, denke ich und will schon wieder aufspringen, bleibe dann aber sitzen und will den Gedanken, daß da etwas unaufhaltsam seinen Gang kommt *und über mich hinweggehen könnte*, durch einen anderen, zutreffenderen Gedanken ersetzen. (S. 47)

Karl will das Gefühl, überrannt zu werden, dadurch abwehren, daß er «schon wieder» vom Stuhl aufspringt und dadurch eine wahrgenommene Bedrohung durch eine Ablenkung abwendet, wechselt dann aber von der physischen zur gedanklichen Verschiebung: Er will Zuflucht zu einem «zutreffenderen» Gedanken nehmen, was bedeutet, daß er es vermeidet, sich seinen Ängsten zu stellen. Wilhelm reagiert auf das Trauma ganz anders: Er will die Wahrheit hinter der Denunziation herausfinden, womit er Karls Verdrängung der Geschichte demontieren würde. Mit Worten, die denen Karls sehr ähnlich sind, in ihrem Kontext aber völlig aus dem Bezugsrahmen Karls herausfallen, schreibt er in einem abgebrochenen Entwurf, den Karl zitiert, an einen «werten Herrn», der das Gegenstück zu Flohta darstellt und gleicherweise rätselhaft und nicht identifizierbar ist:

Werter Herr, Sie werfen mir vor, daß dort, wo es sich um den Sog der Geschichte handelt, dem nicht standzuhalten ist, ich einfach nach Charakterlosigkeit und *schuldigen Personen* suche und mir die Sache dadurch zu er-
leichtern suche ... (S. 57)

Wir können nicht wissen, ob Wilhelms Fragment (der Entwurf besteht nur aus dem angeführten Zitat) als Antwort auf einen Brief
entworfen wurde oder einfach eine imaginäre Übung ist. Auch ist
nicht festzustellen, ob der «Sog der Geschichte, dem nicht standzuhalten ist», als solcher nur von der Person wahrgenommen wird, an
die das Fragment gerichtet ist, oder ob er eine Wahrnehmung ist, die
Wilhelm teilt. Man mag dazu neigen, das «wo es sich (...) handelt»
und das «nicht standzuhalten» als Meinung des angesprochenen
Empfängers aufzufassen, der anscheinend an Wilhelms Suche nach
«Charakterlosigkeit» und «schuldigen Personen» Anstoß genommen
und statt dessen auf den «Sog der Geschichte» als den eigentlich
Schuldigen verwiesen hat. Karl hat das Gefühl, daß ein Etwas «unaufhaltsam seinen Gang und über ihn hinweggehen könnte»,
während der «werte Herr» in Wilhelms Fragment von der Unerbitt-
lichkeit des «Sogs der Geschichte» zwar ähnlich beeindruckt, aber
anscheinend nicht traumatisiert ist und sie als entlastende Entschuldigung vorbringt.

Zu den irritierendsten Aspekten von *Die Denunziation* gehören
Verstöße gegen die narrative Wahrscheinlichkeit des zeitlichen Ab-
laufs. Wie die Erzählerstimme ist die ganze Erzählung von abrupten
und komplizierten Zeitverschiebungen durchsetzt, die jedes Gefühl
der Kontinuität zunichte machen. Wie Bruchstücke von tektoni-
schen Platten schieben sie sich übereinander. Die Reduktion des
zeitlichen Kontinuums auf unverbundene Zeit-Punkte und die geradezu chaotische Überschneidung von diskontinuierlichen Zeitspan-
nen verletzen den Zeitrahmen der Erzählung – den Zeitraum von
etwa sechs Stunden, in denen Karl Hecht seinen Brief an Flohta
schreibt. Karl studiert die Aufzeichnungen seines Bruders, grübelt
darüber nach und überlegt; er unternimmt mehrere Anläufe, seinen
Auftritt vor Gericht am nächsten Tag vorzubereiten, und verbringt
einige Zeit damit, sich in das Verfahren zu vertiefen; er geht nach
unten in die Küche, um sich Kaffee zu kochen; er geht in seinem
Arbeitszimmer auf und ab und gießt sich einige Male Whiskey ein;
mehrmals steht er am Fenster und schaut in die Nacht und auf die
Stadt hinaus; und er schreibt dies alles in den Brief an Flohta hinein,
kommentiert seine Handlungen und Überlegungen und beobachtet
und beschreibt seine Gedanken und das Material, das er sichtet. Der

Brief ist rund hundert Seiten lang. Karl kann dies alles unmöglich in einer einzigen Nacht geschafft haben. Das Hineinpacken so vieler Szenen und Ereignisfetzen in einen Zeitrahmen, der so eng ist, daß er sie unmöglich alle fassen kann, untergräbt jedes Gefühl der Zeit als einer ordnungsstiftenden Einheit. Es ist ein bemerkenswertes Charakteristikum von Hofmanns Text, daß spezifische Wörter, die der Protagonist gebraucht, zugleich die Erzähltechniken des Autors beschreiben. Die Sprache dieser sehr reflektierten Erzählung liefert zugleich die Sprache für ihre Interpretation. Ein Beispiel dafür, wie Karls Sprache die Erzähltechnik widerspiegelt und die Werkzeuge zur Interpretation der Erzählung liefert, ist seine Beobachtung über die Zeit:

Und gestehe also ein, daß ich in der Geschichte als Ganzem der Gesellschaft, dem Menschen, der Natur undsofort, immerfort als Ganzem, verstehen Sie, keinen Sinn, sondern ein Durcheinander von Kräften sehe und daß alles bis zum Reißen gespannt und natürlich vom Zufall beherrscht ist. (S. 84 f.)

Die Überfülle des «Durcheinanders von Kräften» und die Bruchstücke, die in einen «zum Reißen gespannten» Zeitrahmen gepfercht werden, entsprechen Hofmanns strenger Unterordnung der Erzählwirklichkeit unter die Erfordernisse der künstlerischen Autonomie. Das Kunstwerk erschafft sich seine eigene Welt, zu der auch die Flexibilität der Zeit gehört, und widerspricht jenen Raum- und Zeitkoordinaten, an denen es sich auszurichten scheint. Der Schock dieser Inkongruenz – das heißt der mangelnden Kongruenz zwischen erzählter Zeit (den Handlungen Karls) und Erzählzeit (dem Erzählrahmen) – beschwört die Orientierungslosigkeit und die Risse herauf, die mit dem ursprünglichen Trauma einhergehen. Die Wirklichkeit selbst ist erschüttert, in der sich diese Brüche ereignet haben. Der «Sog der Geschichte» und das Etwas, das «unaufhaltsam seinen Gang» geht, «seinem Gesetz folgt», haben alle Bezugssysteme lädiert und verzerrt, in denen man einst gewohnt war, die Wirklichkeit zu organisieren und zu erleben. Eine Wirklichkeit, in der Denunziationen und andere Formen der Vernichtung obsiegen und in denen Schuldige nicht der Justiz überantwortet werden, ist nicht mehr mit den Koordinaten des einstigen menschlichen Diskurses und Daseins zu erfassen. Diese neue Welt ist ein «Durcheinander von Kräften», in dem man seinen Sinnen nicht mehr trauen kann und kein Verlaß mehr auf die bisherigen Grundvoraussetzungen ist.

Eine Welt, in der erzählender und erläuternder Diskurs sich decken und ineinander spiegeln, läßt eine geschlossene Welt vermuten.

Daß die vor einem «Durcheinander von Kräften» schier berstende
Welt in *Die Denunziation* eine geschlossene Welt ist, erhärten die
vielen Beispiele von Spiegelungen. Diese Spiegelungen erscheinen
als Komplementaritäten, Verdoppelungen und dreifache Entsprechungen zwischen Personen und Ereignissen. In allen Fällen fehlt
den Spiegelungen der Bezug auf einen ursprünglichen Orientierungspunkt. Am augenscheinlichsten sind es natürlich die zwei Brüder,
die einander widerspiegeln und ergänzen. In einem schwachen Augenblick räumt Karl dieses reziproke Verhältnis zu Wilhelm ein,
wenn er an Flohta über Wilhelms Aufzeichnungen schreibt: «Denn
auch *meine* Erinnerungen habe ich da ja gelesen, wenn auch sozusagen von der anderen Seite her.» (S. 37) Die Zwillinge ergänzen
einander auch insofern, als Wilhelms seelischer Zusammenbruch
seine Analogie in Karls körperlichem Zusammenbruch, den Herzbeschwerden, findet. Man kann sich sogar fragen, ob Wilhelms Tod
nicht den Tod Karls ahnen läßt: Die ganze Nacht hindurch macht
Karl ausführlich Mitteilung über einen sich offenbar anbahnenden
Herzanfall. So spricht er von dem «Schmerz in der Brust und im
linken Oberarm» (S. 24) – ein Schmerz, dessentwegen er früher schon
drei Ärzte aufgesucht hatte, «der sich jetzt unter der linken Achsel
hinzieht» (S. 46) und im Laufe der Nacht «bis zum linken Ellbogen»
ausstrahlt. Karl will die Wahrheit nicht wissen, weder über seinen
körperlichen Zustand noch über seine gebrochene Vergangenheit.
Dagegen scheint sich Wilhelm seiner zerrissenen Existenz nur allzu
bewußt gewesen zu sein und hat vergeblich um die Wiederherstellung einer Realität gerungen, die zusammen mit seiner eigenen Existenz zerstört worden ist:

Werter Herr, aus persönlichen Gründen muß ich wissen, wem unsere Familie
ihre Auslöschung und ich selbst, der ich infolge dieser Auslöschung nun ein
auf verschiedene Kontinente verteiltes, aber gleichermaßen erbärmliches Leben führe, meine Zerrüttung … (…). Weil ich endlich einen Schlußstrich
ziehen will, dazu aber wegen der vielen Lücken, die die Ereignisse dieser Zeit
in meinem Kopf und anderswo aufweisen, nicht in der Lage … Weil ich nicht
weiß, ob Sie in die Geschichte unserer doppelten Verstümmelung, die auf
Grund einer gegen unsere Eltern gerichteten doppelten Denunziation zustande gekommen sein soll, eingeweiht, vielleicht beteiligt, vielleicht sogar
maßgeblich … (S. 14)

Die Spiegelungen werden komplizierter, wenn man weiß, daß Wilhelm zwei Namensvettern hat. Zum einen gibt es den Lehrer Wilhelm Treterle, der den juristischen Beistand Karl Hechts in einem
Fall von Denunziation und Rufmord erbeten hat (S. 7). Karl verwech-

selt unbewußt, aber bezeichnenderweise Treterle mit seinem Bruder Wilhelm, wenn er gesteht: «[Ich] begehe aber einen großen Fehler und ich schiebe es [das heißt Wilhelms Material] in meiner Zerstreutheit in die vor mir liegenden Fallunterlagen hinein.» (S. 6) Treterle ist eines Tages – «plötzlich» – in Karls Kanzlei erschienen, gekleidet im Stil der Gegenkultur der siebziger Jahre. Sein plötzliches Erscheinen hat Karl zutiefst irritiert, ja Karl führt sogar den Beginn seiner Herzbeschwerden auf diesen ersten Besuch Treterles in seiner Kanzlei zurück (S. 25 f.). Treterle ist eindeutig ein Opfer des «Radikalenerlasses», den die bundesdeutsche Regierung Anfang 1972 in Kraft gesetzt hat; in der Erzählung, die hier den legalistischen Jargon der Nationalsozialisten nachahmt, figuriert er als «ministerieller Erlaß vom 2/8/72» (S. 19). Gert Hofmann muß im Radikalenerlaß ein Wiederaufleben nationalsozialistischer Methoden gesehen haben, da er Parallelen zwischen der Situation Treterles und der der Eltern von Karl und Wilhelm andeutet. Die Mechanismen der Verfolgung – die Unmöglichkeit, anonymen Briefschreibern auf die Spur zu kommen, beziehungsweise das Unvermögen Treterles, zu beweisen, daß sein Telefon abgehört und sein Gepäck durchsucht worden ist – sind dieselben Mechanismen, welche die Zwillinge in ihrer Kindheit nicht begriffen haben und die Wilhelm unter Einsatz seines Lebens, aber erfolglos aufzudecken versucht hat. Sie werden jetzt in einer Spiegelung von Vergangenheit und Gegenwart vor Karl ausgebreitet, als Treterle ihm seinen Fall als stigmatisierter und gejagter Außenseiter darlegt. Die politische Bedrängnis der «Radikalen» spiegelt die Situation wider, die in der Nazizeit zum Tod der Eltern von Karl und Wilhelm geführt hat, wenn Treterle von seinen «Genossen» sagt, daß «eine unverhältnismäßig große Zahl von ihnen sich entweder selbst umbringt oder auf andere Weise umkommt, ‹aber immer auf eine unnatürliche, Herr Hecht›.» (S. 48) In einer *tour de force* der Verdrängung versucht Karl, Treterles Ängste ins Lächerliche zu ziehen und ihm das Irrationale seiner Beschuldigungen vor Augen zu führen (S. 49); er will keinen Zusammenhang zwischen der selbstmörderischen «Verzweiflungstat» (S. 64) seiner Mutter (und davor von Frau Silberstein «und den anderen») (S. 30) einerseits und Treterles «Genossen» andererseits sehen. Der erwachsene Karl Hecht muß als Rechtsanwalt und geachteter Bürger «die halbe Stadt, und zwar ... *die bessere Hälfte*» (S. 24), seiner Loyalität versichern und kann es sich nicht leisten, Sympathie mit Leuten wie Treterle zu zeigen. (Auch diese Aufspaltung der Stadt in zwei Hälften paßt zu den vielen anderen Aufspaltungen.)

Der «Fall Treterle» spiegelt das wider, was einunddreißig Jahre
früher mit den Eltern der Zwillinge geschehen ist, und beleuchtet,
mit welchen Mechanismen die anvisierten Opfer immer mehr in
Schrecken versetzt und schließlich vernichtet werden. Er macht
deutlich, daß zwar die Schuldigen aus der Vergangenheit nicht mehr
am Leben sein mögen, daß aber ihre Methoden – und damit die
Einstellungen und Werte, auf die sie sich stützen – bis in die Gegenwart fortbestehen. Wilhelm hätte nicht in der Vergangenheit suchen müssen, um Schuldige zu finden. Das Urteil über eine derartige Welt ist radikal und gemahnt an das Verdikt, das die zerstörten
Zeitkoordinaten fällen: Die Welt der Denunziationen ist eine Welt,
die in Trümmern liegt, eine vernichtete Welt. Wiederum spricht
Karl das aus, was die Novelle vorführt: So wie er in den Erinnerungen seines Bruders seine eigenen wiedererkennt, «wenn auch sozusagen von der anderen Seite her», so erkennt er gegen Ende der
Nacht, daß die Welt, wie er sie bisher verstanden hat – die Welt,
deren geachtetes Mitglied er ist –, gar nicht mehr existiert und nur
«von der anderen Seite», als bereits geschehene Apokalypse, zu begreifen ist. Am offenen Fenster in die Nacht hinausgelehnt, erkennt
er:

[So] habe ich plötzlich den Eindruck, daß die Laterne und also auch mein
Haus und also auch die Stadt und also wahrscheinlich das ganze Erdreich
tief unter Wasser liegen und die Sintflut, lieber Flohta, das Weltende, das ja
von uns allen insgeheim schon lange erwartet, wenn nicht *herbeigesehnt*
wird, bereits gewesen und die Welt bereits untergegangen ist. Es ist bloß
nicht bemerkt worden! Daß das Auslöschen der Menschheit in einem ihr
unangemessenen Element also bereits stattgefunden hat, es ist bloß nicht
bemerkt worden! (S. 94)

Der dritte Wilhelm in der Erzählung ist Karls einundzwanzigjähriger
Sohn, der nach seinem Onkel benannt ist. Karls Reflexionen über
seinen Sohn werden durch die geräuschvolle Heimkehr des jungen
Mannes um zwei Uhr morgens ausgelöst. Das Verhältnis zwischen
den beiden ist von offener Feindseligkeit bestimmt. Dies ist ein
nicht ungewöhnliches Ergebnis der Generationenkonflikte, die sich
für diese Nachkriegsgenerationen am Hitlerregime und am Überleben gewisser nationalsozialistischer Methoden und Funktionäre bis
in die Gegenwart entzünden. Die Beziehung zwischen Vater und
Sohn ist an einem genau bestimmbaren Zeitpunkt abrupt und plötzlich zerbrochen. Karl erinnert sich an das Ereignis, das den Riß bedeutete, nicht aber an dessen wichtigsten Aspekt, seine Ursache.
Gegenüber Flohta konstatiert er:

Dabei hatten wir uns ja, wie Sie wissen, einmal gar nicht übel verstanden. Bis zu *diesem* Punkt. Einmal, an einem Sommertag, ich weiß nicht mehr vor wievielen Jahren, im Garten in der Laube, wir tranken Kaffee, und dann dieses Gespräch, dieses Gespräch ... Ich habe mich oft zu erinnern versucht, was in diesem Gespräch denn eigentlich gesagt worden ist, doch es muß mir entfallen sein. Ich glaube aber nicht, daß *etwas Besonderes* gesagt worden ist. (S. 76)

Wie es scheint, ist der Sohn einer Weltsicht verpflichtet, die der des Vaters diametral entgegengesetzt ist und ihr doch in bedeutsamer Weise entspricht. Karl ist zu dem Schluß gelangt, daß der Weltuntergang bereits stattgefunden hat, ja er sieht darin ein Ereignis, das die Menschen heimlich ersehnt haben (ohne lange zu fragen, warum er eigentlich stattgefunden hat oder ersehnt worden sein soll). Trotzdem sieht er keinen Widerspruch darin, wenn er seinem Sohn, der genauso apokalyptisch denkt wie er, den Vorwurf macht, er wünsche sich «die schnellste und gründlichste Zerstörung unserer unflätigen Gesellschaftsordnung, wie er sich ausdrückt» (S. 83).

Karl fühlt sich ohnmächtig, Kräften ausgeliefert, die wie unerbittliche Maschinen mahlen. Er bemerkt: «[Wir] leben wie eh und je in einer von unübersehbaren Kräften beherrschten und dunklen Gesetzen unterworfenen Welt, eine gewaltige Maschine müssen Sie sich da vorstellen, deren Räder sich zu einem uns unbekannten Zweck und in einem für uns undurchschaubaren Rhythmus bewegen.» (S. 84) Trotzdem spottet er über die Versuche seines Sohnes mit denselben Schlüsselformulierungen, die er gebraucht, um seine eigene Misere zu beschreiben: «Aber mein Sohn, er wird nun zweiundzwanzig, und nun hören Sie, was jetzt kommt: er durchschaut die Weltmaschine, er kennt die Gesetze!» (S. 85)

Wo Wilhelm, der Zwillingsbruder, Karl «von der anderen Seite» kennt und von ihm enttäuscht ist, kennt Wilhelm, der Sohn, seinen Vater «von innen» (S. 76) und verachtet ihn. Seine aufsässigen Proteste (S. 82 f.) verbinden den Sohn in Karls Augen mit Treterle, so wie Treterle Karl an seinen Bruder erinnert (S. 78 f.). Alle drei Wilhelms haben Karl schließlich in ein Labyrinth verstrickt, aus dem er sich nicht mehr befreien kann:

Denke ich an meinen Sohn, fällt mir sofort Treterle ein (...). Und denke ich an Treterle, fällt mir mein nun zwar toter, aus seiner Urne heraus aber immer noch hochwirksamer Zwillingsbruder ein, welcher mich dann natürlich wieder auf meinen aus seinem Zimmer herablärmenden Sohn bringt. Oder auf den in meinem Büro gleichfalls lärmenden Treterle. Oder auf beide. Die Sache, lieber Flohta, ist also die, daß ich trotz der Erschöpfung, in der ich mich befinde, zwischen mindestens drei schweren Fällen ständig hin- und hergehetzt bin. (S. 78 f.)

Der ältere Wilhelm ist wahnsinnig geworden, und auch der jüngere Wilhelm scheint nicht ganz gesund zu sein, wie sein Vater geradezu schadenfroh anmerkt (und damit dieselbe Befriedigung seines Konkurrenzdenkens verrät wie bei dem Hinweis, daß sein Bruder, wiewohl «der Ältere und Kräftigere», vor ihm gestorben sei). «Er soll ständig schwitzen, ständig unter nervösen Magenbeschwerden, Übelkeiten, auch *Zuckungen*, wie ich neulich hörte ...» (S. 77). Diese «Zuckungen» sind Symptome, die der junge Wilhelm mit Treterle gemeinsam hat, von dem Karl schreibt: «Und ich sehe, daß er psychisch unter starkem Druck steht, fahrige Bewegungen macht, unkontrolliert, fast tickhaft zusammenzuckt, eine große Unruhe, lieber Flohta, die der Anfang von etwas ist, geht von ihm aus.» (S. 24) Die «fahrigen Bewegungen» sind in beiden Fällen der physische Ausdruck einer Erschütterung und kennzeichnen sowohl Wilhelm Treterle wie auch Wilhelm Hecht junior als ängstliche Rebellen und belastete Angehörige einer Nachkriegsgeneration, die zu leben versuchen, nachdem Holocaust und Weltuntergang die Koordinaten einer menschlichen Welt zerstört haben. Die Versuche aller drei Wilhelms, die Welt durch Veränderungen wiederherzustellen, sind obsolet, da die Welt, die sie verändern wollen, schon gar nicht mehr existiert. Trotzdem erfreut sich auch Karl, der schadenfrohe Überlebende, seinerseits keiner guten Gesundheit; er leidet an einer «Lebensstörung» (S. 25), die sich während der Erzählung zu einem Herzanfall entwickelt. Die Ursache des Leidens dieser vier Menschen ist die deutsche Vergangenheit und deren Fortdauer in die Gegenwart hinein. Für diese Welt, die geschlossene Welt nach dem Ende der Welt, gibt es keine Hoffnung auf eine wiederhergestellte Zukunft.

Es gibt in *Die Denunziation* noch weitere Entsprechungen und Spiegelungen, die den Eindruck der Ausweglosigkeit verstärken, und zwar vielfache Entsprechungen zwischen Daten und Ereignissen. Ein solches Muster gruppiert sich um das Datum «Anfang September 1944» und wird in der Erzählgegenwart gespiegelt. Josef Hecht, der Vater der Zwillinge, wurde Anfang August 1944 denunziert und fiel erwartungsgemäß «Anfang September» an der Front. Am 8. September verübt die Mutter Selbstmord, indem sie ins Wasser geht, doch wird der Leichnam erst am 11. September geborgen. Auf den Tag genau einunddreißig Jahre später, am 8. September 1975, stirbt Wilhelm in New York. Karl erhält die Nachricht von Wilhelms Tod und vom Eintreffen der Urne am 11. September. Diese Zwischenzeit entspricht den drei Tagen, die der Leichnam der

Mutter im Fluß trieb. Karl glaubt, seinen Bruder im Zimmer körperlich anwesend zu spüren, einen Strauß Gladiolen im Arm, die Karl wirklich riechen kann (S. 7 f.) und die an die Gladiolen auf dem Grab der Mutter 1944 erinnern (S. 65).

Eine zweite Gruppe dreht sich um «Anfang Mai» 1944, als «eines Morgens» der «halbjüdische» Schneider Silberstein verhaftet und deportiert wird. Dieses Ereignis, das die Bande der gemeinsamen Menschlichkeit zerreißt, wird in der Sprache tektonischer «Schübe» beschrieben; auf der Straße wird Silberstein auf ein wartendes Auto «hinaufgeschoben» und dann «hineingeschoben», und Wilhelm erinnert sich des Vorfalls mit einem abgerissenen Gedankenbruchstück: «Ein Ereignis, das uns in immer neuen Schüben ...» (S. 27). Einunddreißig Jahre später, am 4. Mai 1975, verpaßt Treterle einem geachteten Bürger seiner Stadt, von dem er sich verleumdet, möglicherweise sogar denunziert fühlt, zwei Ohrfeigen (S. 85). Als Silberstein abgeholt wurde, erlitt er eine Kopfverletzung (S. 42). In den siebziger Jahren ist es Treterle als potentielles Opfer, der einem geachteten Bürger eine «Körperverletzung» zufügt. Wilhelm folgt seiner Mutter am Jahrestag ihres Selbstmords in den Tod; der schüchterne Treterle wehrt sich gegen seine Stigmatisierung am Jahrestag von Silbersteins Deportation.

Die zwei Muster von Entsprechungen weisen auch Querbezüge auf. Treterles «Auftritt» findet in einer «Atmosphäre der Feindseligkeit und Spannung» und vor «mindestens sechs Zeugen» statt (S. 85). Auch Karls Mutter hatte einen nicht identifizierten Verleumder «mit größter Vehemenz, auch Rücksichtslosigkeit» (S. 15) tätlich angegriffen und bei einer anderen Gelegenheit «vor vier Zeugen» (S. 56) einige Bemerkungen gemacht, die als Strafe die Schulentlassung der Zwillinge und deren Stigmatisierung als «anders» nach sich zogen.

Es gibt weitere Parallelen im Selbstmord der Mutter, von Frau Silberstein und «anderen». Doch während sich das genaue Datum des Selbstmords der Mutter, der 8. September, den Söhnen unauslöschlich eingeprägt hat, steht das Datum von Frau Silbersteins Tod nicht eindeutig fest. Sie verübt Selbstmord vor der Deportation ihres Mannes Anfang Mai, während es vom Tod der Mutter heißt, er sei nur «wenig später» erfolgt (S. 33). Ähnliche Zeitdifferenzen ergeben sich, als ein Onkel einspringt, um Frau Hecht bei der Ordnung ihres Anwesens, der Regelung ihrer Angelegenheiten und dem Verkauf einiger Möbel zu helfen (S. 59), was er offenbar über einen längeren Zeitraum tut, denn es heißt: «jedesmal, wenn der Onkel kam»

(S. 59), oder es ist von den verschiedenen «Besuchen des Onkels in der Stadt» (S. 62) die Rede. Aber der Onkel wäre nicht vor dem Tode des Herrn Hecht tätig geworden, und zwischen diesem und dem Selbstmord seiner Frau kann höchstens eine knappe Woche vergangen sein. Diese Diskrepanzen beleuchten die gebrochenen Zeitsequenzen, verweisen aber vielleicht auch auf die psychologische Dimension der Erinnerung, die die Ereignisse nach ihrem subjektiven Stellenwert einordnet. Die Ereignisse häufen sich als losgelöste Fragmente zu bruchstückhaften Erinnerungen an.

In einem Text, der aus Brüchen, Fragmenten, einem «Durcheinander von Kräften» besteht «und natürlich vom Zufall beherrscht» wird (S. 85), bedürfen die sorgfältig arrangierten Entsprechungen und «Zufälle» einer Erklärung. Im Unterschied zu willkürlichen Begebenheiten zeichnen sich «Zufälle» und «Koinzidenzen» durch Wiederholung und/oder Gleichzeitigkeit aus, die in einer geschlossenen Welt hauptsächlich dazu dienen, die Hoffnung auf Besserung oder Fortschritt zunichte zu machen. Außerdem wird bei Zufällen nur die Wirkung registriert, niemals die Ursache. Die erwähnten Vorfälle veranschaulichen deshalb auch das Fehlen jeglicher Kausalität, d. h. das Fehlen eines erkennbaren Grundes in Verbindung mit einem nachvollziehbaren und wiederholbaren Muster. In einer Welt der Zufälle können Ereignisse nicht nach feststehenden Gesetzen erfahren und Erfahrungen nicht organisiert werden. Wie die undurchschaubaren und unvorstellbaren Denunziationen entzieht sich diese Welt insgesamt dem Begreifen. Die unsichtbaren Mächte der Anonymität, die Unmöglichkeit, den Denunzianten auf die Spur zu kommen, das unergründliche Zusammenspiel jener, die die Denunziationen decken, erzeugen eine Welt der reinen Wirkung ohne organisierendes Prinzip. Die Koinzidenzen und Zufälle sind dazu da, eine Welt ohne Maßstäbe zu enthüllen.

Auf gesellschaftlicher Ebene haben die Denunziationen die Welt als ein Universum zerstört, das durch und für die Menschen da ist. Auf individueller Ebene haben sie Menschenleben zerstört. Wie auf einer Photographie mit starker Tiefenperspektive stehen die zwei Brüder im Vordergrund und demonstrieren auf ihre gegensätzliche und doch komplementäre Weise, wie aus den Knaben, die «ungebrochenen» Blicks in die Kamera sahen, vereint und zuversichtlich in ihrer Ahnungslosigkeit vor der sie plötzlich heimsuchenden Katastrophe, zwei «gebrochene» Erwachsene geworden sind, von denen der eine versucht, die Spaltung zu ignorieren und ihre Ursache zu verdrängen, während der andere vollständig an dem Versuch zerbricht, die Ursache der Spaltung aufzudecken und dadurch zu heilen. Im Mittelgrund dieses Porträts stehen die Eltern, die aufgrund einer «gegen unsere Eltern gerichteten doppelten Denunziation» (S. 14) beide sterben. Der Tod des Vaters an der Ostfront und der Selbstmord der Mutter in der Heimat legen auf gegensätzliche und doch komplementäre Weise die zweifache Reaktion der Zwillingsbrüder nahe. Am Fluchtpunkt im Hintergrund des Bildes, klein und scheinbar weit entfernt, aber genau an jenem Punkt lokalisiert, der die Wahrnehmung der ganzen Komposition zusammenhält, stehen «unser Nachbar, der halbjüdische Schneider L. Silberstein» und seine Frau. Frau Silbersteins Selbstmord im Wasser nimmt den der Mutter vorweg, während die Deportation von Herrn Silberstein an einen unbekannten Ort, an dem er sterben wird, den Tod des Vaters an der Front vorwegnimmt.

In einem der Fragmente bringt Wilhelm den Selbstmord der Mutter mit der «Liquidierung» von Herrn Silberstein in Zusammenhang: Herr Silberstein war «so lange auf wunderbare Weise der Aufmerksamkeit der Behörden entgangen oder von ihnen geduldet worden» (S. 16), aber jetzt wurde er aufgrund des «Verrats» «zwecks Liquidierung aus unserer Stadt entfernt» (S. 16). Wilhelm fragt sich, ob die Auseinandersetzungen seiner Mutter mit dem Menschen, den er in dem Brief mit «werter Herr» anredet und den er früher in Uniform gesehen zu haben glaubt (man darf annehmen, daß es die Uniform der NSDAP-Mitglieder war, denn nur Parteigenossen waren in Uniform und nicht an der Front), mit der Deportation des Herrn Silberstein zu tun hatten. Was an diesem «Wortwechsel, der mit größter Vehemenz, auch Rücksichtslosigkeit» geführt wurde, hatte sich seine Mutter so «zu Herzen» genommen, daß sie zwei oder drei Tage später Selbstmord beging?

Die Verschiebung im Titel der Novelle gewinnt nun eine zusätzliche Dimension: Der Titel steht im Singular, während die Erzählung mehrere Denunziationen andeutet. Es gibt die Denunziation des Herrn Silberstein oder beider Silbersteins; es gibt die doppelte Denunziation der Eltern; und es gibt das «Schriftstück oder Stück Papier» (S. 15), das zum Anlaß der Auseinandersetzung der Mutter mit dem Mann in Uniform wird und mit dem sie ihm vor dem Gesicht herumfuchtelt, während sie ihn anschreit.

Man darf vermuten – der Text lädt zu dieser Vermutung ein, ohne sie ausdrücklich zu bestätigen –, daß die Teilnahme der Mutter an zwei Schneiderkursen von Herrn Silberstein und möglicherweise die Kommentare oder das Verhalten des Vaters nach der Deportation des Herrn Silberstein dazu geführt haben, daß die Eltern denunziert und bestraft wurden. Wenn man sich an die Daten hält – Herr Silberstein wird Anfang Mai abgeholt, während der Vater erst im August zu dem Strafbataillon versetzt wird –, war die Drangsalierung und Verfolgung der Silbersteins das primäre Ereignis, das alle kommenden Desaster ausgelöst hat. Die unerhörte Erniedrigung der Silbersteins in ihrem Menschsein stürzt die ganze Welt ins Verderben. Der Holocaust als die Vernichtung der Juden ist damit der zentrale Punkt der Erzählung, von dem alle folgenden Katastrophen ausstrahlen. Oder aber (um eine frühere Metapher heranzuziehen) die Verfolgung der Silbersteins kann als Fluchtpunkt betrachtet werden, der die gesamte Perspektive der Erzählung bestimmt. Das geschlossene Universum von Hofmanns Text und die endlosen, ausweglosen Spiegelungen deuten alle auf die radikale Schlußfolgerung, daß weder Verdrängung und Leugnung noch selbstvergessene Nachforschungen die Lösung für eine Vergangenheit bieten können, die mit ihren grauenhaften Praktiken auch die Gegenwart bestimmt. Die Behandlung Treterles, der für alle jene steht, die von der Majorität als «anders» stigmatisiert werden, zeigt deutlich, daß es seit der Zeit des Nationalsozialismus keinen Sinneswandel gegeben hat und diese Welt in der Tat eine geschlossene ist. Auf dem Höhepunkt der introspektiven «Väterliteratur» erschienen, überschreitet *Die Denunziation* die in jenen Romanen ausgedrückte Hoffnung, daß psychologische und politische Erkundungen der Vergangenheit dem einzelnen eine Bewältigung der Vergangenheit erlaubten. Wie die fruchtlosen Versuche Wilhelms zeigen, fordert Hofmann mehr als die Aufklärung der Vergangenheit und die Identifizierung der Schuldigen. Er fordert implizit, daß alte Praktiken wie die Verletzung der Menschenwürde eines anderen aufhören sollen, vermittelt aber auch nicht den Schimmer einer Hoffnung, daß dies je geschehen wird. Sein Urteil ist damit das denkbar vernichtendste: Mit dem Holocaust und seinen mannigfachen, mit den infamsten Denunziationen beginnenden Zerstörungspraktiken und der bis heute fortdauernden Verletzung anderer in ihrem Menschsein hat die Welt als ein Universum von Menschen aufgehört zu existieren.

Die apokalyptische Stimmung, die das bundesrepublikanische Denken zur Zeit des Erscheinens der *Denunziation* beherrschte, hat Gert Hofmann geteilt. Für Anton Kaes allerdings ist dieses apokalyptische Interesse möglicherweise ein Zeichen der Hoffnung auf einen Neuanfang:

Es lohnte sich, darüber zu spekulieren, ob die obsessive Beschäftigung mit der Apokalypse und ihrer imaginären Vorwegnahme des Weltendes in den siebziger und achtziger Jahren nicht den unbewußten Wunsch Deutschlands ausdrückt, seine traumatische Vergangenheit ein- für allemal auszutilgen. Die Sehnsucht nach der Apokalypse und einem Ende der Geschichte wird vielleicht durch die utopische Hoffnung hervorgerufen, noch einmal von vorn zu beginnen, einen reineren, von Geschichte unberührten Augenblick des Anfangs zu erschaffen.[10]

Für Gert Hofmann hat es diese Hoffnung nicht gegeben.

7.
Rückerstattung der persönlichen Identität?

Alfred Andersch, Peter Härtling und Gert Hofmann

Deutschen fällt zu den Opfern nichts ein.[1]

In *weiter leben*, einem Bericht über ihre Jugend und die Deportation in die Lager Theresienstadt und Auschwitz-Birkenau benennt die Literaturwissenschaftlerin und Holocaust-Überlebende Ruth Klüger einen besonderen Aspekt der riesigen Kluft zwischen Juden und den Tätern des Holocaust, wenn sie schreibt:

> Wie so oft, wenn mehrere Juden am Tisch sitzen, kamen wir auf die große jüdische Katastrophe zu sprechen. Übrigens fällt mir auf, daß die Fragen, die Deutsche bei solchen Gesprächen erörtern, um die Täter kreisen, während Juden mehr über die Opfer wissen wollen. Deutschen fällt zu den Opfern nichts ein, außer daß sie eben passiv ausgeliefert waren. (S. 96)

Wirft man einen Blick auf die bundesdeutsche Nachkriegsliteratur – auch auf die bisher behandelten Beispiele –, so stellt man in scheinbarem Widerspruch zu Ruth Klüger fest, daß sehr wohl auf Holocaust-Opfer Bezug genommen wird. In solchen Fällen ist es jedoch wichtig, auf die Erzählstrategien zu achten: Wie werden die Opfer dargestellt? Welche Ereignisse thematisiert der Autor? Welche Perspektiven überwiegen, und wo widerspricht sich der Text? Wenn man sich diese Fragen vorlegt, gewinnt das von Ruth Klüger beobachtete deutsche Schweigen an Bedeutung.

In der deutschen Nachkriegsliteratur ist an jüdischen Figuren kein Mangel, ja es sind ihrer so viele, daß sie zu literarhistorischen Überblicken und sogar zur Aufstellung von Typologien eingeladen haben. So teilt Nancy Lauckner die jüdischen Charaktere in Kategorien ein wie «der Flüchtling», «das Opfer» oder «das Kind als Opfer».[2] Über «das Opfer» schreibt sie: «Viele Autoren reagieren philosemitisch auf ihre jüdischen Opfer, was häufig dazu führt, daß diese Charaktere idealisiert, unrealistisch oder verfremdet erscheinen.» Sie fügt aber hinzu: «Die besten Autoren vermeiden eine solche Idealisierung und

Melodramatisierung, indem sie literarischen Realismus mit Symbolik verbinden; sie erschaffen glaubwürdige Figuren und Situationen, die sie mit einem gewissen Symbolwert ausstatten.» Aber «Symbolik» oder «Symbolwert» ist genau das, was die spezifische Besonderheit jüdischer Existenzen verunklärt, weil sie ihr ebenso sorgfältig aus dem Wege geht wie der Philosemitismus. Sander Gilman nimmt in seinem Aufsatz über «Jüdische Schriftsteller im heutigen Deutschland» eine kritische Prüfung dieser Typologien vor und verwirft zwei Studien über jüdische Charaktere in der erzählenden deutschen Nachkriegsliteratur als «hoffnungslos utopisch».[3] Ruth K. Angress (der Name Ruth Klügers nach ihrer Heirat) bemerkt in anderem Zusammenhang sarkastisch: «Jüdische Charaktere kommen in der deutschen Erzählprosa nach dem Holocaust häufiger vor, als man denken sollte, wenn man sich den Mangel an wirklichen Juden in Deutschland vergegenwärtigt»,[4] und läßt dieser Bemerkung eine prägnante Analyse folgen:

[Diese Charaktere] leiten sich nicht von der Beobachtung oder dem Studium der jüdischen Geschichte her, sondern aus zwei Quellen: der Tradition des Antisemitismus einerseits und unbewältigten Schuldgefühlen wegen des Holocaust andererseits. Die zwei Tendenzen scheinen Gegensätze zu sein, sind aber in Wahrheit die zwei Seiten ein- und derselben Medaille, wie Brutalität so oft die Kehrseite der Sentimentalität ist. Und sie können beide im Dienst der Selbstbestätigung stehen, indem sie ein Gefühl der Überlegenheit gegenüber den vorgeblich Schwachen oder moralisch Minderwertigen erzeugen. (S. 215)

Welche Kriterien soll man also heranziehen, um zu beurteilen, ob ein nichtjüdischer deutscher Autor eine jüdische Figur auf eine Weise präsentiert hat, welche der «Selbstbestätigung» ebenso entgeht, wie sie die «symbolische» Darstellung meidet, oder ob er Erzählstrategien gebraucht, die von der Verunklärung bis zum «utopischen» Wunschdenken reichen? Klaus Briegleb wartet in diesem Zusammenhang mit einer Liste konkreter Fragen auf:

Wo liegen bei Deutschen die Grenzen zwischen einer quasi sprachpolitischen Nonchalance (Beschwichtigung, Vertauschung, Problemfaulheit, Geschichtslüge) und literarischer Qualität (Vergegenwärtigung der Shoah durch leibliche Personendarstellung und Ingangsetzung eines literarmethodischen, sprachlichen Problembewußtseins anstatt seiner Stillstellung gerade dann, wenn es um Juden und ihre Vernichtung geht)? Wo liegen die Unterschiede in den deutschsprachigen Texten von Juden und Deutschen, die die Shoah «thematisieren»? (...) Wie weit verbietet es sich für einen Deutschen, eine jüdische Existenz zu phantasieren: in der Vernichtung, «danach»?[5]

Einige dieser Fragen gehen über den Rahmen dieser Studie hinaus, aber Brieglebs Forderung nach «Vergegenwärtigung der Shoah durch leibliche Personendarstellung» ist für unsere Untersuchung relevant und schließt an Ruth Angress' Bemerkung über das Fehlen jüdischer Charaktere auf der Basis von «Beobachtung oder Studium der jüdischen Geschichte» an. Und Brieglebs letzte Frage – darf ein Deutscher über jüdisches Leiden «phantasieren», und inwieweit kann sich ein deutscher Autor eine solche Existenz vorstellen – bedarf einer konkreten Antwort.

Eine ähnliche Forderung wurde schon 1980 von Andreas Huyssen erhoben, der für eine «emotionale Identifikation mit den Opfern als Juden» eintrat, weil er glaubte, diese emotionale Identifikation werde zu echter «Trauer» führen.[6] Ohne diese Trauer würden «echte Ansätze zur Vergangenheitsbewältigung» zu «billigen Selbstanklagen (...) verbunden mit der Leugnung persönlicher Schuld oder Scham» verkommen (S. 112). Den Ruf nach emotionaler Identifikation mit den Opfern *als Juden* wiederholte Eric Santner: «Die Fähigkeit, Trauer um andere und Schuldgefühle für das ihnen direkt oder indirekt zugefügte Leiden zu empfinden, hängt von der Fähigkeit zur Einfühlung in den anderen *als anderen* ab.»[7] Das ist ein völlig anderer Standpunkt als der jener Täter, welche sich mit den Opfern zu identifizieren suchen, weil sie auch sich selbst als «Opfer» des nationalsozialistischen Herrschaftsapparats verstehen; anstatt um die anderen zu trauern, haben sie Mitleid mit sich selbst.

In seiner Erörterung der amerikanischen Nachkriegsliteratur benennt Guy Stern die fehlende Einfühlung in Holocaust-Opfer als bedeutsamen Ausdruck eines fortdauernden Antisemitismus – eines Antisemitismus, der auch in der deutschen Nachkriegsliteratur anzutreffen sei:

Der stumme literarische Antisemitismus zeichnet sich nach meinem Dafürhalten durch das Ausbleiben jeglicher Bekundung von Anteilnahme an jüdischem Leiden aus. Das Leiden der Juden sollte zumindest an den Stellen erwähnt werden, wo sein Fehlen von einem neutralen Leser als spürbare Lücke in einem literarischen Werk empfunden würde.[8]

Der Historiker Robert Moeller stört sich an der Schilderung jüdischer Opfer als «Objekt, nicht Subjekt ihrer eigenen Geschichte, einer Geschichte, die nie aus ihrer Perspektive erzählt wird». Unter Anspielung auf die deutsche «Unfähigkeit zu trauern» bemerkt Moeller, daß die historischen Erinnerungen der Deutschen «selektiv» sind oder vielmehr zweigleisig verfahren: Wie Ruth Angress findet auch Moeller, daß die Deutschen über den Teil der «grauenvollen Totalität» der Naziherrschaft, in dem sie Täter waren, sehr wenig zu sagen haben, dafür aber um so bereitwilliger ihre eigenen Erfahrungen als Opfer betonen.⁹

Wieder einen anderen Gesichtspunkt beleuchtet die Historikerin Eva Kolinsky in einem Überblick über deutsche Geschichtslehrbücher. Zwar verlangt das Schreiben von Geschichtsbüchern einen anderen narrativen Ansatz als das Verfassen von Erzählprosa, doch sieht Eva Kolinsky in beiden Fällen ähnliche Zielsetzungen. Ihr Hauptanliegen ist die angemessene Weise der Erinnerung an den Holocaust. Dabei betont sie ausdrücklich: «Die Erwähnung von Auschwitz ist nicht gleichbedeutend mit Erinnerung.» Nach ihrer Überzeugung «muß der Unterricht über Holocaust und Auschwitz mehr als die Fakten und Zahlen der konventionellen Geschichtsschreibung bieten und [im Schüler] ein Gefühl persönlichen Betroffenseins erzeugen».¹⁰ Der Lehrer müsse Worte finden, «um etwas von dem Leiden mitzuteilen, das jenes System den von ihm als Opfer gebrandmarkten Menschen zugefügt hat». Beifällig zitiert Eva Kolinsky Werner Habel und seine Forderung, den Opfern des Nationalsozialismus «ihre persönliche Identität zurückzuerstatten», da der Nationalsozialismus «die Individualität seiner Opfer ausgelöscht» habe. «Als Vorbedingung des Erinnerns», pflichtet sie Habel bei, «hat an die Stelle einer kollektiven Bezugnahme auf ‹die Juden› und andere von der deutschen Gesellschaft ausgegrenzte gesellschaftliche Gruppen die Aneignung individueller Lebensgeschichten aus den Millionen von namenlosen Opfern zu treten.» Das Leiden zu «vergegenwärtigen» und «relevant [zu] machen», Trauer zu empfinden und den Opfern ihren Status als Subjekt ihres Leidens und ihrer Geschichte zurückzugeben sind Vorbedingungen eines angemessenen Erinnerns.

Erzählprosa als der angestammte Bezirk imaginativ erzeugter, individueller Lebensentwürfe gibt der «Aneignung individueller Lebensgeschichten» breiten Spielraum. Gibt es Werke in der deutschen Nachkriegsliteratur, die versuchen, auf der Basis der von Huyssen benannten «emotionalen Identifikation mit den Opfern als Juden» diesen ihre «persönliche Identität zurückzuerstatten»? Schildert die Literatur Fälle, in denen die Opfer nicht Objekt, sondern Subjekt ihres eigenen Leidens sind? Kann sie, wie Klaus Briegleb fragt, «jüdische Existenz phantasieren: in der Vernichtung, ‹danach›»? Gibt es, wie Briegleb behauptet, eine «Stillstellung gerade dann, wenn es um Juden und ihre Vernichtung geht»? Und kann das Schweigen durch das «Ausbleiben jeglicher Bekundung von Anteilnahme an jüdischem Leiden» als eine Form von literarischem Antisemitismus aufgefaßt werden?

Im folgenden sollen im Lichte dieser Kriterien drei deutsche Nachkriegsromane erörtert werden, die jüdische Protagonisten haben und von nichtjüdischen Autoren geschrieben wurden. Gemeinsam ist allen drei Romanen, daß die jüdischen Protagonisten ihnen den Titel geben, woraus man schließen könnte, daß es den Verfassern bewußt auf eine «Rückerstattung der persönlichen Identität» ankam.

Alfred Andersch

Der 1914 geborene Alfred Andersch mußte als junger Mann 1933 sechs Monate im Konzentrationslager Dachau verbringen, weil er mit dem Kommunismus sympathisierte; 1944 desertierte er als Gegner der Naziherrschaft aus der Wehrmacht und geriet in amerikanische Kriegsgefangenschaft. In der unmittelbaren Nachkriegszeit war er eine prominente literarische Figur, Mitherausgeber der bedeutenden, aber kurzlebigen Zeitschrift *Der Ruf* und Mitbegründer der Gruppe 47. Enttäuscht von der blinden Fixierung Nachkriegsdeutschlands auf den wirtschaftlichen Wiederaufbau, übersiedelte er 1958 in die Schweiz. Mit der Arbeit an dem Roman *Efraim* begann Andersch im Oktober 1963, bei Beginn der Auschwitzprozesse; zwei Jahre nach deren Ende, 1967, erschien das Buch.[11] Die erzählte Zeit reicht vom Herbst 1962 bis zum Sommer 1965. Der jüdische Protagonist und Erzähler Georg Efraim, 1920 in Berlin geboren, konnte 1937 nach England fliehen und lebt bei seinem Onkel, während sein Vater in Theresienstadt und seine Mutter in Auschwitz umkommen. Nach dem Krieg bereist Efraim als Reporter die ganze Welt; zu Beginn des Romans hat er den Auftrag, die Stimmung in Berlin im Anschluß an die Kubakrise zu erkunden. Es ist die erste Rückkehr Efraims in die Stadt, die er ein Vierteljahrhundert zuvor als Halbwüchsiger hat verlassen müssen. Efraim kommt zu dem Schluß, daß dieser Auftrag nur ein Vorwand ist; denn eigentlich hat ihn sein Verleger Keir Horne, von dem er während des Krieges als Journalist in Italien angeheuert worden ist, mit einem persönlichen Auftrag betraut: Efraim soll das Schicksal von Keirs unehelicher Tochter Esther aufklären, die Efraims Jugendfreundin war und deren jüdische Mutter, Marion Bloch, in Auschwitz umgekommen ist.

Die Kritik war über Anderschs Roman in zwei Lager gespalten, was schon an sich von Interesse ist. Hans Schwab-Felisch wartete in der Zeitschrift *Merkur* mit einer existentiellen, überwiegend positi-

ven Deutung auf; im Mittelpunkt des Buches sah er «ein General-
thema der zeitgenössischen Literatur (...), das Problem der Identität». Unter Mißachtung der konkreten Identität und Situation, die
Andersch für seinen Protagonisten erschaffen hatte, konzentrierte
sich Schwab-Felisch bei seinen Überlegungen auf Begriffe wie «Freiheit, Chaos, Schicksal oder Zufall, Wahrheit oder Puritanismus».[12]
Der Umstand, daß Andersch seinen Protagonisten in die Problematik einer jüdischen Existenz nach dem Holocaust stellen wollte,
blieb unberücksichtigt, obwohl Andersch gerade hierfür auf Betreiben der aus Nazi-Deutschland geflohenen jüdischen Lyrikerin Nelly
Sachs im Erscheinungsjahr von *Efraim* den Nelly-Sachs-Preis der
Stadt Dortmund erhielt.

Marcel Reich-Ranicki spielte in seiner vernichtenden Kritik des
Romans zunächst darauf an, daß andere Rezensenten sich gescheut
hatten, das Judentum des Protagonisten bei Andersch zu diskutieren,
indem er die Frage aufwarf, warum so viele Rezensionen so «sehr
freundlich, betont respektvoll, zum Teil enthusiastisch» ausgefallen
seien, während jene Rezensenten, die anderer Meinung waren,
stumm blieben.[13] Reich-Ranicki gab gleich selbst die Antwort: «Andersch läßt einen deutschen Juden die Geschichte seines Lebens erzählen.» Nach Seitenhieben gegen die anderen Rezensenten wirft er
Andersch vor, seinen Protagonisten in einer «fatalen, süßlich-philo-
semitischen Aura» gezeichnet zu haben und nur mit Klischees und
«pure[m] Mumpitz» aufzuwarten. Reich-Ranicki findet den Roman
«belanglos», «erschreckend armselig», «geradezu peinlich» und fragt
rundheraus, ob Andersch überhaupt das Recht hatte, seinen Protagonisten zu «judaisieren» (worauf er selbst die Antwort gibt, daß ein
Romanschriftsteller alles darf, was er kann, daß Andersch sein Vor-
haben aber mißlungen sei).

Fast zwanzig Jahre später, 1985, vermutet Ruth K[lüger] Angress
in dem schon erwähnten Artikel, daß der Roman, der nach den Au-
schwitzprozessen erschienen ist, «selbst ein Akt der Wiedergutmachung» sei und «wohl mit Sicherheit als Geste des Philosemitismus
gedacht war». Abschließend sagt sie: «Gerechterweise wird man sagen dürfen, daß dieser Roman ein Beispiel für ernstgemeinte und
vordergründig gewissenhafte deutsche Bemühungen um Bewältigung
dessen darstellt, was die vorige Generation ihren jüdischen Mitbür-
gern angetan hat.» (S. 219 f.) Diese Kombination von «ernstgemeint»
(was die Absicht würdigt) und «vordergründig gewissenhaft» (was
auf die Art der Umsetzung dieser Absicht zielt) benennt überzeugen-
der als Reich-Ranickis Verriß den Geist, in dem diese «Bemühun-

gen» unternommen wurden. Ruth K. Angress geht kritisch auf den Umstand ein, daß der «Schurke» in der Geschichte – Efraims Redakteur, der es unterließ, das Leben seiner halbjüdischen Tochter zu retten, als er aufgefordert wurde, sie nach England zu holen – ein Engländer ist, während es sich bei den Menschen, die ihr Leben aufs Spiel setzen, um das Mädchen zu retten, um deutsche Klosterschwestern handelt. Sie bemängelt, daß sich sämtliche Deutschen in dem Roman «in anerkennenswerter, intensiver Gewissensprüfung» mit der nationalsozialistischen Vergangenheit auseinandersetzen, moniert das Fehlen «früherer Nazis oder Mitläufer» (S. 220) sowie jene Stellen in dem Buch, «die davon ablenken, daß die Nationalsozialisten wirkliche Menschen und wirkliche Deutsche waren» (S. 222), und geht besonders aufmerksam auf Efraims wirre «Philosophie» ein, die darüber nachsinnt, ob Schicksal oder Zufall die bestimmenden Kräfte im Leben eines Menschen sind. Ruth K. Angress hat recht mit ihren Einwänden gegen «Efraims Behauptung, alle Gruppen seien gleichermaßen verwundbar» durch Schicksalsschläge, weil er dadurch «die Gegebenheiten [der jüdischen Katastrophe] verzeichnet und von dem rabiaten Antisemitismus ablenkt, der zur (...) Deportation der Juden führte.» (S. 221) Ihr Urteil über Anderschs «vordergründig gewissenhafte ... Bemühungen» gipfelt in dem abschließenden Urteil: «Gerade der ausweichende Gestus in Anderschs Roman scheint mir kritikwürdig zu sein.» (S. 222)

Wie wäre es aber zu erklären, daß das «ernstgemeinte» Bemühen eines doch gewiß ernstzunehmenden Schriftstellers so spektakulär scheitert? Ist *Efraim* trotz seiner «ernstgemeinten» und «gewissenhaften Bemühungen» ein «vordergründiges» Dokument des guten Willens und des moralischen Engagements, das bei dem «Mangel an wirklichen Juden in Deutschland» nur Anderschs Unkenntnis der Geschichte und des Leidens der Juden verrät? Glaubte Andersch, voraussetzen zu können, daß er als entfremdeter Intellektueller die notwendige Einfühlungsgabe besitze, um einen noch gründlicher entwurzelten und exilierten Intellektuellen zu zeichnen? Welche blinden Flecken auf der Landkarte seiner unbewußten Voraussetzungen verraten diese «vordergründig gewissenhaften Bemühungen»? Oder was sagt es über den Autor aus, wenn seine Figur ein Konstrukt ohne persönliche Dynamik bleibt, ein Subjekt, das über die Ereignisse in seinem Leben spricht, als gehörten sie zu einem Objekt?

All diese Einwände gegen das Buch sind triftig und nicht wegzudiskutieren. Ein anderer Zugang zu dem Roman könnte jedoch zeigen, nicht was Andersch gewollt hat – nämlich das «Thema des deutsch-jüdischen Intellektuellen» abzuhandeln, was ihm mißlungen ist –, sondern was er tatsächlich geleistet hat. Der Aufbau des Romans *Efraim* ist äußerst kompliziert. Der Beginn der Erzählung, die Ankunft Efraims in Berlin am 26. Oktober 1962, fällt mit seinem Entschluß zusammen, Aufzeichnungen zu machen. Die Erzählzeit als Rahmen des Romans umfaßt den Zeitraum von der Kubakrise im Oktober 1962 bis zum Sommer 1965. In diesen Zeitrahmen eingetragen sind die Situationen und Ereignisse, die Efraim erlebt und kommentierend festhält. Es gibt zudem viele Rückblenden in die ferne Vergangenheit und von diesen Standpunkten aus weitere Rückblicke und gelegentliche Vorausblicke. Die erinnerte Zeit reicht in einer großen Bewegung zurück bis in Efraims Kindheit und umfaßt wichtige Stationen seines Lebensweges; die erinnerten Szenen werden nicht in chronologischer Folge aneinandergereiht und sind häufig unterbrochen, fügen sich aber zuletzt wie Teile eines Puzzles zu einem Gesamtbild zusammen. Nach Efraims Ankunft in Berlin treten Erzählzeit und erzählte Zeit auseinander. Eingetragen in die erzählte Zeit, welche die bedeutsamen Ereignisse in Efraims Leben umfaßt, ist ein anderer Zeitkreis, der das Herz des Romans darstellt: Efraims kurzer Aufenthalt von etwa einer Woche in Berlin, bei dem er herauszufinden sucht, was mit Esther geschehen ist. Efraim benötigt die gesamte Länge der Erzählung – etwa drei Jahre –, um diese zentrale Periode mit vielen Unterbrechungen und Neuanfängen zu berichten. Man könnte sagen, daß Efraim erst all die anderen Aufzeichnungen machen mußte, die den Roman bilden, bevor er zum Ausdruck bringen konnte, was ihm in der einen Woche widerfahren ist, und daß er es hinauszögerte, etwas zu sagen, was er von Anfang an, seit jener ersten Woche in Berlin, wußte.

Dieses scheinbare narrative Chaos (in Gestalt häufiger Exkurse, Unterbrechungen, vorenthaltener Informationen, zeitlicher Manipulationen, Ortswechsel und dergleichen) verkörpert die Reflexionen des Autors über das in die Brüche gegangene Leben des Erzählers. Die diskontinuierlichen Episoden werden jedoch nicht als isolierte Bruchstücke eines inneren Ichs präsentiert, sondern zeugen von Anderschs Bestreben, seinem Protagonisten eine persönliche Dynamik zu verleihen. Das scheinbare erzählerische Chaos kann auch als Ausweichtaktik des Erzählers verstanden werden, der die Auseinandersetzung mit dem zentralen Ereignis so lange wie möglich hinausschieben will. Ein genauerer Blick auf die Tiefenstruktur dieser Exkurse enthüllt freilich noch ein anderes Bild: die konzentrischen Kreise des Abstiegs in eine Hölle, die an ihrem tiefsten Punkt in ein Schweigen gehüllt ist, aus dem nur mehr gequälte Stimmen dringen.

Der Roman beginnt und endet mit Telefongesprächen zwischen Georg Efraim und Keir Horne, die den Umfang des innersten Kreises – der Berlin-Episode – ausmachen und zwischen denen eine Woche erzählter Zeit liegt. Efraim hat am Abend vor dem ersten Telefongespräch Anna Krystek kennengelernt, eine aufstrebende ostdeutsche Schauspielerin (allerdings zieht er es vor, diese Episode erst später zu erzählen), und Anna hat ihm vorgeschlagen, in Esthers früherer Schule nach möglichen Informationen über das Mädchen zu fragen. Esther wird somit zur zentralen Figur des Romans, jedoch als abwesende und schweigende.

Esther Bloch, fünf Jahre jünger als Efraim, war bei ihrem Verschwinden 1937 dreizehn Jahre alt. Die Entscheidung, ein Kind zum Hauptopfer zu machen, fordert den Vorwurf der Sentimentalisierung heraus, weil es nun nicht mehr das Entsetzen der Situation der Juden überhaupt ist, was Mitleid und Identifikation erzeugt (oder erzeugen soll), sondern der Umstand, daß hier ein Kind leidet.[14] Andersch versucht, der Sentimentalisierung durch den paradoxen Kunstgriff zu entgehen, daß Esthers Gegenwart durch ihre Abwesenheit fühlbar wird. In Efraims Gespräch mit Esthers früherer Lehrerin, Mutter Ludmilla, wird Esther als gespiegelte Präsenz lebendig, nicht durch ihre eigene Gegenwart. Andersch versucht, Esther und ihre Notlage mit einer Eindringlichkeit zu schildern, die in der Tat sentimental wäre, würde sie nicht durch diesen distanzierenden Kunstgriff gefiltert. Im Gespräch mit Mutter Ludmilla beschwört Efraim sogar Esthers Hündchen herauf: «Es ist doch unmöglich, daß Sie einem Kind von dreizehn Jahren, das mit seinem kleinen Hund zu Ihnen geflohen ist, nicht geholfen haben!» (S. 315) Als Mutter Ludmilla keine klare Antwort gibt, wird Efraim noch sentimentaler, in der Hoffnung, Widerspruch zu provozieren: «Sie haben zugesehen, wie ein weinendes Kind, das Sie gut kannten, mit seinem Hund sprach!» (S. 317) Aber Mutter Ludmilla läßt sich nicht zu einer Antwort drängen. Dieses Bild des kleinen Mädchens und das Ungewisse von Esthers Schicksal fordern zu einer emotionalen Reaktion heraus. Gerade das Ausbleiben einer Antwort lädt den Leser sein, selbst eine Antwort zu geben. Die Länge der erzählten Zeit, die Efraim benötigt, um zu artikulieren, was er über Esther herausgefunden hat – nämlich nichts –, dient dazu, die emotionale Anteilnahme des Lesers an dieser Suche zu verstärken.

Als Kontrapunkt zu der affektiven, wenn auch sentimentalisierten

Anteilnahme an Esther bringt Efraim in seinen Aufzeichnungen zwei kurze Zeugenaussagen, die bei den zur selben Zeit stattfindenden Auschwitz- und Treblinka-Prozessen gemacht worden sind. Sie stehen ziemlich genau in der Mitte des Romans und werfen die Frage auf, ob der Roman nicht gerade um ihretwillen geschrieben wurde. Es sind die einzigen dokumentarischen Passagen in *Efraim*, weshalb man annehmen muß, daß sie dort sprechen sollen, wo dem Autor die Stimme versagt. Die erste Aussage, die des Zeugen Poswolski im Treblinka-Prozeß, lautet: «Mindestens einmal hat der SS-Mann Küttner, genannt Kiewe, ein Kind in die Luft geschleudert, das Franz dann mit zwei Schüssen getötet hat.» (S. 172) Die zweite Aussage, die der Zeugin Dr. Lingens im Auschwitz-Prozeß, lautet:

Wir sahen ein riesiges Feuer und Menschen herumgehen, die irgend etwas hineinwarfen. Ich sah einen Mann, der hatte etwas in der Hand, das den Kopf bewegte. Ich sagte: «Um Gottes willen, Maruscha, der wirft ja einen lebenden Hund hinein.» Aber meine Begleiterin sagte: «Das ist kein Hund, das ist ein Kind.» (S. 172)

In beiden Aussagen werden die entsetzlichen Taten an Kindern begangen; in der zweiten Aussage gibt es auch einen Zusammenhang zwischen einem Kind und einem Hund. Es kann kein Zweifel daran bestehen, daß Andersch gerade diese Texte wählte, weil sie seiner Absicht entgegenkamen, über das besonders sentimentale Thema Kinder zu sprechen. Die lakonische Zeugenaussage schafft den Erzähler ab, so daß der Text seine eigene, vernichtende Wirkung entfalten kann. Wo Efraim nach einem einzelnen kleinen Mädchen mit einem Hund forscht und die Verzweiflung der Situation zu individualisieren sucht, beschreiben die Zeugenaussagen entsetzliche Praktiken, die den anonymen vielen zugefügt wurden. Sie sprechen mit einer Autorität und Authentizität, die über das von Efraim Erlebte hinausgehen. Es sind die Stimmen, die aus dem Schweigen am Tiefpunkt der Hölle dringen.

Efraim ist keine «Rückerstattung persönlicher Identität». Dazu ist der Roman ein zu bewußtes Konstrukt. Die ausgesprochen intellektuelle Absicht schließt eine emotionale Identifikation mit dem Protagonisten aus. Die vielen Brüche und Verzerrungen wirken künstlich, weil der Roman letztlich, indem er Efraim porträtiert, doch Rundung und Geschlossenheit erhält. (Nur Esthers Schicksal bleibt offen.) Wenn sich aber der Blickpunkt von Efraim auf Esther verlagert, die zur Hauptfigur in Efraims Unternehmen wird, verlangt die andere Akzentuierung auch eine andere Interpretation. Dann ist der

Roman nicht das – gescheiterte – Bemühen, die persönliche Identität des Protagonisten wiederherzustellen, sondern spricht die Verbrechen gegen die stummen, abwesenden Kinder an. Indem er nach den Aussagen der Prozeßzeugen greift, vermittelt Andersch ein Bild des Entsetzlichen, das seine Bemühungen und Absichten transzendiert, ein Buch über einen «deutsch-jüdischen Intellektuellen» zu schreiben. Die kritischen Einschätzungen des Romans *Efraim* werden durch diese Zeugenaussagen nicht entkräftet, aber die Ungeheuerlichkeit des Schweigens, für das diese Aussagen stehen, und die Gewalt dieses Schweigens verleihen dem Roman eine Dimension, die Klischee, Sentimentalität und philosemitischen Gestus hinter sich läßt und zu jener Ebene des Schocks und Entsetzens vordringt, für die Andersch keine eigene Sprache gefunden hat.

Peter Härtling

Peter Härtling gehört zu den produktivsten und angesehensten deutschen Schriftstellern. Geboren wurde er 1933 in Chemnitz; während des Krieges siedelte die Familie um und mußte dann aus dem Gebiet der heutigen Tschechischen Republik fliehen. Im Zuge der Vertreibung wurde Härtlings Mutter von einem russischen Soldaten vergewaltigt und beging später Selbstmord; sein Vater, ein Rechtsanwalt, starb in russischer Kriegsgefangenschaft. In immer neuen Romanen hat Härtling sich geradezu zwanghaft diese traumatischen Ereignisse seiner Jugendjahre von der Seele geschrieben. 1985, fast zwanzig Jahre nach Anderschs *Efraim*, erschien sein Roman *Felix Guttmann*. 1985 war ein politisch turbulentes Jahr. Im Zusammenhang mit den Feiern zum vierzigsten Jahrestag des Endes des Zweiten Weltkriegs kam es zur «Affäre Bitburg», als der amerikanische Präsident Ronald Reagan gegen erhebliche Proteste aus seinem Land zusammen mit Bundeskanzler Helmut Kohl einen deutschen Soldatenfriedhof in Bitburg besuchte, auf dem auch Angehörige der Waffen-SS begraben sind. Als *Felix Guttmann* erschien, hatte die Welle autobiographischer Erzählprosa ihren Höhepunkt erreicht – eine Welle, zu der auch Härtlings eigener Roman *Nachgetragene Liebe* von 1980 gehörte. Diese Lawine autobiographischer Erzähltexte hatte den Satz Ruth Klügers bestätigt: Deutsche Autoren waren mit den Tätern beschäftigt, aber zu den Opfern «fiel ihnen nichts ein». War *Felix Guttmann* die Ausnahme, welche die Regel bestätigt? Erstattete er persönliche Identität zurück?

Felix Guttmann ist die Geschichte eines «unbekannten jüdischen Rechtsanwalts, 1904 in Breslau geboren, 1922 Student in Berlin, 1933 von den Nationalsozialisten mit Berufsverbot belegt, der 1937 nach Palästina emigriert und 1948 mit israelischem Paß nach Deutschland zurückkehrt».¹⁵ Wolfgang Pohrt, der das Buch für die Zeitschrift *Konkret* besprach, nahm an dieser Ankündigung Anstoß, weil sie in seinen Augen «einen saftigen Schundroman nach der Holocaust-Masche [...], nach dem Einer-kam-durch-Prinzip» verhieß.¹⁶ (Das Bemerkenswerte an dieser Aussage ist nicht so sehr Pohrts Einschätzung des Romans als der Ton einer hemdsärmeligen Vertrautheit mit dem Holocaust.) Die Erzählstruktur des Romans ist viel einfacher als in *Efraim*. Es gibt einen Erzähler, der die teilweise fiktionalisierte Lebensgeschichte eines deutsch-jüdischen Rechtsanwalts erzählt, den er in den Nachkriegsjahren kennenlernt und den er Felix Guttmann nennt. Dieser Name taucht seinen Träger in ein besonderes Licht: «Felix» bedeutet «der Glückliche», «Guttmann» natürlich «der gute Mann». Erzählzeit sind die Jahre 1984/85; sie verläuft linear, mit Ausnahme gelegentlicher Rückblicke auf die eigene Vergangenheit des Erzählers/Autors. Die erzählte Zeit umfaßt dagegen das ganze Leben Felix Guttmanns, von seiner frühen Kindheit 1904 bis zu seinem Tod bei einem Verkehrsunfall 1977. In einer Coda fallen am Ende Erzählzeit und erzählte Zeit zusammen. Strukturell folgt Härtling erzählerischen Grundsätzen, derer er sich schon in seinen anderen Romanen bedient hatte: Er konstruiert aus der Ich-Perspektive des Erzählers das Leben seines Protagonisten; während er über diese Konstruktionen nachdenkt, bringt er ein Gefühl der Ungewißheit ins Spiel. Dementsprechend «spielt» der Roman mit der Unzuverlässigkeit der Erinnerung; er konstruiert, stellt Vermutungen an und verflicht historische Realitäten mit denen der Fiktion. So gibt Härtling dem ersten Kapitel des Romans den Titel «Erinnerung an eine Figur, die es nicht sein wird». Diese Ambiguität erlaubt es ihm, seine Aussagen zu bekräftigen und gleichzeitig das Gesagte in Frage zu stellen.

Bis 1933 verläuft Felix' Leben als deutscher Jude unspektakulär und – als Beispiel für deutsche Vorkriegsromane über einen heranwachsenden Jungen – ziemlich vorhersehbar. Felix ist ein verwöhntes Einzelkind und umgeben von achtsamen Erwachsenen; auf dem Gymnasium findet er einen besten Freund und hat die ersten sexuellen Begegnungen. Es gibt kaum irgendwelche Mißhelligkeiten in diesem angenehmen Leben; wenn sie aber vorfallen, dienen sie dazu, das «Anderssein» Felix' herauszustellen. Einmal verteidigt der kleine Fe-

lix den Besitz seines «grünen Floßes» – eines Grasstreifens in einem
von den umliegenden Mietshäusern benutzten Hinterhof; die anderen
Kinder lassen ihm sein Floß, kommen aber nicht zu ihm. Man kann
diese Kindheitsgeschichte als subtile Studie über eine kaum wahr-
nehmbare Ausgrenzung lesen, die aus dem Kind, das mit allen Nach-
barskindern spielen will, einen recht zurückgezogenen Halbwüchsigen macht. Als er sein Jurastudium in Berlin aufnimmt, hat er fast
nur zu anderen Juden Kontakt. Die Ausnahme sind zwei ziemlich
unerfreuliche Nichtjuden: Die eine ist seine erste Liebe, eine aufstrebende, opportunistische Schauspielerin, der andere ein Offizier der
rechts-militaristischen Freikorps. Der Philosemitismus in dieser Kon-
stellation ist unverkennbar. Felix' «Anderssein», das er als kleines
Kind nicht begreift, wird niemals ausgesprochen; vielmehr drückt es
sich im Schweigen und der Distanzierung der ihn umgebenden Menschen aus. Hier beweist Härtling große Sensibilität für die subtilen
und weniger subtilen Zeichen von Vorurteil und vor allem für dessen
Auswirkungen auf die Seele eines Kindes in seinen prägenden Jahren.
Lange vor dem aggressiven Antisemitismus der zwanziger Jahre, zu
einer Zeit, als deutsche Juden stolz darauf waren, für ihren Kaiser ins
Feld zu ziehen, bezeugen diese Kindheit und Jugend, daß es dem deutschen Judentum nicht gelungen war, in die Bevölkerung als ganze
integriert zu werden – ein Scheitern, das nicht der fehlenden Assimi-
lationsbereitschaft der Juden zuzuschreiben war, sondern der Weigerung der herrschenden Kultur, sie zu akzeptieren. Mit den frühen
Kindheitserfahrungen seines Felix beweist Härtling, daß die vielbe-
schworene Symbiose zwischen Deutschen und Juden in Wirklichkeit
nicht existierte und «nie etwas anderes als Fiktion» war.[17] Felix als
erwachsenen Mann wird dieses Anderssein davon abhalten, irgendeiner Organisation (sei sie kommunistisch oder zionistisch) beizutre-
ten, zu viele enge Freundschaften einzugehen und sich auf langfristige
Bindungen wie etwa die Ehe einzulassen. Wie Mirjam, seine Geliebte
und Freundin, die er aber niemals heiratet, bemerkt: «Du kommst
nicht darüber hinweg, Jude zu sein.» (S. 132)

Das nationalsozialistische Regime mit seiner antisemitischen Gesetzgebung dezimiert die kleine Gruppe von Freunden, zu der Felix
gehört hat. Als Rechtsanwalt, der Berufsverbot erhält, berät Felix im
Berliner «Palästinaamt» ausreisewillige deutsche Juden; hier zeichnet Härtling das bemitleidenswerte Bild von Juden, die Deutschland
verlassen wollen, von der Panik und dem Durcheinander ihres Lebens und von ihren gelegentlichen verzweifelten Versuchen, ihre namenlose Angst durch die hektische Jagd nach Genuß und anderen

Zerstreuungen zu betäuben. Eines Tages zitiert der ominöse SS-Funktionär Eichmann Felix Guttmann in sein Büro und fragt ihn nach seinem kommunistischen Freund Casimir aus. Das ist eine unmißverständliche Warnung, und Guttmann macht sich Hals über Kopf auf den Weg nach Palästina.

An diesem Punkt im Roman entspricht dem wachsenden Grauen der politischen Lage ein zunehmender, trügerischer Optimismus. Beim Besuch eines zionistischen Lagers in der Nähe von Berlin denkt Guttmann dem Erzähler zufolge: «Er befand sich an einem Ort, über den Hitler nicht herrschte, an dem die Furcht ausgetrieben und die Hoffnung eingeübt wurde, an dem junge Frauen und Männer in Werkstätten und auf dem Feld für eine Zukunft lernten, die sie Palästina nannten und die für sie Heimkehr bedeutete.» (S. 259) Ebensowenig gibt es Probleme mit Guttmanns Papieren, den Transitvisa und dergleichen, und im Handumdrehen findet sich Guttmann auf einem Schiff nach Palästina wieder. Das Schiff ist alt, aber Guttmanns Flucht verläuft ohne Schwierigkeiten.

Die Jahre von 1937 bis 1948 werden aus der Erzählung ausgeblendet, da der Erzähler/Autor gesteht, zu wenig über Palästina zu wissen. Er sagt: «Bevor er sein Land betritt, verlasse ich ihn. Ich kenne es zu wenig.» (S. 284) Das kolossale Unverständnis dieses Satzes ist erstaunlich. Warum soll Palästina und nicht Deutschland Guttmanns Heimat sein? Pohrt greift in seiner Rezension diesen Satz heraus und nennt ihn «skandalös»; denn er legitimiere «Verfolgung und Vertreibung (...), indem er wahrheitswidrig den Flüchtenden in einen Heimkehrer verwandelt». Ähnlich gedankenlos und unsensibel ist der Autor, wenn er Guttmann sich fragen läßt: «Wieso müssen wir dafür bezahlen, daß wir ein Land verlassen, in dem wir geboren wurden, aufwuchsen, arbeiteten, lebten und liebten, Kinder großzogen? Bloß weil die einen sich plötzlich als Rasse verstehen?» (S. 262) Die Frage ist zweifellos schneidend ironisch gemeint, aber sie wirkt seltsam matt. «Wieso müssen wir (...) bezahlen» drückt schwerlich das Gefühl der Empörung und Erniedrigung und die sehr reale Verarmung aus, welche die fliehenden Juden erlebt haben müssen. «Wir (...) verlassen» vermittelt nichts von der Panik oder der absoluten Notwendigkeit der Flucht, ganz zu schweigen von der Schwierigkeit, überhaupt aus Deutschland hinauszukommen. Und nur ein Nichtdeutscher würde Deutschland «*ein* Land» anstatt «*mein* Land» nennen. Einem Juden diesen Satz in den Mund zu legen heißt, ihm die Treue zu seiner Heimat abzusprechen, und bestätigt das Stereotyp vom ruhelosen «ewigen Juden». «[E]in Land (...), in

dem wir geboren wurden, aufwuchsen, arbeiteten, lebten und liebten, Kinder großzogen» ist eine umständliche Vermeidung des nahe-
liegenden «unser Land»; zudem ist dieser Satz, da er von einem
deutschen Juden und Nicht-Zionisten geäußert wird, eine Unterstellung, da mit Ausnahme der Zionisten niemand den Wunsch hatte,
sein Geburtsland zu verlassen; und letztlich unterschlägt «bloß
weil» die ganze Perfidie und das Ausmaß des staatlich propagierten
Antisemitismus.

Wenn der Erzähler/Autor zur Erklärung des Umstands, daß er die
zehn Jahre von Guttmanns Leben in Palästina überspringt, mit der
Entschuldigung aufwartet: «Ich kenne [sein Land] zu wenig», so untergräbt er die Authentizität von Guttmanns Lebensgeschichte.
Wenn es dem Erzähler darum zu tun war, Guttmanns Schilderungen
festzuhalten, hätte er gewiß auch alles aufgeschrieben, was ihm
Guttmann über Palästina erzählte, so wie er aufgeschrieben hat, was
Guttmann ihm angeblich über Berlin erzählte. Sollte Guttmann ihm
überhaupt nichts von Palästina erzählt haben, hätte auch das Teil
der Erzählung sein müssen. Der Erzähler macht es sich zu leicht,
wenn er sagt: «Bevor er sein Land betritt, verlasse ich ihn. Ich kenne
es zu wenig, und was er in den zehn Jahren, die er hier verbrachte,
erfuhr, weiß ich nur in Bruchstücken und kann es mir nicht vorstellen [...]» (S. 284), oder wenn er einfach behauptet: «Ich habe ihn nie
danach gefragt» (S. 255) oder: «Er vermied es jedoch, darüber zu debattieren» (S. 255). Denn «debattieren» kann man nur, wenn es unterschiedlich informierte Quellen gibt; dies würde wiederum voraussetzen, daß auch der Autor/Erzähler über ein Wissen verfügte, das
den Erfahrungen Guttmanns widersprach. Man fragt sich, was es
wohl anläßlich der Erzählung eines Exilierten zu «debattieren» gegeben hätte und aus welchem Grund Guttmann diese Debatten
«vermied». Die Unterschlagung der zehn entscheidendsten und
qualvollsten Jahre in der Geschichte der Vernichtung der Juden ist
ein Beispiel für das, was Klaus Briegleb meint, wenn er von der
«Stillstellung gerade dann» spricht, «wenn es um Juden und ihre
Vernichtung geht», und überführt den Roman des literarischen Antisemitismus im Sinne Guy Sterns, nämlich «durch das Ausbleiben
jeglicher Bekundung von Anteilnahme an jüdischem Leiden», da diese Auslassung «von einem neutralen Leser als spürbare Lücke in
einem literarischen Werk empfunden würde».

1948 kehrt Guttmann in amerikanischer Uniform in ein «zerstör-
tes» Deutschland zurück.[18] Er läßt sich in Frankfurt am Main nieder
und eröffnet wieder seine Anwaltskanzlei. Obwohl er Israeli bleibt,

beantragt er nach wenigen Jahren auch die deutsche Staatsbürgerschaft; er heiratet eine Frau aus Berlin und kommt 1977 bei einem Verkehrsunfall ums Leben. Guttmanns Rückkehr nach Deutschland läßt darauf schließen, daß Israel als Ort des Exils zu verstehen ist, was in offenkundigem Widerspruch zu der früheren Festellung steht, Palästina sei «sein Land». Für diese ungewöhnlich frühe Rückkehr nach Deutschland gibt es keine Erklärung, außer daß «es» Guttmann danach «verlangte» (S. 286). Das neutrale Pronomen deutet darauf hin, daß es nicht Guttmann selbst war, der die Entscheidung zur Rückkehr traf, sondern ein «Es» in ihm. Vermutlich war diese Bindung an Deutschland (nicht an die Deutschen, von denen er kaum welche kennt) stärker als alle Bedenken. Noch merkwürdiger ist die Bemerkung, daß Guttmann gelegentlich von Deutschland «schwärmte wie von Atlantis» (S. 10). Könnte es sein, daß Guttmann an einem Heimweh litt, das stärker war als sein natürlicher Abscheu gegen die Nation der Holocaust-Täter? Der Erzähler/Autor sagt es nicht und ist auch an Guttmann nicht interessiert genug, um über seine Motive weiter nachzudenken. Ähnlich schweigsam ist Guttmann, was seine Eindrücke vom Leben im Nachkriegsdeutschland betrifft. Der Autor «nimmt an» (S. 255), daß Guttmann zurückkehrte, ohne die Begegnung mit jenen zu fürchten, die ihn verfolgt und seine jüdischen Leidensgenossen gefoltert und umgebracht haben. Zuerst «quälten ihn die Versäumnisse» in bezug auf eine gerechte Verurteilung der Schuldigen (S. 255); er «vermied es jedoch, darüber zu debattieren» (S. 255). Ist Guttmanns «Vermeidung der Debatte» ein Zeichen der Resignation? Ist sein Schweigen das Eingeständnis der Niederlage auf seiten jener Juden, die in das Deutschland der sich entfaltenden Adenauer-Restauration zurückgekehrt waren? Oder ist es ein Schweigen, das ihm der Autor aufnötigt, weil ihn eine «Debatte» dieser Frage nicht interessiert?

Warum will Härtling ein Buch über ein deutsch-jüdisches Leben schreiben, wenn er vor dem Schmerz, den ein solches Leben mit sich brachte, zurückschreckt? Auf der ersten Seite erklärt er seine Verbundenheit mit Felix Guttmann: «Nie hätte ich ihm gestanden, was ich ihm jetzt nachrede: daß er mein Freund gewesen ist, mehr noch, daß er mir, nach einer langen vaterlosen Zeit, den Vater ersetzt hat.» (S. 9) Man kommt zu der Überzeugung, daß Härtling sich in Guttmann den Vater erschafft, den er bei Kriegsende verloren hat. Sein Wunsch, eine letztlich harmonische Welt mitsamt einem Vater zu entwerfen, ist so übermächtig, daß er der Wirklichkeit und historischen Ereignissen nur teilweise gerecht werden kann. Die «Wahr-

heit» des *Felix Guttmann* liegt nicht in der Schilderung von Guttmanns Leben, sondern in der Stärke des auktorialen Wunsches, eine
annehmbare Welt zu entwerfen. Dieser Wunsch (besser gesagt: dieses
Bedürfnis) ist nicht trivial genug, um Tatsachen rundheraus zu fäl-
schen; er kleidet sich vielmehr in den Mantel des Erinnerns und
betritt solchermaßen ungeniert das Gelände von Ungewißheiten, Re-
konstruktionen und Fragmenten einer längst entschwundenen Vergangenheit. Das Fehlen schmerzvoller Ereignisse oder deren stille,
fast lyrische Wiedergabe resultieren aus dem überwältigenden Bedürfnis des Autors, das Leiden auf Distanz zu halten. Wenn er beispielsweise in einem einzigen, kurzen Absatz gegen Ende des Romans resümiert, was mit Menschen geschah, die Guttmann nahe-
standen, ist der Ton ruhig und die Sprache voller besänftigender
Euphemismen:

Mama starb 1939. Jona und Elena wurden 1940 nach Theresienstadt gebracht,
von dort nach Auschwitz deportiert. Im Gas kamen sie um. Wie auch Olga.
Wie auch Fräulein Esther. Casimir nahm sich 1940 in einem Internierungs-
lager in Südfrankreich das Leben. Die anderen entkamen: Tante Betty, Katja,
Mirjam, Aaron Weiss, Sommerfeld. (S. 285)

Härtlings Darstellungen sind flach, weil tieferes Nachbohren seine
Konstruktion einer einigermaßen intakten Welt zum Einsturz bringen würde. Zweifellos weiß Härtling, daß der Holocaust entsetzli-
cher war, als er in *Felix Guttmann* andeutet, und vielleicht ist er
gerade darum gezwungen, eine Gegenwelt zu erschaffen, in der man
nur undeutlich Markierungen und Hinweise erkennt, während einem der schärfere, direktere Blick erspart bleibt. Wenn Härtling
Guttmanns palästinensische Jahre mit Stillschweigen übergeht, entwertet er sein eigenes Bemühen, ein jüdisches Leben zu rekonstruieren, und deutet an, daß sein eigentliches Interesse anderem gilt.
Da er die Schrecken des Holocaust dämpfen will, ist ein jüdischer
Vaterersatz wirkungsvoller als ein nichtjüdischer. Die Gegenwart
des jüdischen Vaters hält das Wissen um den Holocaust lebendig,
doch da der Vater überlebt hat und nach Deutschland zurückgekehrt
ist, besteht keine Notwendigkeit für verstörende Informationen. Die
Verbrechen des Holocaust sind «verziehen», wenn Guttmann wie-
derkehrt, und daß Guttmann seine Erfahrungen teilt, daß er dem
Erzähler Einzelheiten aus seinem Leben, aber nicht aus seinem Exil
mitteilt, daß der Erzähler sie aufschreiben kann, stellt einen weiteren Akt der Verzeihung dar. Die Ungeheuerlichkeit des Holocaust
dient in diesem Roman dazu, das Wunder des Überlebens des Vaters

und die Größe seiner Verzeihung zu zeigen. Guttmann zählt, *weil* er überlebt, nach Deutschland zurückkehrt, Freundschaft mit dem Autor schließt, sein Ersatzvater wird und alles verzeiht, was der Verzeihung bedarf.

Der Roman ist also keine «Rückerstattung persönlicher Identität», sondern die phantasierte Beschreibung eines Juden, der überlebt, akzeptiert und verziehen hat. Wenn er das Bedürfnis nach einer harmonischen Welt und einem überlebenden, verzeihenden Vater artikuliert, schwankt er zwischen philosemitischen Schilderungen und einem tieferen Desinteresse, das man antisemitisch nennen kann. Mit dem übermächtigen Wunsch nach einem jüdischen Vater und dessen Verzeihen beleidigt Härtling jüdisches Leiden; seine Unterschlagungen und Umschreibungen künden laut und deutlich von seinen eigenen Interessen und dem Zweck, zu dem er eine jüdische Existenz erfand.

Gert Hofmann

Wie Peter Härtling schreibt sich auch Gert Hofmann in vielen seiner Romane das Trauma einer Kindheit und Adoleszenz im Krieg von der Seele. Geboren wurden die beiden im Abstand zweier Jahre (Hofmann 1931, Härtling 1933) und in enger geographischer Nachbarschaft (Härtling in Chemnitz, Hofmann im kaum dreißig Kilometer entfernten Limbach). In immer neuen Romanen bewegen sich beide auf demselben alptraumartigen Terrain, aber wo Härtling sich eine Gegenwelt der Wunscherfüllung erdichten muß, läßt Hofmann das Trauma in seiner ganzen vernichtenden Gewalt aufbrechen.

Im Unterschied zu *Die Denunziation* weitet sich in *Veilchenfeld* das Blickfeld: Der Autor nimmt die Genese des nach dem Krieg so verbreiteten Verleugnens und Verschweigens in den Blick und berücksichtigt das ganze Spektrum kollaborativen Verhaltens, das von schamerfüllter Resignation und uneingestandenem Wissen über Gleichgültigkeit und stumme Mitwisserschaft bis zu opportunistischer Kriecherei vor den Nationalsozialisten und gemeiner Drangsalierung der Juden reichte.[19] Während in *Die Denunziation* der zerbrechliche, alte Jude eine Hintergrundfigur war, die dennoch die Perspektive bestimmte, beherrscht in *Veilchenfeld* ein ähnlich fragiler älterer Jude die Bühne. Wie in *Die Denunziation* bestimmen Brüche, Fragmentierung, Schweigen und die Anwesenheit-durch-Abwesenheit der Opfer eine komplizierte Erzählung.

Der Protagonist in *Veilchenfeld* ist «Bernhard Israel Veilchenfeld», Philosophieprofessor an der Universität Leipzig. Nach seiner Entlassung aus dem Amt geht er in dem kleinen Heimatort des Erzählers in den «Ruhestand». Mit wenigen, sorgfältig vorbereiteten Ausnahmen wird Veilchenfeld niemals selbst als Handelnder oder Sprechender vorgeführt: Er wird nur so präsentiert, wie ihn andere wahrnehmen; sobald sie ihn «vergessen», existiert er nicht mehr. Der Erzähler ist ein Junge namens Hans, der Veilchenfeld mit voyeuristischer Neugierde studiert. Hans ist ein intelligenter, kühl distanzierter, scharfer Beobachter, der aus der Perspektive des Kindes die Inkonsequenzen und Lügen im Leben der Erwachsenen aufdeckt. Seine Erzählstimme beinhaltet auch die Stimmen in seiner Umgebung; er verknüpft die Meinungen und das Schweigen seiner Mitmenschen mit seinen eigenen Beobachtungen, Mißverständnissen und Fehldeutungen und seiner eigenen Version dessen, was andere von ihm zu tun, zu denken und zu fühlen erwarten. Da Hans nicht alles selbst miterlebt, was er uns erzählt, sondern (meistens) die Erzählungen seines Vaters von dem wiederholt, was der Vater gehört oder miterlebt hat oder denkt, gibt es mehrere Ebenen eines «gestaffelten» Diskurses, wie etwa den Diskurs im Diskurs oder den auf einen Diskurs aufgepfropften Diskurs, häufig unvollständig und mit ungewissem Ausgang. Hans' Stimme ist die Ansammlung von Fragmenten und unverbundenen Informationen, die er von seinen Eltern oder den Stadtbewohnern bekommen hat und die sich zu einem Ozean von Widersprüchen summieren, den Hans zu befahren lernt. Hinterlistig wiederholt er, was er hört, und beobachtet unterdessen aufmerksam die Nervosität der Erwachsenen, ihre Fehler und die Anlässe ihres Verstummens. Hans ist gewitzt und frühreif, aber er ist auch ein Kind, das durch die Erfahrungen, die es mit seiner Umgebung macht, zu Doppelzüngigkeit, Furcht und Brutalisierung erzogen wird.

Die bittere Ironie in *Veilchenfeld* rührt her von der Diskrepanz zwischen dem, was Hans beobachtet und berichtet, und dem, was der Leser weiß. Veilchenfeld ist häufiges Gesprächsthema bei Hans zu Hause und bei den anderen Erwachsenen des Ortes. Während sie einen immer bedrohlicher und undurchdringlicher werdenden Ring um ihn schließen, registriert Hans das Dahinschwinden Veilchenfelds: Der Raum, in dem er sich bewegen kann, wird immer enger; Veilchenfeld nimmt ab, sein Körper schrumpft ein; man spielt ihm böse Streiche; er wird von Nazi-Rabauken verprügelt und, als er Anzeige erstattet, auf der Wache mißhandelt; seine Wohnung und seine Bibliothek werden verwüstet; sein Paß wird zerrissen; zuletzt begeht er Selbstmord mittels eines Gifts, das Hans ihm besorgt hat. In dem Maße, wie Veilchenfeld zusammenschrumpft, verfällt auch sein Äußeres, und seine Wohnung verkommt (zuerst, weil er keine Haushälterin mehr hat, dann durch Vandalismus). Hofmann liegt besonders daran zu zeigen, daß die Schuld für diese Vorfälle dem Opfer gegeben wird. Veilchenfeld muß sich die Schuld an dem Überfall geben lassen, denn er hätte ja nicht um Mitternacht auf die Straße zu gehen brauchen (aber Mitternacht schien ihm die einzig sichere Zeit zu sein, um einen Brief einzuwerfen). Seine Narben und das wild abgeschnittene Haar, eine Folge des Überfalls, lassen ihn gewalttätig aussehen, so daß die Stadtbewohner jetzt sagen können, daß sie Angst vor ihm haben, um ihn noch mehr aus ihrer Gesellschaft ausstoßen zu können. Konfrontiert mit der Feindseligkeit und Gleichgültigkeit einer ganzen Stadt, will Veilchenfeld dennoch eine gewisse Ordnung in seinem Leben wiederherstellen und seine Würde wahren. Er setzt sich mit den Mitteln eines Menschen zur Wehr, der an die Unantastbarkeit des Rechts glaubt: Er geht zur Polizei, um den Überfall anzuzeigen, mit dem Ergebnis, daß er aufs neue mißhandelt wird.

Die erzählte Zeit des Romans reicht – bei einigen Rückblicken in eine fernere Vergangenheit – vom Winter 1936, als Veilchenfeld in die kleine Stadt in Sachsen zieht, bis zu seinem Selbstmord am 18. September 1938. Während die Zeit des Kindes subjektiv ist und nur die belauschten Gespräche und wenigen Kontakte mit Veilchenfeld beleuchtet, geschehen die Ereignisse chronologisch; ihre gnadenlose Abfolge wird bestimmt von einer nationalsozialistischen Gesetzgebung, deren Ziel die Ausgrenzung, Demütigung und – wie Jean Améry es geahnt hatte – Ermordung der Juden war. Hofmann, der über die einzelnen Stationen dieser Gesetzgebung genauestens informiert ist, benutzt sie als unsichtbares Raster, in das er den Untergang Veilchenfelds einträgt. Aus diesen Gesetzen geht auch klar hervor, daß die Übergriffe gegen einen einzelnen Menschen stellvertretend für die Ausgrenzung und die Barbareien stehen, denen alle Juden ausgesetzt waren.[20] Diese Allgemeingültigkeit der antisemitischen Gesetze wird unterstrichen, wenn die Namen von Bürgern fallen, die das Land schon verlassen haben oder es verlassen wollen.

Der Vater von Hans ist Arzt und war als Soldat im Ersten Weltkrieg gewesen. Trotz vieler guter Ansätze von seiner Seite ist seine Haltung gegenüber Veilchenfeld zwiespältig. Er verteidigt den Pro-

fessor, als ein Bekannter versucht, «dem Opfer die Schuld zu geben»;
er begleitet Veilchenfeld – freilich durch Seitenstraßen – nach Hause,
als er ihm in der Stadt begegnet; er sucht den Leiter des städtischen
Wasserwerks auf und stellt ihn zur Rede, nachdem dieser Veilchenfeld «zum Spaß» in der größten Augusthitze das Wasser abgestellt
hat; er läßt sich von den Rassegesetzen nicht einschüchtern und
behandelt Veilchenfeld wegen dessen Herzbeschwerden auch dann
noch weiter, als er eine amtliche Aufforderung bekommt, «den Pa-
tienten Veilchenfeld wegen mutmaßlicher Erbkrankheiten nicht
mehr ärztlich zu betreuen» (S. 118). Aber Veilchenfelds Chancen,
Deutschland verlassen zu können, beurteilt er pessimistisch, und es
ist von tiefer Ironie, daß er als Arzt die Herzprobleme Veilchenfelds
behandelt, als Staatsbürger jedoch Veilchenfelds einzigen Ausweg im
Selbstmord sieht. Früh in der Erzählung lädt er Veilchenfeld zum
Abendessen ein. Während des Essens macht der Junge die Beobachtung, daß

> (...) das gute Eintopfessen, das die Mutter gekocht hat, in sein Gesicht
> dampft, so daß ihm die Schweißtropfen über die Wangen laufen, die er, damit
> sie nicht in den Teller fallen, mit dem Handrücken wegwischen muß. Bis
> ich plötzlich merke, daß es gar keine Schweißtropfen, sondern Tränen sind.
> Tatsächlich, da sitzt Herr Veilchenfeld und weint in seine Suppe! (S. 24)

Das Kind ist verwundert, stellt sich aber nicht die Frage, warum
Veilchenfeld wohl weint. Es registriert die betretene Reaktion der
Mutter auf Veilchenfelds Tränen und begreift, daß sie die Gründe für
diese Tränen nicht wissen will:

> Aber Herr Veilchenfeld, das ist doch nicht nötig, daß Sie sich so erregen, sagt
> die Mutter und droht ihm mit dem Finger. Erzählen Sie uns lieber: Wie haben
> Sie den Winter verbracht?
> Ach, irgendwie eben, sagt Herr Veilchenfeld und will noch etwas sagen,
> doch kommt dann wieder nichts.
> Es ist doch selbstverständlich, daß wir Sie einladen, sagt Mutter und legt
> ihm die Hand auf den Arm. Und es wird auch nicht das letzte Mal sein.
> Nicht, fragt sie den Vater.
> Nein, nicht das letzte Mal, sagt der Vater, der vor dem guten Eintopfessen
> die Hände gefaltet hat und endlich weiteressen will. (S. 24)

Der Abgrund zwischen dem unbeholfen-munteren Geplauder der
Mutter und der Realität Veilchenfelds ist mit höflichem *small talk*
nicht zu überbrücken. In dieser Nicht-Konversation zeigt Hofmann,
wie Sprache zu Schweigen gerinnt. Will Veilchenfeld seine Gastgeber
nicht mit dem Wissen um seine Situation belasten? Aber seine Gastgeber müssen doch wissen, daß er ein Ausgestoßener ist – warum

hätten sie ihn sonst eingeladen? Indem er einer Antwort ausweicht, erspart Veilchenfeld der Familie die direkte Konfrontation mit seiner Lage (die sie höchstwahrscheinlich doch bestritten hätten); er läßt die Mutter so tun, als sei es «nicht nötig, sich so zu erregen», und seine Gastgeber können sich wieder wie gewohnt dem Essen zuwenden. Als Rabauken eine Fensterscheibe einwerfen, bricht der Vater den Abend ab. Er gibt sich den Anschein, als suche er den Garten nach den Missetätern ab, vermeidet es aber (wie Hans bemerkt), dort nachzusehen, wo er sie versteckt weiß.

Die Mutter leidet an häufigen Koliken, die anscheinend ebenso mit ihrer Scham und Sorge um Veilchenfeld wie mit der Furcht vor Kontakten mit ihm zu tun haben. Aus Angst wendet sie sich gegen ihn. Hans berichtet ein Gespräch, in dem er die Mutter einfach dadurch belastet, daß er wiedergibt, was sie zu ihm und seiner Schwester Gretel gesagt hat:

Wie die Dinge liegen, solltet ihr ihn auf der Straße lieber nicht mehr ansprechen, sagte die Mutter immer, wenn wir an ihm vorbei waren.
Und grüßen, fragten wir die Mutter, sollen wir ihn noch grüßen?
Nein, sagte Mutter, auch nicht grüßen. Sondern wir sollten so tun, als kennten wir ihn nicht, als sei er schon nicht mehr vorhanden.
Und wenn er grüßt?
Mein Gott, rief die Mutter und warf die Arme hoch, so taktlos wird er wohl nicht sein! (S. 9)

Hofmann macht hier deutlich, daß Veilchenfeld in der Tat bald nicht mehr vorhanden sein wird, wenn die Menschen so tun, «als sei er schon nicht mehr vorhanden», und zeigt, wie schnell dem Opfer die Schuld in die Schuhe geschoben wird, damit der Schuldige sich schuldlos fühlen kann. Hier wie in der ganzen Erzählung wird die Dualität des «wir» und «die anderen» ausgespielt, und doch fällt in der ganzen Erzählung nicht ein einziges Mal das Wort «Jude». Dies könnte so aufgefaßt werden, als wolle Hofmann es vermeiden, den Holocaust beim Namen zu nennen, gäbe es da nicht die ständigen, versteckten Anspielungen auf die Judenverfolgung. Es gibt die stereotypen antisemitischen Anwürfe, zum Beispiel wenn sich der Landarbeiter Lansky über Veilchenfelds zu große Nase beklagt (S. 131), und es gibt diskriminierende Umschreibungen, etwa wenn die Frage auftaucht, ob sich eine Haushälterin findet, «die *so einem* den Dreck nachräumt» (S. 94). Als Hans' kleine Schwester wissen will, was Veilchenfeld denkt, belastet Hans wiederum kühl seine Mutter, indem er deren Vorurteile zitiert: «Er denkt eben anders, sagt sie. Und wir, fragt meine Schwester, wie denken wir? So wie alle.»

(S. 15) Als wieder eine Familie, die Hirschs, weggegangen ist, sieht es so aus, als ob «wir bald ganz unter uns» sein werden (S. 100). Als die «Verlegung» bevorsteht, verlieren die als die «anderen» Bezeichneten sogar diese Bezeichnung und verschwinden in der äußersten Namenlosigkeit, bevor sie ermordet werden. Und als sich die ganze Straße fragt, warum Veilchenfeld noch nicht «verlegt» worden ist, erläutert Hans in der Sprache seiner Nachbarn, das Zeugnis ihrer Unmenschlichkeit wiederholend: «weil sie (...) noch nicht genug zusammenhaben, damit sich die Fuhre auch lohnt» (S. 146). Durch die Nichtbenutzung des Wortes «Jude» zeigt Hofmann, wie die Juden schon vor ihrer physischen Vernichtung zu Un-Personen geworden sind und wie sich eine Sprache des Ver-Schweigens bereits gleichzeitig mit den zu verschweigenden Handlungen herausbildet; auch zwingt er den Leser, im Opfer den Menschen zu sehen, und unterstreicht damit die völlig willkürliche und irrationale Art, die Opfer auszusondern.

Veilchenfeld ist der zunehmend stumme und zunehmend abwesende Mittelpunkt der Stadt, die ihn gleichsam in einer Choreographie beutegieriger Jäger umkreist. Hofmann führt einen Querschnitt der Stadtbevölkerung vor, die Veilchenfeld aus ihrer Mitte verstößt. Er gibt den meisten Menschen Namen und führt sie mit einer kurzen biographischen Skizze ein, um sie als Individuen zu kennzeichnen, die für ihre Worte und Taten verantwortlich sind, so daß sie nicht in der anonymen Masse jener untertauchen können, die später behaupteten, von der Judenvernichtung nichts gewußt zu haben. Ihre Haltung reicht von einem gehässigen, bösartigen Antisemitismus bis zu einem aus Angst geborenen, gequälten Meiden des Professors. In Übereinstimmung mit früheren Thesen über den Antisemitismus macht Hofmann die gefährlichsten Antisemiten in den unteren Volksschichten aus, besonders bei den jungen Männern der Unterschicht, welche die Juden verachten, um ihre eigene Überlegenheit zu festigen, und sich in dem Wissen sicher fühlen, daß ihre Drangsalierungen, Übergriffe und Vandalenakte ungesühnt bleiben, und er zeigt das stillschweigende Einverständnis zwischen kleinen Beamten und dem Naziregime. Aber auch Nachbarn sind beteiligt: Als die halbwüchsigen Kriminellen aufkreuzen, um Veilchenfelds Wohnung zu demolieren, stellen die Nachbarn sie zur Rede, aber die meisten nur, um sicherzugehen, daß der Überfall Veilchenfeld gilt und nicht ihnen. Einige von ihnen beginnen sogar am nächsten Morgen darüber zu streiten, wann genau Veilchenfelds Wohnung verwüstet worden ist, womit sie verraten, daß sie alle wußten, was

los war, und zugesehen haben (S. 130f.). An vielen Stellen der Erzählung hätten Menschen einschreiten können, um Veilchenfeld zu
helfen oder zu beschützen, und Hofmann sorgt dafür, daß ihre Untätigkeit und ihre Unterlassungen nicht unbemerkt bleiben. Er zeigt
aber auch, wo die Angst sich geltend macht und denen Schweigen
auferlegt, die keine Anhänger des Regimes sind. Hans wird Zeuge
einer Szene im Milchladen, wo Frau Schellenbaum von den schlaf-
losen Nächten erzählt, in denen sie die Schreie aus dem Rathaus-
keller hört, wo Menschen eingesperrt und geschlagen werden. Als
Frau Übeleis entgegnet: «Niemand wird bei uns auf Verdacht hin
eingesperrt», macht Frau Schellenbaum sofort einen Rückzieher
und murmelt: «Nun, vielleicht täusche ich mich, vielleicht stelle
ich es mir bloß vor», worauf Frau Übeleis nachsetzt: «So etwas
Schreckliches sollte man sich nicht vorstellen.» (S. 52f.) Auf einer
anderen sozialen Ebene gibt es die früheren Kollegen und Bekannten Veilchenfelds von der Universität und die «Hunderte von Schü-
lern», die er in einer über vierzigjährigen Laufbahn unterrichtete
(S. 25) und die nun alle den Kontakt zu ihm abgebrochen haben.
Hofmann unterscheidet zwischen dem lautstarken Gebrüll der
Schläger, die sich in den Nachkriegsjahren hinter ihr Leugnen oder
einen vermeintlichen Befehlsnotstand zurückziehen, und der
Sprache anderer Gruppen, in denen Schweigen, Ausweichen und
angsterfüllte Umschreibungen die Regel sind, die aber ein ebenso
willfähriges Instrument dafür waren, die «anderen» den Nationalsozialisten auszuliefern. Hier deckt Hofmann die Wurzeln der verschiedenen Arten des Schweigens in der Nachkriegszeit auf: das
verstockte Schweigen der Täter und eifrigen Mitläufer und das be-
schämte Schweigen derer, die die ganze Zeit Bescheid wußten, aber
aus «zu viel Gehorsam und zu wenig Zivilcourage»[21] nicht halfen.
  Als Veilchenfeld erfährt, daß ihm rechtliche oder offizielle Mittel
nicht mehr zur Verfügung stehen, zieht er sich auf die einzigen Werte zurück, die ihm unter den gegenwärtigen Umständen nicht genommen werden können: seine Selbstachtung, seine Würde und die
Selbstbestimmung über sein Leben. Aber die zwei Beispiele für dieses ohnmächtige Auftrumpfen sind symbolische Vorwegnahmen des
Holocaust und von tiefer Ambiguität erfüllt. Nach dem Überfall auf
ihn verbrennt Veilchenfeld seine besudelten Kleider im Küchenherd
(S. 66). Da die Kleider feucht sind und die Luft stickig ist, brennt das
Feuer nicht richtig, sondern schwelt nur, «so daß bei Ende der Nacht
über dem Haus von Herrn Veilchenfeld plötzlich eine gewaltige
dunkle und übelriechende Rauchwolke gestanden hat» (S. 66). Der

Gestank dieser Rauchwolke liegt über der ganzen Stadt und kann als
eine für jedermann offenkundige Anklage gegen die Stadt und ihr
Verhalten gegenüber Veilchenfeld verstanden werden. Aber dieses
Bild ist auch die ominöse Vorwegnahme der Schornsteine in den
Todeslagern, wo nicht die Kleider (die aufbewahrt wurden), sondern
Menschen verbrannt werden. Die Ambiguität dieser Szene liegt dar-
in, daß es Veilchenfeld, das Opfer, ist, der das Feuer entfacht – als
Akt der Reinigung und um die Spuren seiner Erniedrigung und Entwürdigung zu beseitigen. Das zweite Beispiel ist von einer ähnlichen
Ambiguität: Als für Veilchenfeld alle Aussichten auf Ausreise in die
Schweiz blockiert sind und nur noch die Deportation übrig bleibt,
entzieht er den Häschern die Bestimmung über sein Leben, indem
er Selbstmord begeht. Das Verbrennen der Kleider als Akt der Reinigung setzt ein Handeln des zum Opfer erniedrigten Individuums
voraus und läßt eine kommende, viel größere Katastrophe ahnen;
ebenso ist der Selbstmord als Akt der Selbstbestimmung über sein
Leben zugleich Veilchenfelds Zerstörung, womit seine Häscher ihr
Ziel erreicht haben. In beiden Fällen ist die Zerstörung von eigener
Hand die einzige Wahl. Die Zwiespältigkeit einer Situation, in der
das Opfer in vorgeblicher Opposition gegen seine Verfolger den Häschern zuvorkommt und nur einen einzigen Ausweg – die Selbstzerstörung – hat, ist von einer Widersinnigkeit, der das Buch nicht
weiter nachgeht, oder aber Ausdruck einer abgrundtiefen Hoffnungslosigkeit. Veilchenfelds individuelle Selbstzerstörung als Vorwegnahme der anonymen Massenvernichtung stützt sich auf die Erkenntnis,
daß es keine Möglichkeit der Rettung und des Überlebens gab.

   An diesem Punkt kommen wir auf die Eingangsfrage zurück.
Ohne jeden Zweifel hat Hofmann in *Veilchenfeld* persönliche Identität in einem Maß zurückerstattet, zu dem weder Andersch noch
Härtling fähig waren. Geleistet wird dies durch die doppelte Perspektive der intimen Beobachtungen des kleinen Hans: Angeleitet durch
seine Eltern und die Stadtbewohner, sieht Hans Veilchenfeld als «anderen»; gleichzeitig aber porträtiert er unbewußt Veilchenfelds
Menschlichkeit und zeigt in konkreten Szenen, was es bedeutete,
zur damaligen Zeit Jude in Deutschland zu sein. Hans registriert
Veilchenfelds Gesten und spürt seinen Bewegungen nach. Diese Bewegungen sind die subjektiven Reaktionen (zum Beispiel die Tränen
beim Abendessen oder das Augenzwinkern, mit dem er Hans grüßt,
als dieser ihn nicht mehr ansprechen darf) eines Menschen, der nach
und nach die tödliche Ausweglosigkeit seiner Lage begreift. Hofmann zeigt, daß es zur subjektiven Situation Veilchenfelds gehört,

als Objekt und «anderer» behandelt zu werden. Die Genauigkeit und Schärfe der Details und die Intensität des Mitgefühls, die das Miterleben der Demütigung und Vernichtung eines Menschen erzeugt, sind in der westdeutschen Literatur wohl einzigartig.

Aber Hofmann hat als Protagonisten einen freundlichen, älteren Herrn erfunden, der leicht Anteilnahme wecken kann; auch ist der Protagonist unverheiratet und daher der großen Belastung ledig, für Frau und Kinder sorgen zu müssen. Zwar kamen Selbstmorde häufig vor, aber für die meisten Juden war Veilchenfelds Tod keine Alternative, so daß Veilchenfeld sich gerade an dem Punkt in sich selbst zurückzieht, wo seine Relevanz für die vielen hätte ausgesprochen werden müssen.[22] Er ist ein frühes Opfer, das im September 1938, während der Sudetenkrise und vor dem Münchner Abkommen, stirbt. Er erlebt weder den Pogrom der «Reichskristallnacht» noch die Pflicht zum Tragen des Judensterns noch die «Endlösung» mit. Er stirbt während eines örtlichen «Heimatfestes», dessen Feuerwerk Hans in einer Sprache beschreibt, die das Grauen des Krieges vorwegnimmt. Hofmann hat eine unter verschiedenen möglichen Antworten auf Klaus Brieglebs Frage gegeben, ob es einem Deutschen zukommt, «eine jüdische Existenz zu phantasieren: in der Vernichtung, ‹danach›». Er konzentriert sich auf Leben und Tod eines individuellen Opfers, bei dem der Selbstmord noch als persönliche Wahlmöglichkeit erscheint – fern der Anonymität der Massenvernichtung, aber diese doch eindeutig vorwegnehmend. Er zeigt uns die letzten Versuche der Selbstverteidigung der Juden, gefolgt von einer Situation äußerster Hoffnungslosigkeit; mit seiner Schilderung der Bevölkerung legt Hofmann den Grund für alle künftigen Brutalitäten und Greueltaten und greift mit Symbolen und Vorwegnahmen über die Schwelle zur Vernichtung. Aber er überquert diese Schwelle nicht. Denn dort herrscht das Schweigen der Opfer.

8.
Reden und Kontroversen

> Auf der einen Seite [steht] die jüdische
> Tradition, wonach die Erinnerung das
> Geheimnis der Erlösung ist, und
> Santayana, der uns ermahnt, daß, wer die
> Vergangenheit vergißt, dazu verurteilt ist,
> sie zu wiederholen. Auf der anderen Seite
> stehen Cicero, Renan, Gladstone und
> Churchill, für die das Vergessen ebenso
> Bestandteil einer nationalen Tradition
> sein soll wie die Erinnerung an einstige
> Ruhmestaten.[1]

Im Laufe der achtziger Jahre wurde der Literatur die Vorrangstellung
bei der Aufarbeitung des Holocaust von öffentlicheren Ausdrucks-
formen streitig gemacht: Es gab politische Reden zu Jahrestagen von
Ereignissen aus der NS-Zeit, in den Medien ausgetragene akademi-
sche Kontroversen, Demonstrationen und Proteste. Dieses Kapitel
stellt einige jener politischen, akademischen und literarischen Debatten vor; sie beweisen, daß die Strategien einer Sprache des
Schweigens sogar dann noch vorherrschten, als der Holocaust im
Mittelpunkt der Aufmerksamkeit stand.

Anfang der achtziger Jahre, in den letzten Jahren der sozialdemo-
kratischen Regierung unter Bundeskanzler Helmut Schmidt, setzte
eine neue «Tendenzwende» ein, die 1982 mit der Wahl des Christ-
demokraten Helmut Kohl zum neuen Bundeskanzler bestätigt wurde. In der Tat leitete die Wahl Kohls eine konservativere Periode ein,
in der Politiker und Intellektuelle öffentlich ihr Nationalbewußtsein
zu zeigen begannen. Kohl, ein promovierter Historiker, wollte die
historische Kontinuität zu einer deutschen Vergangenheit vor dem
Nationalsozialismus herstellen, und zwei neue Museen sollten
sichtbares Symbol dieses Ziels sein: Das Deutsche Historische Museum in Berlin sollte die nationale Vergangenheit ausstellen, das
Haus der Geschichte in Bonn sich auf die vierzigjährige Geschichte
der Bundesrepublik konzentrieren. In dem Wunsch, unter den Deutschen ein positiveres Geschichtsbild zu fördern, suchte Kohl außer-

dem nach einer «Normalisierung» und «Relativierung» des Holocaust.

Bundeskanzler Kohl hat zwar niemals den Holocaust heruntergespielt, aber er hat sich öffentlich bei weitem nicht so eindrucksvoll zu ihm bekannt wie Bundeskanzler Willy Brandt, der 1970 in einem Akt öffentlicher Reue am Ort des Aufstandes des Warschauer Ghettos niedergekniet war. Willy Brandt hatte als junger Mann aus dem nationalsozialistischen Deutschland fliehen müssen. Der 1930 geborene Helmut Kohl verstand sich als erster Bundeskanzler der Generation nach Hitler. In einer atemberaubend unsensiblen Geste nahm er ausgerechnet einen Aufenthalt in Israel und eine Rede vor der Knesset am 25. Januar 1984 zum Anlaß, um sich als einen Mann zu bezeichnen, dem «die Gnade der späten Geburt und das Glück eines besonderen Elternhauses» zuteil geworden sei und der daher der Verwicklung in den Holocaust «nicht schuldig sein konnte»[2] – ein erstaunlicher und zwiespältiger Satz, weil er einerseits Kohls Nichtverstrickung in die Untaten der Nationalsozialisten betonte und doch zugleich so aufgefaßt werden konnte, daß er, Kohl, bei einer früheren Geburt sehr wohl hätte schuldig werden können und daß er daher eine gewisse Solidarität mit jenen empfand, denen diese «Gnade der späten Geburt» versagt geblieben war. Es war mit anderen Worten Glück, nicht bewußte Entscheidung gewesen, was ihm die Befleckung durch den Nationalsozialismus erspart hatte. Kohl schien sagen zu wollen, daß gegenüber Menschen ohne jene «Gnade» eine moralische Beurteilung nicht möglich war, womit er sie unausgesprochen entlastete. Die Rede von der «Gnade der späten Geburt» besagte außerdem, daß nur die Tätergeneration sich der nationalsozialistischen Vergangenheit zu stellen hatte, während die Generation der Nachgeborenen dieser Pflicht «gnädigerweise» enthoben war. Doch Kohls Äußerung schien überlebende Angehörige der Tätergeneration nicht anzufechten; es waren die nachgeborenen Generationen, die offen gegen sie protestierten.

Bitburg

Ungeachtet aller Bemühungen Helmut Kohls, den Abstand seiner Regierung zum Unrechtsregime der Nationalsozialisten zu betonen und die Bundesrepublik wieder zu einem geachteten Mitglied der Weltgemeinschaft zu machen, wurde der Bundeskanzler von den Feierlichkeiten der Alliierten anläßlich des vierzigsten Jahrestages der

Landung in der Normandie ausgeschlossen. Um so lieber begrüßte er am 5. Mai 1985 den amerikanischen Präsidenten Ronald Reagan in der Bundesrepublik, um mit ihm den vierzigsten Jahrestag der Niederlage des Nationalsozialismus und des Kriegsendes in Europa zu begehen. Der Besuch Reagans in Europa und in der Bundesrepublik anläßlich dieser Feierlichkeiten war ein Symbol für die Akzeptanz und Anerkennung der Bundesrepublik Deutschland als verläßlicher Partner der westlichen Verbündeten. Der Plan des Bundeskanzlers, zusammen mit Präsident Reagan den Soldatenfriedhof von Bitburg zu besuchen, auf dem sich auch die Gräber von Angehörigen der Waffen-SS befinden, führte zu zahlreichen Protesten und Petitionen, vor allem der jüdischen Gemeinden in Deutschland und den USA, aber auch des amerikanischen Kongresses. Doch Präsident Reagan war nicht bereit, sich dem öffentlichen und politischen Druck zu beugen. Als Zugeständnis fuhr er mit Bundeskanzler Kohl zunächst zu einer Kranzniederlegung und Ansprache in das Konzentrationslager Bergen-Belsen – ein Besuch, den Reagan bis dahin abgelehnt hatte –, bevor er anschließend den Soldatenfriedhof Bitburg besuchte.[3]

Inmitten des Trubels um Reagans geplanten Bitburgbesuch und während der Debatten im deutschen Bundestag dankte Bundeskanzler Kohl Reagan für seine «hochherzige Geste», um ihn zu dem Besuch zu ermutigen, und sagte: «Versöhnung ist, wenn wir fähig sind, um Menschen ohne Ansehen ihrer Nationalität zu trauern.»[4] Unbeeindruckt von den Schwierigkeiten rund um den Bitburgbesuch bekundete Kohl die Absicht, die Einzigartigkeit des Holocaust in Frage zu stellen: Die umfassende Formulierung «um Menschen ohne Ansehen ihrer Nationalität zu trauern» beseitigt den Unterschied zwischen denen, die geopfert wurden (welcher Nationalität auch immer), und den Tätern. Mit dieser Aussage nahm Kohl den ein Jahr später (1986) ausbrechenden Historikerstreit vorweg, bei dem es genau um die Frage ging, ob der Holocaust als ein historisches Ereignis *sui generis* gesehen werden soll oder nicht.

Es gab jedoch auch Gegenpositionen. Am 8. Mai 1985, drei Tage nach dem Besuch in Bitburg, hielt Bundespräsident Richard von Weizsäcker vor dem Bundestag eine Rede *Zum 40. Jahrestag der Beendigung des Krieges in Europa und der nationalsozialistischen Gewaltherrschaft.*[5] Diese Rede war ein ungewöhnlich klares und direktes Eingeständnis der Verbrechen des Nationalsozialismus. Das Gedenken war uneingeschränkt:

Wir gedenken heute in Trauer aller Toten des Krieges und der Gewaltherrschhaft.

Wir gedenken insbesondere der sechs Millionen Juden, die in deutschen Konzentrationslagern ermordet wurden.

Wir gedenken aller Völker, die im Krieg gelitten haben, vor allem der unsäglich vielen Bürger der Sowjetunion und der Polen, die ihr Leben verloren haben.

Als Deutsche gedenken wir in Trauer der eigenen Landsleute, die als Soldaten, bei den Fliegerangriffen in der Heimat, in Gefangenschaft und bei der Vertreibung ums Leben gekommen sind.

Wir gedenken der ermordeten Sinti und Roma, der getöteten Homosexuellen, der umgebrachten Geisteskranken, der Menschen, die um ihrer religiösen oder politischen Überzeugung willen sterben mußten.

Wir gedenken der erschossenen Geiseln.

Wir denken an die Opfer des Widerstandes in allen von uns besetzten Staaten.

Als Deutsche ehren wir das Andenken der Opfer des deutschen Widerstandes, des bürgerlichen, des militärischen und glaubensbegründeten, des Widerstandes in der Arbeiterschaft und bei Gewerkschaften, des Widerstandes der Kommunisten.

Wir gedenken derer, die nicht aktiv Widerstand leisteten, aber eher den Tod hinnahmen, als ihr Gewissen zu beugen. (S. 2 f.)

Im Unterschied zu Kohls Bemühungen, den Holocaust im weiteren Rahmen der «Geschichte dieses Jahrhunderts» anzusiedeln, vertrat Richard von Weizsäcker klar und deutlich die Einzigartigkeit des Völkermordes; zwar glaubte er, daß die Durchführung der Verbrechen auf eine begrenzte Anzahl von Menschen beschränkt war, doch gab er zu verstehen, daß es ein verbreitetes Wissen um die Judenverfolgung und eine Teilnahmslosigkeit angesichts dieses Wissens gab:

Gewiß, es gibt kaum einen Staat, der in seiner Geschichte immer frei blieb von schuldhafter Verstrickung in Krieg und Gewalt. Der Völkermord an den Juden jedoch ist beispiellos in der Geschichte.

Die Ausführung des Verbrechens lag in der Hand weniger. Vor den Augen der Öffentlichkeit wurde es abgeschirmt. Aber jeder Deutsche konnte miterleben, was jüdische Mitbürger erleiden mußten, von kalter Gleichgültigkeit über versteckte Intoleranz bis zu offenem Haß.

Wer konnte arglos bleiben nach den Bränden der Synagogen, den Plünderungen, der Stigmatisierung mit dem Judenstern, dem Rechtsentzug, den unaufhörlichen Schändungen der menschlichen Würde?

Wer seine Ohren und Augen aufmachte, wer sich informieren wollte, dem konnte nicht entgehen, daß Deportationszüge rollten. Die Phantasie der Menschen mochte für Art und Umfang der Vernichtung nicht ausreichen. Aber in Wirklichkeit trat zu den Verbrechen selbst der Versuch allzu vieler, (...) nicht zur Kenntnis zu nehmen, was geschah. (S. 4 f.)

Richard von Weizsäcker schnitt auch die Problematik der Schuld als eines Vermächtnisses an, das auf den nachgeborenen Generationen lastet; im Anschluß an die frühen Überlegungen Karl Jaspers' über *Die Schuldfrage* sprach er von der historischen Verantwortung aller Deutschen und unterstrich die Bedeutung des Erinnerns.

Der ganz überwiegende Teil unserer heutigen Bevölkerung war zur damaligen Zeit entweder im Kindesalter oder noch gar nicht geboren. Sie können nicht eine eigene Schuld bekennen für Taten, die sie gar nicht begangen haben.

Kein fühlender Mensch erwartet von ihnen, ein Büßerhemd zu tragen, nur weil sie Deutsche sind. Aber die Vorfahren haben ihnen eine schwere Erbschaft hinterlassen.

Wie alle, ob schuldig oder nicht, ob alt oder jung, müssen die Vergangenheit annehmen. Wir alle sind von ihren Folgen betroffen und für sie in Haftung genommen.

Jüngere und Ältere müssen und können sich gegenseitig helfen, zu verstehen, warum es lebenswichtig ist, die Erinnerung wachzuhalten.

(...) Wir suchen als Menschen Versöhnung.

Gerade deshalb müssen wir verstehen, daß es Versöhnung ohne Erinnerung gar nicht geben kann. (S. 5 f.)

Als öffentliches Bekenntnis fand die Rede große Resonanz. Richard von Weizsäcker hatte die Verbrechen des Holocaust eingestanden, die Last des Vermächtnisses für die nachgeborenen Generationen anerkannt und die Erinnerung als Weg zur Versöhnung betont. Die Frage jedoch, ob Versöhnung möglich sei oder nicht – denn zur Versöhnung gehören zwei Seiten, die sich versöhnen wollen –, diese Frage hatte er nicht angesprochen. Die Juden wurden nicht als die Partner anerkannt, die gefragt werden müssen, ob sie zur Versöhnung bereit sind oder nicht, und wenn Richard von Weizsäcker «wir» sagte, meinte er offenkundig nicht die deutschen Juden; seine Rede umging das Thema der «Unfähigkeit zu trauern»; die Aufforderung zum Erinnern war eher eine Ermahnung als ein affektives Anliegen.

Vielleicht als Reaktion auf die ungünstige Aufnahme der Affäre Bitburg durch die internationale Öffentlichkeit verabschiedete der deutsche Bundestag knapp einen Monat später ein Gesetz, das die Verbreitung der sogenannten «Auschwitz-Lüge» unter Strafe stellte; damit macht sich strafbar, wer leugnet, daß Menschen «unter der nationalsozialistischen oder einer anderen Gewalt- und Willkürherrschaft verfolgt» wurden.[6] Der Zusatz «oder einer anderen Gewalt- und Willkürherrschaft» lenkt wiederum die Aufmerksamkeit von der Singularität des nationalsozialistischen Holocaust ab und relativiert ihn; daß das Gesetz überhaupt erlassen werden mußte, beweist jedoch auch, wie weit verbreitet in der Bundesrepublik die Versuche sind, die Realität des Holocaust zu leugnen. Mit Gesetzen auf eine Situation zu reagieren, der vielleicht besser durch unzweideutige Vorbilder beizukommen wäre, erweckt den Eindruck von Autoritarismus und erinnert an die Leichtigkeit, mit der während der Naziherrschaft Gesetze zur Drangsalierung und Dezimierung der Juden und in der Nachkriegszeit Gesetze zur Bekämpfung von Terroristen und Abstrafung von ehemaligen «Radikalen» erlassen wurden.

Literarische Auseinandersetzungen

Im Gegensatz zu bundesrepublikanischen Politikern konnten sich die Schriftsteller ohne Rücksicht auf Wählerstimmen frei äußern. Es ist daher bemerkenswert, daß weder Günter Grass noch Heinrich Böll es fertigbrachten, zu jenem Jahrestag mit derselben nachdenklichen Gewissensprüfung zu sprechen, die Richard von Weizsäckers Rede auszeichnete. Günter Grass sprach am 5. Mai 1985 in der Berliner Akademie der Künste. Der Titel der Ansprache, *Geschenkte Freiheit*, zielt auf die ironisch paraphrasierte Beobachtung, daß die Befreiung vom Nationalsozialismus ein Geschenk der Alliierten war, keine von den Deutschen selbst erkämpfte Errungenschaft. Der Ton der Rede ist hart und zornig. Durchsetzt mit autobiographischen Reflexionen vor allem über die prägenden ersten Nachkriegsjahre des Schriftstellers, ist sie eine Abrechnung mit den beiden Deutschlands und eine Klage um die vertanen Gelegenheiten für ein «anderes Deutschland». Wo Richard von Weizsäcker unreflektiert von der «Befreiung (...) von dem menschenverachtenden System der nationalsozialistischen Gewaltherrschaft» sprechen konnte, geht Grass wiederholt auf den Unterschied zwischen Sieg, Befreiung und Niederlage ein. So wie Richard von Weizsäcker alle diejenigen aufgezählt hatte, die durch deutsche Hand gelitten hatten, macht Grass deutlich, was der 8. Mai 1945 für ihn bedeutete:

Zwar hatten die Deutschen alles getan und keine schier übermenschliche Anstrengung gescheut, anderen Völkern ihre Freiheit zu nehmen, doch zur Rückgewinnung der eigenen trugen sie wenig bei. Deshalb hieß der 8. Mai fünfundvierzig für Franzosen und Russen, Holländer und Polen, Tschechen und Norweger, für überlebende KZ-Häftlinge, Kriegsgefangene, Zwangsarbeiter und Emigranten, die unter deutscher Besetzung und von Deutschen begangenen Verbrechen zu leiden gehabt hatten, endlich Sieg über den Faschismus und Befreiung von den Deutschen, denen dieser Tag zuallererst ihre militärische und ideologische Niederlage datierte; moralisch, im politischen und religiösen Sinn, hatten sie schon am 30. Januar 1933 bedingungslos kapituliert. (...) Deshalb wurden die Deutschen am 8. Mai nicht befreit, sondern besiegt. Deshalb verloren sie Provinzen; ich verlor meine Heimatstadt. Weit folgenreicher bis heute: die Deutschen verloren ihre Identität.[7]

Die Rede bietet eine ausführliche Abrechnung mit den politischen Irrwegen, die in Grass' Augen in den Nachkriegsjahren eingeschlagen worden waren, und endet mit einem Plädoyer für den Pazifismus. Die Verbrechen des Holocaust werden ebenso anerkannt wie die Einsicht, daß sie niemals «bewältigt» oder aufgearbeitet werden können. Falls Juden unter Grass' Zuhörern saßen, hörten sie wohl seinen Zorn und seine Scham darüber, als Deutscher von einer solchen Geschichte gezeichnet zu sein, aber sie hörten keine Anteilnahme an ihnen als Juden. Der Holocaust blieb eine innerdeutsche Angelegenheit.

[D]as übergroße Verbrechen, auf den Namen Auschwitz gebracht, ist heute, aus vierzig Jahren Distanz begriffen, unfaßlicher noch als zur Stunde des ersten Schocks, als ich sah und nicht glauben wollte. Unbewältigt, nicht zu bewältigen, wie ein Mühlstein hängt uns Deutschen, auch den nachgeborenen, der geplante, vollstreckte, geduldete, geleugnete, verdrängte und doch offen zutage liegende Völkermord an. (S. 10)

Zur Vorbereitung auf denselben Jahrestag schrieb Heinrich Böll den *Brief an meine Söhne oder vier Fahrräder*, der am 22. Mai 1985 in der Wochenzeitung *Die Zeit* erschien.[8] In diesem «Brief» ergeht sich Böll vor allem in Erinnerungen an die Entbehrungen, unter denen die Deutschen – Wehrmachtsangehörige wie Zivilbevölkerung – gegen Ende des nationalsozialistischen Regimes zu leiden hatten. Er erklärt seinen Söhnen, daß viele seiner Nachkriegsmarotten (zum Beispiel seine Abneigung gegen das Wegwerfen von Lebensmitteln, seine Neigung zum Horten u. dgl.) ihren Ursprung in diesen schweren Zeiten hatten. Wie Grass sieht er die große geistige Trennlinie darin, ob das Ende des Krieges und der Naziherrschaft als «Niederlage» oder aber als «Befreiung» interpretiert wird. Wie Grass in *Aus dem Tagebuch einer Schnecke* wendet sich auch Böll an seine Kinder. Aber wo Grass sie über die Vernichtung der jüdischen Gemeinde Danzigs belehren wollte, bleibt Böll im Rahmen des Privaten und beschreibt, wie er mit dem totalen Chaos bei Kriegsende fertig wurde. Er tut das in lebhaften, anschaulichen Bildern und Szenen und mit seiner üblichen Kritik an denen, die während der Naziherrschaft die Macht innehatten und in den Nachkriegsjahren weiterhin prominent blieben. Doch der Holocaust, der für Grass der Antrieb

war, zu seinen Kindern zu sprechen, wird von Böll eher beiläufig
abgetan.

Ich hatte nach dem Krieg, nach diesem Krieg, das Schlimmste erwartet: jahr-
zehntelange Zwangsarbeit in Sibirien oder anderswo; und es kam dann nicht
einmal schlimm, nur halb so schlimm, wenn Ihr bedenkt, welche Verwüstungen durch den Krieg entstanden waren, und außerdem die Tatsache bedenkt, daß ohne die Deutsche Wehrmacht, deren Angehöriger ich war, kein
einziges Konzentrationslager auch nur ein Jahr hätte bestehen können. Wissen solltet Ihr auch, daß die Sterblichkeitsquote in deutschen Lagern für
sowjetische Kriegsgefangene 57,8 Prozent betrug – (S. 81)

Was an diesem Eingeständnis der von Deutschen angerichteten Verwüstungen auffällt, ist die ausschließliche Konzentration auf den
Krieg, so als sei das, was anderswo geschehen ist: an der Heimatfront, im besetzten Europa, namentlich aber in Polen und Rußland
– also das nationalsozialistische Regime in allen seinen Aspekten
– nicht von Interesse. Die Erwartung der Bestrafung ist ein Eingeständnis, daß die begangenen Entsetzlichkeiten so ungeheuerlich
waren, daß sie «das Schlimmste» verdienten. (Hier rührt Böll an
eine Stimmung, die in der unmittelbaren Nachkriegszeit weitver-
breitet war, sich jedoch in der Atmosphäre des Kalten Krieges bald
verlor.) Diese Erwartung der Bestrafung evoziert die Vorstellung einer von außen eingreifenden Instanz, welche die Strafe verabfolgt
und die Verantwortung dafür übernimmt, daß sie gerecht zugemes-
sen wird. So wie die Deutschen während des nationalsozialistischen
Regimes Befehlen gehorchten, hätten sie sich jetzt der Strafe unterworfen – in beiden Fällen als «gute» Staatsbürger. Man kann hier
darüber spekulieren, ob die Deutschen vielleicht auch darum niemals Scham und Schuldgefühle über die während des Dritten
Reichs begangenen Verbrechen zum Ausdruck gebracht haben, weil
sie für diese Verbrechen niemals angemessen bestraft worden sind.
Die milde Behandlung der Deutschen durch die Alliierten wurde so
aufgefaßt, daß es eben keinen großen Grund zur Bestrafung gab.
Diese Auffassung sowie die Erkenntnis, daß der Kalte Krieg die
Bundesrepublik zu einem wertvollen Partner der Alliierten gemacht
hatte, erzeugte eine zynische und selbstgerechte Stimmung, die den
Deutschen nach dem Kriege half, alle unangenehmen Erinnerungen
zu verdrängen.

Böll erwähnt die Konzentrationslager und die Bedeutung der deutschen Armee für deren Aufrechterhaltung. Ihm genügt dafür ein Nebensatz in einem Text von vierunddreißig Druckseiten. Und in einem Nebensatz dieses Nebensatzes weist er darauf hin, daß er selbst

Angehöriger dieser Armee war, ohne jedoch zu vermerken, was er oder seine Armee getan haben, um die Existenz der Lager zu sichern. Wie an anderen Stellen bei Böll ist auch hier nicht klar, ob seine ausdrücklich anerkannte Zugehörigkeit zu dieser Armee ein Eingeständnis der Komplizenschaft ist oder aber ein Ausdruck von Korpsgeist und Kameradschaft. Der folgende Satz wendet sich dann den sowjetischen Kriegsgefangenen zu. Böll spricht von deren barbarischer Behandlung in den deutschen Lagern, was dann – gespeist aus Bölls tiefer Verbundenheit mit Kriegsgefangenen als «armen Hunden» – zu einer wortreichen Anklage gegen die Behandlung der Russen führt. Selbst wenn man nur die Zeile, die Böll den Konzentrationslagern widmet, mit der Aufmerksamkeit vergleicht, die er sowjetrussischen Gefangenen zuteil werden läßt, sieht man sofort, wo seine eigentlichen Interessen und seine Anteilnahme liegen, und bekommt ein Gespür für den Unterschied zwischen einem intellektuellen Zugeständnis und innerer Verbundenheit.

Wenige Monate später, im Herbst 1985, spitzte sich die fast zehn Jahre alte Kontroverse um Rainer Werner Fassbinders Theaterstück *Der Müll, die Stadt und der Tod* dramatisch zu: Es sollte endlich in Frankfurt am Main uraufgeführt werden.[9] In dem Stück profitiert ein namenloser «Reicher Jude» von den Frankfurter Grundstücksspekulationen der Nachkriegszeit, und einige Figuren bedienen sich einer unflätigen, antisemitischen Sprache. Während die jüdische Gemeinde Frankfurts und diverse politische und religiöse Organisationen das Stück als antisemitisch verurteilten, forderten andere Gruppen die Aufführung als Beweis für die Meinungsfreiheit. Zusätzlich lenkten Diskussionen über die (nicht vorhandenen) ästhetischen Qualitäten des Stücks von der Kernfrage ab, ob antisemitische Äußerungen in der Bundesrepublik unter die Redefreiheit fallen oder nicht. Gegensätzliche Meinungen hierüber vertraten nicht nur die verschiedenen politischen Lager, sondern auch die jüdischen Teilnehmer an Protestveranstaltungen und einem Sitzstreik gegen das Stück, wobei sich diese Meinungsgegensätze keineswegs mit den Grenzen zwischen Konservativen und Liberalen, Rechten und Linken deckten. Die Diskussionen, Protestveranstaltungen und der Sitzstreik am Abend der Uraufführung hatten den erwünschten Effekt – das Stück wurde abgesetzt, freilich erst, nachdem es in der Öffentlichkeit viel Staub aufgewirbelt hatte.[10] Wenige Monate nach Bitburg, wo jüdische Demonstranten protestiert hatten, ergriffen Juden in Deutschland erneut die Gelegenheit, aktiv Stellung in einer Frage zu beziehen, die sie auf das persönlichste anging, und ließen keinen

Zweifel daran, daß sie auch in Zukunft ihre Stimme erheben würden, wann immer es ihnen erforderlich schien.

Im Grunde waren sich alle über die antisemitische Sprache des
Stückes einig, doch wandte sich das Hauptaugenmerk allmählich
von diesem Punkt ab und einer Frage zu, die schon seit längerer Zeit
unter der Oberfläche des Schweigens gebrodelt hatte: War nicht die
Zeit gekommen, das Verhältnis zu den Juden zu «normalisieren»?
Das hätte bedeutet, die «Schonzeit» abzuschaffen, deren sie sich
infolge des Holocaust bis zu diesem Zeitpunkt angeblich erfreut hatten. Der Skandal um das Fassbinder-Stück diente dazu, Fragen ans
Licht zu bringen, denen man bisher aus dem Weg gegangen war, aber
eine Lösung war nicht in Sicht. Die Politikwissenschaftler Andrei
Markovits und Beth Simone Noveck beschließen ihre Einschätzung
des Skandals mit einer Frage:

Entspricht diese sogenannte Normalisierung, das Recht, alte Tabus zu brechen und die Juden zu kritisieren, der Entwicklung einer ideologischen Demokratie und Flexibilität oder aber dem Aufkommen von ideologischer Eng-
stirnigkeit und Rigidität und der Infiltration der öffentlichen Meinung mit
einem neuen, gesellschaftlich zulässigen Antisemitismus?[11]

Der Historikerstreit

Im Frühsommer 1986 brach der Historikerstreit über die Frage aus,
ob der Holocaust einzigartig, ein Ereignis *sui generis* gewesen sei
oder nicht.[12] Der Streit war im wesentlichen ein akademischer; da
er jedoch in der Presse ausgetragen wurde, wurde eine größere Öffentlichkeit mit hineingezogen. Er beleuchtete – in teilweiser gehäs-
siger Sprache – die Polarität zwischen denen, die den Deutschen das
Gefühl einer nationalen Identität zurückgeben wollten, in der das
nationalsozialistische Regime und der Holocaust zwar als beklagens-
wert, aber auch als überwunden betrachtet werden, und denen, für
die der Holocaust jede Wiederherstellung einer gefühlsbetont natio-
nalistischen Bindung unmöglich gemacht hat, weil für sie die Naziherrschaft gerade auf solchen Bindungen errichtet war. Natürlich gab
es Gegenströmungen und Meinungsüberschneidungen, aber verein-
facht gesagt begann der Streit, als der Sozialwissenschaftler und Philosoph Jürgen Habermas in einem Beitrag für die Wochenzeitung *Die
Zeit* die revisionistischen Tendenzen in den Schriften der Historiker
Ernst Nolte und Andreas Hillgruber anprangerte. Nolte behauptete,
daß Hitler mit der Durchführung der Endlösung nicht der Aggressor

gewesen sei, sondern die Nation gegen ihre Feinde verteidigt habe, und führte als Begründung die Erklärung Chaim Weizmanns auf dem Zionistischen Weltkongreß 1938 an, daß die Juden in aller Welt auf seiten Großbritanniens gegen Deutschland kämpfen würden. Außerdem war Nolte der Ansicht, daß man die nationalsozialistischen Greueltaten nicht als etwas Einmaliges in der Weltgeschichte betrachten dürfe, wobei er auf Stalins Gulag und die türkischen Versuche zur Ausrottung der Armenier verwies.

Wo Ernst Nolte den Holocaust in Beziehung zu anderen, früheren und wohl nicht weniger entsetzlichen Greueltaten zu bringen versuchte, um das Stigma einmaliger Barbarei von den Deutschen zu nehmen, beklagte der Historiker Andreas Hillgruber die «deutsche Katastrophe» und die «jüdische Katastrophe» als zwei Komponenten der Stellung Deutschlands in Mitteleuropa. Sein Buch *Zweierlei Untergang. Die Zerschlagung des Deutschen Reiches und das Ende des europäischen Judentums* wurde respektvoll aufgenommen, da Hillgruber die Augen vor der Komplexität dieser Thematik nicht verschloß und legitime Fragen aufwarf, die der Antwort bedurften. Aber schon der Titel seines Buches warf Fragen ganz anderer Art auf, da er der gewaltsamen, emotionsgeladenen «Zerschlagung» ein neutraldistanziertes «Ende» gegenüberstellte.[13] Der Titel kontrastierte das «Deutsche Reich» mit einem Judentum, dessen internationaler Status es von der deutschen Nation isolierte. Dieser Gegensatz wird in den zwei Teilen des Buches noch stärker betont. Der erste Teil, «Der Zusammenbruch im Osten 1944/45 als Problem der deutschen Nationalgeschichte und der europäischen Geschichte» (das, was der Titel *Die Zerschlagung des Deutschen Reiches* nennt), dreht sich um die «deutsche Katastrophe»: die Vertreibung der Deutschen aus Osteuropa und die Entbehrungen der deutschen Soldaten an der Ostfront. Hillgruber schreibt in diesem Teil mit viel Herzblut – teilweise wohl darum, weil er selbst aus dem früheren Ostpreußen vertrieben wurde – von den «verzweifelten und opferreichen Anstrengungen» der zurückweichenden deutschen Armee, die die deutsche Bevölkerung vor den «Racheorgien der Roten Armee, den Massenvergewaltigungen, den willkürlichen Morden und den wahllosen Deportationen zu bewahren» suchte.[14] Demgegenüber ist der zweite Teil, «Der geschichtliche Ort der Judenvernichtung» (was der Titel der Studie *das Ende des europäischen Judentums* nennt), kühl, distanziert und affektlos geschrieben, und der Leser wird nicht aufgefordert, sich mit dem Schicksal der Juden emotional zu identifizieren. Dieser enorme Unterschied im affektiven Engagement des Autors spricht für sich selbst. Außerdem versäumt es Hillgruber, hervorzuheben, daß die «jüdische Katastrophe» im Gegensatz zur «deutschen Katastrophe» nicht selbstverschuldet war. Eine Thematisierung der Leiden der deutschen Bevölkerung macht aus dieser nicht Opfer in demselben Sinne, wie alle Juden Opfer waren. Die deutschen «Opfer» im Osten, ob Soldaten oder Zivilisten, waren nicht Gegenstand eines systematischen Völkermordes, sondern erlitten die Entbehrungen eines gnadenlosen Krieges und die Vergeltung für Akte der Barbarei gegen sowjetische Militär- und Zivilpersonen, die sich deutsche Soldaten zuvor hatten zuschulden kommen lassen. Sie konnten fliehen, und wenn sie Glück hatten, entkamen sie in den Westen. Diese Möglichkeiten standen den Juden nicht offen.

Führend unter denen, die für die fortdauernde unmittelbare Bedeutung des Holocaust für die Geschichte und das Selbstverständnis der Deutschen eintraten, war Jürgen Habermas, der die politische Verbundenheit der Deutschen nicht in einer Erneuerung des Nationalismus, sondern in einem «Verfassungspatriotismus» sah.[15] Habermas erblickte die große politische Leistung der Bundesrepublik Deutschland in ihrer festen Verankerung im westlichen Bündnis und in einem Rationalismus, der «universalistischen Prinzipien im Einklang mit der Vorstellung eines Weltbürgertums» huldigte.[16] In diesen asketischen Grundsätzen war kein Platz für Begriffe wie «Nation», «Volk» oder «Heimat», die von den Nationalsozialisten vereinnahmt und entwertet worden und, wie der Vorwurf der jetzt neu auftrumpfenden Neo-Nationalisten lautete, daraufhin ungebührlich tabuisiert worden waren. Eines der folgenreichsten Resultate des Historikerstreits war, daß die nationale Identität in der Bundesrepublik wieder offen diskutiert und diese Diskussionen sogar als wünschenswert angesehen werden konnten. Habermas' Anregungen wurden von Ernst Nolte und anderen Historikern der Tendenzwende für unbefriedigend gehalten, da für sie eine nationale Identität – mit den Worten des Historikers Richard J. Evans – «weit tragfähiger [war] als eine auf der Treue zum Grundgesetz basierende Identität».[17]

Im Grunde ging es beim Historikerstreit um die Deutungsmacht über die Geschichte – um die Frage, welche Interpretation des Naziregimes und des Holocaust den deutschen Selbstwahrnehmungen am meisten entsprach. Am prägnantesten hat dies wohl Charles Maier zusammengefaßt:

Die zentrale Streitfrage war, ob nationalsozialistische Verbrechen einzigartig, ein Vermächtnis des Bösen *sui generis* waren und jedes künftige Konzept eines deutschen Nationalgefühls unheilbar belasten oder ob sie mit anderen nationalen Greueltaten, insbesondere dem stalinistischen Terror, vergleichbar sind. Nach Ansicht mancher dürfe die Einzigartigkeit keine so entscheidende Rolle spielen; das Töten bleibe entsetzlich, ob ein Regime nun Massenmorde beging oder nicht. Vergleichbarkeit könne nicht wirklich exkulpieren. In Wirklichkeit wird jedoch mit Recht die Einzigartigkeit als der entscheidende Punkt erkannt. Wenn Auschwitz zugegebenermaßen furchtbar war, aber furchtbar nur als ein Fall von Völkermord unter vielen – wie die sogenannten Revisionisten behaupten –, steht es Deutschland frei, nach einer Akzeptanz als Nation zu streben, die niemand den Tätern anderer Massaker wie etwa Sowjetrußland verwehrt. Wenn aber die Endlösung unvergleichbar bleibt – wie die Historiker der anderen Richtung betonen –, kann die Vergangenheit niemals «bewältigt», die Zukunft niemals normalisiert werden, und ein deutsches Nationalgefühl wird für alle Zeiten mit einem Makel behaftet sein, wie ein für alle Zeiten vergifteter Brunnen. (...) So geht es bei dem Streit für beide Seiten nicht nur um vergangene Geschichte, sondern auch um aktuelle Politik. Und weil alle Beteiligten anerkannt haben, daß es keine Diskussion über eine nationale Gemeinschaft ohne Auseinandersetzung mit den dunkelsten Aspekten der nationalen Vergangenheit geben kann, geht es beim Historikerstreit auch um die deutsche Zukunft.[18]

Joachim Fest, der für die «Normalisierung» der deutschen Geschichte eintritt, schlug in einer Nachschrift zum Historikerstreit eine Lösung vor. Wenn der Gedanke eines «für alle Zeiten mit einem Makel behafteten, ... für alle Zeiten vergifteten» Nationalgefühls die Revisionisten umgetrieben hatte, die ihrerseits den Neo-Nationalisten die Plattform schufen, so überantwortet Fest dieses nun «für alle Zeiten» dem Strom der Geschichte. Der Holocaust wird nicht vergessen werden, sondern in einer von der nationalsozialistischen Vergangenheit immer weiter entfernten Zukunft bei angemessenen Gelegenheiten seine institutionalisierte Anerkennung finden. Fest behauptete zuversichtlich:

Dennoch wird der Prozeß der Historisierung weitergehen. Er ist nicht aufzuhalten. Denn er hat die mächtigste denkbare Kraft auf seiner Seite: die Zeit. Nicht die, die vergessen macht, sondern die aus neuen Fragestellungen auch zu geschärftem moralischen Empfinden führen kann. Daß Habermas und die Parteigänger des herrschaftsgeleiteten Diskurses nicht nur für ein statisches Bild des NS-Regimes plädieren, sondern auch gegen die verrinnende Zeit anlaufen, macht sie zu Anwälten einer aussichtslosen Sache.[19]

Alle diese Debatten instrumentalisierten den Holocaust und paßten in ein weiter gefaßtes Verständnis der deutschen Geschichte, das ein größeres Selbstbewußtsein an den Tag legte. Alle Teilnehmer an der Kontroverse konzentrierten sich auf deutsche Interessen und versuchten, sich Deutschlands Zukunft und den Umgang der Deutschen mit dem Wissen um den Völkermord vorzustellen. Das Wesen dieses Schweigens war nicht länger Verdrängung oder Verleugnung, sondern Mißachtung der Opfer.

Der Fall Jenninger

Zwei Jahre später führte ein anderer Jahrestag zu neuen Kontroversen, und in der zwiespältigen Atmosphäre um die öffentliche Erwähnung der Greueltaten kam es zu einem Skandal. Der Anlaß war das Gedenken an die «Reichskristallnacht», den Pogrom vom 9. November 1938. Die jüdische Gemeinde gedachte dieses Tages in der Synagoge zu Frankfurt am Main; am nächsten Tag war Bundestagspräsident Philipp Jenninger der Hauptredner bei einer Gedenkveranstaltung des deutschen Bundestages. Die Abgeordneten nahmen an seiner Rede Anstoß und kreideten ihm an, daß er nicht, wie erwartet, ein Gefühl des Bedauerns über die deutsche Vergangenheit geäußert habe; was sie jedoch am meisten erregte – so sehr, daß viele während Jenningers Rede den Saal verließen –, war sein Gebrauch des nationalsozialistischen Vokabulars. Jenninger bediente sich dieser Sprache, um die zur Kristallnacht führende Geisteshaltung in Erinnerung zu rufen, und verletzte dabei sprachliche Tabus, die eine Mauer des Schweigens um diese Sprache gezogen hatten. So sagte er zum Beispiel: «Die Rettung für das deutsche Volk und die endgültige Niederwerfung des Menschheitsverderbers konnten nur in der Erlösung der Welt vom jüdischen Blut als dem bösen Prinzip der Geschichte liegen.»[20] Die an institutionalisierte Gedenkfeiern gewöhnten Abgeordneten hörten und verstanden diese Worte als Jenningers eigene. Der folgende Absatz verdeutlicht Jenningers Technik. Nach einem erklärenden Satz gleitet er in die Sichtweise und Sprache der Nationalsozialisten hinüber:

Waren die Juden in früheren Zeiten für Seuchen und Katastrophen, später für wirtschaftliche Not und «undeutsche» Umtriebe verantwortlich gemacht worden, so sah Hitler in ihnen die Schuldigen für schlechthin alle Übel. Sie standen hinter den «Novemberverbrechern» des Jahres 1918, den «Blutsaugern» und «Kapitalisten», den «Bolschewisten» und «Freimaurern», den «Liberalen» und «Demokraten», den «Kulturschändern» und «Sittenverderbern», kurz, sie waren die eigentlichen Drahtzieher und Verursacher allen militärischen, politischen, wirtschaftlichen und sozialen Unglücks, das Deutschland heimgesucht hatte.

Jenninger durchlöcherte die Sprache des Schweigens, als er diese Tabus brach. Gleichwohl gibt es blinde Flecken in seiner Rede, die

die Fortdauer des Schweigens selbst bei einem scheinbar so freimü-
tigen Mann wie ihm beweisen. So spricht er zum Beispiel von Hitler,
als sei er der einzige Schuldige gewesen («Hitler sah in ihnen die
Schuldigen» oder «Hitlers Greueltaten und Verbrechen»); seine Anklage gegen das nationalsozialistische Deutschland ist unmißverständlich, wenn er feststellt: «Deutschland hatte Abschied genommen von allen humanitären Ideen, die die geistige Identität Europas
ausmachten; der Abstieg in die Barbarei war gewollt und vorsätz-
lich», aber von jüdischem Leiden kann er nur in Zitaten sprechen,
und für die Trauer um die Opfer hat er überhaupt keine Worte.
Jenninger stieß all jene vor den Kopf, die ihre Distanz zur NS-Vergangenheit durch Vermeidung ihres Jargons und des mit ihr verbundenen Denkens unter Beweis stellen wollten. Was aber zuerst wie
ein Protest gegen das «Wiederaufleben» eines anstößigen Vokabulars
erschien, war im Grunde der Versuch, unangenehme Aspekte der
Vergangenheit zu bannen. Auf starken öffentlichen und politischen
Druck hin mußte Jenninger vom Amt des Bundestagspräsidenten
zurücktreten. Doch bald nach seinem Rücktritt und nachdem die
Rede im Druck vorlag und genauer studiert werden konnte, fragten
sich manche Beobachter, was daran so viel Empörung ausgelöst hatte. Zu Jenningers Rehabilitierung waren am nächsten Jahrestag eine
kommentierte Veröffentlichung seiner Rede und eine Fernsehsen-
dung geplant, doch kam der Fall der Berliner Mauer diesen Gesten
zuvor und beanspruchte die allgemeine Aufmerksamkeit. Die hell-
sichtige Analyse des Falles Jenninger durch die Historikerin Elisabeth Domansky gibt jedoch zu bedenken, daß Jenningers Kritiker
Ziele verfolgten, die weit über eine Kritik am Bundestagspräsidenten
hinausgingen – Ziele, die beweisen, daß nicht nur der Holocaust,
sondern auch das Sprechen über ihn zu eigennützigen Zwecken instrumentalisiert wurde.

Der Streit um seine Rede wurde vielmehr als Erfolg verbucht. Die öffentliche
Empörung schien besser als eine noch so vollkommene Feier im Bundestag
die Welt und Deutschland selbst davon überzeugen zu können, daß sich das
Land zu einer liberalen Demokratie gewandelt hatte, die mit ihrer schwierigen Vergangenheit ins Reine gekommen war. Jenninger bot der bundesrepublikanischen Gesellschaft die einmalige Gelegenheit, zu beweisen, daß nicht
nur die politischen Führer des Landes, sondern auch die Mehrheit seiner
Bürger eine radikale politische Verwandlung durchgemacht hatten. Der Ruf
nach Jenningers Rücktritt gehörte in das Stück «Die Bundesrepublik gedenkt
des Holocaust und verurteilt ihn», das vor einem internationalen wie vor
dem die Gedenkfeier im Bundestag verfolgenden heimischen Publikum gegeben wurde.[21]

Der Streit um die Jenninger-Rede entstand aus der unangenehmen
Konfrontation mit einer Vergangenheit, die offensichtlich nicht «bewältigt» war, sondern neu thematisiert wurde. Jenninger hatte es
gewagt, bei einer öffentlichen Feier eine tabuisierte Sprache laut werden zu lassen. Der «Fall» bewies, daß es unmöglich war, offen zu
sprechen, ohne öffentlichen Protest herauszufordern, und daß das
Schweigen ein Schweigen der falschen Ehrfurcht und der verborgenen, eigennützigen Ziele war.

Die deutsche Wiedervereinigung

Die zur Wiedervereinigung führenden Ereignisse brachen unerwartet
plötzlich herein. Vierzig Jahre lang hatten sich die zwei Deutschlands zu «zwei konkurrierenden Staaten mit unterschiedlichen politischen Systemen, sich gegenüberstehenden Militärbündnissen, ge-
gensätzlichen Wirtschaftssystemen, unvereinbaren Sozialstrukturen
und sich widersprechenden Ideologien» entwickelt.[22] Als jedoch
Ungarn im September 1989 die Grenze zu Österreich öffnete, stimmten unzählige DDR-Bürger «mit den Füßen ab» und marschierten
von Ungarn nach Österreich und weiter in die Bundesrepublik. Wer
nicht in die Bundesrepublik ging, marschierte bei Kundgebungen
und Massendemonstrationen in der DDR mit, von denen manche
eine Million Teilnehmer zählten. Im November 1989 unterzeichne-
ten viele Künstler und Schriftsteller der DDR, sekundiert von bundesrepublikanischen Schriftstellern wie Günter Grass und Günter
Wallraff, eine Petition mit dem Titel *Für unser Land*, in der sie den
Fortbestand der DDR als eines eigenen Staates forderten, «mit der
Chance, eine sozialistische Alternative zur Bundesrepublik zu entwickeln, als ein gegenüber allen europäischen Nachbarn gleichbe-
rechtigter Nachbar».[23] Einen Monat später öffnete die DDR ihre
Grenzen für Besuche, in der Hoffnung, ein ungehinderter Grenzver-
kehr werde die Lust von Fachkräften und jungen Leuten dämpfen,
der DDR dauerhaft den Rücken zu kehren. Im Geiste von Gorbat-
schows «Perestroika» forderten die DDR-Bürger freie Wahlen, und
Intellektuelle und Politiker erarbeiteten eine Reihe von Alternativen, um die Regierung von innen zu reformieren und ein tragfähiges
Verhältnis zur Bundesrepublik herzustellen. Doch bei den am
18. März 1990 abgehaltenen ersten freien Wahlen ging der überwäl-
tigende Sieg nicht an die Sozialdemokraten oder die SED (die einstige
«Einheitspartei» der DDR), sondern an das Bündnis für Deutschland,

eine Partei, die mit der CDU von Bundeskanzler Helmut Kohl zu-
sammenarbeitete und von ihr finanziell unterstützt wurde. Der Erfolg der ostdeutschen CDU wiederholte sich bei den Kommunalwah-
len im Mai 1990. Als Folge hiervon kamen die «Zwei-plus-vier»-Ge-
spräche in Gang (die zwei deutschen Staaten und die vier Alliierten
des Zweiten Weltkriegs), und von nun an wurden bis zur Wiedervereinigung am 3. Oktober 1990 ununterbrochene, intensive Verhandlungen auf allen Ebenen geführt. Die politischen Verhandlungen bestimmten die Agenda, aber das Volk der DDR hatte eine unblutige
Revolution geschafft. (Grass verglich die «samtene Revolution» in
der DDR positiv mit der Situation in Westdeutschland, wo die Freiheit nicht von den Bürgern errungen, sondern ihnen «geschenkt»
worden sei.) In diesen turbulenten Monaten bewies das intellektuelle Establishment der DDR, daß es jeden Kontakt zum Volk verloren
hatte. Viele Intellektuelle hätten einen unkorrumpierten, für Selbstkritik offenen Sozialismus dem Kapitalismus vorgezogen. Ihre elitäre
Verunglimpfung der Wünsche des Volkes untergrub jedoch ihre Position als Sprecher und Seismographen der öffentlichen Meinung und
demontierte einen «seit langem bestehenden, auf breitem Funda-
ment ruhenden Konsens».[24] Gleichzeitig und zum erheblichen Un-
mut der westdeutschen Finanzwelt setzte Bundeskanzler Kohl Wäh-
rungsvereinbarungen durch, die einen Wechselkurs zwischen DDR-
Mark und D-Mark von 1:1 vorsahen (während der inoffizielle
Wechselkurs bei zehn DDR-Mark für eine D-Mark gelegen hatte).
Viele Probleme, die dem vereinten Deutschland in den folgenden
Jahren schwer zu schaffen machen sollten – geringe Produktivität,
überalterte Industrieanlagen, nicht wettbewerbsfähige Erzeugnisse,
hohe Arbeitslosigkeit, komplizierte, auf die Zeit der Enteignungen
und Kollektivierung zurückgehende Eigentumsfragen, die als äußerst
ungerecht empfundenen Entscheidungen der Treuhandanstalt –,
wurden 1990 zwar gesehen, aber vom Tisch gewischt.

Neben den turbulenten politischen Aktivitäten gab es eine turbulente literarische Diskussion. Im Juni 1990, mitten in den intensiven
Verhandlungen um die deutsche Vereinigung, veröffentlichte Christa
Wolf, die prominenteste DDR-Autorin und eine kritische, doch immer wieder auf Ausgleich bedachte Beobachterin der Zustände in der
DDR, ihren Roman *Was bleibt*, ein kurzes, schon 1979 entstandenes
Buch über ihre mehrwöchige Überwachung durch das Ministerium
für Staatssicherheit. Der Zeitpunkt der Publikation war bestenfalls
naiv, schlimmstenfalls opportunistisch. Es sah so aus, als fordere sie
rückwirkend Solidarität mit den Bespitzelten und Opfern, während

sie in Wirklichkeit selbst eine privilegierte Schriftstellerin gewesen war, die erst ihre Stimme erhob, als es nicht mehr gefährlich war. Die politische Dimension ihres Buches paßte genau zu den Enthüllungen über das erschreckende Ausmaß der Stasi-Überwachung, die nach der Wiedervereinigung zu einem großen Streitpunkt werden sollte.

Hier war die Frage, ob die Akten über die Heerscharen von «Inoffiziellen Mitarbeitern» allgemein zugänglich gemacht werden sollten oder nicht, und man verglich die Situation mit den nach dem Krieg vorhandenen nationalsozialistischen Akten. Sollte man die Vergangenheit auf sich beruhen lassen, oder sollte man frühere Stasi-Angehörige und «Inoffizielle Mitarbeiter» bestrafen – zum Beispiel, indem man ihnen das Aufrücken in wichtige und verantwortungsvolle Positionen im vereinigten Deutschland versagte? War dies die Chance, die Praxis der Bundesrepublik zu widerlegen, wo ehemalige Nationalsozialisten mit einer Mauer des Schweigens umgeben und geschützt wurden? Die Gauck-Behörde (ihr Leiter war der protestantische Pfarrer Joachim Gauck) bekam den Auftrag, das Stasi-Material zu archivieren und zugänglich zu machen; für viele, die ihre Akten einsehen wollten, hielt das Archiv schmerzliche und erschreckende Enthüllungen bereit.[25]

In all diesen Debatten wurde die Befreiung von der kommunistischen Herrschaft mit dem Ende des nationalsozialistischen Regimes verglichen, während das Wissen um den Holocaust keine Rolle spielte. Die DDR war von Anfang an auf Distanz zum Holocaust gegangen.[26] Der DDR-Marxismus interpretierte den Faschismus und damit das nationalsozialistische Regime als Ausgeburt des Kapitalismus, und in der unmittelbaren Nachkriegszeit wurden die Bürger der Sowjetischen Besatzungszone (analog zu demokratischen Umerziehungsversuchen in den westlichen Besatzungszonen) in den «Antifa»-(Antifaschismus-)Schulen einer ideologischen Säuberung unterzogen. Durch diese Trennung von der gemeinsamen Vergangenheit blieb nur die Bundesrepublik als Erbe des nationalsozialistischen Vermächtnisses übrig. Daher war es bemerkenswert, daß Ministerpräsident Hans Modrow im Februar 1990, als er durch hektische Reisetätigkeit zwischen Moskau und Bonn versuchte, doch noch die staatliche Eigenständigkeit der DDR zu retten, in einer Botschaft an den Jüdischen Weltkongreß für die DDR «ihren Teil der Verantwortung für die deutsche Vergangenheit» einräumte und «materielle Hilfe für frühere Verfolgte» in Aussicht stellte.[27] Die DDR begriff, was die Bundesrepublik seit den ersten Jahren ihres Bestehens erkannt hatte: daß sie, um als vollgültige Nation anerkannt zu werden, Stellung zu den nationalsozialistischen Verbrechen beziehen mußte. Am 12. April 1990 wurde Lothar de Maizière, Vorsitzender der ostdeutschen CDU, zum Ministerpräsidenten an der Spitze einer Koalitionsregierung gewählt. An demselben Tag verabschiedete das neugewählte Parlament eine Vier-Punkte-Erklärung, deren erster Punkt die Mitverantwortung der DDR für «Demütigung, Vertreibung und Ermordung jüdischer Frauen, Männer und Kinder» anerkannte und den Staat Israel um Vergebung für die «Heuchelei und Feindseligkeit» der alten DDR-Führung bat. Im Unterschied zur westdeutschen Ambivalenz in diesen Dingen ist das ostdeutsche «Bekenntnis zu Verantwortung und Mitschuld für Vergangenheit und Zukunft» von einer bewegenden Direktheit.

Wir, die ersten frei gewählten Parlamentarier der DDR bekennen uns zur Verantwortung der Deutschen in der DDR für ihre Geschichte und ihre Zukunft und erklären einmütig vor der Weltöffentlichkeit:
Durch Deutsche ist während der Zeit des Nationalsozialismus den Völkern der Welt unermeßliches Leid zugefügt worden. Nationalismus und Rassenwahn führten zum Völkermord, insbesondere an den Juden aus allen europäischen Ländern, an den Völkern der Sowjetunion, am polnischen Volk und am Volk der Sinti und Roma. (...)
Das erste frei gewählte Parlament der DDR bekennt sich im Namen der Bürgerinnen und Bürger dieses Landes zur Mitverantwortung für Demütigung, Vertreibung und Ermordung jüdischer Frauen, Männer und Kinder. Wir empfinden Trauer und Scham und bekennen uns zu dieser Last der deutschen Geschichte.
Wir bitten die Juden in aller Welt um Verzeihung. Wir bitten das Volk in Israel um Verzeihung für Heuchelei und Feindseligkeit der offiziellen DDR-Politik gegenüber dem Staat Israel und für die Verfolgung und Entwürdigung jüdischer Mitbürger auch nach 1945 in unserem Lande.
Wir erklären, alles uns mögliche zur Heilung der seelischen und körperlichen Leiden der Überlebenden beitragen zu wollen und für eine gerechte Entschädigung materieller Verluste einzutreten.[28]

Die deutsche Wiedervereinigung entband dann die DDR von der Verpflichtung, den Worten Taten folgen zu lassen.

Grass kontra Walser

Im Unterschied zu den Streitigkeiten um die Mitgliedschaft im PEN war der Holocaust kein Diskussionsthema zwischen ost- und westdeutschen Schriftstellern, die über die deutsche Wiedervereinigung nachdachten. Wohl aber herrschte unter den westdeutschen Autoren Uneinigkeit über Ob und Wie dieses Schrittes. Die diametralsten Standpunkte vertraten wohl Günter Grass und Martin Walser. Grass war ein unerbittlicher Gegner der Vereinigung; Walser hielt sie für längst überfällig. Doch war für beide «Auschwitz» der Prüfstein ihres Disputs. In einer Vorlesung mit dem Titel *Schreiben nach Auschwitz*, die Grass am 13. Februar 1990 an der Universität Frankfurt hielt, bekannte er, daß Auschwitz für ihn das prägendste Ereignis seines Lebens sei. In einer Terminologie, die an den Historikerstreit erinnerte, betonte er, daß Auschwitz eine so tiefe Zäsur darstelle, daß die Menschheitsgeschichte künftig «vor Auschwitz» und «nach Auschwitz» datiert werden müsse.

[D]as Ungeheure, auf den Namen Auschwitz gebracht, ist, weil eben nicht vergleichbar, weil durch nichts historisch zu unterfüttern, weil keinem Schuldgeständnis zugänglich, unfaßbar geblieben und dergestalt zur Zäsur geworden, daß es naheliegt, die Menschheitsgeschichte und unseren Begriff von menschlicher Existenz mit Ereignissen zu datieren, die vor und nach Auschwitz geschehen sind.[29]

In einer ebenfalls im Februar 1990 ausgestrahlten Fernsehdiskussion mit Rudolf Augstein verfolgte Grass das «Verbot» der deutschen Wiedervereinigung bis zum Jahr 1960 und einer ähnlichen Fernsehdiskussion zwischen Augstein und dem Philosophen Karl Jaspers zurück. In einem bald nach Kriegsende erschienenen, bahnbrechenden Buch hatte Jaspers *Die Schuldfrage* angesprochen und darin zwar nicht die These von der Kollektivschuld vertreten, wohl aber von Kollektivhaftung gesprochen. Die Fernsehdiskussion von 1960 hatte gut ein Jahr vor dem Bau der Berliner Mauer stattgefunden, die zum Sinnbild der deutschen Teilung werden sollte. Gedanken formulierend, die Grass dreißig Jahre später eingehender und leidenschaftlicher wiederholen sollte, hatte Jaspers damals gesagt:

Ich bin seit Jahren der Auffassung, daß die Forderung der Wiedervereinigung nicht nur irreal ist, sondern politisch und philosophisch in der Selbstbesinnung irreal. Denn (...) der Gedanke der Wiedervereinigung beruht darauf, daß man den Bismarck-Staat für den Maßstab nimmt. Der Bismarck-Staat soll wiederhergestellt werden. Der Bismarck-Staat ist durch die Ereignisse unwiderruflich Vergangenheit. (...) Die Wiedervereinigung ist sozusagen die Folge dessen, daß ich das, was geschehen ist, nicht anerkennen will.[30]

Wie Jaspers erblickte Grass den Beginn des Unglücks, das zum Holocaust führte, in Bismarcks Einigung der divergierenden deutschen Staaten zu einem Deutschen Reich. Augsteins Revisionismus hingegen artete in schamlose Selbstgerechtigkeit aus. Er legte zwar ein

Lippenbekenntnis zu seiner Abscheu gegen Auschwitz ab, zählte dann aber historisierende Gesichtspunkte auf, ja er führte sogar Kanzler Kohls Diktum von der «Gnade der späten Geburt» gegen Grass' Rede von Auschwitz als «bleibendes Brandmal unserer Geschichte» ins Treffen.[31]

Ich muß allerdings sagen, daß keiner, der direkt nicht betroffen ist, Auschwitz fürchterlicher finden kann als ich. Ich finde nur, wir können es in der praktischen Politik nicht perpetuieren. Das können ja unsere Kinder gar nicht nachvollziehen, das geht nicht. Wir haben es erlebt, auch zu spät erlebt, aber wir haben es immerhin erlebt – die können das schon gar nicht mehr erleben. (...) Auschwitz wird automatisch durch die Geschichte relativiert. Das ist keine Frage (...).[32]

Angesichts solcher Äußerungen und einer allgemeinen politischen Stimmung, die sich mehr für die Probleme und technischen Einzelheiten der Einigung interessierte als für die Frage, ob die Einigung überhaupt wünschenswert war, konnte es nicht überraschen, daß Grass' Plädoyer für einen «dritten Weg», der weder Einigung noch Fortdauer der Teilung sein sollte, kaum ernsthafte Beachtung fand. Es spricht für die Verwischung der Fronten zwischen Rechts und Links, daß Grass eine Konföderation vorschlagen konnte – dieselbe Idee hatten schon die Neo-Nationalisten gehabt, denen das Konzept der einen Nation am Herzen lag. Für die Neo-Nationalisten hätte eine Konföderation das Zusammenkommen der zwei Teile Deutschlands im Geiste eines erneuerten Nationalismus bedeutet; für Grass hätte sie die dauernde Trennung und relative Eigenständigkeit der zwei Staaten garantiert, zur Mahnung an Auschwitz und als Bollwerk gegen übersteigerte nationalistische Bestrebungen in der Zukunft.

Martin Walser, ebenfalls ein hervorragender Interpret des deutschen Nachkriegsunbehagens, teilte viele der Bedenken Günter Grass', zog aber letztlich entgegengesetzte Schlüsse. Es ist interessant, der Entwicklung seines Denkens zu folgen, da es auf eigentümliche Weise das erneute Auftauchen der Vorstellung von der einen Nation beleuchtet. 1962 hatte Walser behauptet, daß Deutschland nie eine Nation, sondern immer nur ein Konglomerat von Volksstämmen gewesen sei, daß Bismarck für die Zusammenführung dieser Stämme weniger geleistet habe als die Eisenbahn und die zwei Weltkriege und daß die zwei Deutschlands jetzt wieder rasch auseinandertrieben, und er tröstete sich mit der Überlegung: «Nun sind wir aber wahrscheinlich für immer geschützt gegen schwachsinnige Dynasten oder halbirre Reichsfanatiker, die uns zur Nation *schwei-*

ßen wollen. Wir sind um einen furchtbaren Preis entbunden vom Zwang, eine Nation zu werden.»[33] Walsers Rezept für die damalige (west)deutsche Problemlage entsprach einem verbreiteten Konsens – nämlich die europäische Integration. «[Wir] müssen darauf hoffen, daß unsere politischen Schwächen durch Europäisierung aufgehoben werden. Je mehr Europa uns aufnimmt, desto angenehmer wird es, ein Deutscher zu sein.» (S. 28)

Drei Jahre später, während der Auschwitzprozesse von 1965, schrieb Walser einen Zeitungsartikel mit dem Titel *Unser Auschwitz*, der seine zunehmende Beschäftigung mit der Problematik von individueller Schuld und Kollektivschuld bezeugte. Der Artikel ist in einem Gefühl tiefer Beschämung geschrieben und von einer Empörung erfüllt, die sich in Ironie und Zynismus Luft macht. Walser ist empört darüber, daß die Gerichte, die sich mit individuellen Verbrechern befassen, die Mehrheit des deutschen Volkes freisprechen. Der Abgrund zwischen den Auschwitzerfahrungen und -erinnerungen der Opfer und die (in Walsers Augen) distanzierende Wirkung der Prozesse auf die Tätergenerationen provozierte Walser zu der sarkastisch gemeinten Behauptung, daß Auschwitz «für uns» folgenlos bleibe:

Nur die Opfer, soweit sie noch das bloße Leben haben, und die, die auf der Seite der Opfer sind, die können weder Auschwitz vergessen noch so weiterleben, als hätte Auschwitz nie stattgefunden. Für uns aber wird Auschwitz keine Folgen haben.[34]

Fast anderthalb Jahrzehnte später, 1979, hielt Walser eine Rede zur Eröffnung der Ausstellung «Überleben und Widerstand», die Zeichnungen von Auschwitz-Häftlingen zeigte. Der erste Satz der Rede, «Seit Auschwitz ist noch kein Tag vergangen»,[35] nahm vorweg, was Günter Grass zehn Jahre später in die Worte kleiden sollte: «Das wird nicht aufhören, gegenwärtig zu bleiben.»[36] Die Rede war eine eindrucksvolle Demonstration gegen die Historisierung. Walser versuchte die Tatsache auszusprechen, daß Auschwitz und die dort begangenen Verbrechen unbegreiflich bleiben, und plädierte vorbehaltlos für die Kollektivschuld der Deutschen: «Ich glaube: man ist ein Verbrecher, wenn die Gesellschaft, zu der man gehört, Verbrechen begeht. Dafür haben wir in Auschwitz ein Beispiel geliefert.» (S. 30) Gleichzeitig erkennt er: «Und als einzelne können wir uns nur eingestehen, daß wir nicht ausgerüstet sind, die Auschwitz-Schuld zu ertragen.» (S. 27) Individuelle Versuche, mit dieser Schuld fertig zu werden, hält er für ungenügend oder wirkungslos. «Es gibt Organisationen für Versöhnung. Es gibt Versuche, die Scham nicht zur Lähmung werden zu lassen. Es gibt Unternehmungen zu Entschuldigung. Das alles ist besser als nichts. Dies alles beruhigt nicht den Kampf in jedem von uns.» (S. 26)

Walser gab in seiner Rede keine Antwort darauf, wie «der Kampf zu beruhigen» und die unerträgliche Last der Kollektivschuld zu tragen sei. Aber in dem ebenfalls 1979 erschienenen Essay *Händedruck mit Gespenstern* deutete er die Richtung an, in der die Antwort zu suchen war.[37] Er skizziert einleitend die Zwangslage, in der sich die Deutschen befinden:

Ich habe ein gestörtes Verhältnis zur Realität. Das muß ich zugeben. Insofern ist, was ich zu sagen habe, leicht abzuwehren. Ich würde gern beweisen, wenigstens behaupten, daß mein gestörtes Verhältnis zur Realität etwas damit zu tun hat, daß ich Deutscher bin und 1927 geboren worden bin. Ich glaube nicht, daß man als Deutscher meines Jahrgangs ein ungestörtes Verhältnis zur Realität haben kann. (...) Man erwartet von mir geradezu, daß ich mein Deutschsein mit einer Art Fassung trage, wie man ein Leiden erträgt, für das man nichts kann, das man aber auch nicht mehr loswerden kann. Wenn ich mich durch das liebenswürdige Wohlgefühl (...) verleiten lasse, mein Deutschsein auch ein bißchen positiv werden zu lassen, aktiviere ich sofort Widerspruch. Wenn nicht bei den anderen, dann bei mir selbst. (S. 14f. und 19f.)

Mit einem zögernden, befangenen, ja defensiven Schritt greift Walser dann nach Begriffen, die das Individuum transzendieren und ihm helfen sollten, alles, wofür «Auschwitz» steht, zu tragen:

Wenn wir Auschwitz bewältigen könnten, könnten wir uns wieder nationalen Aufgaben zuwenden. Aber ich muß zugeben, eine rein weltliche, liberale, eine vom Religiösen, eine überhaupt von allem Ich-Überschreitenden fliehende Gesellschaft kann Auschwitz nur verdrängen. Wo das Ich das Höchste ist, kann man Schuld nur verdrängen. Aufheben, behalten und tragen kann man nur miteinander. Aber jede Tendenz zum Miteinander reizt bei uns den Verdacht auf Obsoletes. Wo Miteinander, Solidarität und Nation aufscheinen, da sieht das bundesrepublikanisch-liberale Weltkind der Bundesrepublik Kirche oder Kommunismus oder Faschismus. (S. 20)

Walser verknüpft auf frappierende Weise das Eingeständnis einer unerträglichen Schuld mit einer ziemlich konservativen Perspektive: Das Aufgehen des «Ichs» in «Zusammengehörigkeitsgefühl», «Solidarität» und vor allem «Nation» waren Ideen, die lange tabuisiert waren, weil sie an die nationalsozialistische Ideologie erinnerten. Walser deutet an dieser Stelle auch an, daß die Deutschen, wenn sie Auschwitz «bewältigen» könnten, es hinter sich lassen und sich «nationalen Aufgaben» zuwenden könnten. Der Satz steht im Konjunktiv, und an anderer Stelle sagt Walser: «Auschwitz ist nicht zu bewältigen.» (S. 27) Aber das Tor zum revisionistischen Denken ist – zehn Jahre vor der deutschen Wiedervereinigung – aufgestoßen.

1962 hatte Walser in der Teilung Deutschlands die Konsequenz eines Krieges gesehen, «den wir verschuldeten, weil wir uns als Nation gebärdeten». 1988 sprach er von der Teilung als einer «Strafe», die verdient war, aber nicht ewig währen sollte. Die Strafe hatte wohl dem deutschen Volk die Lehren eingebleut, von denen Bundeskanzler Kohl seinem Publikum versicherte, daß das deutsche Volk sie gelernt habe: Nach Walser waren die Deutschen keine Nationalsozialisten mehr, denn «[w]enn wir ‹alle› noch ‹Nazis› wären, müßten wir um die Fortsetzung der Teilung geradezu bitten».[38] Walsers wechselnde Standpunkte über die Jahre hin verraten den Wunsch nach einem neuen Nationalgefühl und zeigen die Konflikte und Widersprüche, mit denen dieses Gefühl sich auseinandersetzen muß. Vor allem aber bestätigen sie durch ihre gequälten Versuche, mit der Schuld fertig zu werden, die anhaltende Beschäftigung mit dem Holocaust.[39] Würde das Ende der «Strafe» ein Ende der Schuld bringen?

Als 1990 die deutsche Wiedervereinigung kam, mußte das Argument, die Teilung sei die Strafe für Auschwitz, neu überdacht werden. Jetzt erinnerte man sich daran, daß die Teilung Deutschlands ja eigentlich ein Produkt des Kalten Krieges gewesen war. Die Wiedervereinigung wurde nicht deshalb möglich, weil man die Zeit der Bestrafung für abgelaufen hielt, sondern weil der Kalte Krieg vorbei war. Grass' Weigerung, im Hinblick auf Auschwitz die Vereinigung zu akzeptieren, war ein radikaler, nach 1990 aber überholter Standpunkt. Auch Walser glaubte nicht, daß mit der Wiedervereinigung die Schuld an Auschwitz aufhören könne. Er traf jedoch eine sorgfältige Unterscheidung zwischen «Vereinigung» und «Wiedervereinigung»[40] und entschloß sich, von Vereinigung zu sprechen, da «Wiedervereinigung» die Rückkehr zu einem Deutschland bedeute, von dem das Verhängnis ausgegangen war.

Während nichtjüdische Deutsche den Fall der Berliner Mauer und die Wiedervereinigung unterschiedlich interpretierten, war die Auffassung unter Juden einheitlicher. Auch diese Auffassung mußte den Verhältnissen nach der Wiedervereinigung angepaßt werden. Sehr anschaulich beschreibt Sander Gilman die Sorge der Juden, die mit dieser «Veränderung im Verständnis der deutschen Geschichte» verbunden war:

Für viele Juden war diese tägliche Erinnerung an die Shoah in der Mauer gegenwärtig, der Narbe, die die Teilung Deutschlands markierte. Diese Narbe, am Leib Deutschlands so wirklich wie die Tätowierung auf dem Arm des KZ-Häftlings, wurde ein Schandmal, nicht der Teilung Deutschlands durch den Kalten Krieg, (...) sondern der deutschen Schuld an der Shoah. Sie war die Klagemauer der modernen jüdischen Geschichte, die für Juden außerhalb der beiden deutschen Staaten das lebendige Bewußtsein der Shoah markierte. Sie war das realste Zeichen für die Schuld der Deutschen, das wir Juden erhoffen konnten – und doch eines, das an sich nichts mit der Shoah zu tun hatte. Sie war die jüdische Lesart der Landkarte des zeitgenössischen Europas als eines Reflexes der deutschen Vergangenheit, eine Lesart, die weder von den Supermächten noch von den Deutschen selbst geteilt wurde.[41]

Die Literatur als der Seismograph für das Gewissen und die unausgesprochenen Grundeinstellungen eines Volkes zeigt eine andauernde, wenngleich indirekte Beschäftigung mit dem Holocaust auch nach der Wiedervereinigung. Die deutsche Einheit hat nicht zu einer Verminderung des Bewußtseins vom Holocaust in Deutschland geführt. Im Gegenteil gehen, wie im nächsten Kapitel und in der Schlußbemerkung gezeigt werden soll, die Diskussionen in der Literatur weiter, sie verlagern sich aber auch auf größere öffentliche Foren, die die Literatur nicht bieten kann. «Auschwitz wird bleiben», aber der Kontext des Erinnerns und Gedenkens verändert sich ständig weiter.

9.
Nach der Wiedervereinigung

Bernhard Schlink, Peter Schneider, W. G. Sebald

Weil die Wahrheit dessen, was man redet,
das ist, was man tut, kann man das Reden
auch lassen.[1]

Die intensive, ambivalente und konfliktreiche Beschäftigung mit
dem Holocaust, die in den achtziger Jahren durch die verschiedenen
Jahrestage und Kontroversen ausgelöst worden war, geht nach der
deutschen Wiedervereinigung weiter, doch verlagert sie sich jetzt
zum Teil von der Literatur in die Öffentlichkeit. Zudem verändert
sich der literarische Diskurs über den Holocaust durch ein relativ
neues Phänomen, nämlich die vermehrte Präsenz von Juden in
Deutschland. Einige Romane beginnen, dieses Phänomen zu reflektieren, und zeigen jüdische Protagonisten, die nicht mehr Objekt der
Beobachtung sind, sondern Subjekt und Stimme ihrer eigenen Geschichte. Alle drei in diesem Kapitel zu behandelnden Romane entstanden in den ersten Jahren nach der deutschen Vereinigung. Mit
unterschiedlichem Nachdruck porträtieren sie jüdische Charaktere,
die ihre Meinung sagen und mit nichtjüdischen Deutschen Kontakt
haben; es darf nicht verwundern, daß die in diesen Romanen geschil-
derten Beziehungen tastend, zerbrechlich und Ausdruck einer negativen Symbiose sind.

Bernhard Schlink

Bernhard Schlink ist Jura-Professor und praktizierender Richter. Bevor
der Roman *Der Vorleser* ihn 1995 auf die Bestsellerlisten katapul-
tierte und ihm internationale Anerkennung verschaffte, hatte er sich
als Verfasser preisgekrönter Kriminalromane einen Namen gemacht.
1944 geboren, gehört Schlink jener Generation der 68er an, die Ende
der siebziger und in den achtziger Jahren ihre autobiographischen

Romane veröffentlichte. *Der Vorleser* kann als ein Beispiel dieser Tendenz gelten. Der Roman verrät eine gründliche Kenntnis aller Probleme der «Väterliteratur», die er rekapituliert und gleichzeitig kritisiert.

Die Ereignisse des Buches werden vom Protagonisten Michael Berg ungefähr fünfunddreißig Jahre, nachdem sie ihren Anfang nahmen, erzählt. Der Ich-Erzähler Berg präsentiert den Text als sein eigenes Werk, an dem er zehn Jahre lang geschrieben hat. Das Wissen um den Holocaust hat auch über die Generationenkluft hinweg Bergs Leben unauslöschlich verändert, was jedoch auf seinen Erzählstil kaum Auswirkungen hat: Die Lücken in seiner Erinnerung verraten keinen Subtext. Die Informationen, die die Autoren der autobiographischen Romane ebenso hartnäckig wie vergeblich zusammenzutragen versucht hatten, sind Michael Berg ohne weiteres zugänglich. Hier verschiebt sich die Fragestellung von der Suche nach den abscheulichen Verbrechen der Tätergeneration auf die Suche nach ihren Motiven.

Das Buch zerfällt in drei Teile. Im ersten Teil unterhält der fünfzehnjährige Gymnasiast Michael eine sexuelle Beziehung mit der sechsunddreißigjährigen Hanna Schmitz, einer Straßenbahnschaffnerin. Man schreibt das Jahr 1958; das Verhältnis dauert vom Spätwinter bis zum Sommer, als Hanna plötzlich verschwindet und Michael durch den Verlust der Geliebten wie vernichtet ist. Im zweiten Teil ist Michael Jurastudent. Einer seiner Professoren, der einst vor den Nationalsozialisten fliehen mußte und nach dem Krieg nach Deutschland zurückgekehrt ist, stellt den Studenten in seinem Seminar die Aufgabe, einen Kriegsverbrecherprozeß in einer nahegelegenen Kleinstadt zu beobachten und zu bewerten. Angeklagt sind fünf Frauen, die SS-Aufseherinnen waren, und eine von ihnen ist Hanna; sie wird schuldig gesprochen und zu einer lebenslangen Haftstrafe verurteilt. Im dritten Teil greift Michael eine Gewohnheit wieder auf, die einst zum Liebesspiel mit Hanna gehört hatte: Er liest ihr vor. Er bespricht für sie Kassetten, die er ihr in die Haftanstalt schickt; doch besucht er sie dort nicht. Nach achtzehn Jahren wird Hanna begnadigt, und die Gefängnisdirektorin bittet Michael, Hanna bei der Wiedereingliederung in das bürgerliche Leben zu helfen. Am Morgen des Tages, an dem er sie abholen soll, begeht sie Selbstmord. In einem kurzen Brief an die Gefängnisdirektorin hat Hanna Michael bitten lassen, ihre Ersparnisse einer jüdischen Frau – einer von zwei Überlebenden und Zeugin in jenem Prozeß – zukommen zu lassen, die damit nach Gutdünken verfahren soll. Bei einem Besuch in den

USA sucht Michael diese Überlebende auf, die jedoch jedes Sühne-
zeichen zurückweist.

Schlink stellt den Generationenkonflikt, der im Mittelpunkt der
«Väterliteratur» stand, in einen neuen Zusammenhang, indem er
das Band der Liebe zwischen den Generationen kein biologisches,
sondern ein sexuelles sein läßt. Als Hanna und Michael einander
kennenlernen, lebt Hanna allein. Über ihre Vergangenheit schweigt
sie sich aus; sie ist mißtrauisch, schlecht gelaunt, wenn sie müde,
und gewalttätig, wenn sie wütend ist. (Bei einem Fahrradausflug
glaubt sie, Michael habe sie verlassen; als er zurückkommt, schlägt
sie ihm mit einem Gürtel ins Gesicht, so daß er blutet.) Die *amour
fou* der beiden trägt sadomasochistische Züge. Hanna verweigert
sich, und Michael, erniedrigt und voller Groll, muß um ihre Vergebung betteln und sie bei Laune halten. Es gibt Anzeichen dafür,
daß er eines Tages aus dieser Beziehung herauswachsen wird. Er
bedauert allmählich, daß er Hanna zuliebe seine Freunde vernach-
lässigt, und beginnt, sich für eine seiner Klassenkameradinnen zu
interessieren. Aber weil er mit seinen Freunden nicht über Hanna
spricht, sein «Geheimnis» nicht mit ihnen teilt, hat er das Gefühl,
Hanna verraten zu haben. Hier wird Schweigen im Sinne des Un-
terdrückens einer «Wahrheit» unmißverständlich als Verrat gekennzeichnet. Doch Schweigen als Verrat reicht über die persönliche
Dimension hinaus ins Politische: Der öffentlich abgehaltene Prozeß
zielt darauf ab, das Schweigen der Angeklagten zu brechen. Schlink
zeigt jedoch anhand der Aussagen der Verteidiger, des Richters und
der Angeklagten, daß auch eine öffentliche Verhandlung der Verbrechen von einer persönlichen Anteilnahme oder gar Reue der Täter
meilenweit entfernt ist und somit selbst bei einem öffentlichen
Prozeß das Schweigen als Verrat bestehen bleibt. Aber nicht nur
Michael hält Informationen zurück, auch Hanna hat ihr Geheimnis:
Sie ist Analphabetin. Das Zurückhalten von Informationen ist, wie
Hanns-Josef Ortheil gezeigt hat, ein gemeinsames Charakteristikum
der Deutschen nach dem Holocaust.

Nach dem abrupten Verschwinden Hannas verfällt Michael in einen Zustand der Betäubung und Distanziertheit, den er durch Groß-
spurigkeit überspielt. Erst als er sich für das «KZ-Seminar» anmeldet
und sich auf die Beobachtung des Prozesses vorzubereiten beginnt,
teilt er den Gemeinschaftsgeist, der die Studentenbewegung auszeichnet: «Aber ich wollte mehr, ich wollte das gemeinsame Eifern
teilen. (...) Ich selbst hatte während der Wintermonate das gute Gefühl, dazuzugehören und mit mir und dem, was ich tat, und denen,

mit denen ich's tat, im reinen zu sein.» (S. 89) Als Michael am ersten Prozeßtag erkennen muß, daß eine der Angeklagten Hanna ist, wird die summarische Verurteilung der Elterngeneration differenziert und personalisiert. Er muß sich jetzt selbst einem Prozeß der Selbsterforschung unterziehen, der seinen Kommilitonen erspart bleibt; denn «die Liebe zu den Eltern ist die einzige Liebe, für die man nicht verantwortlich ist» (S. 170). Im Gegensatz zu seinen Kommilitonen wählte Michael eine Geliebte, die sich als Verbrecherin entpuppt, und fühlt sich für diese Wahl verantwortlich (wobei nie ganz klar ist, wo diese Verantwortung liegt und worin sie besteht).

Hanna und die Mitangeklagten waren in einem Außenlager von Auschwitz für Frauen tätig und müssen sich für zweierlei Verbrechen verantworten: die regelmäßige Selektion weiblicher Insassen, die nach Auschwitz zurückgeschickt wurden, und den Tod von über sechshundert Frauen, als bei einem Todesmarsch die Kirche, in der die Frauen über Nacht eingeschlossen waren, von einer Bombe getroffen wurde und ausbrannte. Michael verfolgt den Prozeß in seiner ganzen Kasuistik. «Die Tochter», die über ihre Zeit im Lager ein Buch geschrieben hat, sagt als Hauptbelastungszeugin aus, während ihre Mutter, die einzige andere Überlebende, in Israel vernommen wird. Die Tatsachen werden nicht bestritten. Als der Vorsitzende Hanna zu einer Antwort auf die Frage drängt, auf welche Weise sie die Selektion der nach Auschwitz zu schickenden Frauen vorgenommen habe, präsentiert Schlink die direkte Konfrontation einer Täterin mit ihrem Verbrechen. Hier kann endlich das Schweigen gebrochen werden. Der Wortwechsel zwischen dem Richter und Hanna steuert auf die wohl pointierteste Frage des Buches zu – um dann, wie so oft, in moralischer Stumpfheit und Platitüden zu versanden.

«Haben Sie nicht gewußt, daß Sie die Gefangenen in den Tod schicken?»
«Doch, aber die neuen kamen, und die alten mußten Platz machen für die neuen.»
«Sie haben also, weil Sie Platz schaffen wollten, gesagt: Du und du und du mußt zurückgeschickt und umgebracht werden.»
Hanna verstand nicht, was der Vorsitzende damit fragen wollte.
«Ich habe ... ich meine ... Was hätten Sie denn gemacht?» (...)
Einen Moment lang war es still. Es gehört sich in deutschen Strafverfahren nicht, daß Angeklagte Richtern Fragen stellen. Aber nun war die Frage gestellt, und alle warteten auf die Antwort des Richters. Er mußte antworten [... Er konnte] sich ein bißchen Zeit nehmen, um die Antwort zu finden. Aber nicht zuviel; je länger er wartete, desto größer wuchsen Spannung und Erwartung, desto besser mußte die Antwort werden.

«Es gibt Sachen, auf die man sich einfach nicht einlassen darf und von denen man sich, wenn es einen nicht Leib und Leben kostet, absetzen muß.» (...) Die Antwort des Richters wirkte hilflos, kläglich. Alle empfanden es. (S. 106 ff.)

Wie Schlink zeigt, unterscheidet sich Hanna mit ihrer Erklärung («Doch, aber die neuen kamen») nicht von den Mördern in vielen anderen Prozessen: Sie behandelten Menschen wie Sachen und entledigten sich ihrer wie Sachen. Hat sie nicht gewußt, daß sie Leben oder Tod zuteilte, oder wollte sie nur ihre Quoten erfüllen? Aber die Antwort des Richters geht ebenso an der Sache vorbei; seine Sprache verrät einen Mangel an Überzeugung und bietet in dem «wenn»-Satz («wenn es einen nicht Leib und Leben kostet») Raum für den Völkermord.[2]

Der zweite Hauptanklagepunkt gegen die Angeklagten lautet, die Türen der brennenden Kirche nicht aufgeschlossen zu haben, um die gefangenen Frauen ins Freie zu lassen. (Mutter und Tochter entkamen, weil sie auf eine Empore flohen, die so schmal war, daß die brennenden Balken der Kirche an ihnen vorbei in die Tiefe fielen.) Aufzeichnungen einer Wächterin, die im SS-Archiv gefunden wurden, belegen, daß die Wächterinnen Befehl hatten, zurückzubleiben, um eine Ausbreitung des Feuers auf umliegende Häuser und etwaige Fluchtversuche der Gefangenen zu verhindern. Die Angeklagten bestreiten die Glaubwürdigkeit des Dokuments und beschuldigen Hanna, es gefälscht zu haben, was sie jedoch leugnet. Ein Staatsanwalt beantragt, durch einen Sachverständigen die Handschrift der Aufzeichnung mit Hannas Handschrift vergleichen zu lassen, und da Hanna nicht zugeben will, Analphabetin zu sein, gesteht sie jetzt fälschlicherweise, das Dokument geschrieben zu haben. (In einem weiteren Sinn bedeutet dieses Geständnis natürlich auch, daß die «Unschuldigen» verurteilt, die Schuldigen aber freigesprochen werden.) Intuitiv begreift Michael in diesem Augenblick, daß Hanna weder lesen noch schreiben kann (S. 126 f.). Jetzt versteht er, daß Hannas Nachkriegsleben von dieser persönlichen Behinderung geprägt war. Die Angst vor der Entdeckung ihres Analphabetismus – man hatte ihr eine Beförderung angeboten, für die sie jedoch Formulare hätte ausfüllen müssen –, nicht vor einer Aufdeckung ihrer Verbrechen in der Nazizeit war die Ursache ihres plötzlichen Verschwindens gewesen. Jetzt steht Michael Berg vor derselben undurchdringlichen Mauer, auf die seine Kommilitonen bei der Erforschung der Vergangenheit ihrer Eltern gestoßen waren.

Deswegen? Daß sie sich schämte, nicht lesen und schreiben zu können, und lieber mich befremdet als sich bloßgestellt hatte, verstand ich. Scham als

Grund für ausweichendes, abwehrendes, verbergendes und verstellendes, auch verletzendes Verhalten kannte ich selbst. Aber Hannas Scham, nicht lesen und schreiben zu können, als Grund für ihr Verhalten im Prozeß und im Lager? Aus Angst vor der Bloßstellung als Analphabetin die Bloßstellung als Verbrecherin? Aus Angst vor der Bloßstellung als Analphabetin das Verbrechen?

Wie oft habe ich mir damals und seitdem dieselben Fragen gestellt. Wenn Hannas Motiv die Angst vor Bloßstellung war – wieso dann statt der harmlosen Bloßstellung als Analphabetin die furchtbare als Verbrecherin? Oder meinte sie, ohne jede Bloßstellung durch- und davonzukommen? War sie einfach dumm? Und war sie so eitel und böse, für das Vermeiden einer Bloßstellung zur Verbrecherin zu werden?

Ich habe es damals und seitdem immer wieder verworfen. (S. 127 f.)

Es ist kein Wunder, daß Michael das Bild der Frau retten möchte, die er einmal geliebt hat, aber sein mangelndes Entsetzen über Hannas Taten und ihre Art zu reden – oder nicht zu reden – sind doch befremdlich. Obwohl er keinen persönlichen Kontakt mehr mit ihr hat, macht er sich zum Interpreten ihrer Antworten und ihres Verhaltens vor Gericht, zum Beispiel, wenn er feststellt: «Hanna verstand nicht, was der Vorsitzende damit fragen wollte.» Aber er findet keine andere Erklärung für ihre Taten als ihren Gehorsam aus Pflichtgefühl – eine banale Antwort, die zudem schon unzählige Male gegeben worden ist.

Ein weiterer Vorwurf, den die Mitangeklagten gegen Hanna erheben, lautet, daß sie Favoritinnen gehabt habe, junge Mädchen, die sie besonders gut behandelte, bevor sie sie nach Auschwitz zurückschickte. Offensichtlich sollen Hanna sexuelle Motive unterstellt werden, doch sagt die als Zeugin geladene Tochter aus, daß die Mädchen Hanna vorlesen mußten.[3] Schließlich lernt Hanna im Gefängnis lesen und schreiben, und als Michael nach ihrem Selbstmord ihre Zelle inspiziert, findet er Bücher von Holocaust-Opfern, wissenschaftliche Literatur über die Konzentrationslager und die autobiographischen Aufzeichnungen von Rudolf Höss (S. 193). Schlink scheint sagen zu wollen, daß Hannas Kriminalität und generelle Brutalität mit ihrem Analphabetismus Hand in Hand gingen und daß Hanna, sobald sie lesen konnte, auch moralisch wach wurde und mehr über den Holocaust wissen wollte. Dieses Argument ist jedoch nicht viel wert. Analphabetismus kann nicht als Erklärung für das Begehen von Verbrechen dienen. Was für ein Mensch ist Hanna, wenn ihr das Verheimlichen ihres Analphabetismus wichtiger ist als das Retten von Menschenleben und sie es genießen kann, sich von todgeweihten Opfern vorlesen zu lassen? Wenn aber ihr Analphabetismus nicht die Erklärung – und Entschuldigung – von Hannas Taten ist, fragt sich, welche Funktion er in dem Roman hat. Soll damit gar suggeriert werden, daß man irgendwie «behindert» sein mußte, um bei den Verbrechen Handlanger zu sein? Gerade dort, wo Schlink besonders starke Argumente in bezug auf die nationalsozialistischen Verbrechen und ihre Täter bringen müßte, ist der Roman am schwächsten.

Durch Hanna ist Michael unmittelbar mit den Verbrechen der nationalsozialistischen Vergangenheit konfrontiert und erlebt die Qual derjenigen, die einfach durch die Nähe zum Täter unwissend und unschuldig schuldig werden. Daß er Hanna nicht im Gefängnis besucht, verrät, daß er sich innerlich von ihr distanzieren will, und erinnert an Hannas brutale Behandlung Michaels, da beide zu sehr von ihren eigenen Emotionen beherrscht sind, als daß sie sich dem anderen zuwenden könnten. Michaels Vorlesen auf Tonband hält die Verbindung aufrecht, durchbricht aber das Schweigen nicht. Dieses Schweigen, das er selbst einmal als Verrat erkannte, bringt ihn um die Chance, sich von Hanna zu befreien. In diesem trotz aller intellektuellen Einsicht qualvollen Gebunden-Bleiben ist er ein typischer Vertreter der Nachfolgegeneration. Michaels Unfähigkeit, dieses Gebunden-Bleiben und dieses Schweigen, die sein Leben zutiefst beeinflußt haben, zu analysieren, damit einer Selbsterkenntnis näher zu kommen und dementsprechend zu handeln, ist der eigentliche Kern von Schlinks Roman.

Eines der zentralen Themen des Historikerstreits war der Versuch, den Holocaust zu relativieren. Michael wehrt sich zwar bewußt hiergegen, folgt aber doch diesem Beispiel. Mit fortschreitendem Verfahren bemerkt er, daß eine eigentümliche Betäubung von allen Beteiligten Besitz ergreift:

Wie der KZ-Häftling, der Monat um Monat überlebt und sich gewöhnt hat und das Entsetzen der neu Ankommenden gleichmütig registriert. Mit derselben Betäubung registriert, mit der er das Morden und Sterben selbst wahrnimmt. Alle Literatur der Überlebenden berichtet von dieser Betäubung, unter der die Funktionen des Lebens reduziert, das Verhalten teilnahms- und rücksichtslos und Vergasung und Verbrennung alltäglich wurden. Auch in den spärlichen Äußerungen der Täter begegnen die Gaskammern und Verbrennungsöfen als alltägliche Umwelt, die Täter selbst auf wenige Funktionen reduziert, in ihrer Rücksichts- und Teilnahmslosigkeit, ihrer Stumpfheit wie betäubt oder betrunken. (S. 98)

Die «Betäubung» von Häftlingen im Todeslager mit der Stumpfheit der Täter oder der am Verfahren Beteiligten zu vergleichen zeugt von einer kategorialen Verwechslung und moralischen Orientierungslosigkeit, die keines Kommentars bedarf. Diese Verwechslung wird nicht weniger empörend, wenn Michael einräumt: «Schon damals (...), als ich dabei Täter, Opfer, Tote, Lebende, Überlebende und Nachlebende miteinander verglich, war mir nicht wohl, und wohl ist mir auch jetzt nicht.» (S. 99) Aber er verrät nicht, warum er dann diesen Vergleich überhaupt anstellt, und beharrt auf Unterschieden, die dann doch folgenlos bleiben. «Wenn ich in einem Gespräch Ansätze eines solchen Vergleichs machte, betonte ich zwar stets, daß der Vergleich den Unterschied, ob man in die Welt des KZ gezwungen wurde oder sich in sie begeben hatte, ob man gelitten oder Leiden zugefügt hatte, nicht relativiere, daß der Unterschied vielmehr von der allergrößten, alles entscheidenden Wichtigkeit sei.» (S. 99) Wie Michael Berg einen solchen «Vergleich» anstellen und gleichzeitig darauf beharren kann, daß der Unterschied «von der allergrößten, alles entscheidenden Wichtigkeit» sei, bleibt sein Geheimnis. Wie an anderen Stellen läßt Schlink durchblicken, daß er sich der gegenwärtigen Diskussionen bewußt ist und sie in den Roman integrieren möchte. Doch scheint er sich selbst nicht zu einem klaren Standpunkt durchgerungen zu haben. Statt dessen verleiht er dem Ton seines Protagonisten eine gewisse gereizte Schärfe und Ungeduld und zugleich etwas Abschließendes, wenn er ihn fragen läßt:

Was sollte ich und soll meine Generation der Nachlebenden eigentlich mit den Informationen über die Furchtbarkeiten der Vernichtung der Juden anfangen? Wir sollen nicht meinen, begreifen zu können, was unbegreiflich ist, dürfen nicht vergleichen, was unvergleichlich ist, dürfen nicht nachfragen, weil der Nachfragende die Furchtbarkeiten, auch wenn er sie nicht in Frage stellt, doch zum Gegenstand der Kommunikation macht und nicht als etwas nimmt, vor dem er nur in Entsetzen, Scham und Schuld verstummen kann. Sollen wir nur in Entsetzen, Scham und Schuld verstummen? Zu welchem Ende? (...) Aber daß einige wenige verurteilt und bestraft und daß wir, die nachfolgende Generation, in Entsetzen, Scham und Schuld verstummen würden – das sollte es sein? (S. 99 f.)

Es ist bezeichnend und zeugt von der bleibenden «Unfähigkeit zu trauern», daß Michael Berg auf die rhetorische Frage «Was sollte ich und soll meine Generation der Nachlebenden eigentlich mit den Informationen über die Furchtbarkeiten der Vernichtung der Juden anfangen» nicht auf den Gedanken kommen kann, zu trauern oder Gram und Schmerz zu empfinden. Schlink schildert die Grenzen Michaels, seine inneren Konflikte und seine Hingabe an eine Frau, die eine SS-Mörderin war, also all das, was sein Leben und seine Beziehung zu anderen Menschen beeinflußt; er zeigt auch, daß Michael nicht bewußt ist, daß er versucht, Erklärungen, wenn nicht gar Entschuldigungen für Hannas Taten zu finden. Doch kann Schlink die Konfusion Michaels letztlich nicht von seiner eigenen trennen, so daß viele der von ihm aufgeworfenen Fragen (zum Beispiel die Relativierung der Verbrechen, Hannas Charakter, Michaels Bindung an sie) unbeantwortet bleiben. Man kann diese Konfusion als den Subtext betrachten, der den ganzen Roman durchzieht.

Viel klarer ist Schlink, wenn er Michael mit der «Tochter» in New York zusammenkommen läßt. Diese Auschwitz-Überlebende spricht und handelt als Subjekt, in ihrem eigenen Namen, und sie ist es, die den Gang des Gesprächs bestimmt. Sie ist kühl und reserviert, aber nicht unfreundlich. Weder sie noch ihre Mutter haben in der Erzählung einen Namen, wie um zu dokumentieren, daß sie für unzählige Opfer stehen; vor dem Wiedersehen mit der Tochter kann Michael sich nicht an ihr Gesicht erinnern, das er doch während des Prozesses gesehen hat, und bei ihrem Zusammentreffen sinniert er: «Das Gesicht war eigentümlich alterslos. So sehen Gesichter aus, die geliftet worden sind. Aber vielleicht war es auch unter dem frühen Leid erstarrt (...)» (S. 200f.) Vielleicht sind ihre Namenlosigkeit und Gesichtslosigkeit auch ein Sinnbild für Michaels Sträuben, sich Leidenden zu stellen, besonders solchen, die unter Hanna gelitten haben. Wenn Michael und die Tochter miteinander sprechen, verkörpern sie jene «negative Symbiose», von der der Historiker Dan Diner gesagt hat:

Seit Auschwitz – welch traurige List – kann tatsächlich von einer «deutsch-jüdischen Symbiose» gesprochen werden – freilich einer negativen: für beide, für Deutsche wie für Juden, ist das Ergebnis der Massenvernichtung zum Ausgangspunkt ihres Selbstverständnisses geworden; eine Art gegensätzlicher Gemeinsamkeit – ob sie es wollen oder nicht. Denn Deutsche wie Juden sind durch dieses Ereignis neu aufeinander bezogen worden. Solch negative Symbiose, von den Nazis konstituiert, wird auf Generationen hinaus das Verhältnis beider zu sich selbst, vor allem aber zueinander, prägen.[4]

Die Tochter erblickt in Hannas Wunsch, ihr das Geld zu vermachen, den Versuch, sich die Absolution zu erzwingen, weshalb sie das Geld ablehnt: «Es für irgendwas zu verwenden, was mit dem Holocaust zu tun hat, käme mir wirklich wie eine Absolution vor, die ich weder erteilen kann noch will.» (S. 203) Es fällt Michael schwer, diesen Gedanken zu akzeptieren, und wie so oft versucht er, Hannas Absichten zu rechtfertigen: «Die Jahre der Haft sollten nicht nur auferlegte Sühne sein; Hanna wollte ihnen selbst einen Sinn geben, und sie wollte mit dieser ihrer Sinngebung anerkannt werden.» (S. 201) Die Tochter aber blickt tiefer, unter die Oberfläche. Sie spürt Michaels Interesse für Hanna und spricht es aus: «Sie mögen sie, nicht wahr? Wie ist eigentlich ihr Verhältnis zueinander gewesen?» (S. 201) Und wie zum Ausgleich für seine früheren, gescheiterten Anläufe, von Hanna zu sprechen, erzählt Michael der Tochter von seiner Beziehung zu ihr. Die Tochter reagiert mit einer Einsicht, vor der Michael immer die Augen verschlossen hatte: «Was ist diese Frau brutal gewesen. Haben Sie's verkraftet, daß sie Sie mit fünfzehn ...?» (S. 202) Phantasie einer umgekehrten Wiedergutmachung: Ein Holocaust-Opfer bestätigt, daß die Nachgeborenengeneration selbst wieder Opfer der Täter ist.

Die Tochter beschließt in einer Geste, die Hannas «Lebenbehinderung» anerkennt, das Geld einer jüdischen Stiftung zur Bekämpfung des Analphabetismus zu schenken (nicht ohne anzumerken: «Analphabetismus ist allerdings nicht gerade ein jüdisches Problem» [S. 203]), und bittet Michael, eine solche Vereinigung ausfindig zu machen und das Geld in Hannas Namen zu stiften. Sie behält nur Hannas Teedose, als Erinnerung an eine andere Teedose, die sie als Kind besessen und die ihr so viel bedeutet hatte, daß sie sie mit nach Auschwitz nahm, wo sie ihr gestohlen wurde. Obwohl der Roman fast ausschließlich von Michael und Hanna handelt, gehören die letzten gesprochenen Worte nicht Hanna, sondern der Tochter: «Ich behalte die Dose.» (S. 204) Das sind nicht Worte der Versöhnung, aber sie zeigen die Bereitschaft, ein Gespräch zu beginnen – freilich ein stockendes und quälendes Gespräch.

Peter Schneider

Peter Schneider wurde 1940 geboren und lebt in Berlin. Schlagartig betrat er 1968 die bundesrepublikanische Literaturszene mit seiner Erzählung *Lenz*, benannt nach seinem von Weltschmerz bewegten, geistig heimatlosen Helden und angelehnt an Georg Büchners gleichnamige Novelle. Der Roman war ein großer Erfolg, da er den aufsässigen und suchenden Geist der 68er einfing. Ebenfalls zur rechten Zeit erschien Schneiders Buch *... schon bist du ein Verfassungsfeind* (1975), das sich den «Radikalenerlaß» vornahm und mit scharfem Blick für das Lächerliche die bürokratischen Schikanen und das allgemeine Übelwollen gegen «Außenseiter» bloßstellte – gegen die-

jenigen also, deren Leben nicht kleinbürgerlichen Maßstäben entsprach. In *Der Mauerspringer* von 1982, dem ersten Roman in einer
Berlin-Trilogie, machte Schneider auf spöttisch-kritische Weise die
Berliner Mauer zu seinem Thema und zeigte Jahre vor ihrem tatsäch-
lichen Fall, wie porös sie schon geworden war.[5]

In allen seinen Texten verbindet Schneider einen leichten, ver-
sponnenen, ironischen, mitunter auch humorvollen Ton mit ernsthaften, kritischen Einsichten. Das gilt auch für *Paarungen* (1992),
den zweiten Teil der Trilogie,[6] der bewußt Gesellschaftssatire sein
will. Der vielsträngige, sorgfältig komponierte Roman von sieben-
undzwanzig Kapiteln ist in drei Teilen angeordnet, die ungefähr den
drei Akten eines Theaterstücks entsprechen: Der erste enthält die
Exposition, der zweite gipfelt in Durcheinander und Chaos, der dritte
führt zu einer Auflösung. Dabei ist die Komposition des Romans
flüssig und locker, obwohl jedes einzelne Kapitel aus in sich mehr
oder weniger abgeschlossenen Episoden besteht.

Der Roman führt uns drei nicht mehr ganz junge Männer, Eduard, Theo und André, und ihre Mißhelligkeiten in Liebe und Ehe
vor. Die meisten Hauptfiguren werden nur mit einem Vornamen
bezeichnet; die Ausnahme ist Eduard, der mit Nachnamen Hoffmann heißt.[7] Theo ist Schriftsteller und Lyriker und lebt in Ost-
Berlin; seine Ehe mit Pauline muß ständig neu auf die Probe gestellt
werden, damit die Flammen der Liebe nicht erlöschen. Der Komponist André erlebt im Laufe des Romans Eheschließung und Scheidung und bereitet sich gegen Ende des Buches auf die Heirat mit
der Ärztin vor, die seinen Lungenkrebs behandelt. Eduard, der Molekulargenetiker, lebt in einer festen Beziehung mit Klara, die er
jedoch abbricht, als seine andere Freundin Jenny ein Kind von ihm
erwartet. Am Ende des Romans lebt er (vermutlich verheiratet) mit
Jenny zusammen, und sie erwarten eine Tochter. So sind also am
Ende des Romans alle Protagonisten in mehr oder weniger festen
Händen; dennoch ist die letzte Szene eine Burleske mit offenem
Ausgang. Die drei Freunde treffen sich in Warschau – der Stadt des
Ghettoaufstandes –, um der Premiere von Andrés Oper *Don Gio-
vanni* beizuwohnen, zu der Theo das Libretto geschrieben hat. Sie
verbringen die Nacht in einer Bar, wo sie jedoch von einer jungen
Frau ausgenommen werden, die zum Schluß mit dem Bargeld und
dem einen Designersportjackett verschwindet, das die drei abwechselnd getragen haben.

In der dritten Person, aber aus der Perspektive Eduards geschrieben, kann Schneiders Roman sich den beschränkten Blickwinkel

Eduards zunutze machen und gleichzeitig seinen Scherz mit ihm treiben. Die erzählten Ereignisse tragen sich überwiegend zwischen 1983 und 1985 zu. 1985 ist ein wichtiges Jahr in der Nachkriegsgeschichte Deutschlands – das Jahr von Bitburg und des Jahrestags des alliierten Sieges über das nationalsozialistische Deutschland; ein Jahr zuvor hatte Bundeskanzler Kohl versucht, die deutsche Nachkriegsgeschichte von der nationalsozialistischen Vergangenheit abzukoppeln, indem er sich selbst als den ersten Kanzler der Bundesrepublik bezeichnete, dem die «Gnade der späten Geburt» zuteil geworden sei. Eduard bemerkt trocken, daß gerade jetzt, «mit vierzigjähriger Verspätung», die ganze Nation sich «über den Abgrund jener Vergangenheit beugen zu müssen» scheine, und kann sich nicht entsinnen, daß jemals «so viel und breit über die Nazivergangenheit diskutiert worden wäre» (S. 239). Er ironisiert diese Beobachtung jedoch sogleich, wenn er hinzusetzt: «Die Debatten und Dokumentationen wurden meist zu später Stunde in den Dritten Programmen der Fernsehanstalten gesendet.» (S. 239f.)

Diese Verweise auf die nationalsozialistische Vergangenheit Deutschlands sind der subtile, aber allgegenwärtige Hintergrund für die Abenteuer der drei Protagonisten. *Paarungen* präsentiert die absurden, selbstverschuldeten Anfechtungen derer, die die Muße haben, ihnen zu erliegen, doch ist unter der oberflächlichen Spaßhaftigkeit ein nüchterner, ja finsterer Basso continuo vernehmbar. Die «Paarung» und ihr Gegenteil, die «Trennung», «Spaltung» oder «Scheidung», liefern Thema und Fokus für viele der in der Erzählung behandelten Fragen, angefangen bei der Prämisse, daß die «Vereinbarungen zwischen den Geschlechtern nicht mehr funktionieren» (S. 304). Den Komplexitäten dieser Paarungen und Trennungen ist am leichtesten anhand des Liebeslebens der Protagonisten nachzuspüren, doch sind diese unterbrochenen und wieder aufgenommenen Liebesbiographien zugleich Metaphern, wie aus der Frage Klaras deutlich wird: «War sein Ausbruchsversuch, die leichtsinnige Aufgabe seiner Liebe, nicht nur ein Symptom für einen viel umfassenderen Zerfall»? (S. 262) Da Eduard Molekulargenetiker ist, fehlt es nicht an wissenschaftlichen Beispielen für Paarung und Teilung, angefangen bei einzelligen Mikroorganismen bis hin zu Gorillas und Schimpansen. «Gepaart» ist Eduard auch mit seinem jüngeren Bruder (und Rivalen) Lothar, einem Soziologen. Die Grundvoraussetzungen der zwei Fächer widersprechen einander: Gegensätze wie «Natur und Kultur», «Umwelt und Vererbung», «blinder Zufall und Wahlfreiheit» ziehen sich wie ein roter Faden durch das ganze Buch.

Paarung und Trennung dienen auch als Identifikationsmerkmale für die anderen Hauptfiguren. Theo, der Schriftsteller, lebt in Ost-Berlin, wobei Berlin Symbol und Realität einer entzweiten Einheit ist. Es ist der ideale Ort für jemanden, der «aus Prinzip den größtmöglichen Abstand zu seinem Gesprächspartner suchte, als wolle er die Sicherheiten des Gegners und seine eigenen auf die Probe stellen, indem er den jeweils extremsten Gegenstandpunkt bezog. Eine Stadt, in der es zu jedem Weltereignis zwei unvereinbare Nachrichtenversionen gab, war für Theos Gesprächsstrategie ein nahezu idealer Standort.» (S. 99) Theo ist Jude und Inhaber eines «Doppelpasses», der ihm nach Belieben die Aus- und Wiedereinreise ermöglicht und es ihm erlaubt, «für Tage oder auch Wochen auf der jeweils anderen Seite der Mauer zu verschwinden» (S. 52). André, der Komponist, ist ebenfalls Jude und wartet mit seiner eigenen Ost-West-Version einer «Paarung» auf, als er die russische Jüdin Esther heiratet. Die Beschreibung ihrer Hochzeit spiegelt den kulturellen Konfliktstoff zwischen ost- und westeuropäischem Judentum, aber auch den Wunsch, diese Teilung zu überwinden. (Daß gerade diese Paarung kurzlebig ist, gehört zur allgemeinen Tendenz des Buches: Welches sind, wenn überhaupt, die Bedingungen, die stabile und dauerhafte Beziehungen in der heutigen Welt ermöglichen?) Auch das Thema des Doppelgängers als einer gespaltenen Persönlichkeit oder eines «Doubles» und als Teilung in die gegenwärtigen und vergangenen Aspekte eines Menschen zieht sich durch den Roman und gibt dem Thema «Paarung» eine weitere Bedeutungskomponente.

Ein wesentlicher Subtext in dieser Erzählung sind die vielen Verweise auf die nationalsozialistische Vergangenheit, die Verwendung von Vokabular aus der NS-Zeit sowie von Begriffen und Wörtern, die vom Holocaust geprägt sind. Es mag problematisch erscheinen, daß sie hier in anderen Zusammenhängen auftreten. Ist Schneiders Sprachgebrauch, der seine besondere Bedeutung aus dem Holocaust bezieht, eine Trivialisierung des Leidens, oder bedient er sich dieser Sprache, um darauf hinzuweisen, daß der vom Holocaust geprägte Diskurs ins allgemeine Bewußtsein gedrungen ist? Schneider achtet sorgfältig auf die Situationen und Zwecke, für die er diesen Wortschatz benutzt. Als Eduard vorübergehend von der Vorstellung heimgesucht wird, kein Kind zeugen zu können, sieht er schon «eine lebenslange Trauerarbeit» (S. 151) auf sich zukommen, und nachdem er sich von Klara getrennt hat, spricht diese von der «Arbeit des Alleinseins» (S. 261). Beide Stellen sind eindeutig Anspielungen auf Alexander und Margarethe Mitscherlichs *Unfähigkeit zu trauern* und verweisen auf die Trauerarbeit, die Freud als notwendiges Stadium bei der Überwindung eines Verlustes postuliert. Bei einer anderen Gelegenheit ist Eduards Schmerz über die Trennung von Klara noch deutlicher in eine vom Holocaust geprägte Sprache gekleidet: Er fühlt sich wie «ein Täter», «ein Täter, der sich hinter seinen Skrupeln versteckte, ein Mörder mit einer empfindlichen Seele» (S. 293).

Verweisen Vokabeln wie «Trauerarbeit», «Täter», «Mörder» auf ein vom Holocaust geprägtes Bewußtsein, so gibt es eine andere Textschicht im Roman, die sich direkt auf die nationalsozialistische Vergangenheit bezieht. Ein unaufmerksamer Omnibusfahrer ist ein «Verkehrsnazi» (S. 22); der Postbote tritt auf, als sei er «vom Sockel einer Arno-Breker-Skulptur herabgestiegen (...): die finstere Teutonenstirn, das heroische Kinn, die dumme Entschlossenheit im Blick» (S. 96); als Eduard ihn betrunken seine Arbeit verrichten sieht, erwägt er einen Beschwerdebrief, aber der «scheiterte an seiner Abneigung gegen Denunziationen. Dieses urdeutsche Verbrechen war, wenn überhaupt, nur gegen Faschisten erlaubt» (S. 96); als er in einem Kurort eine Gruppe von Rentnern sieht, glaubt er, in ihnen «Veteranen jener Bewegung zu erkennen, die vor einem halben Jahrhundert aufgebrochen war, die Welt zu erlösen» (S. 316). Eduard verfährt konkret und genau, wenn er die Vergangenheit in der Gegenwart sieht, während anderen Figuren Klischees über «Nazis» leicht und willkürlich von den Lippen gehen. Als sich in einer Bar eine Frau über den Abschuß des koreanischen Jumbojets durch die Sowjetunion ereifert, mischt sie sich auch in die Diskussionen über die Ursachen der Katastrophe und greift in ihrer Wut und Schmähsucht zu folgenden Klischees: «Mit euren Bärten und randlosen Brillen seid ihr immer noch dieselben, in den Tod verliebt, die Deutschen ändern sich nicht, ihr habt den Faschismus in den Knochen, und eure Erklärungssucht, euer Um-Drei-Ecken-Denken, euer pseudosensibles, erlerntes Stottern, alles Tarnung! Massenmörder seid ihr und bleibt ihr!» (S. 101)

Der bedenkenlose Vorwurf «faschistischer» Sprachformen und Praktiken, den die jüngste Studentengeneration ihren Eltern entgegenschleudert, ist nur ein Aufguß von Gewohnheiten der Elterngeneration selbst, als diese als «Achtundsechziger» aktiv war. Den Reihen der 68er längst entwachsen, rechnet Schneider jetzt mit dem klischeeverliebten, bigotten Rigorismus der neuen Generation ab. Eduard betreibt Forschungen, die zum Auffinden des für die Multiple Sklerose verantwortlichen Gens führen könnten, und benötigt zu diesem Zweck Mäuse. Er schildert die Rebellen der neuen Generation anhand der Art, wie sie protestieren:

In der letzten Semester-Vorlesung irritierten Eduard vier Studenten, die mit Mickymaus-Masken vor dem Gesicht in der zweiten Reihe saßen. Er hatte sich daran gewöhnt, daß Erstsemester im Unterricht Pullover strickten, Sokken stopften, Fingernägel beschnitten oder den Yogasitz übten, doch daß sie seine Vorlesung in ein Kinderfest umfunktionierten, war noch nicht vorgekommen. (S. 184)

Als er sich erkundigt, was diese Vorstellung soll, entfalten die vier ein Transparent mit der Aufschrift.: «Schluß mit den Mäuse-KZs! Freiheit und Glück für alle Labormäuse!» (S. 184)[8] Er versucht, mit den Studenten nicht zu streiten, aber in einem Punkt bleibt er fest: «[G]anz und gar unerträglich das Wort KZ als Transportmittel für diesen Protest.» Mit diesem Satz versucht er die Einzigartigkeit und Besonderheit der nationalsozialistischen Verbrechen festzuhalten und schlüpft in die Rolle des Erziehers, wenn er fortfährt: «Offenbar habt ihr kein deutliches, kein erarbeitetes Bild von den Vorgängen in den deutschen KZs» und mit einem Appell an die Einsicht der Studenten schließt: «sonst hätte sich dieser Vergleich von selbst verboten» (S. 185). Als er aber davon spricht, daß in seinem Labor Mäuse «verwendet» würden, ruft ein Student erregt dazwischen: «Das ist die Sprache der Wannseekonferenz!» (S. 185) Die leichtfertige Übertragung von nationalsozialistischen Termini in neuzeitliche Zusammenhänge trivialisiert die Anlässe, aus denen sie einst hervorgegangen sind, und verwässert ihre spezifische, grauenhafte Bedeutung im Rahmen des Nationalsozialismus, auch wenn ihre verbreitete Verwendung als neuzeitliche Aggressionswaffe dieses Grauen indirekt bestätigt. Die nationalsozialistische Vergangenheit ist in die normale Sprache eingesickert, aber der allgegenwärtige Gebrauch dieser Sprache zerstört die spezifische Erinnerung. Die protestierenden Studenten beweisen, daß mit ihnen nicht zu reden ist, indem sie Eduards Labor verwüsten, alle Mäuse freilassen und die Wände mit denselben Parolen besprühen wie auf ihrem Plakat. (Mit dieser und ähnlichen Szenen formuliert Schneider seine Kritik an den totalitären Praktiken, die gewisse Gruppen junger Leute in ihrem fanatisierten Übereifer an den Tag legen.)

Der Protest gegen Tierversuche veranlaßt Eduard, sich mit der Geschichte seines Faches während der Naziherrschaft zu befassen. Aber was muß er entdecken? «Die erlassenen oder geplanten Gesetze gegen Juden, Schizophrene, Psychopathen und ‹Gemeinschaftsfremde› gingen fast alle auf Forderungen von Fachgelehrten zurück.»

(S. 240 f.) Und mit einem Seitenhieb gegen jene, die behaupteten, sie hätten mitmachen müssen, um ihre Haut zu retten, setzt er hinzu: «Auch dem Apparat des Vernichtungsprogramms hatte ein kleines Heer von akademisch gebildeten Gutachtern, Ärzten, Technikern und Forschern zur Verfügung gestanden; die wenigen, die sich der Mordmaschine verweigerten, hatten keine Nachteile zu erleiden. Es gab genügend andere Experten, die sich nach den Posten drängten.» (S. 241) Eduard ist entsetzt, als er erkennt, daß die Villa, in der er und Tausende von Studenten die Formalitäten ihrer Immatrikulation erledigt hatten, einst ein anthropologisches Institut beherbergte, wo «Forschungen» mit den Körperteilen ermordeter Menschen durchgeführt wurden – und diese «wissenschaftlichen Wegbereiter der Naziverbrechen hatten ihre Professorenlaufbahnen nach dem Krieg fortsetzen können und waren in Ehren emeritiert worden» (S. 241). Hier rührt Schneider an dieselbe Wunde wie jene, die ihr tiefes Unbehagen an der bruchlosen Übernahme von nationalsozialistischen Beamten und Universitätslehrern in den bundesrepublikanischen Staatsdienst geäußert haben, und bemerkt, daß auch Gebäude «überdauern» und ihr Schweigen wahren können. «Bis zum heutigen Tag gab es kein Schild, keinen Hinweis, der an die Geschichte des Gebäudes erinnert hätte.» (S. 241)

Hat sich die NS-Vergangenheit Eduard auf dem Umweg über die Geschichte seines Berufes und des ihm vertrauten Universitätsgebäudes nur langsam eröffnet, so überfällt sie ihn unerwartet jäh, als er von seinem Bruder erfährt, daß der ehemalige SS-Offizier und «Judenreferent» Franz Reiners (der Adolf Eichmann direkt unterstellt war) möglicherweise ihr Großvater mütterlicherseits war (S. 235 f.). Wie in *Der Vorleser* und einigen der autobiographischen Romane wird die nationalsozialistische Vergangenheit nunmehr auf eine ungeahnte Weise affektiv aufgeladen. Während Eduard auf Archivmaterial wartet, das seine Verwandtschaft mit Reiners verifizieren soll (die sich aber nicht bestätigt), fragt er sich, welche Auswirkung die Existenz eines solchen Großvaters für ihn und seinen Bruder hätte, und ahnt, daß die Enkel eines Judenreferenten Reiners «mit allem, was sie sagten oder taten, unter einen neuen, bisher nicht gekannten Rechtfertigungsdruck geraten» müßten (S. 237). Und er stellt die zentrale Frage, die einen guten Teil des zeitgenössischen Engagements für den Holocaust beherrscht: «Von welchem Verwandtschaftsgrad an hört eine Verstrickung der Nachkommen auf, wann beginnt sie?» (S. 254) Schneider hat keine Geduld mehr mit dem empörten Gebaren der Generation von 1968, die sich von ihren Eltern «abkoppeln» wollte, um ihre eigene Unschuld zu beweisen – so wie er die Geduld mit deren Nachkommen, den Mäuseschützern, verloren hat. «Wenn Schuld nicht erblich war, so galt dies auch für die Unschuld» (S. 244), bemerkt er und tut damit einen bemerkenswerten Schritt hin zur persönlichen und politischen Reife und weg von den intellektuellen Eiertänzen gegenüber dem nationalsozialistischen Vermächtnis:

Du, ich, wir, die Söhne und Töchter der Nazigeneration, leiden unter einem Unschuldskomplex. Es stimmt ja: Nie zuvor war eine Generation durch die Geschichte derart verführt wie die unsere, die eigenen Eltern total schuldig und sich selbst total unschuldig zu sprechen. Was haben wir davon außer ewiger Unmündigkeit? (...) Wir wetteifern darum, wer mehr geschädigt ist als der andere. Die Krone des Opfers steht demjenigen zu, der seine Biographie, seine Schwächen und Niederlagen, seine Leiden und Komplexe möglichst lückenlos als Wunden ausweisen kann, die ihm die Gesellschaft geschlagen hat. (...) Selbst wenn sich alle unsere Schwächen als Umweltschäden, als Spätfolgen einer unbewältigten Vergangenheit ausweisen ließen, einmal, irgendwann in unserem Leben müssen wir sie annehmen und behaupten, daß es unsere sind. (S. 120)

Für Schneider bedeutet «Paarung» auch Annahme und Verantwortung (etwa wenn – auf einer persönlichen Ebene – Eduard die Vaterschaft und die Bindung an die neu gegründete Familie annimmt), und dazu gehören auch die Annahme der nationalsozialistischen Vergangenheit und ein Gefühl der Verantwortlichkeit für sie.

«Paarung» als Metapher für die unterschiedlichen Beziehungen in dem Roman schließt auch die Beziehungen zwischen Deutschen und Juden mit ein. In dem Maße, wie die Paare Prüfungen, Trennungen und Umgruppierungen erfahren, beginnt Eduard seine Freunde als Juden wahrzunehmen. Bei der Hochzeit von André und Esther reflektiert er über deren Leben in Deutschland. Die Bestandsaufnahme fällt recht düster aus.

Erst allmählich wurde ihm bewußt, daß er sich zum ersten Mal in einer größeren Gesellschaft befand, die in der Mehrzahl aus Juden bestand. In den zwanziger Jahren wäre ein solches Fest etwas Alltägliches gewesen, jetzt, fast vierzig Jahre nach dem deutschen Verbrechen an den Juden, schien ihm immer noch etwas Vorläufiges, fast Unwirkliches anzuhaften. Es war, als würde eine Erinnerung nachinszeniert, die in der Gegenwart keinen Halt fand. Nach ein paar Tagen würde die Mehrzahl der Gäste wieder abreisen, dorthin, wohin sich ihre Familien vor einem halben Jahrhundert gerettet hatten, und plötzlich fiel Eduard ein, daß auch André und Theo in der Stadt, in der er sich zu Hause fühlte, immer noch auf Widerruf lebten. Beide hatten die Pässe der Länder behalten, in denen ihre Eltern Zuflucht gefunden hatten, und bewegten sich wie seßhafte Flüchtlinge, die sich von einer vierzigjährigen

Ruhe nicht täuschen lassen; zwei durchaus verwöhnte, wachsame Söhne, immer darauf gefaßt, daß ihre «Muttersprache» die vorläufig gelöschten Mord- und Ausstoßungsworte plötzlich wieder aktivieren könnte. (S. 177)

Als Eduard erfährt, daß sein Großvater möglicherweise Judenreferent unter Eichmann war, ist er so erregt, daß er spontan André und Theo anrufen will (vielleicht in der Hoffnung, daß sie ihn von Schuld freisprechen). Doch zum ersten Mal in der Geschichte ihrer Freundschaft ist er sich nicht sicher, wie sie reagieren werden, und wird sich der Kluft zwischen ihnen und ihm bewußt. Der mutmaßliche Großvater hat ihn zu einer Neubewertung der Tatsache gezwungen, «daß zwei seiner besten Freunde Juden waren» (S. 243). Schneider möchte diese Freundschaften nicht als Philosemitismus mißverstanden wissen; als die drei Männer sich anfreunden, weiß Eduard noch gar nicht, daß Theo und André Juden sind. Gleichwohl ist die philosemitische Deutung kaum zu vermeiden; denn zweifellos hätte Schneider als Autor sich zwingendere Gründe für Eduards Freundschaft mit André und Theo einfallen lassen können als nur den, daß sie ihm «einfach anziehender, unterhaltsamer, begabter erschienen als andere Leute» (S. 243). Wie um den möglichen Vorwurf des Philosemitismus zu korrigieren, läßt Schneider Eduard diesen ersten Eindruck nachträglich als «bestenfalls (...) leichtfertig» (S. 243) beurteilen; Eduard fragt sich, wie sein Verhältnis zu den beiden ausgefallen wäre, wenn er von Anfang an von ihrer jüdischen Herkunft gewußt hätte. Erst jetzt, sensibilisiert durch seine eigene Situation, wird ihm klar, daß André und Theo nicht einfach Freunde sind, sondern Juden, die durch eine katastrophale Geschichte geprägt sind. «Jetzt, mit dem Judenreferenten auf dem Buckel, sah er plötzlich die ermordeten Verwandten von Theo und André auf deren Schultern hocken.» (S. 243) Er entsinnt sich wieder eines Streits mit Theo vor drei Jahren in einer Kneipe, als Theo (in Eduards Augen) einem Literaturkritiker, der sich zu ihnen an den Tisch gesetzt hatte, schamlos um den Bart gegangen war. (Interessanterweise gibt Schneider diesen Streit nicht im narrativen Präsens wieder, sondern als Erinnerung Eduards, wodurch er die «heiße Phase» des Auftritts umgeht.) Von Theos Schmeicheleien angewidert, platzt Eduard mit einer Beleidigung heraus, die «vermeintlich für immer geächtet» war:

Wenn ich dich sehe, wie du dich mit allen gutstellst, verstehe ich fast, wie so etwas wie Antisemitismus entstehen konnte. Dieses Ranschmeißertum! Du bestätigst exakt das Vorurteil! (S. 245)

An dieser Stelle läßt Schneider Eduard keine Zeit, sich stummen Selbstbezichtigungen zu überlassen oder in Schuldgefühlen zu ergehen. Er läßt eine jüdische Stimme die Beleidigung zurückweisen. André spricht für die Juden im Nachkriegsdeutschland und weist Eduard mit unbezweifelter Autorität in die Schranken:

Es ist dir unter keinen Umständen erlaubt, etwas Derartiges zu äußern, sagte André. Weder im Suff noch nüchtern und schon gar nicht vor unseren Ohren. Sag, daß Theo ein Karrierist ist, sag, daß er seine Großmutter für einen guten Vers verkaufen würde, sag, daß er skrupellos ist. Aber sage nie, daß er dies oder etwas anderes ist, weil er Jude ist. (S. 245)

Die den Streit beschließende, leicht sarkastische Bemerkung macht Theo: «Er muß uns doch sagen dürfen, welche Merkmale ihm an uns auffallen, spottete Theo, genau wie wir sagen dürfen können müssen, daß bei unserem liebsten Goi hin und wieder der Nazi durchkommt.» (S. 246) Der Streit hat die Freundschaft nicht zerstört, doch verweist er auf die Anfälligkeit und Zerbrechlichkeit jeder deutsch-jüdischen «Paarung».

Indem Schneider Juden als Individuen mit eigener Stimme präsentiert und die Beziehungen der Freunde in einem kritischen Moment vorführt, ist ihm ein seltenes Kunststück gelungen. Als Eduard erkennt, was es für Juden heißen muß, heute in Deutschland zu leben, hat er eine Grenze überschritten, über die die wenigsten auch nur nachdenken. Zweifellos lastet die «gegensätzliche Gemeinsamkeit» der negativen Symbiose auf deutschen Nichtjuden wie Juden gleichermaßen schwer – und nach Einschätzung Dan Diners sogar «auf Generationen hinaus». Fast ein halbes Jahrhundert mußte nach dem Holocaust vergehen, bevor Juden als Individuen und Subjekte ihrer eigenen Handlungen, als Sprecher ihrer eigenen Worte und Verfechter ihrer eigenen Meinungen gesehen und in der Literatur reflektiert werden konnten. Ein Weg, das Vermächtnis des Holocaust «aufzuarbeiten», besteht – so scheint Schneider andeuten zu wollen – darin, die eigenen individuellen Beziehungen «aufzuarbeiten».

Nur die wenigsten Deutschen würden heute bestreiten, daß der Holocaust integrierter Bestandteil der deutschen Geschichte ist. Deutlich beschreibt Schneider das Wissen um die Vergangenheit, das ganze Ausmaß, in dem dieses Wissen zur «unausgesprochenen Voraussetzung» des deutschen Bewußtseins geworden ist, und die damit verbundenen Ängste. Er ist kein Utopist – nicht einmal ein Optimist. Aber er verweist auf die Möglichkeit von «Paarungen», ja sogar von konfliktreichen Freundschaften zwischen Juden und Nichtjuden im neuen Deutschland. Dies ist der Punkt, an dem die Sprache des Schweigens aufhört zu bestehen.

W. G. Sebald

Winfried Georg Sebald wurde 1944 im Allgäu geboren und ließ sich 1970 in England nieder, wo er heute an der University of East Anglia in Norwich Neuere deutsche Literatur unterrichtet. Er hat Prosa, ein «Elementargedicht», Hörspiele, Essays sowie wissenschaftliche Studien vor allem zur österreichischen Literatur publiziert. Seine «vier langen Erzählungen» *Die Ausgewanderten* erschienen 1992, in demselben Jahr wie auch Schneiders *Paarungen* und Ortheils *Abschied von den Kriegsteilnehmern.*[9]

Das Buch besteht aus vier Teilen, deren jeder nach seinem Protagonisten benannt ist. «Dr. Henry Selwyn», der in England lebt, ist der Sohn litauischer Juden, die sich um die Jahrhundertwende nach Amerika einschifften, jedoch von der Schiffsbesatzung bereits in London ausgesetzt wurden. «Paul Bereyter» ist ein Volksschullehrer in einer kleinen bayerischen Stadt, der aus der Welt «auswanderte», als er wegen eines jüdischen Großvaters und Vaters während der Naziherrschaft nicht unterrichten durfte. «Ambros Adelwarth» verläßt dreizehnjährig um die Jahrhundertwende seine bayerische Heimatstadt, um in den großen Hotels Europas seinen Weg zu machen. In den USA wird er der persönliche Begleiter eines gleichaltrigen, unglücklichen jüdischen Genies und zieht als Butler in dessen Haus ein. «Max Aurach» ist ein Maler, dessen Eltern ihn vor Ausbruch des Zweiten Weltkriegs nach England schicken konnten und selbst im Holocaust umkamen.

Wie vieles in der neueren Literatur sind auch diese vier Erzählungen Zwitterwesen. Sebald nutzt die innere Spannung zwischen «Fakten» und «Fiktion», indem er Dokumente einführt, zum Beispiel Photographien von im Text beschriebenen Personen oder Szenerien, aber auch hinterlassene Tagebücher oder Erinnerungen, welche der Erzähler, der bei der Erforschung dieser Biographien mit Verwandten und Freunden der Betreffenden spricht, zusammenfaßt oder in Auszügen präsentiert. In jedem Fall hat der Erzähler schon frühzeitig Kontakt mit dem Protagonisten, lernt ihn aber erst später genauer kennen, so daß das Gegeneinander von erzählter Zeit und Erzählzeit ein kompliziertes Gefüge ergibt. Den dokumentarischen Anspruch jeder Erzählung erschüttern die unterschiedlichen Auffassungen der

Informanten des Erzählers und die bruchstückhaften Erinnerungen der Hauptfiguren; Photographien sind unscharf oder einfach unzuverlässig, eine erweist sich sogar als Fälschung (S. 275). Manchmal gibt der Erzähler in indirekter Rede wieder, was man ihm erzählt hat, dann wieder liefert er seine eigene Version oder Deutung einer Geschichte. Immer ist er sich bewußt, daß das Gedächtnis fehlbar ist, ein Gebiet, das teilweise zurückgewonnen werden kann, aber durchsetzt ist mit «Lagunen der Erinnerungslosigkeit» (S. 259).

Der Erzähler beschreibt die Umstände seines eigenen Lebens zu dem Zeitpunkt, da er sich für das Leben dieser «anderen» zu interessieren beginnt; er beschreibt die für seine Nachforschungen erforderlichen Aufzeichnungen und Reisen, so daß die Erzählungen auch *works in progress* sind, die vor den Augen des Lesers entstehen. Die Lücken zwischen den narrativen Bruchstücken und der häufigen Rückkehr des Erzählers zu demselben Ereignis erzeugen, was man «dichte» Zeit nennen könnte – eine Zeit, in der sich Vergangenheit und Gegenwart immer wieder kreuzen, vermischen und überlagern. Diese Vermischung zerstört das zeitliche Nacheinander und erzeugt den Eindruck eines ausweglosen Labyrinths, was zu einer melancholischen Stimmung beiträgt, die das Buch mit dem Gefühl der Ziellosigkeit, Hoffnungslosigkeit und Zukunftslosigkeit erfüllt. Max Aurach formuliert den Tenor aller vier Erzählungen, wenn er von der Zeit sagt, sie sei «ein unzuverlässiger Maßstab, ja, sie ist nichts als das Rumoren der Seele. Es gibt weder eine Vergangenheit noch eine Zukunft. Jedenfalls nicht für mich.» (S. 270) Alle vier Erzählungen der *Ausgewanderten* artikulieren die vom Holocaust geprägte Weltsicht der Zerrissenheit, des Bruchs, der Zerstörung, was bereits in der Handhabung der zeitlichen Abfolge und einem hoffnungsleeren, geschlossenen Universum zum Ausdruck kommt. Obwohl jede der vier Erzählungen für sich selbst zu stehen scheint, rekapitulieren sie in ihrer Gesamtheit fragmentarisch die Geschichte der Beziehungen zwischen Juden und nichtjüdischen Deutschen in den letzten einhundertfünfzig Jahren sowie die gescheiterte – und versagte – Integration. Und was am bedeutsamsten ist: Es gelingt ihnen, die narrativen Muster und Perspektiven aufzubrechen, in denen in der deutschen Nachkriegsliteratur nationalsozialistische Vergangenheit diskutiert worden ist. Das Buch ist insofern bemerkenswert und einzigartig, als es sich auf Gelände vorwagt, auf dem sowohl Juden als auch Nichtjuden gleichberechtigte Subjekte und Partner sind. Und mit tiefer Melancholie führt es die Resultate dieser nunmehr abgerissenen und zerbrochenen Beziehung vor.

Die Erzählungen sind in der Reihenfolge ihrer zunehmenden Komplexität angeordnet. In der ersten begegnet der Erzähler im Jahre 1971 Dr. Henry Selwyn, der damals neunundsiebzig Jahre alt ist. Selwyn erzählt ihm, daß sich nach der unfreiwilligen Landung der litauischen Auswanderer in London eine Lehrerin für ihn interessierte und ihm die ersten Schritte auf dem Weg zu einer erfolgreichen Arztkarriere erleichterte. Er heiratete eine Schweizerin namens Hedi und führte in den zwanziger und dreißiger Jahren eine angenehme Existenz, doch dann begann das Paar sich auseinanderzuleben. 1960 gibt er seine Praxis auf und wird zum Einsiedler, «a kind of ornamental hermit»[10] in seinem verwilderten, überwucherten Garten: «Seither habe ich in den Pflanzen und in den Tieren fast meine einzige Ansprache.» (S. 35) Dem Erzähler gesteht er, «daß ihn das Heimweh im Verlauf der letzten Jahre mehr und mehr angekommen sei» (S. 30). Die Auswanderung aus dem heimatlichen Dorf in Litauen war seine erste Entwurzelung; die zweite kam, als er seinen Taufnamen Hersch Seweryn in Henry Selwyn veränderte (S. 33). Mit der Namensänderung verleugnete er seine Vergangenheit, und er erzählt, daß er auch Hedi seine Herkunft «noch sehr lange verschwieg» (S. 34). Dazu paßt seine Einsicht, daß es ihm nie gelungen sei, etwas zu verkaufen, «except perhaps, at one point, my soul» (S. 34).[11] Seine selbstgewählte Vereinsamung, der desolate Zustand seiner Umgebung und seine Ziellosigkeit verstärken die Melancholie, die diesen Auswanderer kennzeichnen. Er setzt seinem Leben ein Ende, indem er sich mit einem liebgewordenen Gegenstand, seinem alten, schweren Jagdgewehr, erschießt.

Die Geschichte Henry Selwyns ist die Geschichte eines Ostjuden, der sich assimilieren will und es scheinbar auch schafft – freilich um den Preis «seiner Seele». Paul Bereyter, der Protagonist der zweiten Geschichte, stammt aus der süddeutschen Kleinstadt S., nahe dem Geburtsort des Erzählers, wo der Vater Bereyters ein «Emporium» besaß, das einzige größere Geschäft weit und breit. Der Erzähler erinnert sich an Paul Bereyter als an einen hervorragenden Lehrer (ausgezeichnete Lehrerinnen oder Lehrer kommen in allen vier Erzählungen vor), während die Ereignisse in Bereyters Leben von Madame Landau nachgetragen werden, einer Freundin Bereyters in seinen letzten dreizehn Lebensjahren. Madame Landau ist selbst Emigrantin, die 1933 als siebenjähriges Kind Frankfurt verließ mit ihrem Vater, einem verwitweten Kunsthistoriker, der eine Villa in der Schweiz gekauft hatte (S. 63). Als der Erzähler 1952 als kleiner Junge seinen Lehrer kennenlernt, weiß er nicht, daß Bereyter teilweise jüdischer Abstammung ist und in der Zeit der Naziherrschaft viel durchgemacht hat. Madame Landau nimmt ihm gegenüber kein Blatt vor den Mund, wenn sie über das Schweigen spricht, womit man Bereyters Geschichte in S. quittierte:

Es wundert mich nicht, sagte Mme. Landau, nicht im allergeringsten wundert es mich, daß Ihnen die Gemeinheiten und Mesquinerien verborgen geblieben sind, denen eine Familie wie die Bereyters ausgesetzt war in solch einem miserablen Nest, wie S. es damals war und es, allem sogenannten Fortschritt zum Trotz, unverändert ist; es wundert mich nicht, denn es liegt ja in der Logik der ganzen Geschichte. (S. 74f.)

Paul Bereyters Leben wurde durch den Holocaust zerstört. Dem leidenschaftlichen Erzieher wurde eine Anstellung als Lehrer im nationalsozialistischen Deutschland versagt; die junge Österreicherin, in die er sich verliebt hatte, verschwand im Holocaust; sein Vater starb «an der Wut und Angst, die an ihm fraß, seit es genau zwei Jahre vor seinem Todestag in seinem Heimatort Gunzenhausen zu schweren Ausschreitungen gegen die dort seit Generationen ansässigen jüdischen Familien gekommen war» (S. 79); seine Mutter, von der Bevölkerung verfemt und zum Verkauf des Emporiums «für nicht viel mehr als einen Pappenstiel» (S. 79) gezwungen, verfiel in Depressionen und starb wenige Wochen nach ihrem Manne. Da sowohl Pauls Großvater als auch sein Vater nichtjüdische Frauen geheiratet hatten und Paul daher nur Vierteljude ist, wird er nicht in ein Konzentrationslager deportiert, sondern ironischerweise zur Wehrmacht eingezogen. Nach dem Krieg zieht er wieder in seinen Heimatort. Madame Landau grübelt über diese «Verirrung» nach und vermutet:

Was den Paul 1939 und 1945 zur Rückkehr bewegte, wenn nicht gar zwang, das war die Tatsache, daß er von Grund auf ein Deutscher gewesen ist, gebunden an dieses heimatliche Voralpenland und an dieses elende S., das er eigentlich haßte und in seinem Innersten, dessen bin ich mir sicher, sagte Mme. Landau, samt seinen ihm in tiefster Seele zuwideren Einwohnern am liebsten zerstört und zermahlen gesehen hätte. (S. 84)

Sein Heimweh brachte Paul in die paradoxe Situation, daß er sich dort am meisten entfremdet und «anders» vorkam, wo er sich am meisten zu Hause fühlte. In seiner Heimatstadt lebend, war er ein «von seiner inneren Einsamkeit nahezu aufgefressener» Emigrant (S. 67). Mit vierundsiebzig Jahren legte er sich auf ein Bahngleis und ließ sich von einem Zug überfahren – die Eisenbahn, hier ein Symbol für Freiheit und Bewegung, war eine seiner Leidenschaften gewesen.

Ambros Adelwarth wanderte vor dem Ersten Weltkrieg nach Amerika aus. Anders als bei Selwyn und Bereyter, wo die entfremdenden und vereinsamenden Ereignisse deutlich benannt werden, erscheinen die wichtigsten Lebensstationen Adelwarths in Schweigen gehüllt und erlauben nur Vermutungen und Hypothesen. Ob seine schwere Kindheit, die frühe Trennung von der Heimat oder die geographischen Ortsveränderungen ihn zum «Ausgewanderten» gemacht haben, läßt sich nicht feststellen; die Tatsache, daß er «natürlich, wie jeder leicht sehen konnte, von der anderen Partei gewesen» ist, wie des Erzählers Onkel Kasimir weiß (S. 129), mag folgenreicher gewesen sein.

In dieser speziellen Geschichte sind Juden zwar nicht die Protagonisten, aber doch wichtige Figuren im Leben Adelwarths und seiner Verwandten, denen er hilft, sich in New York zurechtzufinden und einzuleben. Die Solomons sind eine reiche New Yorker Bankiersfamilie (S. 127 f.), und Adelwarth arbeitet bei ihnen als Butler. Nach kurzer Zeit avanciert er zum Reisebegleiter Cosmo Solomons, eines extrem begabten und exzentrischen jungen Mannes, der etwas jünger als Adelwarth ist. Als es Anfang der zwanziger Jahre keine Berufsaussichten in Deutschland gibt, findet Ambros' Nichte Fini, eine ausgebildete Lehrerin, eine Anstellung als Erzieherin bei den Seligmanns; die Schneiderin Theres wird Bedienstete bei Mrs. Wallerstein (S. 110 f.). Sie, wie auch andere «Ausgewanderte», leidet zeit ihres Lebens an einem quälenden Heimweh, das sie mit dem Sammeln von Hummelfiguren zu übertäuben sucht. Adelwarths Neffe Kasimir, der in Deutschland als Spengler gearbeitet und bei einer Reparatur an der Augsburger Synagoge mitgeholfen hat, die ein neues Dach benötigte, nachdem das alte Kupferdach von den Augsburger Juden im Ersten Weltkrieg für die Kriegshilfe geopfert worden war (S. 117), nimmt sich nach der Ankunft in New York ein Zimmer in der Lower East Side bei einer Frau Risa Litwak und findet Arbeit in der Soda- und Seltzerfabrik Seckler & Margarethen, wo er «Kessel und Geschirre verschiedener Größe aus rostfreiem Stahl» anfertigt (S. 123). Während der Prohibition verkauft der alte Seckler, «ein Brünner Jude», diese Gefäße an Schwarzbrennereien, die seine «möglichst diskrete Abwicklung» dieser Geschäfte schätzen, und empfiehlt Kasimir als Blechschmied für eine im Bau befindliche neue Jeschiwa. In allen diesen Fällen (wie auch bei der Ehe Selwyns sowie des Vaters und Großvaters Paul Bereyters) erscheinen Beziehungen zwischen Juden und nichtjüdischen Deutschen als etwas Alltägliches. Es gibt weder eine Spur von Antisemitismus noch einen Anflug von Philosemitismus. Manche Juden, zum Beispiel die Augsburger Gemeinde, sind staatsfromme deutsche Patrioten; andere, wie beispielsweise der alte Seckler, bewegen sich etwas außerhalb der Legalität. Mit diesen Skizzen läßt Sebald die Zeit vor dem Nationalsozialismus wieder erstehen, als es zwischen nichtjüdischen Deutschen und Juden noch nicht die Polarisierung in Opfer und Täter gab. Für die deutsche Nachkriegsliteratur ist das etwas Neues.

Als Cosmo Solomon in schweren Trübsinn verfällt, bringt Adelwarth ihn in eine Nervenklinik in Ithaca, «wo er [Cosmo] innerhalb desselben Jahres noch, stumm und unbeweglich, wie er war, verdämmerte» (S. 143). Wie Selwyn und Bereyter, die gegen Ende ihres Lebens immer untröstlicher werden, fällt auch Adelwarth in so tiefe Verzweiflung, daß er «nichts mehr herausbrachte, keinen Satz, kein Wort, kaum einen Laut» (S. 149). Das Schweigen hat ihn verschlungen, bevor er stirbt, aber so, daß es ihn – wie es auch bei Selwyn und Bereyter der Fall war – mit Augenblicken der Freude oder Liebe in seinem Leben verbindet: Er begibt sich freiwillig in dieselbe Nervenklinik in Ithaca, in der einst auch Cosmo Solomon gestorben ist. Dort führt die an ihm vorgenommene massive Elektroschockbehandlung zu seinem Tod. Als der Erzähler diese Heilanstalt dreißig Jahre später aufsucht, findet er sie verlassen und verfallen vor. Der frühere Anstaltsleiter Dr. Abramsky (seinerseits ein aus dem Leben «Ausgewanderter», der nunmehr als einsamer Bienenzüchter in einem verwilderten Garten lebt) erinnert sich, niemals in seinem Leben «einem schwermütigeren Menschen» begegnet zu sein als Adelwarth; er habe stets den Eindruck gemacht, «als sei er von einem heillosen Leid erfüllt» gewesen: «[J]edes seiner beiläufigen Worte, jede seiner Gesten, sein ganzer, bis zuletzt aufrechter Habitus kam eigentlich einem immer wieder aufs neue vorgebrachten Absentierungsgesuch gleich.» (S. 162)

«Max Aurach» ist die längste der vier Erzählungen.[12] Aurachs Biographie wird zweimal vorgestellt. Der Erzähler lernt bald, nachdem er als junger Mann nach Manchester gekommen ist, den Maler Aurach kennen. Gleichzeitig gibt Aurach selbst dem Erzähler «seine äußerst kursorische Lebensbeschreibung» (S. 246) – hauptsächlich über seine wegen einer Gelbsucht versäumte Militärzeit während des Zweiten Weltkriegs und die Wiederaufnahme seiner Kunststudien in Manchester nach dem Krieg. Fünfundzwanzig Jahre später sieht der Erzähler ein Bild Aurachs in der Tate Gallery und liest in einer Zeitschrift einen Artikel über den Maler. Er erfährt, daß Aurach mit fünfzehn Jahren aus München nach London fliehen konnte, daß aber seine Eltern zu den ersten deutschen Juden gehörten, die im November 1941 nach Riga deportiert und dort ermordet wurden (S. 266).[13] Er erkennt, daß er es wie Parzival versäumt hat, Aurach teilnehmende Fragen nach seinem Leben zu stellen, und fährt nach Manchester zurück, wo er Aurach in derselben den Zeitläuften trotzenden Werkstatt wiederfindet, in der er ihn einst kennengelernt hat. Aurach erzählt von seinen Kindheitserinnerungen und spricht über die Reaktionen seiner Eltern auf die Nationalsozialisten, die kurze Internierung seines Vaters in Dachau, seine eigene Flucht nach London zu einem Onkel und über die Hoffnung seiner Eltern, ihm bald dorthin folgen zu können. Für Aurach ist Manchester die Einwandererstadt schlechthin, «und eineinhalb Jahrhunderte lang sind die Einwanderer, wenn man einmal absieht von den armen Irländern, in der Hauptsache Deutsche und Juden gewesen» (S. 286). Wie in Ambros Adelwarths New York leben Deutsche und Juden aller Nationalitäten in Manchester zusammen – alles Ausgewanderte, die mit demselben Gefühl der Entwurzelung und Entfremdung zu kämpfen haben. Aus diesem Grund spürt Aurach, daß dies seine Stadt ist: «Größer als in jeder anderen europäischen Stadt ist das ganze letzte Jahrhundert hindurch in Manchester der deutsche und der jüdische Einfluß gewesen, und so bin ich, obwohl ich mich in die entgegengesetzte Richtung auf den Weg gemacht hatte, bei meiner Ankunft in Manchester gewissermaßen zu Hause angelangt (...).» (S. 287)

Freilich ist Manchester nicht mehr die brodelnde Industriestadt, die es einmal war. Es ist eine Stadt im Untergang, ja die ganze Erzählung um «Max Aurach» ist voll von Beschreibungen desolater, verlassener Stadtbezirke und düsterer, verfallender Gebäude. Dieser Untergang kann auch als ein Symbol für die Zerstörung der Beziehungen zwischen deutschen Juden und Nichtjuden verstanden werden. Aurachs erste Eindrücke von Manchester waren, daß die Stadt Ähnlichkeit mit einem Vernichtungslager habe; wie der Dramatiker Peter Weiss, ein Emigrant, der in der Nachkriegszeit Auschwitz besuchte und erkannte, daß dieser Ort für ihn bestimmt gewesen war,[14] fühlt sich Aurach von dem ihn umgebenden Ruin persönlich so angesprochen, daß er bei seiner Ankunft in Manchester 1945 den Eindruck hat, «am Ort meiner Bestimmung angelangt» zu sein. Er beschreibt dem Erzähler den Blick aus der Ferne auf die Stadt,

hinweg über die Reihe um Reihe hinter- und ineinander gestaffelten und verschobenen Häuserzeilen, über die Spinnereien und Färbereien, die Gaskessel, Chemiewerke und Fabrikationsanlagen jeder Art, bis zu der mutmaßlichen Mitte der Stadt hinauf, wo alles überzugehen schien in einen tiefschwarzen, in keiner Weise mehr differenzierten Bezirk. Das eindrucksvollste freilich, sagte Aurach, waren die, so weit man sehen konnte, überall aus der Ebene und dem flachen Häusergewirr herausragenden Schlote. Diese Schlote, sagte Aurach, sind heute nahezu ausnahmslos niedergelegt oder außer Betrieb. Damals aber rauchten sie noch, zu Tausenden, einer neben dem andern, bei Tag sowohl als in der Nacht. Es waren diese viereckigen und runden Schlote und diese ungezählten Kamine, aus denen ein gelbgrauer Rauch drang, die sich, so sagte Aurach, dem Ankömmling tiefer einprägten als alles, was er bis dahin gesehen hatte. Genau vermag ich es nicht mehr anzugeben, sagte Aurach, welche Gedanken der Anblick von Manchester damals in mir auslöste, aber ich glaube, daß ich das Gefühl hatte, angelangt zu sein am Ort meiner Bestimmung. (S. 250f.)

Das Bild der Tag und Nacht rauchenden Schlote ist ein aussagestarkes Symbol für Aurachs vom Holocaust geprägte Existenz, und seine Beobachtung «[M]it jedem Jahr, das ich seither zugebracht habe zwischen den schwarzen Fassaden dieser Geburtsstätte unserer Industrie, ist es mir deutlicher geworden that I am here, as they used to say, to serve under the chimney»[15] (S. 287) kann als Hinweis auf die industrialisierte Seite des Holocaust wie als Anspielung darauf verstanden werden, daß Aurach sein Leben unter dem bleibenden Eindruck des «Schlotes» führt.

Bevor der Erzähler Abschied nimmt, überreicht ihm Max Aurach ein Bündel mit Photographien und die Erinnerungen seiner Mutter, die diese für Max niedergeschrieben hat, als abzusehen war, daß sie und ihr Mann nicht mehr aus Deutschland herauskommen würden, und die Aurach erst nach dem Krieg erhalten hat. Die Erinnerungen an ihre Kindheit und Jugend in Steinach und Bad Kissingen, wo «[z]umindest seit dem Ende des 17. Jahrhunderts» (S. 289) jüdische Familien nachweisbar waren, sind ein Denkmal für die jüdische Kultur in Deutschland, in der die Mutter aufgewachsen ist. Diese Erinnerungen kommen von der anderen Seite des Holocaust; es sind Erinnerungen an eine Kultur, die nun zerstört ist und die als Gegenwelt angesichts der Vernichtung beschworen wird. Sie sind das letzte Zeugnis für das Leben in Deutschland vor dem Holocaust. Sebald usurpiert die Stimme und Gestalt der Mutter nicht, sondern respektiert die Stimme der «anderen», die ihre eigene Kultur feiert und gleichzeitig deren Zerstörung betrauert.[16] Daß Aurach diese Erinnerungen dem Erzähler schenkt, ist nicht nur ein Zeichen der Freundschaft und des persönlichen Vertrauens, sondern auch der Auftrag eines Überlebenden an die Nachgeborenengenerationen, wert und in Ehren zu halten, was vom jüdischen Erbe übrig ist. Der Erzähler reist nach Bad Kissingen, um herauszufinden, welche Spuren jüdischen Lebens es dort noch gibt, und beginnt die Geschichte Max Aurachs

zu Papier zu bringen. Als er erfährt, daß Max Aurach mit einem
Lungenemphysem ins Krankenhaus eingeliefert worden ist, fährt er
nach Manchester zurück. Das letzte Bild des Buches (einen Abschluß
hat diese letzte Episode nicht, zumal auch Aurach nicht stirbt) zeigt
den Erzähler, wie er an einem trüben, regnerischen Spätnachmittag
in seinem Hotelzimmer in Manchester sitzt, in demselben Hotel, in
dem Aurach eine Suite gemietet hat (Hotels sind der angemessene
Aufenthaltsort für Ausgewanderte). Während ihn Erinnerungen
heimsuchen, sieht er vor seinem geistigen Auge Photographien aus
dem «Ghetto Litzmannstadt» (S. 352), die er im Jahr zuvor bei einer
Ausstellung in Frankfurt am Main gesehen hatte. Auf einem dieser
Bilder sitzen drei junge Frauen an einem Webrahmen, «die eigens
und einzig für den Sekundenbruchteil des Fotografierens aufgeschaut
haben (und haben aufschauen dürfen) von ihrer Arbeit» (S. 354). In
die Kamera schauend, sehen sie auch direkt dem Betrachter ins Gesicht, eine der Frauen «so unverwandt und unerbittlich», daß der
Erzähler es nicht lange auszuhalten vermag. Im letzten Satz des Buches, im vergeblichen Versuch, diese Frauen noch einmal als Individuen nachzuerschaffen, überlegt der Erzähler, «wie die drei wohl
geheißen haben – Roza, Lusia und Lea oder Nona, Decuma und
Morta, die Töchter der Nacht, mit Spindel und Faden und Schere»
(S. 355). Der unverwandte, unerbittliche Blick über den Abgrund der
Vernichtung hinweg ist ebensosehr ein Vermächtnis der Ermordeten,
wie es die Erinnerungen von Aurachs Mutter sind.

Diese letzte Erzählung ist zugleich die reflektierteste in dem Sin-
ne, daß sie über die Bedingungen reflektiert, unter denen Kunst in
einer Welt nach dem Holocaust geschaffen werden kann (und für die
Sebalds Buch selbst natürlich ein Beispiel ist). Aurachs Kunst ist eine
Kunst des Abtragens und Auslöschens, die ihre Spuren in Form von
Unrat und Staub hinterläßt. Über Aurachs Arbeit sagt der Erzähler:

Da er die Farben in großen Mengen aufträgt und sie im Fortgang der Arbeit
immer wieder von der Leinwand herunterkratzt, ist der Bodenbelag bedeckt
von einer im Zentrum mehrere Zoll dicken, nach außen allmählich flacher
werdenden, mit Kohlestaub untermischten, weitgehend bereits verhärteten und
verkrusteten Masse (...) dieses Zeichnen und Hinundherfahren auf dem dicken,
lederartigen Papier sowohl als auch das mit dem Zeichnen verbundene andauernde Verwischen des Gezeichneten mit einem von der Kohle völlig
durchdrungenen Wollappen war in Wirklichkeit eine einzige, nur in den
Stunden der Nacht zum Stillstand kommende Staubproduktion. (S. 237 ff.)

Mit seiner Kunst sucht Aurach zu erreichen, was die Stadt und die
Heilanstalt in Ithaca schon vorwegnehmen: einen Punkt des Still-

standes und der Unbeweglichkeit, «wo die Dinge ungestört und gedämpft daliegen dürfen unter dem grausamten Sinter, der entsteht, wenn die Materie, Hauch um Hauch, sich auflöst in nichts» (S. 238). In der Rückkehr zu Staub und «Sinter» klingt Aurachs Eindruck nach, in Manchester den «Ort seiner Bestimmung» gefunden zu haben – Staub, Pulver, Sinter, Asche waren ja auch die Substanzen, die den rauchenden Schloten entströmten. Aber diese Substanzen können keine bleibenden Bilder, keine bleibende Erinnerung schaffen, um deren Hervorbringung die Kunst im Grunde doch ringt. Der Erzähler wundert sich «immer wieder, wie Aurach (...) aus den wenigen der Vernichtung entgangenen Linien und Schatten ein Bildnis von großer Unmittelbarkeit zusammenbrachte» (S. 239), obwohl die Leinwand «durch die fortgesetzten Zerstörungen bereits stark beeinträchtigt» war (S. 239). Bezeichnenderweise hat Aurach kein Interesse an Landschaften oder Stilleben, sondern versucht statt dessen, Menschen «auszugraben». In der Welt nach dem Holocaust bleiben die Subjekte der Porträts in einem Zustand in Erinnerung, in welchem sie der Vernichtung anheimgefallen sind und doch Vernichtung transzendiert haben. In der «langen Ahnenreihe grauer, eingeäscherter, in dem zerschundenen Papier nach wie vor herumgeisternder Gesichter» (S. 239f.) kommt der scheinbare Widerspruch zur Anschauung, daß die Präsenz dieser Ahnenreihe zwar zerstört, aber nicht getilgt ist. Diese eindringliche künstlerische Metapher kann als Gleichnis dafür dienen, wie nach dem Holocaust versucht werden kann, mit dem Wissen um den Holocaust zu leben: nämlich durch die Erkenntnis, daß eine «lange Ahnenreihe» vernichtet worden ist, aber gleichwohl noch «herumgeistert» und aus der Asche ihre Stimme erhebt. Noch in der Vernichtung zeugen diese Gesichter, wie die Erinnerungen von Aurachs Mutter und die Photographie der jungen Frauen im Ghetto Litzmannstadt, von ihrer unzerstörbaren Präsenz.

Aurachs Bemühungen, Vernichtung durch Abtragen und Auslöschen auszudrücken und zugleich dieses sein eigenes Vernichtungswerk vom Vernichteten künden zu lassen, sind auch für den Erzähler bindend. Als er in Angriff nimmt, was er, sein eigenes Tun herabsetzend, die «verkürzte Version» (S. 345) von Aurachs Leben nennt, wird er von Zweifeln befallen, ob er seinem Sujet überhaupt gerecht zu werden vermag, aber auch von Zweifeln an der Wirksamkeit jeglichen Schreibens.

Es war ein äußerst mühevolles (...) Unterfangen, bei dem ich fortwährend geplagt wurde von einem immer nachhaltiger sich bemerkbar machenden und mehr und mehr mich lähmenden Skrupulantismus. Dieser Skrupulantismus bezog sich sowohl auf den Gegenstand meiner Erzählung, dem ich, wie ich es auch anstellte, nicht gerecht zu werden glaubte, als auch auf die Fragwürdigkeit der Schriftstellerei überhaupt. Hunderte von Seiten hatte ich bedeckt mit meinem Bleistift- und Kugelschreibergekritzel. Weitaus das meiste davon war durchgestrichen, verworfen oder bis zur Unleserlichkeit mit Zusätzen überschmiert. Selbst das, was ich schließlich für die «endgültige» Fassung retten konnte, erschien mir als ein mißratenes Stückwerk. (S. 344 f.)

Das Schreiben einer «verkürzten Version» von Aurachs Leben, das genauso wie Aurachs Porträts eine «Ahnenreihe» hat, ist Trauerarbeit. Sebald gedenkt der letzten hundert Jahre des Zusammenlebens von deutschen Juden und Nichtjuden und trauert um dessen unwiederbringlichen Verlust. Mit diesen vier Erzählungen hat er auf die von Alexander und Margarete Mitscherlich gestellte Diagnose der «Unfähigkeit zu trauern» geantwortet und gibt zu verstehen, daß – wenigstens für sein Schreiben – die Zeit der Trauer gekommen ist.

Das Fehlen von Abgrenzungen und Definitionen in diesem Universum des Zerfalls wiederholt sich in dem Versuch, die Grenzen zwischen Lebenden und Toten aufzuheben – oder doch die Toten in die Gegenwart hereinzuholen. Der Erzähler träumt von Ambros Adelwarth und Cosmo Solomon: «Wie meistens die Toten, wenn sie in unseren Träumen auftauchen, waren sie stumm (...).» (S. 180 f.) Aurach erzählt, «es scheine ihm manchmal, als schließe er sich immer enger an diejenigen an, die ihm vorausgegangen seien», ja als «empfinde er (...) ein weit hinter seine eigene Zeit und Vorzeit zurückreichendes Gefühl der Brüderlichkeit» (S. 248). Der Erzähler blättert das Fotoalbum durch, das ihm Paul Bereyter hinterlassen hat, und es scheint ihm, «als kehrten die Toten zurück oder als stünden wir im Begriff, einzugehen zu ihnen» (S. 69). Noch stärker drückt er diesen Gedanken aus, als die Leiche jenes Bergführers, der einst ein Freund von Dr. Selwyn gewesen war, nach zweiundsiebzig Jahren aus einem Alpengletscher geborgen wird: «So also kehren sie wieder, die Toten.» (S. 36) Auch Friedhöfe sind ein wichtiger Teil dieses Universums: «Denn wie der Tod selber, so sind die Friedhöfe von Konstantinopel mitten im Leben.» (S. 193) Und Manchester hat nicht nur einen Friedhof, man konnte glauben, die ganze Stadt sei «ein einziges Totenhaus oder Mausoleum» (S. 223).

Die Ausgewanderten bewahrt die Erinnerung an jene, die gestorben sind oder ermordet wurden. Das Buch selbst kann als einer der in ihm beschriebenen Grabsteine betrachtet werden. Wie die Bilder Aurachs und der Lebensrückblick von Aurachs Mutter bewahrt Sebalds Buch die Erinnerung an ein ermordetes Volk und eine zerstörte

Kultur. In diesem Sinne ist es ein Buch des Gedenkens und der Trauer, und die Niederschrift dieses Buches (die in dem Buch selbst thematisiert wird) kann als Trauerarbeit, als Akt der Sühne und als Rückerstattung von Individualität betrachtet werden. Wenn man jedoch die beherrschenden Bilder betrachtet, so ist es ein Buch der Auflösung und des Auslöschens, das Staub und gestaltlose Wolken am besten symbolisieren, ein Buch von abgrundtiefer Melancholie, die sich ausdrückt in der Sehnsucht nach Abwesenheit, nach einem letzten Stillstand und Aufhören der Zeit. Hier steht das Buch in der Spannung zwischen einer Trauer, die bewahren und in Erinnerung halten will, und einer melancholischen Sehnsucht, die es mehr nach Auflösung und Auslöschung verlangt.

Wenn Sebald die Melancholie zur beherrschenden Grundstimmung der vier Erzählungen macht, folgt er damit nicht der Unterscheidung Freuds zwischen Trauer und Melancholie, die für Alexander und Margarete Mitscherlich zu einer so wichtigen Leitschnur wurde.[17] Sebald definiert Melancholie nicht als einen seelische Zustand *sui generis*, sondern als Form der Trauerarbeit und sieht in der Melancholie eine «unverstandene Niedergeschlagenheit».[18] Doch fehlt bei Sebald die in Freuds Hypothese enthaltene Verheißung eines erneuerten Lebens und Lebensmutes nach abgeschlossener Trauerarbeit. Im Gegenteil sieht er den «unverwandte[n] Zustand der Melancholie» verbunden mit der «Einsicht in die Unmöglichkeit der Erlösung» (S. 44) und übergeht die in Freuds Theorie der Trauer enthaltene Botschaft der Hoffnung – einer Botschaft, die in Diskussionen über Deutschland und den Holocaust selten angesprochen wird, da sie letztlich die Befreiung von der Bürde und Schuld des Holocaust bedeutete, sobald eine angemessene Art des Trauerns gefunden wäre. Sebald, der labyrinthische und geschlossene Erzählstrukturen erschafft, bestreitet diese Möglichkeit radikal.

Es ist traurig und von bitterer Ironie, daß die Orte, wo Juden und nichtjüdische Deutsche am besten miteinander auskamen, außerhalb Deutschlands lagen – in New York und Manchester. Es ist auch von tiefer Ironie, daß Manchester als die melancholische Stadt schlechthin gesehen wird, während deutsche Städte – und die deutsche Bevölkerung – einer kollektiven Melancholie aus dem Wege gingen, wie die Mitscherlichs so zwingend diagnostizierten. Wenn Sebald die Trauer an einen Ort außerhalb Deutschlands verlegt, beruht das vielleicht auf seiner Einschätzung, daß die Chancen eines Trauerns in Deutschland minimal sind; vielleicht will er auch andeuten, daß nur ein «Ausgewanderter» – jemand mit dem Blick des

Außenstehenden oder Außenseiters – wahrhaftig trauern kann, da Ausgewanderte unbelastet sind von den internen Auseinandersetzungen der Deutschen.

In diesen wenigen Erzählungen hat die «Sprache des Schweigens» einen neuen Ort gefunden. Es gibt kein Schweigen über den Holocaust, auch wenn die Erwähnung der Greueltaten im Hintergrund bleibt – vielleicht weil zum Zeitpunkt dieser Niederschriften die Greueltaten allgemein bekannt waren. Aber Sebalds Text ist durchtränkt von Bildern des Holocaust und von einer so allgegenwärtigen Sprache der Trauer und Melancholie, daß sie sogar dort vernehmbar ist, wo der Text von anderen Ereignissen und Zeiten spricht. In dieser Trauer erstattet Sebald den von ihm porträtierten Opfern ihre Individualität zurück und führt damit ein neues Schweigen ein – das Schweigen der Opfer. So hatte sich Paul Bereyter über das fernere Schicksal seiner Jugendliebe Helen Hollaender «beharrlich ausgeschwiegen» (S. 73); Henry Selwyn hatte im Zweiten Weltkrieg und danach «eine blinde und böse Zeit, über die ich, selbst wenn ich wollte, nichts zu erzählen vermöchte» (S. 35). Auch Aurach bemerkt: «[W]orüber wir nicht reden konnten, darüber schweigen wir eben.» (S. 273)[19] Und er setzt hinzu: «So hat man sich auch in der Verwandtschaft weitgehend ausgeschwiegen über die Gründe, aus denen sich meine Großmutter Lily Lanzberg das Leben genommen hat» (S. 183). Er erinnert sich auch, daß, als seine Eltern ihn zum Flughafen Oberwiesenfeld gefahren haben, «keiner von uns etwas gesagt hat» (S. 279). Das ist die andere Seite der «Sprache des Schweigens», die in der Literatur der Nachgeborenengenerationen bisher nicht vorkam. In einem großen Teil der deutschen Nachkriegsliteratur drückte «die Sprache des Schweigens» nicht nur Vermeidungs- und Unterlassungsstrategien aus, sondern vermochte auch nicht, den Opfern eine Stimme zu geben. In Sebalds Buch sprechen die Opfer – und verstummen, wenn sie an die Grenzen des Sagbaren stoßen. Ihr Schweigen ist das Schweigen eines Übermaßes, nicht das Schweigen des Nichtwahrhabenwollens. Der unerbittliche Blick jener jungen Frau aus dem Ghetto Litzmannstadt geht, über den Abgrund hinweg, von einem Schweigen in das andere.

Schlußbetrachtung

> Die Ermordung der Juden wird als integraler,
> aber nicht integrierbarer Teil der deutschen
> Geschichte anerkannt.[1]

Die Juden im heutigen Deutschland

In den achtziger Jahren, vor dem Fall der Mauer und der deutschen Wiedervereinigung, setzten zwei neue Entwicklungen ein, die die Form des Holocaust-Diskurses beeinflußt haben. Sie spielten sich außerhalb der Literatur ab. Das eine war das Wiederauftauchen jüdischen Lebens und jüdischer Kultur in Deutschland; das andere war die Akzentverlagerung des Holocaust-Diskurses von der Literatur auf die sichtbarste aller Künste, die Architektur. Speziell ging es um die Errichtung von Holocaust-Museen, -Monumenten und -Gedenkstätten.

Gewiß hat es in den Nachkriegsjahrzehnten Versuche auf regionaler und Gemeindeebene gegeben, die Überreste einer jüdischen Kultur in Deutschland zu retten: Der Holocaust wird in der Schule behandelt,[2] Austauschprogramme für Schüler, Akademiker und Künstler finden auf breiter Ebene statt, überlebende Exilanten werden von Heimatgemeinden eingeladen und Freiwilligen-Organisationen aufgebaut (am bekanntesten ist hier vielleicht die Aktion Sühnezeichen/Dienste für den Frieden; die Mitarbeit in der Aktion wird als Ersatz für den Wehrdienst anerkannt). Viele dieser Aktivitäten wurden von Privatpersonen und Bürgergruppen ins Leben gerufen, die ihre Betroffenheit (vielleicht sogar ihre Reue) ausdrücken und durch persönliches Engagement Wiedergutmachung leisten wollten.[3] In der Literatur hat diese Art der Sühneleistung noch keinen Widerhall gefunden, vielleicht weil sie noch nicht den Status einer allgemein geteilten, bereits unbewußt gewordenen Einstellung erlangt hat. Neuerdings beteiligen sich Angehörige der dritten Nachkriegsgeneration an der Ausgrabung und Rekonstruktion von zerstörten jüdischen Stätten, Konzentrationslagern und sonstigen Orten des Schreckens. Dadurch kommt es zu einer unheimlichen Überlagerung von Einst und Jetzt:

Studenten verbringen die Sommermonate mit Ausgrabungen im Konzentrationslager bei Neuengamme, wo sie Artefakte einer anderen, grausameren Zeit ans Licht befördern, beteiligen sich am Neuaufbau einer Synagoge in Essen wieder oder an der Errichtung eines Mahnmals im ehemaligen Dachauer Satellitenlager Landsberg. Ganze Brigaden junger Deutscher begeben sich erneut pflichtbewußt nach Auschwitz, wo sie heruntergekommene Ausstellungshallen in Stand setzen, sich um die Sträucher rund um die Baracken kümmern und Unkraut im Niemandsland zwischen den ehemals elektrischen Zäunen entfernen. Nicht weniger emsig als ihre Elterngeneration beim Wiederaufbau des Landes nach dem Krieg oder die Generation ihrer Großeltern beim Aufbau des Dritten Reiches arbeiten deutsche Jugendliche nun an der Errichtung von Mahnmalen.[4]

Diese Aktivitäten entsprechen einem neuen, gesteigerten Interesse an einstiger jüdischer Existenz und Kultur und treffen mit dem Auftreten einer neuen, selbstbewußten jüdischen Kultur in Deutschland zusammen.

Die heute in Deutschland lebenden Juden leben dort aus den verschiedensten Gründen und sind von unterschiedlichster Herkunft. Mitte der neunziger Jahre wurde die Anzahl der in Deutschland lebenden Juden auf etwa 100 000 geschätzt – als die Nationalsozialisten an die Macht kamen, waren es 500 000.[5] Sander Gilman vermittelt eine Vorstellung von dieser Vielfalt und ihrer Auswirkung auf das kulturelle Leben:

Es sind Juden osteuropäischer, deutscher und sephardischer Herkunft, Juden amerikanischer Herkunft, die nur ein oder zwei Generationen von ihren europäischen Wurzeln trennen, ethnische Juden oder religiöse Juden, Juden, die entdeckt haben, daß ein Elternteil jüdisch war, und wo nicht dessen religiöses Erbe, so dessen kulturelle Tradition für sich reklamieren, Juden, die englisch sprechen und deutsch schreiben oder deutsch sprechen und englisch schreiben, Juden, die in nichtjüdische deutsche Familien, und Juden, die in jüdische deutsche Familien geheiratet haben, Sabras, die als Kinder oder Erwachsene nach Deutschland gekommen sind und sich als Israelis und/oder als Juden in Deutschland verstehen. Doch alle diese Gruppen sind in der kulturellen Szene vertreten.[6]

Nicht eigens erwähnt wird in dieser Aufstellung der seit einigen Jahren zu beobachtende, relativ starke Zustrom von russischen Juden. Als frühere Kommunisten sind sie großenteils areligiös und nicht nur in der deutschen Gesellschaft, sondern auch in den jüdischen Gemeinden Deutschlands Fremde. Sie sind noch nicht «in der kulturellen Szene vertreten», doch werden sie, schon durch ihre Zahl, den Charakter der jüdischen wie der nichtjüdischen Gemeinden verändern.[7] Doch nicht nur mit dieser von außen veranlaßten

Verschiedenheit muß jeder Jude fertig werden, der sich entschlossen hat, in Deutschland zu leben; er muß auch einen tiefen inneren Zwiespalt über seine Entscheidung und seine persönliche und Gruppenidentität austragen und außerdem die Mißbilligung vieler Juden außerhalb Deutschlands, zumal eines sehr großen Teils der jüdischen Gemeinde in USA, in Kauf nehmen.[8]

Gleichwohl sind jüdisches Leben und jüdisches Denken im Nachkriegsdeutschland zu Konstanten geworden, so daß die seit den letzten anderthalb Jahrzehnten auftretenden jungen deutsch-jüdischen Schriftsteller und Intellektuellen schon als «dritte Generation» angesehen werden können.[9] Nach Sander Gilman und Jack Zipes, die den bedeutenden Beitrag von Juden zum deutschen Geistesleben nach dem Nationalsozialismus untersucht haben, bestand die «erste Generation» aus Wissenschaftlern und Intellektuellen, die sich bereits in der Weimarer Republik einen Namen gemacht hatten und auch im Nachkriegsdeutschland nachhaltigen Einfluß ausübten, wie zum Beispiel Theodor W. Adorno und Max Horkheimer, Ernst Bloch oder Hans Mayer und Werner Krauss. Die «zweite Generation» umfaßt Schriftsteller und Intellektuelle, die in ihrer Jugend den Holocaust überlebten und nach dem Nationalsozialismus ihren Erfahrungen Ausdruck gaben. (Viele Schriftsteller aus dieser Gruppe entschlossen sich, nicht in Deutschland zu leben.) In diese zweite Generation gehören zum Beispiel Jurek Becker, Jakov Lind, Wolfgang Hildesheimer, Edgar Hilsenrath, Ralph Giordano, der Dramatiker Peter Weiss, der Philologe und Tagebuchschreiber Victor Klemperer, der Essayist Jean Améry, der Literaturkritiker Marcel Reich-Ranicki sowie die Lyriker Paul Celan, Nelly Sachs und Rose Ausländer. Die «dritte Generation» hatte ihr Debüt vor allem in den achtziger Jahren: Sie umfaßt unter anderem die Schriftsteller Jeannette Lander, Barbara Honigmann, Esther Dischereit, Rafael Seligmann, Maxim Biller, Katja Behrens, den Esssayisten Chaim Noll und den Journalisten Hendryk Broder. Als Nachgeborenen der Holocaust-Generation obliegt dieser dritten Generation der heikle Balanceakt, als Juden in Deutschland zu leben, um ihre Selbstdefinition zu ringen und nach einer jüdischen Identität im Land der Mörder zu suchen. Das komplexe Selbstverständnis dieser Menschen als in Deutschland lebende Juden wird durch die Einstellungen ihrer nichtjüdischen Mitbürger ständig auf die Probe gestellt – Einstellungen, die wesentlich durch das weithin unverarbeitete Bewußtsein vom Holocaust geprägt sind.

Die Bemühungen der neuen Generation von jüdischen Intellektuellen in Deutschland müssen vor diesem Hintergrund gewürdigt werden. Sie verwerfen die Stereotypen der herrschenden Kultur mit ihren Verschweigungen; sie definieren ihre eigenen Problemstellungen, Zwiespältigkeiten und Kämpfe; sie bestimmen, wie sie wahrgenommen werden wollen; und sie protestieren energisch, wenn sie sich gekränkt oder beleidigt fühlen (wie beim Skandal um das Fassbinder-Stück). Das ist in der Tat ein Neuanfang: Wo frühere Generationen deutscher Juden und in Deutschland lebender Juden für Assimilation votierten, geschah es immer nach den Spielregeln der herrschenden Kultur, niemals nach ihren eigenen. Heute ist es anders, wie Jack Zipes beschreibt: «Deutsche Juden fördern selbst dieses Interesse und definieren sich auf eine Weise, wie sie es in der unmittelbaren Nachkriegszeit nicht getan haben.»[10] Im Anschluß an den von den französischen Philosophen Gilles Deleuze und Félix Guattari geprägten Begriff der «kleinen Literatur» stellt Zipes fest: «Die Juden selbst haben in Deutschland eine wo nicht fruchtbare, so doch anziehende ‹kleine› Kultur entwickelt, die es ihnen erlaubt, sich in einem ganz anderen Licht zu sehen, als die Deutschen sie sehen.» Zipes beobachtet trotz einiger Vorbehalte hoffnungsvoll

das Wiedererstehen einer jüdischen Kultur in Deutschland als «kleiner» Kultur, die sich in den letzten fünfzehn Jahren die Beachtung der Deutschen errungen hat und deren Ansichten vom Judentum und sich selbst verändert und vielleicht den Grund zu einer andersartigen Beziehung gelegt hat: nicht beherrscht von Schuldgefühlen und natürlich gegen jenen Antisemitismus und Fremdenhaß gerichtet, den eine kleine Minderheit von Deutschen noch heute zur Schau trägt.[11]

Noch nachdrücklicher betont Sander Gilman das Wiedererstarken jüdischen Lebens in Deutschland:

Wir können jetzt im einzelnen die Kämpfe und Sehnsüchte einer neuen Version des modernen Diaspora-Judentums studieren, das Bild der Wiedererrichtung jüdischen Kulturlebens in einer Kultur, die ihre jüdische Gemeinde vernichtet hat. Solche Augenblicke hat es auch in der Vergangenheit gegeben. (...) Doch nie hatten wir in jüngster Zeit die Chance, die Neugründung einer jüdischen Diasporagemeinde unter solchen Umständen zu beobachten. Das nach der Shoah aufgekommene Bild eines Deutschland ohne Juden ist passé. Heute wohnen wir dem Schauspiel bei, wie eine jüdische Gemeinde in ihrer ganzen Komplexität und mit ihrer einzigartigen Geschichte aus dem Vergessen auftaucht.[12]

Während die Juden in Deutschland begonnen haben, die Initiative zu ergreifen und zu bestimmen, wie sie wahrgenommen werden wollen, bekunden nichtjüdische Deutsche als Reaktion hierauf großes Interesse an «allem Jüdischen», wie Jack Zipes sich ausdrückt. Er beruft sich auf den Journalisten Ian Buruma und zitiert dessen Eindrücke von einer Deutschlandreise:

Die Judaica-Abteilungen in deutschen Buchhandlungen wachsen ständig. In einer ganz normalen Woche waren im deutschen Fernsehen eine Sendung über alte jüdische Gemeinden in Europa, zwei Sendungen über Aspekte des Holocaust, ein Bericht über Juden, die nach Deutschland zurückgekehrt waren, und mehrere Dokumentationen über jüdische Künstler und Intellektuelle zu sehen. Die größte Ausstellung in Berlin thematisierte dieses Jahr die Geschichte der jüdischen Kultur und wurde von einem Festival alter jiddischer Filme begleitet.[13]

Aber wie die von Juden und von Nichtjuden verfaßte Literatur deutlich macht, gibt es noch immer wenig Kontakte oder Gespräche zwischen Juden und Nichtjuden, wenig «Beunruhigung» in der großen Kultur und wenig Integration auf der Ebene des Unbewußten, wo «alles Jüdische» Bestandteil einer gemeinsamen Kultur, nicht exotisches Exponat sein sollte. «Der deutschen Öffentlichkeit [...] fällt der Umgang mit Juden im Museum leichter als auf der Straße», bemerkt Sander Gilman lakonisch.[14] Wenn sie Juden und ihre Kultur aus der Ferne betrachten können, ist den Deutschen wohler, als wenn die Juden mitten unter ihnen wohnen.[15] Wo es einst die Leugnung des Holocaust gab, gibt es heute die geballte Beschäftigung damit, aber die Begegnung mit Juden «auf der Straße» wird gleichwohl vermieden. Die Sprache des Schweigens beschweigt nicht mehr den Holocaust, aber sie scheut vor der Begegnung mit lebenden Juden zurück, aus der vielleicht unerquickliche Konfrontationen erwachsen könnten. Bisher und mit nur wenigen Ausnahmen scheint die von Jack Zipes beobachtete Faszination, die «alles Jüdische» für die heutigen Deutschen hat, eine eher auf sich selbst bezogene Beschäftigung mit der Vergangenheit zu sein, bei der die Juden nach wie vor Objekt bleiben. Sie verträgt sich mit einer nach wie vor bestehenden «Unfähigkeit zu trauern», bei der «echte Ansätze zur Trauer hoffnungslos durchsetzt sind mit narzißtischer Kränkung, rituellen Selbstanklagen und Verdrängung»[16] sowie einem Mangel an Interesse und Anteilnahme an Juden als gleichberechtigten Anderen und handelnden Subjekten ihrer eigenen Geschichte und Gegenwart. Legen Bücher wie *Paarungen* oder *Die Ausgewanderten* Zeugnis von einem neuen, offeneren Verhältnis zwischen Juden und Nichtjuden in Deutschland ab, lassen sie das Aufkommen von Trauer und Schmerz zu, oder werden sie Ausnahmen bleiben?

Die Institutionalisierung des Holocaust

Ein relativ neuer Schauplatz der anhaltenden Holocaust-Debatten ist die Architektur. Der öffentliche Diskurs über Denkmäler und Gedenkstätten hat besonders in den letzten zwanzig Jahren verstärkte Beachtung gefunden. Es war die Zeit, in der die Fernsehserie *Holocaust* das deutsche Bewußtsein vom Holocaust aufrüttelte und die bald darauf einsetzende Tendenzwende den Amtsantritt Helmut Kohls und damit einhergehend Versuche brachte, den Holocaust zwar als Wirklichkeit zu akzeptieren, aber ihn zugleich zu historisieren. In Deutschland wie in anderen Ländern begann das öffentliche Gedenken schon bald nach der Befreiung vom Nationalsozialismus, wurde aber zunächst von den Opfern oder den Alliierten organisiert. Heute erinnern Tausende von Denkmälern und Gedenkstätten in Europa, den USA und Israel an den Massenmord an den Juden, und jedes Jahr werden Dutzende weitere geplant und errichtet. Über hundert Museen und sonstige Gedenkeinrichtungen sind entstanden, und viele weitere sind geplant, so daß James E. Young schon von einer «explosionsartig anwachsenden Zahl von Holocaust-Denkmälern» sprechen kann und davor warnt, daß man sich der Verpflichtung des Erinnerns entzieht, sobald man dem Erinnern Gedenkstätten zuweist, die im Lauf der Zeit Teil der Landschaft und der Vergangenheit werden, anstatt die Erinnerung an die Vergangenheit wachzuhalten.[17] In Deutschland wird die Errichtung von Gedenkstätten und Denkmälern häufig von Kontroversen begleitet, da ja selten eine Nation vor dem Problem gestanden hat, ihren eigenen Verbrechen Denkmäler zu setzen. Der Streit dreht sich darum, an wen erinnert werden soll (vornehmlich waren Juden die Opfer des Holocaust, aber auch Sinti und Roma, politische Gefangene, religiöse Regimegegner und Homosexuelle wurden verfolgt und müssen als Opfer in Erinnerung bleiben) und wer sich erinnern soll (die DDR tat sich viel auf den Widerstand des deutschen Kommunismus gegen die Nationalsozialisten zugute und übernahm keine Verantwortung für den Holocaust); gestritten wird um das Material und die ästhetische Gestalt solcher Gedenkstätten und darüber, welches Publikum angesprochen werden soll (die Deutschen nur als Täter oder auch als Opfer des Nationalsozialismus). Zugespitzt wurden diese Zwiespältigkeiten und Ambivalenzen durch Wandlungen des deutschen Selbstverständnisses und der Vorstellungen darüber, welche historischen Kenntnisse die Gedenkstätten vermitteln sollen.

Eine Antwort auf diese Fragen war die Subversion und Neubestimmung der alten, etablierten Denkmalsformen. Andreas Huyssen bringt den inneren Widerspruch einer Memorialisierung der nationalsozialistischen Verbrechen auf den Begriff: «Im Gegensatz zur Tradition des legitimierenden, identitätsstiftenden Denkmals muß das Holocaust-Denkmal als eine Art von Gegendenkmal angesehen werden.»[18] Diese Gegendenkmäler können sich als Negativ oder Umkehrung vorhandener Denkmäler präsentieren; sie können interaktiv, im Fluß begriffen oder so konzipiert sein, daß sie sich mit der Zeit selbst auflösen. Wenn James Young an die «problematischen und versteckten Motive für das Erinnern in Deutschland» denkt, sieht er sie eindrucksvoll dargestellt durch das «abwesende Monument», eine Art von «Gegen-Monument».[19] Ein wichtiger Aspekt solcher Gegendenkmäler ist für Young ihre Fähigkeit, Debatten zu provozieren, denn Debatten wirken dem Vergessen entgegen. Er kommt zu dem radikalen Schluß, daß Debatten über Gedenkstätten die Rolle von Gedenkstätten übernehmen können und daß sie in all ihren verworrenen und befangenen Unzulänglichkeiten Erinnerungsarbeit leisten.

Dennoch ist Deutschlands Holocaust-Erinnerungsarbeit ein quälendes, selbstreflektives, beinahe lähmendes Unterfangen. Jedes Monument wird endlos beleuchtet, erklärt und diskutiert. Künstlerische, ethische und historische Fragen beschäftigen die Juroren in ungeahntem Ausmaß. Einer endlosen Sisyphusarbeit gleich rollt man die Erinnerung in einem Kraftakt den Hang des Bewußtseins hinauf, um sie dann in einem Schwall von Argumenten und politischen Haarspaltereien wieder hinunter rollen zu lassen, wo das Spiel von neuem beginnt. (...) Das erfolgreichste deutsche Mahnmal im Gedenken an diese Zeit und ihre Opfer ist vielleicht weniger ein einzelnes Monument als die laufend weitergeführte Diskussion zu Fragen des Erinnerns: Welche Erinnerung soll bewahrt werden? Wie soll erinnert werden? In wessen Namen? Zu welchem Zweck?[20]

Zu den eklatanten Auslassungen, Vermeidungen, Verdrängungen und Unempfindlichkeiten der Sprache des Schweigens im literarischen Diskurs gibt es auch in den Architekturdisputen ein Pendant. Einige Beispiele mögen dies veranschaulichen. 1982 schrieb der damalige Oberbürgermeister von Berlin, Richard von Weizsäcker, einen Wettbewerb um die Gestaltung einer öffentlichen Anlage auf dem Gelände des im Krieg zerstörten, einstigen Gestapo-Hauptquartiers aus. Die Aufgabenstellung forderte eine «kreative Lösung», welche «die historische Signifikanz des Ortes mit den praktischen Anforderungen vereinigen könnte, beispielsweise durch die Errichtung eines Parks, eines Spiel- oder Sportplatzes».[21] Wie ein Ort, an dem grausame Folter praktiziert wurde, die Aura seiner «historischen Signifikanz» beibehalten und gleichzeitig Entspannung und Freude als «Park, Spiel- oder Sportplatz» bieten soll, bleibt unerfindlich. Verrät diese Vorstellung einfach ungeheure Gedankenlosigkeit und einen völligen Mangel an Verständnis für die Bedeutung dieses Ortes, oder mußten hinter «Sachzwängen» und dem Wunsch nach Effizienz und maximaler Raumausnutzung auch hier moralische Erwägungen zurückstehen? Nach den üblichen Uneinigkeiten und Streitereien blieb das Gelände unbebaut; statt dessen wurde die provisorische Ausstellung «Topographie des Terrors» eingerichtet, die bewußt den provisorischen Charakter des Geländes und auch seine Vernachlässigung nach dem Krieg zeigt (aus der ihrerseits der Versuch spricht, der Geschichte aus dem Weg zu gehen und sie unter dem Schutt des Krieges auf sich beruhen zu lassen). 1993 erhob sich Protest gegen die Umwidmung der historischen, 1818 fertiggestellten Neuen Wache in Berlin; Bundeskanzler Kohl wünschte sich hier «eine würdige gemeinsame Gedenkstätte für die Opfer beider Weltkriege, von Gewaltherrschaft, rassistischer Verfolgung, Widerstand, Vertreibung, Teilung und Terrorismus».[22] Kohls Global-Memorialisierung erinnerte viele an den Historikerstreit: Durch das Gedenken an alle Opfer (die Opfer der Naziherrschaft und des Holocaust ebenso wie die Täter und die Tätergeneration), einschließlich der Opfer des Ersten Weltkriegs, sollte deutsche Geschichte «normalisiert» und dem Besucher ein über die Naziherrschaft hinausgehender historischer Gesamtzusammenhang suggeriert werden. Die Proteste vermochten Kohl nicht zu überzeugen, und er machte nur ein Zugeständnis: Neben dem Eingang zur Neuen Wache zählt eine Bronzetafel die verschiedenen Opfergruppen auf. «Nazifunktionäre und SS-Leute befanden sich natürlich nicht darunter», erwähnt trocken der Historiker Brian Ladd.[23] 1992 stürzten Pläne zur Errichtung einer Holocaust-Gedenkstätte auf einem durch den Fall der Mauer freigewordenen, fünf Hektar großen Areal die Berliner und das ganze Land in lebhafte und verwickelte Diskussionen. Nicht weniger als 527 Entwürfe wurden eingereicht, aber es kam zu keiner Entscheidung; schließlich verlangte Helmut Kohl die Neuausschreibung des Wettbewerbs. Die Frage, ob diese Holocaust-Gedenkstätte gebaut werden solle oder nicht, und wenn ja, in welcher Form, wurde im September 1998 sogar zu einem Thema im Bundestagswahlkampf. Nach einer weiteren Ausschreibung und weiteren Debatten entschied man sich schließlich für den Entwurf des amerikanischen Architekten Peter

Eisenman, bei dem ein «Stelenfeld» um einen «Ort der Information» ergänzt werden soll. Während der öffentliche Diskurs über Denkmäler, Gedenkstätten und Architektur Positionen verdeutlicht, die schon in der «Sprache des Schweigens» erkennbar waren, weisen die Bauwerke selbst stilistische Merkmale auf, die denen in der Literatur ähnlich sind. Sowohl in der Literatur als auch in der Architektur macht es der Holocaust als radikale Diskontinuität und Zivilisationsbruch unmöglich, sich auf traditionelle, nach Ganzheit und Geschlossenheit strebende Kunstformen zu stützen. Statt dessen überwiegt das Bruchstückhafte, die Umkehrung, das Absente. So wie die literarischen Grenzen zwischen Erzählprosa, dokumentarischem Text, Autobiographie und deren Simulation aufgehoben worden sind und die Photographie Einzug in den Text gehalten hat, sind auch die Grenzen zwischen Skulptur, Graphik, photographischer Projektion und vom Betrachter ausgelöster Lichtprojektion sowie zwischen der Ruine als Ruine und der Ruine als Raum des Gedenkens fließend geworden. In der Literatur ist Verschwiegenes und Bruchstückhaftes stets doppelt befrachtet: Es trachtet nach einer Sprache, die das Entsetzen (wo nicht die Trauer) ausdrückt, dabei jedoch mit sich selbst beschäftigt ist und unbewußte blinde Flecken verrät, die den Zugang zu einer wirklichen Auseinandersetzung mit der Vergangenheit versperren. In der Architektur sind die zerbrochenen Formen, die Absenzen, die Inversionen eindeutige Versuche, Vernichtung und Verlust darzustellen, während die Uneindeutigkeiten und Unschlüssigkeiten in den Debatten zutage traten.

In dieser Atmosphäre hat der jüdische Architekt Daniel Libeskind eine einzigartige Leistung vollbracht. Sein Entwurf für das Jüdische Museum veranschaulicht das Wiedererstehen jüdischen Lebens, das selbst die Stimme erhebt und für seine Positionen und Belange eintritt. Libeskind bedient sich der Kunstmittel von gebrochenen Linien (der zerbrochene Davidstern), von Absenzen und leeren Räumen, um den außerordentlichen Eindruck des Fehlens jüdischen Lebens in Berlin zu erzielen und gleichzeitig dessen frühere, gemeinsame Anwesenheit auszudrücken. Die unterirdische Verbindung und Integration der zwei Gebäude (des Barockbaus des Berlin-Museums und des neuen Jüdischen Museums mit seinen gebrochenen Konturen) gewinnt eine spirituelle Qualität, die das Gedenken aus dem Bereich ritualisierter öffentlicher Begängnisse verbannt und zu einer affektgeladenen individuellen Erfahrung steigert. Libeskind erläutert sein Konzept folgendermaßen: «Physisch ist von jüdischer Präsenz in Berlin sehr wenig übriggeblieben – nur kleine Gegenstände, Dokumente, Archivmaterialien, die eher eine Abwesenheit als eine Präsenz heraufbeschwören. Deshalb dachte ich, daß diese ‹Leere›, die sich ja mitten durch die zeitgenössische Kultur Berlins zieht, sichtbar und zugänglich gemacht werden sollte.» Daher ist «der neue Erweiterungsbau (...) als ein Emblem konzipiert, in dem das Nicht-Sichtbare sich als Leere, als das Unsichtbare manifestiert. Der Grundgedanke ist eigentlich ganz einfach: nämlich das Museum um einen leeren Raum herumzubauen, der sich durch das ganze Gebäude zieht und von den Besuchern erlebt werden soll.»[24] Die Leere gemahnt Überlebende und Täter und die Nachgeborenengenerationen gleichermaßen an Vernichtung und unwiederbringlichen Verlust. Libeskind akzentuiert die von Dan Diner ins Gespräch gebrachte «negative Symbiose», bei der in einer «Art gegensätzlicher Gemeinsamkeit (...) Deutsche wie Juden (...) neu aufeinander bezogen» werden, und entwarf daher die Leere so, daß kein Besucher, ob Jude oder Nichtjude, sie umgehen kann – und «kein Besucher könnte durch das Museum gehen, ohne sich der jüdischen Präsenz bewußt zu sein, wie auch kein jüdischer Besucher sich in einen eigenen Museumstrakt zurückziehen und sich allein der Vergangenheit der Juden überlassen könnte.»[25] Der Entwurf Libeskinds entspricht jüdischen Erwartungen, die eine von nichtjüdischen Deutschen verfaßte Literatur erst allmählich anzuerkennen beginnt: der Erwartung, daß Juden als Subjekt ihrer eigenen Geschichte gesehen werden. Die Leiterin des neuen Jüdischen Museums, Vera Bendt, macht dies sehr deutlich: «Ob Museum oder Abteilung, die Bezeichnung ‹jüdisch› ist nur gerechtfertigt, wenn es nicht nur um Darstellung *über* Juden geht, sondern wenn eine Einrichtung geschaffen wird, die von Juden ideell und materiell mitgetragen (...) wird und somit auch *ihr* Haus für *ihre* Geschichte ist.»[26]

Die Leere als klaffende Abwesenheit und unauslöschliche Gedenkstätte ist eine einzigartige Leistung und steht in Gegensatz zu dem, was Y. Michael Bodeman «eine Kultur, eine Industrie, ja eine Epidemie des Gedenkens im heutigen Deutschland» nennt.[27] Diese «Epidemie des Gedenkens» ist ein Beweis dafür, daß der Holocaust Bestandteil des – freilich nicht unwidersprochenen – geschichtlichen Selbstverständnisses Deutschlands geworden ist. Die Erinnerung engagiert sich in Werken der Sühne, sie bricht in Konflikten und Protesten auf oder gerät zu Spektakel und Ritual, aber immer behält sie etwas Zweideutiges, Unschlüssiges. Es besteht die Gefahr, daß das öffentliche Begehen von Gedenktagen und Jahrestagen zu Ritualisierungen führt und den einzelnen von der Verantwortung des Erinnerns entlastet. Diese zunehmend öffentliche Erinnerungsarbeit wird durch eine Fülle von Film- und Fernsehserien, Dokumentarfilmen und Ausstellungen gefördert und läuft auf das hinaus, was Michael Geyer und Miriam Hansen «die Spektakularisierung der Vergangenheit» nennen.[28] Institutionalisierung, Ritualisierung, Mythisierung, Spektakularisierung – sie alle wirken darauf hin, die Gründe ihrer eigenen Entstehung zu verdunkeln und die Erinnerungsarbeit durch öffentliche Gesten zu ersetzen. Über die Folgen solcher öffentlichen Gedenkveranstaltungen für den Holocaust sagt der Historiker Saul Friedländer: «Wenn wir eine schon bestehende, ritualisierte Form des Gedenkens gelten lassen, so ist in der Öffentlichkeit die Tendenz zu einem ‹Schlußstrich› abzusehen – ohne Lösung, aber trotzdem zu einem Schlußstrich.»[29] Doch die Trauerarbeit beginnt just in dem Moment Gram und Trauer auszudrücken, wo öffentliche Gedenkveranstaltungen dem Holocaust gern seinen Platz in der Geschichte zuweisen und das Gefühl von etwas Abgeschlossenem vermitteln möchten. Günter Grass hat schon 1972 in *Aus dem Tagebuch einer Schnecke* Trauer als eine Zukunftsmöglichkeit angedeutet, und W. G. Sebald setzte sie zwanzig Jahre später in *Die Ausgewanderten* in die Tat um. Vielleicht findet die individuelle Erinnerungsarbeit doch endlich ihre Stimme.

Die Deutschen haben versucht und versuchen weiterhin, sich dem Holocaust zu stellen. Sie haben es nicht immer überzeugend getan, und ihre Motive und Bemühungen waren zweideutig und widersprüchlich. Ein halbes Jahrhundert lang hat die Literatur diese qualvollen, verwickelten und apologetischen Kämpfe reflektiert und viele Sprachen des Schweigens für die Kenntnis und das Vermächtnis der begangenen Verbrechen gefunden. Während aus privaten Verschwiegenheiten öffentliche Debatten geworden sind, hat die Literatur begonnen, neues Gelände zu erkunden. Sie hat begonnen, Schmerz und Trauer auszudrücken und das neue jüdische Leben in Deutschland anzuerkennen und in sich aufzunehmen. Man kann erwarten, daß die Literatur als Seismograph unbewußt geltender Werte bei ihren fortgesetzten Bemühungen um die Auseinandersetzung mit dem Holocaust an der Suche nach neuen Ausdrucksmöglichkeiten festhalten wird.

Anmerkungen

Einführung

1   Ilse Aichinger, zitiert in Klaus Briegleb/Sigrid Weigel (Hrsg.), *Gegenwartsliteratur seit 1968*, München 1992, S. 47.

2   Das Oxford English Dictionary definiert das aus dem Griechischen stammende Wort «Holocaust» als «vollständige Zerstörung durch Feuer, (...) vollständige Vernichtung, besonders einer sehr großen Anzahl von Menschen; ein großes Blutbad oder Massaker», und setzt hinzu: «die spezielle Anwendung (das heißt der nationalsozialistische Masssenmord an den Juden während des Weltkriegs 1939–1945) wurde in den 1950er Jahren durch Historiker eingeführt.» Eine kurze Darstellung der Ursprünge des Begriffs bietet Susan E. Cernyak-Spatz, *German Holocaust Literature*, New York 1985, S. 9f. James Young bespricht die verschiedenen Termini und ihre Bedeutungen in *Beschreiben des Holocaust. Darstellung und Folgen für die Interpretation*, Frankfurt/M. 1992, S. 139ff. Eingehend erörtert auch Dominick LaCapra die mit dem Gebrauch des Begriffs «Holocaust» verbundenen Probleme in seinem Buch *Representing the Holocaust: History, Theory, Trauma*, Ithaca 1994, S. 45, Anm. 4. Peter Haidu lehnt «Holocaust» ebenso ab wie «Shoah» und spricht lieber von dem «Ereignis» (The Dialectics of Unspeakability in: Saul Friedländer (Hrsg.), *Probing the Limits of Representaton: Nazism and the «Final Solution»*, Cambridge, Mass. 1992, S. 279). Zum unangemessenen Gebrauch des Wortes «Holocaust» in der deutschen Sprache siehe Ralph Gehrkes Übereinstimmung mit Detlev Claussen, der der Meinung ist, daß das Wort «Holocaust» als Fremdwort eine Dissoziation von dem erlaube, was es bezeichnet. Ralph Gehrke, Es ist nicht wahr, daß die Geschichte nichts lehren könnte, ihr fehlen bloß die Schüler, in: *Der Deutschunterricht* 44, 3 (1992), S. 92, Anm. 1.

3   Jean Améry, *Jenseits von Schuld und Sühne. Bewältigungsversuche eines Überwältigten* (1966), Stuttgart ³1997, S. 135.

4   Sidra DeKoven Ezrahi, *By Words Alone: The Holocaust in Literature*, Chicago 1980, S. 10.

5   Terry Eagleton, *Einführung in die Literaturtheorie*, Stuttgart/Weimar ⁴1997, S. 169.

6   Stuart Parkes, in: Arthur Williams/Stuart Parkes/Roland Smith (Hrsg.), *Literature on the Threshold: The German Novel in the 1980s*, New York 1990, S. 6.

7   Peter Schneider, Concrete and Irony, in: *Harper's Magazine* (April 1990), S. 56.

8   Jean-Paul Bier, *Auschwitz et les nouvelles littératures allemandes*, Brüssel 1979, S. 217.

9   Lawrence L. Langer, *The Holocaust and the Literary Imagination*, New Haven 1975, S. 3.

10   Mary Nola, The *Historikerstreit* and Social History, in: *new german critique* 44 (1988), S. 78.

11 Eine der wenigen Ausnahmen ist Wolfdietrich Schnurre, *Jenö war mein Freund* (1960).

12 Peter Haidu erläutert diesen Punkt aus der Perspektive des Dekonstruktivismus, wenn er in «The Dialectics of Unspeakability» sagt: «Schweigen ähnelt Wörtern ... insofern, als jede Produktion von Schweigen in ihren eigenen Kontexten und Aussagesituationen beurteilt werden muß. Schweigen kann reine Abwesenheit von Rede sein; dann wieder ist Schweigen Negation von Rede und Produktion von Sinn. (...) [Doch] ist Schweigen in sein Gegenteil, die Sprache, eingebettet. Damit ist Schweigen gleichzeitig konträr zur Sprache, Wider-Spruch zur Sprache, integrierender Bestandteil von Sprache. Schweigen in diesem Sinne ist die notwendige Diskrepanz der Sprache zu sich selbst, ihr konstitutives Anderes» (S. 278).

13 Hamida Bosmajian, *Metaphors of Evil: Contemporary German Literature and the Shadow of Nazism*, Iowa City 1979, S. 17.

14 Saul Friedländer in *Probing the Limits of Representation*, S. 5.

15 Theodor W. Adorno, Kulturkritik und Gesellschaft, geschrieben 1949, publiziert 1951, abgedruckt in: ders., *Prismen*, Frankfurt/M. 1955, S. 26.

16 Theodor W. Adorno, Engagement, in: ders., *Noten zur Literatur III*, Frankfurt/M. 1965, S. 126.

17 Michael Wyschogrod, zitiert bei Alvin H. Rosenfeld, The Problematics of Holocaust Literature, in: Alvin H. Rosenfeld/Irving Greenberg (Hrsg.), *Confronting the Holocaust: The Impact of Elie Wiesel*, Bloomington 1978, S. 3.

18 Lawrence Langer, *The Holocaust and the Literary Imagination*, S. 2.

19 Ebd.

20 Zitiert bei Klaus Laermann, Nach Auschwitz ein Gedicht zu schreiben, ist barbarisch, in: Manuel Köppen (Hrsg.), *Kunst und Literatur nach Auschwitz*, Berlin 1993, S. 15.

21 George Steiner, *Language and Silence*, New York 1974, S. 123 [der Aufsatz «K», aus dem hier zitiert wird, wurde nicht in die deutsche Ausgabe übernommen, A. d. Ü.].

22 Rosenfeld/Greenberg, *Confronting the Holocaust*, S. 4.

23 Walter Hinderer, Die Gegenwart der Vergangenheit: ein deutsches Problem, in: ders., *Arbeit an der Gegenwart: zur deutschen Literatur nach 1945*, Würzburg 1994, S. 114 ff.

24 Ezrahi, *By Words Alone*, S. 11.

25 Heinrich Vormweg, Deutsche Literatur 1945–1960: Keine Stunde Null, in: Manfred Durzak (Hrsg.), *Deutsche Gegenwartsliteratur: Ausgangspositionen und aktuelle Entwicklungen*, Stuttgart 1981, S. 20.

26 George Steiner, *Sprache und Schweigen*, Frankfurt/M. 1969, S. 135.

27 Ebd., S. 146.

28 Alexander und Margarete Mitscherlich, *Die Unfähigkeit zu trauern. Grundlagen kollektiven Verhaltens*, München 1967.

29 Dominick La Capra, *Representing the Holocaust: History, Theory, Trauma*, Ithaca 1994, S. 171.

30 Günter Butzer gibt zu verstehen, daß gelungenes Trauern zuletzt zu einer individuellen und sozialen Reintegration führen könne: *Fehlende Trauer. Verfahren epischen Erinnerns in der deutschsprachigen Gegenwartsliteratur*, München 1998.

31 Eric Santner, *Stranded Objects: Mourning, Memory, and Film in Postwar Germany*, Ithaca 1990, S. 37.

32 Dan Diner (Hrsg.), *Zivilisationsbruch. Denken nach Auschwitz*, Frankfurt/M. 1988.

33 Barbara Johnson, The Surprise of Otherness: A Note on the Wartime Writings of Paul de Man, in: Peter Collier/Helga Geyer-Ryan (Hrsg.), *Literary Theory Today*, Ithaca 1990, S. 21.

34 Fredric Jameson in seinem Vorwort zu Jean-François Lyotard, *The Postmodern Condition: A Report on Knowledge*, Minneapolis 1984, S. IX.

35 Santner, *Stranded Objects*, S. 12.

36 Zygmunt Bauman, *Dialektik der Ordnung. Die Moderne und der Holocaust*, Hamburg 1992, S. 98.

37 Robert Schindel, *Gebürtig*, Frankfurt/M. 1992, S. 216.

1. Das erste Nachkriegsjahrzehnt

1 Karl Jaspers, *Die Schuldfrage*, Zürich 1946.

2 Eugen Kogon, *Der SS-Staat. Das System der deutschen Konzentrationslager* (zuerst 1945), München 1974.

3 Jean-Paul Bier, The Holocaust, West Germany, and Strategies of Oblivion, 1947–1979, in: Anson Rabinbach/Jack Zipes (Hrsg.), *Germans and Jews since the Holocaust*, New York 1986, S. 185.

4 Felicia Letsch, *Auseinandersetzung mit der Vergangenheit als Moment der Gegenwartskritik*, Köln 1982, S. 61.

5 Heinrich Vormweg, Deutsche Literatur 1945–1960: Keine Stunde Null, in: Manfred Durzak (Hrsg.), *Deutsche Gegenwartsliteratur. Ausgangspositionen und aktuelle Entwicklungen*, Stuttgart 1981, S. 15.

6 Zitiert bei Peter Demetz, *Die süße Anarchie. Skizzen zur deutschen Literatur seit 1945*, München 1970, S. 52.

7 Ebd.

8 Ebd., S. 54. Dort auch die beiden folgenden Zitate.

9 Die Gruppe 47 beherrschte die literarische Kultur Westdeutschlands bis zu ihrer Auflösung 1967. Siehe Justus Fetscher/Eberhard Lämmert/Jürgen Schutte (Hrsg.), *Die Gruppe 47 in der Geschichte der Bundesrepublik*, Würzburg 1991; ferner Herbert Lehnert, Die Gruppe 47. Ihre Anfänge und ihre Gründungsmitglieder, und Rudolf Walter Leonhardt, Aufstieg und Niedergang der Gruppe 47, beides in: Durzak (Hrsg.), *Deutsche Gegenwartsliteratur*.

10 Vormweg, Deutsche Literatur 1945–1960, S. 17.

11 Walter Hinderer, *Arbeit an der Gegenwart. Zur deutschen Literatur nach 1945*, Würzburg 1994, S. 118.

12 Zitiert bei Vormweg, Deutsche Literatur 1945–1960, S. 25.

13 Nancy A. Lauckner, The Jew in Post-War German Novels, in: *Leo Baeck Institute Yearbook* 20 (1975), S. 275–291.

14 Frank Stern, *Im Anfang war Auschwitz. Antisemitismus und Philosemitismus im deutschen Nachkrieg*, Gerlingen 1991, S. 344.

15 Klaus Schröter, *Heinrich Böll in Selbstzeugnissen und Bilddokumenten*, Reinbek 1982, [11]1998, S. 69.

16 Heinrich Böll, Über die Brücke, in: ders., *Erzählungen 1937–1983*, Köln 1994, Bd. 2, S. 90–95.

17 Victor Klemperer, *LTI. Notizen eines Philologen* (1957), Leipzig [18]1999, S. 213.

18 Heinrich Böll, *Wo warst du, Adam?* (1951), München [25]2000.

19 Alan Bance, Heinrich Böll's ‹Wo warst du, Adam?›: National Identity and German War Writing – Reunification as the Return of the Repressed?, in: *Forum for Modern Language Studies* 29, 4 (1993), S. 316 und 318.

20 Der Ausdruck «ganz normale Männer» geht auf den Titel des Buches von Christopher Browning, *Ganz normale Männer. Das Reserve-Polizeibataillon 101 und die «Endlösung» in Polen*, Reinbek 1993, zurück.

21 Zitiert bei Lew Kopelew, *Verwandt und verfremdet. Essays zur Literatur der Bundesrepublik und der DDR*, Frankfurt/M. 1976, S. 70.

22 Hannah Arendt, *Eichmann in Jerusalem. Ein Bericht von der Banalität des Bösen* (1964), München [10]2000.

23 Siehe Rainer Nägele, *Heinrich Böll. Einführung in das Werk und in die Forschung*, Frankfurt/M. 1976, S. 149 und 152.

24 Der Schneider flüstert Ilona zu, er sei verhaftet worden, weil er einem Offizier eine Hose abgekauft habe. Diese Äußerung dient vielleicht Bölls fiktionalen Zwecken – Verstärkung der *Reigen*-Struktur, bei der die verschiedene Protagonisten in immer neuen Konstellationen wiederkehren –, aber sie gibt eine zu positive Erklärung für die Verhaftung. Die Juden wurden verfolgt, weil sie Juden waren, nicht weil sie gegen irgendwelche Bestimmungen verstoßen hatten.

25 Die Trilogie wird zitiert nach: Wolfgang Koeppen, *Die drei Romane. Tauben im Gras. Das Treibhaus. Der Tod in Rom*, Frankfurt/M. 1996.

26 Marcel Reich-Ranicki hebt 1961 hervor: «Es gibt in der deutschen Prosa dieser Zeit nur sehr wenig, was man Koeppen an die Seite stellen könnte.» Siehe *Der Fall Wolfgang Koeppen*, in: Ulrich Greiner (Hrsg.), *Über Wolfgang Koeppen*, Frankfurt/M. 1976, S. 105.

27 Siehe das Interview Reich-Ranickis mit Koeppen in *Wolfgang Koeppen. Ohne Absicht*, hrsg. von Ingo Hermann, Göttingen 1994, S. 93.

28 Reich-Ranicki, *Der Fall Wolfgang Koeppen*, S. 105 f.

29 Norbert Frei, *Vergangenheitspolitik. Die Anfänge der Bundesrepublik und die NS-Vergangenheit*, München 1996.

30 Ebd, S. 19.

31 Lily Gardner Feldman, *The Special Relationship between West Germany and Israel*, Boston 1984, S. 73 und 75.

32 Alfred Andersch, *Choreographie des politischen Augenblicks* (1955), in: Greiner (Hrsg.), *Über Wolfgang Koeppen*, S. 72–79.

33 So der Titel der Besprechung von Walter Jens (April 1955), abgedruckt bei Greiner (Hrsg.), *Über Wolfgang Koeppen*, S. 80–83.

34 Christiane Schmelzkopf, *Zur Gestaltung jüdischer Figuren in der deutschsprachigen Literatur nach 1945*, Hildesheim 1983, S. 241.

35 Thomas Richner, *Der Tod in Rom. Eine existential-psychologische Analyse von Wolfgang Koeppens Roman*, Zürich 1982, S. 26, wo behauptet wird, das Motiv der Sinnlosigkeit seit das «Leitmotiv» des ganzen Koeppenschen Œuvres.

36 Klaus Haberkamm, *Wolfgang Koeppen. ‹Bienenstock des Teufels› – Zum naturhaft-mythischen Geschichts- und Gesellschaftsbild in den Nachkriegsromanen*, in: Hans Wagener (Hrsg.), *Zeitkritische Romane des 20. Jahrhunderts. Die Gesellschaft in der Kritik der deutschen Literatur*, Stuttgart 1975.

37 Hans-Ulrich Treichel, *Fragment ohne Ende. Eine Studie über Wolfgang Koeppen*, Heidelberg 1984, S. 104 und 114.

38 Klaus Haberkamm, Wolfgang Koeppen. ‹Bienenstock des Teufels›, S. 267.

2. Dokumentarische Literatur

1 Alexander Kluge, *Lernprozesse mit tödlichem Ausgang*, Frankfurt/M. 1973, S. 103.

2 Martin Walser, *Ehen in Philippsburg*, Frankfurt/M. 1957.

3 Heinrich Böll, *Billard um halbzehn*, Köln/Berlin 1959.

4 Vgl. *In Pursuit of Justice: Examining the Evidence of the Holocaust*, Washington (D. C.) 1996, besonders die Kapitel «War Crimes Chronology» und «Trial Appendix».

5 Paul Michael Lützeler betrachtet die Erschießung Benno Ohnesorgs im Juni 1967 als das für die Radikalisierung der Studenten ausschlaggebende Ereignis (Von der Intelligenz zur Arbeiterschaft, in: Paul Michael Lützeler/Egon Schwarz (Hrsg.), *Deutsche Literatur in der Bundesrepublik seit 1965*, Königstein/Ts. 1980, S. 119).

6 Martin Walser, Engagement als Pflichtfach für Schriftsteller, in: ders., *Heimatkunde: Aufsätze und Reden*, Frankfurt/M. 1968, S. 122.

7 Thomas Elsaesser, subject positions, speaking positions: from *holocaust, our hitler*, and *heimat* to *shoah* and *schindler's list*, in: Vivian Sobchak (Hrsg.), *The Persistence of History: Cinema, Television, and the Modern Event*, New York 1996, S. 157.

8 Andreas Huyssen, The Politics of Identification: ‹Holocaust› and the West German Drama, in: ders., *After the Great Divide*, Bloomington (Indiana) 1986, S. 95.

9 Rolf Hochhuth, *Eine Liebe in Deutschland*, Reinbek 1978; *Juristen*, Reinbek 1979.

10 Jan Bruck, Brecht's and Kluge's Aesthetics of Realism, in: *Poetics* 17 (1988), S. 57–68.

11 Ingo Helm, Literatur und Massenmedien, in: Klaus Briegleb/Sigrid Weigel (Hrsg.), *Gegenwartsliteratur seit 1968*, München 1992, S. 548.

12 Andreas Huyssen, Alexander Kluge: An Analytic Storyteller in the Course of Time, in: ders., *Twilight Memories: Marking Time in a Culture of Amnesia*, New York/London 1995, S. 150.

13 Hayden White, the modernist event, in: Sobchack (Hrsg.), *The Persistence of History*, S. 24.

14 Ebd., S. 32.

15 Huyssen, Alexander Kluge, S. 150.

16 Alexander Kluge, *Lebensläufe*, Stuttgart 1962.

17 Vgl. Stefanie Carp, Wer Liebe Arbeit nennt hat Glück gehabt. Zu Alexander Kluges Liebesprosa, in: Thomas Böhm-Christl (Hrsg.), *Alexander Kluge*, Frankfurt/M. 1983, S. 207, Anm. 58. Hier werden auch mögliche Quellen für Kluges Text genannt.

18 Ulrike Bosse sieht in der mangelnden Reaktion der zwei Häftlinge keinen Akt des Widerstandes oder die Weigerung, ihre Gefühle und ihre frühere Geschichte von den KZ-Schergen ausbeuten zu lassen, sondern ein Zeichen

ihrer extremen Isolation. Ulrike Bosse, *Alexander Kluge – Formen literarischer Darstellung von Geschichte*, Frankfurt/M. 1989, S. 46.

19   Klaus Briegleb, Negative Symbiose, in: Briegleb/Weigel (Hrsg.), *Gegenwartsliteratur seit 1968*, S. 123.

20   Alexander Kluge, *Neue Geschichten. Hefte 1–18*. «*Unheimlichkeit der Zeit*», Frankfurt/M. 1977.

21   Die Bezeichnung ist natürlich eine Anspielung auf die «Gründerjahre» des deutschen Kaiserreichs Anfang der 1870er Jahre, als sich Deutschland namentlich in Afrika Kolonien zulegte. Vgl. Gerhard Bechtold, Das KZ als Modell des Zivilisationsprozesses, in: *Text und Kritik* 85/86 (1985), S. 63 ff.

22   Stefanie Carp, Schlachtbeschreibungen: Ein Blick auf Walter Kempowski und Alexander Kluge, in: Hannes Heer/Klaus Naumann (Hrsg.), *Vernichtungskrieg. Verbrechen der Wehrmacht 1941–1944*, Hamburg 1995, S. 677.

23   Günter Grass, *Aus dem Tagebuch einer Schnecke* (1972), München 1998, S. 13.

24   Sidra DeKoven Ezrahi sieht in dem von Grass in der *Blechtrommel* praktizierten «ironischen Modus» «den radikalsten Ausdruck von Traditionsbruch»; siehe dies., *By Words Alone: The Holocaust in Literature*, Chicago/London 1980, S. 113. Für Ruth Angress hingegen ist *Die Blechtrommel* «der erfolgreichste Versuch, den Holocaust durch Sentimentalisierung eines Opfers auf ein bewältigbares Maß zurechtzustutzen»; in dem bewegenden Kapitel über die «Reichskristallnacht» sieht sie «Edelkitsch» (A ‹Jewish Problem› in German Postwar Fiction» in: *Modern Judaism* 5 (1985), S. 222 f.).

25   Günter Grass, *Die Blechtrommel*, Neuwied/Berlin 1959, S. 189. Hier auch das folgende Zitat.

26   Zitiert bei Sander Gilman, Jewish Writers in Contemporary Germany: the Dead Author Speaks, in: *Studies in Twentieth Century Literature* 13, 2 (1989), S. 218 f.

27   Günter Grass, *Schreiben nach Auschwitz*, Frankfurt/M. 1990, S. 14 und 41.

28   George Steiner in einem Aufsatz über das Werk Robert Musils in *The New Yorker*, 17. April 1995, S. 101.

29   Günter Grass, *Schreiben nach Auschwitz*, S. 34.

30   A. L. Mason hält es für möglich, daß «ein Leser so weit gehen kann, das ganze Buch als fiktionale Prosa und nicht als Reportage zu lesen, deren Urheber eine literarische Gestalt und nicht die historische Person Günter Grass ist», und kommt zu dem Schluß, daß das Buch «bewußt eine Entscheidung zwischen diesen zwei Alternativen verwehrt» (The Artist and Politics in Günter Grass' *Aus dem Tagebuch einer Schnecke*, in: Patrick O'Neill (Hrsg.), *Critical Essays on Günter Grass*, Boston 1987, S. 172).

31   Erwin Lichtenstein, *Die Juden der Freien Stadt Danzig unter der Herrschaft des Nationalsozialismus*, Tübingen 1973.

32   «Karthaus» erinnert an den Orden der Karthäuser, einen kontemplativen Orden, in dem jeder Mönch für sich lebt, abgeschieden vom Weltgeschehen. Vgl. eine ähnliche Anspielung Zweifels, der zu Stomma sagt: «Ich suche etwas Klösterliches, eine Karthause» (S. 133).

33   Kurt Lothar Tank, Deutsche Politik im literarischen Werk von Günter Grass, in: Manfred Jurgensen (Hrsg.), *Grass: Kritik – Thesen – Analysen*, Bern 1973, S. 184.

34   Winfried Georg Sebald, Konstruktionen der Trauer: Zu Günter Grass, *Tagebuch einer Schnecke*, und Wolfgang Hildesheimer, *Tynset*, in: *Der Deutschunterricht* 35, 5 (1983), S. 39.

35 Eine Hommage für Paul Celan findet sich in Grass' *Schreiben nach Auschwitz*, S. 29 f., wo er auch die Ermutigung seines Werks durch den Dichter würdigt.
36 Sebald, Konstruktionen der Trauer, S. 38.
37 Ebd., S. 41.

3. Autobiographische Romane

1   Richard Wolin in Jürgen Habermas, *The New Conservatism. Cultural Criticism and the Historians' Debate*, hrsg. und übers. von Shierry Weber Nicholsen, Einführung von Richard Wolin, Cambridge, Mass. 1990, S. XI.
2   Bernd Neumann, Die Wiedergeburt des Erzählens aus dem Geist der Autobiographie?, in: Reinhold Grimm/Jost Hermand (Hrsg.), *Basis 9. Jahrbuch für deutsche Gegenwartsliteratur*, Frankfurt/M. 1979, S. 92.
3   Miriam Hansen spricht in ihrem Vorwort zu Oskar Negt/Alexander Kluge, *Public Sphere and Experience: Toward an Analysis of the Bourgeois and Proletarian Public Sphere*, Minneapolis 1993, S. XV, vom «Zerfall der Linken in Individuen, in die Umwelt-, Friedens- und Frauenbewegung».
4   Johann August Schülein, Von der Studentenrevolte zur Tendenzwende oder der Rückzug ins Private: eine sozialpsychologische Analyse, in: *Kursbuch* (1977), S. 110.
5   Die Ereignisse rund um den «deutschen Herbst» von 1977 waren die Ermordung des Generalbundesanwalts Buback im April 1977, die Ermordung des Chefs der Dresdner Bank, Jürgen Ponto, im Juli 1977, die Entführung Hanns-Martin Schleyers, Präsident des Bundesverbandes der deutschen Industrie, im September 1977, die Entführung einer Lufthansa-Maschine nach Mogadischu nebst Geiselnahme vom 13. bis 18. Oktober 1977 sowie am 17. Oktober 1977 der kollektive Selbstmord der in Stuttgart-Stammheim inhaftierten Terroristen Andreas Baader, Jan-Carl Raspe und Gudrun Ensslin, woraufhin am nächsten Tag die Leiche des ermordeten Schleyer aufgefunden wurde.
6   Peter Schneider, Hitler's Shadow: On Being a Self-Conscious German, in: *Harper's Magazine* (September 1987), S. 52.
7   Elisabeth Domansky, ‹Kristallnacht›, the Holocaust and German Unity, in: *History and Memory* 4, I (1992), S. 77.
8   Michael Schneider, Väter und Söhne, posthum. Das beschädigte Verhältnis zweier Generationen, in: ders., *Den Kopf verkehrt aufgesetzt oder Die melancholische Linke*, Darmstadt/Neuwied 1981, S. 61
9   Leon Botstein, German Terrorism from Afar, in: *Partisan Review* 46, 2 (1979), S. 188–204; Iring Fetscher, *Terrorismus und Reaktion*, Reinbek 1981; Norbert Elias, Der bundesdeutsche Terrorismus – Ausdruck eines sozialen Generationskonflikts, in: ders., *Studien über die Deutschen*, Frankfurt/M. 1989, S. 300–389.
10 Peter Schneider, Hitler's Shadow, S. 52.
11 Ralph Gehrke, *Literarische Spurensuche. Elternbilder im Schatten der NS-Vergangenheit*, Opladen 1992, S. 46.
12 Ebd., S. 47.
13 Peter Henisch, *Die kleine Figur meines Vaters*, Frankfurt/M. 1975; Elisabeth Plessen, *Mitteilung an den Adel*, Zürich 1976; Hermann Kinder, *Der Schleif-*

trog, Zürich 1977; Bernward Vesper, *Die Reise*, Berlin 1977; Paul Kersten, *Der alltägliche Tod meines Vaters*, Königstein/Ts. 1979; Roland Lang, *Die Mansarde*, Königstein/Ts. 1979; E. A. Rauter, *Brief an meine Erzieher*, München 1979; Ruth Rehmann, *Der Mann auf der Kanzel. Fragen an einen Vater*, München 1979; Sigfrid Gauch, *Vaterspuren*, Königstein/Ts. 1979; Barbara Bronnen, *Die Tochter*, München 1980; Ingeborg Day, *Geisterwalzer*, Salzburg 1983; Peter Härtling, *Nachgetragene Liebe*, Darmstadt/Neuwied 1980; Christoph Meckel, *Suchbild. Über meinen Vater*, Düsseldorf 1980; Brigitte Schwaiger, *Lange Abwesenheit*, Wien/Hamburg 1980; Irene Rodrian, *Der Hausfrieden*, München 1981. Die Romane der Österreicher Peter Henisch und Brigitte Schwaiger werden mit berücksichtigt, weil sie dieselben Merkmale aufweisen und dieselbe Agenda haben wie die Werke der westdeutschen Autoren.

14 Siehe Norbert Elias, *Studien über die Deutschen. Machtkämpfe und Habitusentwicklung im 19. und 20. Jahrhundert*, Frankfurt/M. 1989.

15 Sandra Frieden, *Autobiography: Self into Form. German-Language Autobiographical Writing in the 1970s*, New York 1983, S. 73.

16 Gehrke, *Literarische Spurensuche*, S. 255.

17 Fast ein Jahrzehnt nach diesen literarischen Selbsterforschungen wird das Thema in einer Fülle von Interviews mit Nachgeborenen und in psychoanalytischen Fallstudien über sie weiter vertieft. Siehe Peter Sichrovsky, *Schuldig geboren. Kinder aus Nazifamilien*, Köln 1987; Dörte von Westernhagen, *The Legacy of Silence: Encounters with Children of the Third Reich*, Cambridge 1989, Barbara Heimannsberg/Christoph J. Schmidt, *Das kollektive Schweigen. Nazivergangenheit und gebrochene Identität in der Psychotherapie*, Heidelberg 1988.

18 Eric Santner, *Stranded Objects: Mourning, Memory, and Film in Postwar Germany*, Ithaca 1990, S. 37.

19 Peter Schneider beschreibt in seinem Buch «*Und wenn wir nur eine Stunde gewinnen ...*» die Mithilfe vieler nicht-jüdischer Deutscher, die Konrad Latte halfen, die Jahre der «Endlösung» versteckt zu überleben.

20 Jack Zipes, The Return of the Repressed, in: *new german critique* 31 (1984), S. 204.

21 Santner, *Stranded Objects*, S. 41.

22 Jean Améry, *Jenseits von Schuld und Sühne. Bewältigungsversuche eines Überwältigten* (1966), Stuttgart ³1997, S. 149.

23 Anton Kaes, *Deutschlandbilder. Die Wiederkehr der Geschichte als Film*, München 1987, S. 38.

24 Thomas Elsaesser, subject positions, speaking positions. from *holocaust, our hitler*, and *heimat* to *shoah* and *schindler's list*, in: Vivian Sobchack (Hrsg.), *The Persistence of History: Cinema, Television, and the Modern Event*, New York 1996, S. 159.

25 Ebd., S. 181, Anm. 46. Elsaesser weist darauf hin, daß die Rezeption der Serie nicht einheitlich war: «Es gab auch viel Empörung und vernichtende Urteile über die Verfilmung» (S. 159).

26 Kaes, *Deutschlandbilder*, S. 41. Siehe auch Peter Märtesheimer/Ivo Frenzel (Hrsg.), *Im Kreuzfeuer: Der Fernsehfilm Holocaust. Eine Nation ist betroffen*, Frankfurt/M. 1979.

27 Kaes, *Deutschlandbilder*, S. 42.

4. Autobiographische Romane

1 Hanns-Josef Ortheil, *Schauprozesse*, München 1990, S. 95.
2 Hanns-Josef Ortheil, *Fermer*, Frankfurt/M. 1979; *Hecke*, Frankfurt/M. 1983; *Schwerenöter*, München 1987.
3 Hanns-Josef Ortheil, *Abschied von den Kriegsteilnehmern*, München 1992.
4 Manfred Durzak, Formzüge des Initiationsromans. Zu Ortheils Roman *Fermer*, in: Manfred Durzak/Hartmut Steinecke (Hrsg.), *Hanns-Josef Ortheil – Im Innern seiner Texte*, München 1995, S. 53.
5 Hanns-Josef Ortheil, *Schauprozesse*, S. 100.
6 Die Beschreibung der Zeichnungen scheint auf dem Werk Wilhelm Klemms zu beruhen. In seiner Einleitung zu *Wilhelm Klemm. Ein Lyriker der «Menschheitsdämmerung»* (Stuttgart 1979) beschreibt Ortheil die Zeichnungen Klemms, etwa auf S. 15 und 85, auf sehr ähnliche Weise wie die Zeichnungen in *Fermer*.
7 Zitiert von Timothy Garton Ash, True Confessions, in: *The New York Review of Books*, 17. Juli 1997, S. 37.
8 Die Elternhäuser in *Fermer* und in *Hecke* und auch das Haus von Lottas Eltern und von Fermers Onkel, einem Priester, gleichen sich alle in Aussehen und Funktion. Es gibt eine gut gefüllte Vorratskammer sowie viel guten Wein und sonstige alkoholische Getränke, und sie werden in tadelloser Ordnung gehalten. Außerdem sind sie alle wohlversehen mit Schlössern, Schlüsseln, Rolläden und Hecken.
9 Volker Wehdeking registriert auch einen «Abschied» von literarischen Tendenzen; siehe ders., Ortheils *Abschied von den Kriegsteilnehmern* als Generationenkonflikt und Geschichtslektion, in: Durzak/Steinecke (Hrsg.), *Hanns-Josef Ortheil – Im Innern seiner Texte*, S. 148.
10 Der Tod der zwei älteren Brüder – der eine wurde tot geboren, der andere von einer Handgranate zerrissen – wird in *Hecke* erzählt. In der Nachkriegszeit kommen zwei weitere Brüder zur Welt und sterben, bevor der Erzähler als fünftes Kind geboren wird und als einziger das Erwachsenenalter erreicht.
11 Die Juden Krakaus wurden zuerst 1940 vertrieben; diejenigen, die blieben, wurden zusammen mit den Neuankömmlingen den entsetzlichen Bedingungen der Ghettoisierung unterworfen. Siehe Raul Hilberg, *Die Vernichtung der europäischen Juden*, Frankfurt/M. [9]1999, S. 230ff. und 433. Eine literarische Beschreibung der barbarischen Bedingungen des Ghettolebens liefert zum Beispiel Edgar Hilsenrath in seinem Roman *Nacht* von 1964.
12 In Situationen der Anspannung nimmt der Vater gewohnheitsmäßig Zuflucht zum Leugnen; das wird auch deutlich, als er die Schwere der zeitweiligen Autismusanfälle bei seiner Frau leugnet (S. 389).

5. Der Krieg an der Ostfront

1 Fredric Jameson, *Das politische Unbewußte: Literatur als Symbol sozialen Handelns*, Reinbek 1988, S. 16.
2 Omer Bartov, *Murder in Our Midst*, New York 1996, S. 141.
3 Es handelt sich um die Romane *Verlassene Zimmer*, Köln 1966; *Andere Tage,*

Köln 1968; *Neue Zeit*, Frankfurt/M. 1975; *Tagebuch vom Überleben und Leben*, Frankfurt/M. 1978; *Ein Fremdling*, Frankfurt/M. 1983; *Der Wanderer*, Frankfurt/M. 1986; *Seltsamer Abschied*, Frankfurt/M. 1988; *Herbstlicht*, Frankfurt/M. 1992; *Freunde*, Frankfurt/M. 1997.

4 Siehe Hanns-Josef Ortheil, Suchbewegungen der Lebensklugheit, in: ders., *Köder, Beute und Schatten. Suchbewegungen*, Frankfurt/M. 1983, S. 144–226.

5 Interessanterweise waren es Schriftstellerkollegen wie Peter Handke und Hanns-Josef Ortheil, die als erste auf Affinitäten zwischen Lenz und Proust aufmerksam machten. Siehe Rainer Moritz, *Schreiben, wie man ist. Hermann Lenz: Grundlinien seines Werks*, Tübingen 1989, S. 289, Anm. 98.

6 *Der innere Bezirk*, Frankfurt/M. 1980; der erste Band, *Nachmittag einer Dame*, erschien 1961, *Im inneren Bezirk* 1970 und *Konstantinsallee* 1980.

7 Peter Handke, Tage wie ausgeblasene Eier. Einladung, Hermann Lenz zu lesen, in: *Süddeutsche Zeitung*, 22. Dezember 1973, S. 57 f.; wieder abgedruckt u. d. T. «Jemand anderer. Hermann Lenz», in: Peter Handke, *Als das Wünschen noch geholfen hat*, Frankfurt/M. 1974, S. 81–100.

8 Hans Dieter Schäfer, Hinweis auf Hermann Lenz, in: Helmut und Ingrid Kreuzer (Hrsg.), *Über Hermann Lenz: Dokumente seiner Rezeption (1947–1979)*, München 1981, S. 45.

9 Birgit Graafen, *Konservatives Denken und modernes Erzählbewußtsein im Werk von Hermann Lenz*, Frankfurt/M. 1992, S. 201.

10 Lenz' Konflikt mit dem Vater, der wenig Sympathie für die «Geistesabwesenheit» seines Sohnes aufbrachte, wird in Lenz' literarischem Werk wiederholt thematisiert. Siehe Moritz, *Schreiben*, S. 260 ff.

11 Graafen, *Konservatives Denken*, S. 159.

12 Zum schwäbischen Pietismus siehe Gerhard Kaiser, *Pietismus und Patriotismus im literarischen Deutschland: Ein Beitrag zum Problem der Säkularisation*, Frankfurt/M. 1975, besonders S. 1–14. Mary Fulbrook unterstreicht in ihrer Studie *Piety and Politics: Religion and the Rise of Absolutism in England, Württemberg and Prussia*, Cambridge/London 1983, am württembergischen Pietismus eine allgemeine Tendenz «zu Pluralismus und Passivität (...), zu einer passiven Frömmigkeit statt eines Aufbegehrens gegen die Obrigkeit» (S. 149), «ein passives, gespaltenes Bild von Pluralismus und Rückzug» (S. 151) und erwähnt noch: «In Württemberg zogen sich die Pietisten in quietistische Nörgelei zurück» (S. 151). Zu dieser Liste von Eigenschaften fügt Joachim Trautwein in seinem Buch *Religiosität und Sozialstruktur. Untersucht anhand der Entwicklung des württembergischen Pietismus*, Stuttgart 1972, noch «Vorbehalte gegen die Tätigkeit in führenden Regierungspositionen» (S. 49) hinzu und verweist auf die «restaurativen Tendenzen» des Pietismus im 19. Jahrhundert (S. 56 ff.).

13 Peter Demetz sieht in dieser Bescheidenheit einen umgekehrten Snobismus: «Er scheint eine ganz bestimmte Art von Snob zu sein – heimlich stolz auf seine Unauffälligkeit, Zurückgezogenheit und Provinzialität (...).» *Fette Jahre, magere Jahre: Deutschsprachige Literatur von 1965 bis 1985*, München 1988, S. 355.

14 Fritz Stern, *Das Scheitern illiberaler Politik. Studien zur politischen Kultur Deutschlands im 20. Jahrhundert*, Frankfurt/M. 1974, S. 54.

15 Hermann Lenz, *Neue Zeit*, S. 185.

16 Siehe Manfred Durzaks Vergleich zwischen Ernst Jünger und Hermann Lenz

in: Die Wiederentdeckung der Einzelgänger. Zu einigen ‹Vaterfiguren› der deutschen Gegenwartsliteratur, in: ders., *Deutsche Gegenwartsliteratur. Ausgangspositionen und aktuelle Entwicklungen*, Stuttgart 1981, S. 385 f.

17 Peter Handke, Der Krieg ist nicht vorbei, in: Kreuzer (Hrsg.), *Über Hermann Lenz*, S. 136 f.

18 Diesen Begriff verwendet Dominick LaCapra in: *Representing the Holocaust: History, Theory, Trauma*, Ithaca 1994, S. 10.

19 So wird durch einen Hinweis auf Stalingrad und den Durchbruch General Timoschenkos bei Leningrad ein bestimmter Abschnitt auf Winter 1943 datiert (S. 229). Aber selbst diese Hinweise sind nicht immer zuverlässig: So wird im März 1942 von dem Prager Attentat auf Heydrich berichtet, das in Wirklichkeit im Juni 1942 stattfand (S. 145 f.), und eine weitere Anspielung verlegt es in den Winter (S. 149).

20 Zur Brutalität dieser Taktik der verbrannten Erde siehe Omer Bartov, *The Eastern Front 1941–1945: German Troops and the Barbarisation of Warfare*, New York 1986, S. 140.

21 So zum Beispiel Hedwig Rohde, Warten als Lebenshaltung, in: Kreuzer (Hrsg.), *Über Hermann Lenz*, S. 150.

22 Birgit Graafen zitiert in ihrer Erörterung über Mundart und Heimat aus Hermann Lenz' Roman *Der Fremdling*: «Die Heimat aber ... ja, was war ‹die Heimat›? Ein mit Dialekt verschmolzenes Gefühl.» Graafen, *Konservatives Denken*, S. 178, Anm.158.

23 Vgl. Arnd Müller, *Geschichte der Juden in Nürnberg 1146–1945*, Nürnberg 1968, S. 236–239.

24 Siehe Uwe Dietrich Adam, *Judenpolitik im Dritten Reich*, Düsseldorf 1972, besonders den Unterabschnitt «Der Kampf um die Mischehen und ‹Mischlinge›», S. 316–333; ferner John A. S. Grenville, Die ‹Endlösung› und die ‹Judenmischlinge› im Dritten Reich, in: Ursula Büttner (Hrsg.), *Das Unrechtsregime: Internationale Forschung über den Nationalsozialismus*, Hamburg 1986, Bd. 2, S. 91–121.

25 Siehe Adam, *Judenpolitik*, und John A. S. Grenville, Die ‹Endlösung›. Was den Tod von Hannis Mutter betrifft, so betonte Frau Lenz in einem privaten Gespräch, daß ihre Mutter an Herzversagen gestorben sei.

26 Siehe die Studie von Nathan Stoltzfus, *Widerstand des Herzens. Der Aufstand der Berliner Frauen in der Rosenstraße 1943* (1999), Frankfurt/M. 2000. Der erfolgreiche Protest nichtjüdischer Frauen gegen die Deportation ihrer jüdischen Männer zeigt, daß die öffentlichkeitsbewußten Nationalsozialisten sehr wohl Zugeständnisse machten, wenn die Proteste öffentlich und nachhaltig genug waren. Zu einem ähnlichen Abrücken von ihren Praktiken kam es, als der Bischof von Münster, Graf Galen, in einer Predigt das Euthanasieprogramm scharf verurteilte. Grenville (Die ‹Endlösung›, S. 115 f.) moniert, daß es der Bischof in dieser Predigt unterlassen habe, auch von der Verfolgung der Juden zu sprechen, und stellt die Frage, wieviel Leid hätte vermieden werden können, wenn noch mehr Deutsche, vor allem in herausgehobener Stellung, ihre Stimme erhoben hätten. Gleichwohl gibt es mittlerweile auch eine Literatur über die nichtjüdischen «Gerechten» unter den Deutschen. Siehe etwa Inge Deutschkron, *Sie blieben im Schatten. Ein Denkmal für «stille Helden»*, Berlin 1996 oder Peter Schneider, *«Und wenn wir nur eine Stunde gewinnen ...»*, Berlin 2001.

27 Zu den fesselndsten dieser Dokumente zählen die Aufzeichnungen Victor Klemperers: *Ich will Zeugnis ablegen bis zum letzten. Tagebücher*, Berlin 1995; siehe aber auch Ilse Koehn, *Mischling zweiten Grades. Kindheit in der Nazizeit*, Reinbek 1979.

28 Zu der ungemein großen Zahl deutscher Soldaten, die vor ein Kriegsgericht gestellt und «von der eigenen Armee vom Leben zum Tode befördert» wurden, siehe Omer Bartov, *Hitlers Wehrmacht: Soldaten, Fanatismus und die Brutalisierung des Krieges*, Reinbek 1995.

29 Christian Streit, *Keine Kameraden. Die Wehrmacht und die sowjetischen Kriegsgefangenen 1941–1945*, Stuttgart 1978, S. 109.

30 Siehe Helmut Krausnicks eingehende Untersuchung dieser Zusammenarbeit in: Helmut Krausnick/Hanns-Heinrich Wilhelm (Hrsg.), *Die Truppe des Weltanschauungskrieges*, Stuttgart 1981, besonders das Kapitel «Das Verhältnis zwischen Heer und Einsatzgruppen während des Feldzuges», S. 205–278.

31 Die Einsatzgruppe A behandelt eingehend Hanns-Heinrich Wilhelm in: «Die Einsatzgruppe A der Sicherheitspolizei und des SD 1941/42: eine exemplarische Studie», in: Krausnick/Wilhelm (Hrsg.), *Die Truppe*, S. 281–636.

32 Raul Hilberg, *Die Vernichtung der europäischen Juden*, Frankfurt/M. [9]1999, Bd. 2, S. 308 f.

33 Siehe die operativen Lageberichte der Einsatzgruppe A in: Itzhak Brad/Shmuel Krakowski/Shmuel Spector (Hrsg.), *The Einsatzgruppen Reports*, New York 1989.

34 Zu Wilna, dem «litauischen Jerusalem», und der Vernichtung der dortigen Juden siehe Wilhelm in: Krausnick/Wilhelm (Hrsg.), *Die Truppe*, S. 318.

35 Da Eugen 1940 eingezogen wurde, ist 1943 für ihn das dritte Kriegsjahr. Diese Diskrepanz zur offiziellen Chronologie unterstreicht einmal mehr seinen radikal subjektiven Standpunkt.

36 Jean-François Lyotard, *Heidegger und «die Juden»*, Wien 1988, S. 38.

6. Brüche und Verschiebungen

1 Elias Canetti, *Die Provinz des Menschen. Aufzeichnungen 1942–1972*, München 1973, S. 19.

2 Robert Gellately, *Die Gestapo und die deutsche Gesellschaft. Die Durchsetzung der Rassenpolitik 1933–1945*, Paderborn u. a. [2]1993, S. 158.

3 Gellately meint, daß sie Ende 1944 schätzungsweise 32 000 Beamte umfaßte; *Die Gestapo*, S. 61.

4 Rolf Hochhuth, *Eine Liebe in Deutschland*, Reinbek 1978.

5 Gert Hofmann, *Die Denunziation*, Darmstadt/Neuwied 1979.

6 Hierzu zählen außer der Novelle *Die Denunziation* der Roman *Unsere Eroberung* (1984), die Erzählung *Veilchenfeld* (1986), der Roman *Unsere Vergeßlichkeit* (1987), der Roman *Vor der Regenzeit* (1989) und der Roman *Der Kinoerzähler* (1990).

7 Vgl. Benno von Wiese, *Novelle*, Stuttgart 1964, S. 5, 19 und 24.

8 Lily Maria von Hartman sieht in Flohta das «Double» des Ich-Erzählers Karl und nimmt an, daß der «narrative Akteur» vermutlich Hofmann selbst ist (Auf der Suche nach dem Autor. Erzählstrukturen im Werk Gert Hofmanns,

in: Hans Christian Kosler (Hrsg.), *Gert Hofmann: Auskunft für Leser*, Darmstadt/Neuwied 1987, S. 110).

9 Der Text spricht von «Verschiebungen». Dank einer später noch genauer zu erörternden Technik liefert Hofmanns Sprache selbst die Begriffe, mit deren Hilfe die Erzählung analysiert werden muß.

10 Anton Kaes, Holocaust and the End of History: Postmodern Historiography in Cinema, in: Saul Friedländer (Hrsg.), *Probing the Limits of Representation: Nazism and the «Final Solution»*, Cambridge, Mass. 1992, S. 222.

7. Rückerstattung der persönlichen Identität?

1 Ruth Klüger, *weiter leben. Eine Jugend* (1992), München ⁹1999, S. 96.

2 Nancy A. Lauckner, The Jew in Post-War German Novels. A Survey, in: *Leo Baeck Institute Yearbook* (1975), S. 275–291.

3 Sander Gilman, Jewish Writers in Contemporary Germany: the Dead Author Speaks, in: *Studies in Twentieth Century Literature* 13, 2 (1989), S. 242 Anm. 5. Sein Urteil bezieht sich auf Christiane Schmelzkopf, *Zur Gestaltung jüdischer Figuren in der deutschsprachigen Literatur nach 1945*, Hildesheim 1983, und Heidy M. Müller, *Die Judendarstellung in der deutschsprachigen Erzählprosa (1945–1981)*, Königstein/Ts. 1984.

4 Ruth K. Angress, A ‹Jewish Problem› in German Postwar Fiction, in: *Modern Judaism* 5 (1985), S. 215–233.

5 Klaus Briegleb, Negative Symbiose, in: Klaus Briegleb/Sigrid Weigel (Hrsg.), *Gegenwartsliteratur seit 1968*, München 1992, S. 122 f.

6 Andreas Huyssen, The Politics of Identification: ‹Holocaust› and West German Drama, in: ders., *After the Great Divide*, Bloomington 1986, S. 100.

7 Eric L. Santner, *Stranded Objects: Mourning, Memory, and Film in Postwar Germany*, Ithaca 1990, S. 7.

8 Guy Stern, The Rhetoric of Anti-Semitism, in: Sander L. Gilman/Steven T. Katz (Hrsg.), *Anti-Semitism in Times of Crises*, New York 1991, S. 304.

9 Robert G. Moeller, War Stories: The Search for a Usable Past in the Federal Republic of Germany, in: *The American Historical Review* 101 (1996), S. 1033 und 1034.

10 Eva Kolinsky, Remembering Auschwitz: A Survey of Recent Textbooks for the Teaching of History in German Schools, in: *Yad Vashem Studies* 22 (1992), S. 287–307.

11 Alfred Andersch, *Efraim*, Zürich 1967.

12 Hans Schwab-Felisch, Efraim und Andersch, in: *Merkur* 10 (1967), S. 990.

13 Marcel Reich-Ranicki, Sentimentalität und Gewissensbisse, in: ders., *Lauter Verrisse*, München 1970, S. 47–56. Siehe auch den vernichtenden Aufsatz von W. G. Sebald, Der Schriftsteller Alfred Andersch, in: ders., *Luftkrieg und Literatur*, München 1999.

14 Siehe Harry James Cargas, The Holocaust in Fiction, in: Saul S. Friedman (Hrsg.), *Holocaust Literature: A Handbook of Critical, Historical, and Literary Writings*, Westport (Connecticut) 1993, S. 533–546. Cargas schreibt: «Empfinden (Sentiment) spiegelt Mitleid, eine lobenswerte Reaktion auf die Lage eines Mitmenschen. Empfindelei (Sentimentalität) dagegen entwertet. Sie ist ein Übermaß an Gefühl, welches das fragliche Sujet trivialisiert, und

kommt dem formelhaften Schreiben sehr nahe.» Er zieht den Schluß: «Von Standardsituationen in Büchern, zum Beispiel verletzten Tieren oder verlorengegangenen Kindern, kann man zuverlässig erwarten, daß sie bei einem unreflektierten Publikum Standardreaktionen auslösen.» (S. 533)

15 Aus dem Werbetext auf der vierten Umschlagseite des Buches: Peter Härtling, *Felix Guttmann*, München 1985.

16 Wolfgang Pohrt, Der Härtling-Effekt, in: *Konkret* 11 (1985), S. 81.

17 Jack Zipes, The Negative German-Jewish Symbiosis, in: Dagmar Lorenz/Gabriele Weinberger (Hrsg.), *Insiders and Outsiders: Jewish and Gentile Culture in Germany and Austria*, Detroit 1994, S. 144. Auch Dan Diner, auf den Zipes im Titel seines Beitrags anspielt, bestreitet, daß es jemals eine «deutsch-jüdische Symbiose» gegeben habe. Siehe Dan Diner, Negative Symbiose, in: ders. (Hrsg.), *Ist der Nationalsozialismus Geschichte? Zu Historisierung und Historikerstreit*, Frankfurt/M. 1987, S. 185.

18 Für Guttmanns Rückkehr werden zwei verschiedene Daten angegeben: 1947 (S. 94) und 1948 (S. 10 und S. 286). Falls Guttmann 1947 zurückkam, kann er nicht als israelischer Staatsbürger gekommen sein. Fraglich ist auch, ob er als israelischer Staatsbürger, aber in amerikanischer Uniform nach Deutschland zurückgekehrt sein kann (S. 286).

19 Gert Hofmann, *Veilchenfeld*, Darmstadt/Neuwied 1986.

20 Daß Veilchenfeld in die sächsische Kleinstadt des Erzählers kommt, ist die Folge verschiedener Rassengesetze. Kaum drei Monate im Amt, beschloß Hitlers Regierung am 17. April 1933 die «Wiederherstellung des Berufsbeamtentums»; sie war die Grundlage «für die Säuberung des Beamtenapparats einschließlich der Universitäten von jüdischen oder politisch unzuverlässigen Staatsdienern»: Fritz Stern, *Der Traum vom Frieden und die Versuchung der Macht. Deutsche Geschichte im 20. Jahrhundert*, Berlin 1988, S. 86. Veilchenfeld, der 1938 darauf hinweist, daß er dreiundsechzig Jahre alt ist (S. 14), muß um 1875 geboren sein, was bedeutet, daß auf ihn die Sonderregelung zutraf, wonach Beamte, die am 1. August 1914 im Staatsdienst gestanden oder die im Weltkrieg gedient hatten, von der Zwangspensionierung ausgenommen waren: Joseph Walk, *Das Sonderrecht für die Juden im NS-Staat: Eine Sammlung der gesetzlichen Maßnahmen und Richtlinien*, Heidelberg/Karlsruhe 1981, Bd. 1, S. 46. Diese Ausnahmeregelung wurde am 12. Dezember 1935 aufgehoben und eine Woche später ergänzt, um einigen der Betroffenen doch noch eine Pension zu sichern (Walk, Bd. 2, S. 68 und 85). Hans' Vater erwähnt, daß seines Wissens die einzige Einnahmequelle Veilchenfelds seine Pension sei (S. 134). Daß Veilchenfeld keine Haushälterin findet, hängt offenbar mit den Nürnberger Gesetzen von Ende 1935 zusammen (Walk, Bd. 2, S. 47). Nach dem Anschluß Österreichs im März 1938 wird allgemein mit der baldigen «Verlegung» Veilchenfelds gerechnet. Jacob Toury, Ein Auftakt zur ‹Endlösung›: Judenaustreibungen über nichtslawische Reichsgrenzen 1933 bis 1939, in: Ursula Büttner (Hrsg.), *Das Unrechtsregime*, Hamburg 1986, Bd. 2, S. 164–196. Die sogenannte «Juniaktion» des Jahres 1938 (Toury, S. 170ff.), die gescheiterte Konferenz in Evian Ende Juli 1938, die die Flüchtlingsprobleme in aller Welt lösen sollte, und die Sudetenkrise vom September 1938, die mit dem diplomatischen Sieg Hitlers im Münchner Abkommen endete, verstärkten auf der politischen Ebene jene Einstellungen, die auf der individuellen Ebene zur Drangsalierung der Juden ermutigten. Als Veilchenfeld ein

Visum für die Schweiz beantragt, wird er von dem Beamten, der seinen Paß zerreißt, mit «Herr Professor Bernhard Israel Veilchenfeld» angeredet (S. 141), was dem Gesetz vom 17. August 1938 entspricht, wonach alle Juden und Jüdinnen ihrem Vornamen den Namen «Israel» beziehungsweise «Sara» hinzufügen mußten. Veilchenfelds persönliche Papiere (S. 14) enthalten ein Dokument, das seine gute Führung und das Fehlen von Vorstrafen bezeugt, wiederum im Einklang mit einem Gesetz vom 24. August 1938, das Einschränkungen bei polizeilichen Führungszeugnissen vorsah. Hier ist vielleicht auch der Ort, um nachzutragen, daß Veilchenfelds «Konfirmationsschein» nicht bedeutet, daß er zum Protestantismus übergetreten ist; vielmehr wurden junge Juden im früheren Preußen häufig einige Jahre nach ihrer Bar Mizwa «konfirmiert». Als Hans ihn besucht, trägt Veilchenfeld «ein flaches Käppchen» (S. 50), vermutlich eine Jarmulke.

21 Robert Gellately, *Die Gestapo und die deutsche Gesellschaft. Die Durchsetzung der Rassenpolitik 1933–1945*, Paderborn u. a. 1993, S. 143.

22 Zur Häufigkeit des Selbstmordes unter deutschen Juden in der Nazizeit siehe Marion A. Kaplan, *Between Dignity and Despair: Jewish Life in Nazi Germany*, New York 1998, S. 179 ff.

8. Reden und Kontroversen

1 Noel Annan in seiner Besprechung zu Timothy Garton Ash, *The File: A Personal History*, in: *The New York Review of Books*, 5. September 1997, S. 23.

2 Bulletin des Presse- und Informationsamtes der Bundesrepublik Deutschland, 2. Februar 1984.

3 Zur Chronologie der Ereignisse siehe Geoffrey Hartman (Hrsg.), *Bitburg in Moral and Political Perspective*, Bloomington 1986, S. XIII–XVI.

4 Ebd., S. XV.

5 Richard von Weizsäcker, Zum 40. Jahrestag der Beendigung des Krieges in Europa und der nationalsozialistischen Gewaltherrschaft. Ansprache am 8. Mai 1985 in der Gedenkstunde im Plenarsaal des Deutschen Bundestages, Bonn 1985.

6 Hartman (Hrsg.), *Bitburg in Moral and Political Perspective*, S. XVI.

7 Günter Grass, *Geschenkte Freiheit. Rede zum 8. Mai 1945*, Berlin 1985, S. 4 und 6.

8 Heinrich Böll, Brief an meine Söhne oder vier Fahrräder, in: ders., *Die Fähigkeit zu trauern. Schriften und Reden 1983–1985*, Bornheim/Merten 1986, S. 79–112.

9 Rainer Werner Fassbinder, *Der Müll, die Stadt und der Tod*, Frankfurt/M. 1981 (als gleichnamiger Film 1976).

10 Andrei S. Markovits/Seyla Benhabib/Moishe Postone, Rainer Werner Fassbinder's *Garbage, the City and Death*: Renewed Antagonism in the Complex Relationship Between Jews and Germans in the Federal Republic of Germany, in: *new german critique* 38 (1986), S. 3–27, und Sigrid Meuschel, The Search for ‹Normality› in the Relationship between Germans and Jews, in: ebd., S. 39–56.

11 Andrei S. Markovits/Beth Simone Noveck, Rainer Werner Fassbinder's play *Garbage, the City and Death*, produced in Frankfurt, marks a key year of

remembrance in Germany, in: Sander L. Gilman/Jack Zipes (Hrsg.), *Yale Companion to Jewish Writing and Thought in German Culture, 1096–1996*, New Haven 1997, S. 811.

12 Siehe «*Historikerstreit*». *Die Dokumentation der Kontroverse um die Einzigartigkeit der nationalsozialistischen Judenvernichtung*, München 1987.

13 Diese Beobachtung machte als erster Jürgen Habermas, der dafür von Immanuel Geiss der «Überinterpretation und Unterstellung» geziehen wurde (siehe «*Historikerstreit*», S. 376).

14 Andreas Hillgruber, *Zweierlei Untergang. Die Zerschlagung des Deutschen Reiches und das Ende des europäischen Judentums*, Berlin 1986, S. 24 f. Siehe dazu auch Perry Anderson, On Emplotment: Two Kinds of Ruin, in: Saul Friedländer (Hrsg.), *Probing the Limits of Representation: Nazism and the «Final Solution»*, Cambridge, Mass. 1992, S. 58.

15 Siehe Habermas in «*Historikerstreit*», S. 75.

16 John Torpey, Introduction: Habermas and the Historians, in: *new german critique* 44 (1988), S. 13.

17 Richard J. Evans, The New Nationalism and the Old History, in: *Journal of Modern History* 59 (1987), S. 783.

18 Charles S. Maier, *The Unmasterable Past. History, Holocaust, and German National Identity*, Cambridge, Mass. 1988, S. 1 f. (in der deutschen Fassung dieses Buches, *Die Gegenwart der Vergangenheit. Geschichte und nationale Identität der Deutschen*, Frankfurt/M. 1992, findet sich diese Passage nicht, A. d. Ü.).

19 Joachim Fest, «*Historikerstreit*», S. 390.

20 Philipp Jenningers Rede wurde in der *Frankfurter Allgemeinen Zeitung* vom 11. November 1988, S. 6 f., abgedruckt.

21 Elisabeth Domansky, ‹Kristallnacht›, the Holocaust and German Unity: The Meaning of November 9 as an Anniversary in Germany, in: *History and Memory* 4 (1992), S. 71.

22 Konrad Jarausch, *The Rush to German Unity*, New York 1994, S. 4.

23 Dietger Pforte, Disunitedly United: Literary Life in Germany, in: *World Literature Today* 71, 1 (1997), S. 61–74.

24 Andreas Huyssen, After the Wall: The Failure of German Intellectuals, in: *new german critique* 52 (1991), S. 109.

25 Zur Gauck-Behörde siehe Charles S. Maier, *Das Verschwinden der DDR und der Untergang des Kommunismus*, Frankfurt/M. 1999, S. 474 ff. Den persönlichen Erlebnisbericht eines Mannes, der feststellen mußte, daß über ihn eine Stasi-Akte existierte, und Einsicht in sie nahm, bietet Timothy Garton Ash, *Die Akte «Romeo». Persönliche Geschichte*, München 1997.

26 Siehe Jeffrey Herf, *Zweierlei Erinnerung. Die NS-Vergangenheit im geteilten Deutschland*, Berlin 1998.

27 *Von der Teilung zur Einheit. 1945–1990. Eine illustrierte Chronik*, Bonn 1992, Eintrag unter dem 8. Februar 1990.

28 *Texte zur Deutschlandpolitik*. Reihe III, Band 8 a, Bonn 1991, S. 158 ff.

29 Günter Grass, *Schreiben nach Auschwitz*, Frankfurt/M. 1990, S. 9 f.

30 Jaspers, zitiert in: Rudolf Augstein/Günter Grass, *Deutschland, einig Vaterland? Ein Streitgespräch*, Göttingen 1990, S. 19 f.

31 Grass, *Schreiben nach Auschwitz*, S. 42.

32 Augstein/Grass, *Deutschland, einig Vaterland?*, S. 56 und 58.

33 Martin Walser, Ein deutsches Mosaik (1962), in: ders., *Erfahrungen und Leserfahrungen*, Frankfurt/M. 1965, S. 8 und 9.

34 Martin Walser, Unser Auschwitz (1965), in: ders.: *Heimatkunde*, Frankfurt/M. 1968, S. 22.

35 Martin Walser, Auschwitz und kein Ende (1979), in: ders., *Über Deutschland reden*, Frankfurt/M. 1989, S. 24.

36 Günter Grass, *Schreiben nach Auschwitz*, S. 9.

37 Martin Walser, Händedruck mit Gespenstern (1979), in: ders., *Über Deutschland reden*.

38 Walser, Über Deutschland reden (1988), in: ders., *Über Deutschland reden*, S. 86.

39 Beinahe zehn Jahre später, im Oktober 1998, löste Martin Walser mit seiner Rede anläßlich der Verleihung des Friedenspreises des deutschen Buchhandels eine intensive und weitläufige Kontroverse aus. In konsequenter Weiterentwicklung seiner These, daß die Deutschen keine Nazis mehr seien, sprach er von einem dennoch weiterhin bestehenden Verdacht, «wenn man sagt, die Deutschen seien jetzt ein ganz normales Volk, eine ganz gewöhnliche Gesellschaft», und verwahrte sich gegen eine «instrumentalisierte Schande», in der Auschwitz ein «jederzeit einsetzbares Einschüchterungsmittel oder Moralkeule oder auch nur Pflichtübung» ist. Ignatz Bubis, der damalige Vorsitzende des Zentralrats der Juden in Deutschland, bezeichnete Walser in seiner Entgegnung aus Anlaß des 60. Jahrestages der «Reichskristallnacht» als «geistigen Brandstifter», der denjenigen, die einen respektablen Wortführer für Holocaust-Überdruß und Antisemitismus brauchten, in die Hände arbeitete. Die beiden Kontrahenten kamen kurz vor Bubis' Tod zu einer Art Verständigung, doch zeigten das große Echo, das die Kontroverse fand, und die rege Medienbeteiligung, daß Walser nicht nur für sich sprach. Vgl. dazu auch Frank Schirrmacher (Hrsg.), *Die Walser-Bubis-Debatte. Eine Dokumentation*, Frankfurt/M. 1999.

40 Klaus Siblewski (Hrsg.), *Martin Walser. Auskunft*, Frankfurt/M. 1991, S. 223 und 225.

41 Sander L. Gilman, German Reunification and the Jews, in: *new german critique* 52 (1991), S. 178.

9. Nach der Wiedervereinigung

1 Bernhard Schlink, *Der Vorleser*, Zürich 1995, S. 166.

2 Befehlen nicht zu gehorchen, die man mit seinem Gewissen nicht vereinbaren konnte, kostete nicht in jedem Fall «Leib oder Leben». David H. Kitterman, Those Who Said ‹No!›: Germans Who Refused to Execute Civilians during World War II, in: *German Studies Review* 11 (1988), S. 241–254.

3 D. J. Enright vermutet in einer Besprechung, daß Hanna diesen jungen Vorleserinnen «vor ihrer ‹Selektion› zum Rücktransport nach Auschwitz und in den Tod einige Tage oder Wochen Ruhe von der Zwangsarbeit gönnen wollte.» *The New York Review of Books*, 26. März 1998, S. 4.

4 Dan Diner, Negative Symbiose. Deutsche und Juden nach Auschwitz, in: ders. (Hrsg.), *Ist der Nationalsozialismus Geschichte? Zu Historisierung und Historikerstreit*, Frankfurt/M. 1987, S. 185.

5 Peter Schneider, *Der Mauerspringer*, Darmstadt 1982.

6 Peter Schneider, *Paarungen*, Berlin 1992. Der dritte Band der Trilogie ist *Eduards Heimkehr*, Berlin 1999.

7 Der Name Eduard Hoffmann erinnert an den romantischen Dichter E. T. A. Hoffmann (1776–1822), wobei in E-du-a(rd) das E-T-A anklingt.

8 Diese Maus-Szenen sind auch im Zusammenhang mit Art Spiegelmans Comic *Maus. Die Geschichte eines Überlebenden*, Reinbek 1991, zu sehen. Spiegelman erfüllt die stilisierte Form des Comics mit bitterer Satire und zeichnet ein überaus bewegendes Bild des Holocaust. In *Paarungen* versucht Schneider den schwierigen Balanceakt zwischen einer pseudosatirischen Ausdrucksweise und den Reflexionen eines ernsthaften Gesellschaftskritikers.

9 W. G. Sebald, *Die Ausgewanderten*, Frankfurt/M. 1992.

10 Englisch im deutschen Original: «eine Art Dekorations-Eremit» (A. d. Ü.).

11 Englisch im deutschen Original: «außer vielleicht, einmal, meine Seele» (A. d. Ü.)

12 Gabriele Annan äußert in ihrer Besprechung des Buches die Vermutung, daß das Vorbild Max Aurachs (der in der englischen Übersetzung des Buches Max Ferber heißt) der britische Maler Frank Auerbach gewesen sein könnte, dessen Werke ebenfalls in der Tate Gallery hängen *(The New York Review of Books*, 25. September 1997, S. 30).

13 Aurach übersiedelte 15jährig zu seinem in London lebenden Onkel. Obwohl ein noch unreifer, heranwachsender junger Mann, fällt er damit nicht ganz in die Gruppe der Kinder, die ohne Eltern und ohne feste Beziehungspunkte in den sogenannten Kindertransporten von 1938 bis zum Beginn des Zweiten Weltkriegs 1939 von England aufgenommen wurden. Die Tragik dieser Kinder und des ihr Leben bestimmenden Traumas individualisiert Sebald in seinem neuen Buch am Leben des zur Zeit des Transportes viereinhalbjährigen Jacquot Austerlitz. Vgl. W. G. Sebald, *Austerlitz*, München 2001.

14 Peter Weiss, Meine Ortschaft, in: ders., *Rapporte*, Frankfurt/M. 1970.

15 Englisch im deutschen Original: «daß ich hier bin, um, wie man zu sagen pflegte, Kamindienst zu leisten» (A. d. Ü.)

16 Auch die Geschichtsschreibung hat mittlerweile begonnen, die Stimmen der Opfer als integrierenden Bestandteil der Darstellung zu berücksichtigen. Das ist keine leichte Aufgabe, wie Saul Friedländer einräumt, der eine solche Geschichte zu schreiben unternommen hat: *Das Dritte Reich und die Juden*, München 1998. Einen ähnlichen Ansatz verfolgt auch Wolfgang Benz (Hrsg.), *Die Juden in Deutschland 1933–1945. Leben unter nationalsozialistischer Herrschaft*, München 1988.

17 Sigmund Freud, Trauer und Melancholie, in: ders., *Gesammelte Werke*, Frankfurt/M. 1953–1962, Band X.

18 W. G. Sebald, Konstruktionen der Trauer. Zu Günter Grass, *Tagebuch einer Schnecke*, und Wolfgang Hildesheimer, *Tynset*, in: *Der Deutschunterricht* 35, 5 (1983), S. 41.

19 Der Satz erinnert natürlich an den berühmten Schluß von Wittgensteins *Traktat*: «Wovon man nicht sprechen kann, darüber muß man schweigen.» (Ludwig Wittgenstein, *Tractatus logico-philosophiocus. Tagebücher 1914–1916. Philosophische Untersuchungen*, Frankfurt/M. 1966, S. 83) Es gibt noch einige weitere Stellen im Text, wo auf Wittgenstein angespielt wird. So lebt zum Beispiel der junge Aurach in demselben Haus, in dem Wittgenstein einmal gewohnt hat und das auch abgebildet ist (S. 247 f.).

Schlußbetrachtung

1 Michael Geyer/Miriam Hansen, German-Jewish Memory and National Consciousness, in: Geoffrey Hartman (Hrsg.), *Holocaust Remembrance: The Shape of Memory*, Oxford 1994, S. 189.

2 Die Art des Holocaust-Unterrichts an deutschen Schulen läßt sich jedoch durchaus kritisieren. Siehe Eva Kolinsky, Remembering Auschwitz: A Survey of Recent Textbooks for the Teaching of History in German Schools, in: *Yad Vashem Studies* 22 (1992), S. 287–307, oder Walter Renn, The Holocaust in the School Textbooks of the Federal Republic of Germany, in: Saul S. Friedman (Hrsg.), *Holocaust Literature. A Handbook of Critical, Historical and Literary Writings*, Westport (Connecticut) 1993, S. 481–520. Aber auch Annette Brinkmann u. a. (Hrsg.), *Lernen aus der Geschichte. Projekte zu Nationalsozialismus und Holocaust in Schule und Jugendarbeit*, Bonn 2000.

3 Siehe hierzu Björn Krondorfer, *Remembrance and Reconciliation. Encounters between Young Jews and Germans*, New Haven 1995, und Guy Stern, Non-Jewish Germans in the Service of Present-Day Jewish Causes: A Footnote to German Cultural History, in: Peter Penves/Richard Block/Helmut Müller-Sievers (Hrsg.), *Festschrift for Geza von Molnar*, Evanston 1998.

4 James E. Young, *Formen des Erinnerns. Gedenkstätten des Holocaust*, Wien 1997, S. 50f.

5 Y. Michael Bodeman, A Reemergence of German Jewry?, in: Sander L. Gilman/Karen Remmler (Hrsg.), *Reemerging Jewish Culture in Germany: Life and Literature since 1989*, New York 1994, S. 49; ferner John Borneman/Jeffrey M. Peck, *Sojourners: The Return of German Jews and the Question of Identity*, Lincoln 1995, S. 8.

6 Sander L. Gilman, *Jews in Today's German Culture*, Bloomington 1995, S. 2.

7 Zum Zustrom russischer Juden nach Deutschland: Bodemann, A Reemergence of German Jewry?, S. 48–50.

8 Siehe den Abschnitt «Jewish Responses» in: Anson Rabinbach/Jack Zipes (Hrsg.), *Germans and Jews Since the Holocaust: The Changing Situation in West Germany*, New York 1986, und die Interviews mit heute in Deutschland lebenden Juden in *Sojourners*. Ferner Gilman, *Jews in Today's German Culture*, S. 36f., Lynn Rapaport, *Jews in Germany after the Holocaust: Memory, Identity and Relations with Germans*, New York 1996, und Elena Lappin (Hrsg.), *Jewish Voices,German Words: Growing up Jewish in Postwar Germany and Austria*, North Haven (Connecticut) 1994.

9 So der Titel von Karen Remmlers Artikel «The ‹Third Generation› of Jewish-German Writers after the Shoah Emerges in Germany and Austria», in: Sander L. Gilman/Jack Zipes (Hrsg.), *Yale Companion to Jewish Writing and Thought in German Culture 1096–1996*, New Haven 1997, S. 796 ff.

10 Jack Zipes, The Contemporary German Fascination for Things Jewish: Toward a Jewish Minor Culture, in: Gilman/Remmler (Hrsg.), *Reemerging Jewish Culture in Germany*, S. 16.

11 Ebd.

12 Gilman, *Jews in Today's German Culture*, S. 39.

13 Zipes, The Contemporary German Fascination for Things Jewish, S. 15.

14 Gilman/Remmler (Hrsg.), *Reemerging Jewish Culture in Germany*, S. 2.

15 Der Einwand, daß sich die Deutschen mehr für die Juden der Vergangenheit als die mit ihnen lebenden interessieren, zieht sich wie ein roter Faden durch mehrere Kapitel von Gilman/Remmler (Hrsg.), *Reemerging Jewish Culture in Germany*. Siehe Jack Zipes, The Contemporary German Fascination for Things Jewish, S. 18; Katharina Ochse, What Could Be More Fruitful, More Healing, More Purifying? Representations of Jews in the German Media after 1989, S. 123; Kizer Walker, The Persian Gulf War and the Germans' ‹Jewish Question›, S. 150; Susan Neiman, In Defense of Ambiguity, S. 254 und 262; Esther Dischereit, No Exit from This Jewry, S. 272.

16 Andreas Huyssen, Monument and Memory in a Postmodern Age, in: *The Art of Memory: Holocaust Memorials in History*, München/New York 1994, S. 15.

17 Young, *Formen des Erinnerns*, S. 15. Vgl. dazu auch Tony Judt, A la Recherche du Temps Perdu, in: *The New York Review of Books*, 3. Dezember 1998, S. 51.

18 Huyssen, Monument and Memory in a Postmodern Age, S. 15.

19 Young, *Formen des Erinnerns*, S. 49 f. Zum Phänomen des «Gegen-Monuments» siehe ebd., S. 57–84.

20 Young, *Formen des Erinnerns*, S. 51 f.

21 Diese Episode erzählt Young in *Formen des Erinnerns*, S. 133 ff.

22 Brian Ladd, *The Ghosts of Berlin: Confronting German History in the Urban Landscape*, Chicago 1997, S. 218.

23 Ebd., S. 220.

24 Daniel Libeskind, Between the Lines, in: Kristin Feireiss (Hrsg.), *Erweiterung des Berlin Museums mit Abteilung Jüdisches Museum / Extension to the Berlin Museum with Jewish Museum Department*, Berlin 1992, n. p.

25 Geyer/Hansen, German-Jewish Memory and National Consciousness, S. 175.

26 Zit. n. Rolf Bothe, Das Berlin Museum und sein Erweiterungsbau / The Berlin Museum and its Extension, in Feireiss (Hrsg.), *Erweiterung des Berlin Museums mit Abteilung Jüdisches Museum / Extension to the Berlin Museum with Jewish Museum Department*, S. 48.

27 Y. Michael Bodemann, Reconstructions of History: From Jewish Memory to Nationalized Commemoration of Kristallnacht in Germany, in: ders. (Hrsg.), *Jews, Germans, Memory: Reconstructions of Jewish Life in Germany*, Ann Arbor 1996, S. 182.

28 Geyer/Hansen, German-Jewish Memory and National Consciousness, S. 183.

29 Saul Friedländer, *Memory, History, and the Extermination of the Jews of Europe*, Bloomington/Indianopolis 1993, S. 133.

Auswahlbibliographie

Literarische Primärquellen

Andersch, Alfred, *Efraim*, Zürich 1967.

Böll, Heinrich, An der Brücke, in: ders., *Erzählungen 1937–1983*, Köln 1994, Bd. 2, S. 90–95.

– *Billard um halbzehn*, Köln 1959.

– Brief an meine Söhne oder vier Fahrräder, in: ders., *Die Fähigkeit zu trauern. Schriften und Reden 1983–1985*, Bornheim/Merten 1986.

– *Gruppenbild mit Dame*, Köln 1971.

Born, Nicolas, *Die erdabgewandte Seite der Geschichte*, Reinbek 1976.

Bronnen, Barbara, *Die Tochter*, München 1980.

Day, Ingeborg, *Geisterwalzer*, Salzburg 1983.

Dorst, Tankred, *Dorothea Merz*, Frankfurt/M. 1976.

Enzensberger, Hans Magnus, *Der kurze Sommer der Anarchie: Buenaventura Durrutis Leben und Tod*, Frankfurt/M. 1972.

Fassbinder, Rainer Werner, *Der Müll, die Stadt und der Tod*, Frankfurt/M. 1981.

Gauch, Sigfrid, *Vaterspuren*, Königstein/Ts. 1979.

Grass, Günter, *Aus dem Tagebuch einer Schnecke* (1972), München 1998.

– *Die Blechtrommel*, Neuwied 1959.

– *Geschenkte Freiheit. Rede zum 8. Mai 1945*, Berlin 1985.

– *Katz und Maus*, Neuwied 1961.

– *Schreiben nach Auschwitz. Frankfurter Poetik-Vorlesung*, Frankfurt/M. 1990.

Handke, Peter, Jemand anderer: Hermann Lenz, in: ders., *Als das Wünschen noch geholfen hat*, Frankfurt/M. 1974.

Härtling, Peter, *Felix Guttmann*, München 1985.

– *Nachgetragene Liebe*, Darmstadt/Neuwied 1980.

Henisch, Peter, *Die kleine Figur meines Vaters*, Frankfurt/M. 1975.

Hilsenrath, Edgar, *Nacht*, München 1964.

Hochhuth, Rolf, *Juristen*, Reinbek 1979

– *Eine Liebe in Deutschland*, Reinbek 1978

– *Soldaten*, Reinbek 1967.

– *Der Stellvertreter*, Reinbek 1963.

Hofmann, Gert, *Die Denunziation*, Darmstadt/Neuwied 1979.

– *Der Kinoerzähler*, München 1990.

– *Unsere Eroberung*, Darmstadt/Neuwied 1984.

– *Unsere Vergeßlichkeit*, Darmstadt/Neuwied 1987.

– *Veilchenfeld*, Darmstadt/Neuwied 1986.

– *Vor der Regenzeit*, München 1989.

Johnson, Uwe, *Jahrestage. Aus dem Leben von Gesine Cresspahl*, Frankfurt/M. 1970–1983.

Kersten, Paul, *Der alltägliche Tod meines Vaters*, Königstein/Ts. 1979.

Kinder, Hermann, *Der Schleiftrog*, Zürich 1977.

Kipphardt, Heinar, *Bruder Eichmann*, Reinbek 1983.
- *In der Sache J. Robert Oppenheimer*, Frankfurt/M. 1964.
- *Joel Brand. Die Geschichte eines Geschäfts*, Frankfurt/M. 1965.
- *März*, Köln 1980.
Kluge, Alexander, *Lebensläufe*, Stuttgart 1962.
- *Lernprozesse mit tödlichem Ausgang*, Frankfurt/M. 1973.
- *Neue Geschichten. Hefte 1–18. «Unheimlichkeit der Zeit»*, Frankfurt/M. 1978.
Koeppen, Wolfgang, *Die drei Romane. Tauben im Gras. Das Treibhaus. Der Tod in Rom*, Frankfurt/M. 1996.
Lang, Roland, *Die Mansarde*, Königstein/Ts. 1979.
Lenz, Hermann, *Andere Tage*, Köln 1968.
- *Ein Fremdling*, Frankfurt/M. 1983.
- *Freunde*, Frankfurt/M. 1997.
- *Herbstlicht*, Frankfurt/M. 1992.
- *Der innere Bezirk*, Frankfurt/M. 1980.
- *Neue Zeit*, Frankfurt/M. 1975.
- *Seltsamer Abschied*, Frankfurt/M. 1988.
- *Tagebuch vom Überleben und Leben*, Frankfurt/M. 1978.
- *Verlassene Zimmer*, Köln 1966.
- *Der Wanderer*, Frankfurt/M. 1986.
Mann, Thomas, *Der Tod in Venedig* (1913) (zahlreiche Ausgaben).
- *Der Zauberberg* (1924) (zahlreiche Ausgaben).
Meckel, Christoph, *Suchbild. Über meinen Vater*, Düsseldorf 1980.
Ortheil, Hanns-Josef, *Abschied von den Kriegsteilnehmern*, München 1992.
- *Fermer*, Frankfurt/M. 1979.
- *Hecke*, Frankfurt/M. 1983.
- *Köder, Beute und Schatten. Suchbewegungen*, Frankfurt/M. 1983.
- *Schauprozesse*, München 1990.
- *Schwerenöter*, München 1987.
- *Einführung zu Wilhelm Klemm. Ein Lyriker der «Menschheitsdämmerung»*, Stuttgart 1979.
Plessen, Elisabeth, *Mitteilung an den Adel*, Zürich 1976.
Rauter, E. A., *Brief an meine Erzieher*, München 1979.
Rehmann, Ruth, *Der Mann auf der Kanzel. Fragen an einen Vater*, München 1979.
Rodrian, Irene, *Der Hausfrieden*, München 1981.
Schindel, Robert, *Gebürtig*, Frankfurt/M. 1992.
Schlink, Bernhard, *Der Vorleser*, Zürich 1995.
Schneider, Peter, *Lenz*, Berlin 1973
- *Der Mauerspringer*, Darmstadt 1982.
- *Paarungen*, Berlin 1992.
- *... schon bist du ein Verfassungsfeind*, Berlin 1975.
- *Vati*, Darmstadt/Neuwied 1987.
- *«Und wenn wir nur eine Stunde gewinnen ...». Wie ein jüdischer Musiker die Nazi-Jahre überlebte*, Berlin 2001.
Schnurre, Wolfdietrich, *Jenö war mein Freund*, Frankfurt/M. 1962.
Schweiger, Brigitte, *Lange Abwesenheit*, Wien/Hamburg 1980.
Sebald, W. G., *Die Ausgewanderten*, Frankfurt/M. 1992.
- *Austerlitz*, München 2001.
- *Luftkrieg und Literatur*, München 1999.

Strauß, Botho, *Die Widmung*, München 1977.
Vesper, Bernward, *Die Reise*, Berlin 1977.
Walser, Martin, *Ehen in Philippsburg*, Frankfurt/M. 1957.
- *Erfahrungen und Leseerfahrungen*, Frankfurt/M. 1965.
- *Heimatkunde: Aufsätze und Reden*, Frankfurt/M. 1968.
- *Über Deutschland reden*, Frankfurt/M. 1989.
Weiss, Peter, *Die Ermittlung*, Frankfurt/M. 1965.
- Meine Ortschaft, in: ders., *Rapporte*, Frankfurt/M. 1970.
Wolf, Christa, *Was bleibt*, Frankfurt/M. 1990.

Sekundärliteratur

Adam, Uwe Dietrich, *Judenpolitik im Dritten Reich*, Düsseldorf 1972.
Adorno, Theodor W., Engagement, in: ders., *Noten zur Literatur III*, Frankfurt/M. 1965.
- Kulturkritik und Gesellschaft (1949), in: ders., *Prismen*, Frankfurt/M. 1955.
Améry, Jean, *Jenseits von Schuld und Sühne. Bewältigungsversuche eines Überwältigten* (1966), Stuttgart ³1997.
Angress, Ruth K., A ‹Jewish Problem› in German Postwar Fiction, in: *Modern Judaism* 5 (1985).
Annan, Gabriele, Besprechung der englischen Ausgabe von W. G. Sebalds *Die Ausgewanderten*, in: *The New York Review of Books*, 25. September 1997.
Annan, Noel, Besprechung des Buches *The File* von Timothy Garton Ash in: *The New York Review of Books*, 25. September 1997.
Arendt, Hannah, *Eichmann in Jerusalem. Ein Bericht von der Banalität des Bösen* (1964), München ¹⁰2000.
Ash, Timothy Garton, *Die Akte «Romeo». Persönliche Geschichte*, München 1997.
- True Confessions, in: *The New York Review of Books*, 17. Juli 1997.
Augstein, Rudolf/Günter Grass, *Deutschland, einig Vaterland? Ein Streitgespräch*, Göttingen 1990.
Bance, Alan, Heinrich Bölls ‹Wo warst du, Adam?›: National Identity and German War Writing – Reunification as the Return of the Repressed?, in: *Forum for Modern Language Studies* 29, 4 (1993).
Bar-On, Daniel, *Die Last des Schweigens. Gespräche mit Kindern von Nazi-Tätern*, Frankfurt/New York 1993.
Bartov, Omer, *The Eastern Front 1941–1945: German Troops and the Barbarisation of Warfare*, New York 1986.
- *Hitlers Wehrmacht. Soldaten, Fanatismus und die Brutalisierung des Krieges*, Reinbek 1995.
- *Murder in Our Midst*, New York 1996.
Bauman, Zygmunt, *Dialektik der Ordnung. Die Moderne und der Holocaust*, Hamburg 1992.
Bechtold, Gerhard, Das KZ als Modell des Zivilisationsprozesses, in: *Text und Kritik* 85/86 (1985).
Bier, Jean-Paul, *Auschwitz et les nouvelles littératures allemandes*, Brüssel 1979.
Bodeman, Y. Michael (Hrsg.), *Jews, Germans, Memory. Reconstruction of Jewish Life in Germany*, Ann Arbor 1996.

Böhm-Christl, Thomas (Hrsg.), *Alexander Kluge*, Frankfurt/M. 1983.

Borneman, John/Jeffrey M. Peck, *Sojourners: The Return of German Jews and the Question of Identity*, Lincoln 1995.

Bosmajian, Hamida, *Metaphors of Evil: Contemporary German Literature and the Shadow of Nazism*, Iowa City 1979.

Bosse, Ulrike, *Alexander Kluge. Formen literarischer Darstellung von Geschichte*, Frankfurt/M. 1989.

Botstein, Leon, German Terrorism from Afar, in: *Partisan Review* 46, 2 (1979).

Brad, Itzhak/Shmuel Krakowski/Shmuel Spector (Hrsg.), *The Einsatzgruppen Reports*, New York 1989.

Braese, Stephan u. a. (Hrsg.), *Deutsche Nachkriegsliteratur und der Holocaust*, Frankfurt/New York 1998.

Briegleb, Klaus/Sigrid Weigel (Hrsg.), *Gegenwartsliteratur seit 1968*, München 1992.

Brinkmann, Annette u. a. (Hrsg.), *Lernen aus der Geschichte. Projekte zu Nationalsozialismus und Holocaust in Schule und Jugendarbeit*, Bonn 2000.

Browning, Christopher, *Ganz normale Männer. Das Reserve-Polizeibataillon 101 und die «Endlösung» in Polen*, Reinbek 1993.

Bruck, Jan, Brecht's and Kluge's Aesthetics of Realism, in: *Poetics* 17 (1988).

Büttner, Ursula (Hrsg.), *Das Unrechtsregime. Internationale Forschung über den Nationalsozialismus*, Hamburg 1986.

Butzer, Günter, *Fehlende Trauer. Verfahren epischen Erinnerns in der deutschsprachigen Gegenwartsliteratur*, München 1998.

Cernyak-Spatz, Susan E., *German Holocaust Literature*, New York 1985.

Collier, Peter/Helga Geyer-Ryan (Hrsg.), *Literary Theory Today*, Ithaca 1990.

Demetz, Peter, *Fette Jahre, magere Jahre. Deutschsprachige Literatur von 1965 bis 1985*, München 1988.

– *Die süße Anarchie. Skizzen zur deutschen Literatur seit 1945*, Frankfurt/M. 1973.

Deutschkron, Inge, *Sie blieben im Schatten. Ein Denkmal für «stille Helden»*, Berlin 1996.

Diner, Dan (Hrsg.), *Ist der Nationalsozialismus Geschichte? Zu Historisierung und Historikerstreit*, Frankfurt/M. 1987.

– (Hrsg.), *Zivilisationsbruch. Denken nach Auschwitz*, Frankfurt/M. 1988.

Domansky, Elisabeth, ‹Kristallnacht›, the Holocaust and German Unity: The Meaning of November 9 as an Anniversary in Germany, in: *History and Memory* 4 (1992).

Durzak, Manfred (Hrsg.), *Deutsche Gegenwartsliteratur. Ausgangspositionen und aktuelle Entwicklungen*, Stuttgart 1981.

– /Hartmut Steinecke (Hrsg.), *Hanns-Josef Ortheil – Im Innern seiner Texte*, München 1995.

Eagleton, Terry, *Einführung in die Literaturtheorie*, Stuttgart/Weimar ⁴1997.

Elias, Norbert, *Studien über die Deutschen. Machtkämpfe und Habitusentwicklung im 19. und 20. Jahrhundert*, Frankfurt/M. 1992.

Enright, D. J., Besprechung von Bernhard Schlinks *The Reader* in: *The New York Review of Books*, 26. März 1998.

Evans, Richard J., The New Nationalism and the Old History, in: *Journal of Modern History* 59 (1987).

Ezrahi, Sidra DeKoven, *By Words Alone: The Holocaust in Literature*, Chicago/London 1980.

Feiriss, Kristin (Hrsg.), *Erweiterung des Berlin Museums mit Abteilung Jüdisches Museum / Extension of the Berlin Museum with Jewish Museum Department*, Berlin 1992.

Feldman, Lily Gardner, *The Special Relationship Between West Germany and Israel*, Boston 1984.

Fetscher, Iring, *Terrorismus und Reaktion*, Reinbek 1981.

Fetscher, Justus/Eberhard Lämmert/Jürgen Schutte (Hrsg.), *Die Gruppe 47 in der Geschichte der Bundesrepublik*, Würzburg 1991.

Frei, Norbert, *Vergangenheitspolitik. Die Anfänge der Bundesrepublik und die NS-Vergangenheit*, München 1996.

Freud, Sigmund, Trauer und Melancholie, in: ders., *Gesammelte Werke*, hrsg. von Anna Freud, Frankfurt/M. 1952–1963, Band X.

Frieden, Sandra, *Autobiography. Self into Form. German-Language Autobiographical Writing in the 1970s*, New York 1983.

Friedländer, Saul, *Das Dritte Reich und die Juden*, München 1998.

– *Memory, History, and the Extermination of the Jews of Europe*, Bloomington 1993.

– (Hrsg.), *Probing the Limits of Representation: Nazism and the «Final Solution»*, Cambridge, Mass. 1992.

Friedman, Saul S. (Hrsg.), *Holocaust Literature: A Handbook of Critical, Historical, and Literary Writings*, Westport (Connecticut) 1993.

Fulbrook, Mary, *Piety and Politics: Religion and the Rise of Absolutism in England, Württemberg and Prussia*, Cambridge/London 1983.

Gehrke, Ralph, *Literarische Spurensuche. Elternbilder im Schatten der NS-Vergangenheit*, Opladen 1992.

– Es ist nicht wahr, daß die Geschichte nichts lehren könnte, ihr fehlen bloß die Schüler, in: *Der Deutschunterricht* 44, 3 (1992).

Gellately, Robert, *Die Gestapo und die deutsche Gesellschaft. Die Durchsetzung der Rassenpolitik 1933–1945*, Paderborn/München 1993.

Gilman, Sander L., German Reunification and the Jews, in: *new german critique* 52 (1991).

– Jewish Writers in Contemporary Germany: The Dead Author Speaks, in: *Studies in Twentieth Century Literature* 13, 2 (1989).

– *Jews in Today's German Culture*, Bloomington 1995.

– /Steven T. Katz, (Hrsg.), *Anti-Semitism in Times of Crisis*, New York 1991.

– /Karen Remmler (Hrsg.), *Reemerging Jewish Culture in Germany: Life and Literature since 1989*, New York 1994.

– /Jack Zipes (Hrsg.), *Yale Companion to Jewish Writing and Thought in German Culture 1096–1996*, New Haven 1997.

Graafen, Birgit, *Konservatives Denken und modernes Erzählbewußtsein im Werk von Hermann Lenz*, Frankfurt/M. 1992.

Greiner, Ulrich (Hrsg.), *Über Wolfgang Koeppen*, Frankfurt/M. 1976.

Grimm, Reinhold/Jost Hermand (Hrsg.), *Basis 9. Jahrbuch für deutsche Gegenwartsliteratur*, Frankfurt/M. 1979.

Habermas, Jürgen, *The New Conservatism. Cultural Criticism and the Historians' Debate*, hrsg. und übers. von Shierry Weber Nicholsen, Einführung von Richard Wolin, Cambridge, Mass. 1990.

Hansen, Miriam, Vorwort zu Oskar Negt/Alexander Kluge, *Public Sphere and Experience: Toward an Analysis of the Bourgeois and Proletarian Public Sphere*, Minneapolis 1993.

Hartman, Geoffrey (Hrsg.), *Bitburg in Moral and Political Perspective*, Bloomington 1986.

– (Hrsg.) *Holocaust Remembrance: The Shapes of Memory*, Oxford 1994.

Heer, Hannes/Klaus Naumann (Hrsg.), *Vernichtungskrieg. Verbrechen der Wehrmacht 1941–1944*, Hamburg 1995.

Heimannsberg, Barbara/Christoph J. Schmidt, *Das kollektive Schweigen. Nazivergangenheit und gebrochene Identität in der Psychotherapie*, Heidelberg 1988.

Herf, Jeffrey, *Zweierlei Erinnerung. Die NS-Vergangenheit im geteilten Deutschland*, Berlin 1998.

Hermann, Ingo (Hrsg.), *Wolfgang Koeppen: Ohne Absicht*, Göttingen 1994.

Hilberg, Raul, *Die Vernichtung der europäischen Juden* (1982), Frankfurt/M. ⁹1999.

Hillgruber, Andreas, *Zweierlei Untergang. Die Zerschlagung des Deutschen Reiches und das Ende des europäischen Judentums*, Berlin 1986.

Hinderer, Walter, *Arbeit an der Gegenwart. Zur deutschen Literatur nach 1945*, Würzburg 1994.

«*Historikerstreit*». *Die Dokumentation der Kontroverse um die Einzigartigkeit der nationalsozialistischen Judenvernichtung*, München 1987.

Huyssen, Andreas, *After the Great Divide*, Bloomington 1986.

– After the Wall: The Failure of German Intellectuals, in: *new german critique* 52 (1991).

– *Twilight Memories: Marking Time in a Culture of Amnesia*, New York/London 1995.

In Pursuit of Justice: Examining the Evidence of the Holocaust, Washington 1996.

Jameson, Fredric, *Das politische Unbewußte. Literatur als Symbol sozialen Handelns*, Reinbek 1988.

Jarausch, Konrad, *The Rush to German Unity*, New York 1994.

Jaspers, Karl, *Die Schuldfrage*, Zürich 1946.

Jenninger, Philipp, Rede am 9. November 1988 vor dem Deutschen Bundestag, abgedruckt in *Frankfurter Allgemeine Zeitung*, 11. November 1988.

Judt, Tony, A la Recherche du Temps Perdue, in: *The New York Review of Books*, 3. Dezember 1998.

Jürgensen, Manfred (Hrsg.), *Grass: Kritik – Thesen – Analysen*, Bern 1973.

Kaes, Anton, *Deutschlandbilder. Die Wiederholung der Geschichte als Film*, München 1987.

Kaiser, Gerhard, *Pietismus und Patriotismus im literarischen Deutschland. Ein Beitrag zum Problem der Säkularisation*, Frankfurt/M. 1975.

Kaplan, Marion A., *Between Dignity and Despair. Jewish Life in Nazi Germany*, New York 1998.

Kiedaisch, Petra (Hrsg.), *Lyrik nach Auschwitz? Adorno und die Dichter*, Stuttgart 1995

Kittermann, David H., Those Who Said ‹No!›: Germans Who Refused to Execute Civilians during World War II, in: *German Studies Review* 9 (1988).

Klemperer, Victor, *Ich will Zeugnis ablegen bis zum letzten. Tagebücher*, hrsg. von Walter Nowojski, Berlin 1995.

– *LTI. Notizen eines Philologen* (1957), Leipzig ¹⁸1999.

Klüger, Ruth, *weiter leben*, München ²1994.

Koehn, Ilse, *Mischling zweiten Grades. Kindheit in der Nazizeit*, Reinbek 1979.

Kogon, Eugen, *Der SS-Staat. Das System der deutschen Konzentrationslager* (1945), München 1974, Taschenbuchausgabe München 1977.

Kolinsky, Eva, Remembering Auschwitz: A Survey of Recent Textbooks for the Teaching of History in German Schools, in: *Yad Vashem Studies* 22 (1992).

Kopelew, Lew, *Verwandt und verfremdet. Essays zur Literatur der Bundesrepublik und der DDR*, Frankfurt/M. 1976.

Köppen, Manuel (Hrsg.), *Kunst und Literatur nach Auschwitz*, Berlin 1993.

Kosler, Hans Christian (Hrsg.), *Gert Hofmann: Auskunft für Leser*, Darmstadt/Neuwied 1987.

Krausnick, Helmut/Hanns-Heinrich Wilhelm (Hrsg.), *Die Truppe des Weltanschauungskrieges*, Stuttgart 1981.

Kreuzer, Helmut/Ingrid Kreuzer (Hrsg.), *Über Hermann Lenz. Dokumente seiner Rezeption*, München 1981.

Krondorfer, Björn, *Remembrance and Reconciliation: Encounters between Young Jews and Germans*, New Haven 1995.

LaCapra, Dominick, *Representing the Holocaust: History, Theory, Trauma*, Ithaca 1994.

Ladd, Brian, *The Ghosts of Berlin: Confronting German History in the Urban Landscape*, Chicago 1997.

Langer, Lawrence L., *The Holocaust and the Literary Imagination*, New Haven 1975.

Lappin, Elena (Hrsg.), *Jewish Voices, German Words: Growing up Jewish in Postwar Germany and Austria*, North Haven (Connecticut) 1994.

Lauckner, Nancy A., The Jew in Post-War German Novels. A Survey, in: *Leo Baeck Institute Yearbook* 20 (1975).

Letsch, Felicia, *Auseinandersetzung mit der Vergangenheit als Moment der Gegenwartskritik*, Köln 1982.

Lichtenstein, Erwin, *Die Juden der Freien Stadt Danzig unter der Herrschaft des Nationalsozialismus*, Tübingen 1973.

Lorenz, Dagmar/Gabriele Weinberger (Hrsg.), *Insiders and Outsiders: Jewish and Gentile Culture in Germany and Austria*, Detroit 1994.

Lützeler, Paul Michael/Egon Schwarz (Hrsg.), *Deutsche Literatur in der Bundesrepublik seit 1965*, Königstein/Ts. 1980.

Lyotard, Jean-François, *Heidegger und «die Juden»*, Wien 1988.

– *Immaterialität und Postmoderne*, Berlin 1985.

Märtesheimer, Peter/Ivo Frenzel (Hrsg.), *Im Kreuzfeuer: Der Fernsehfilm ‹Holocaust›. Eine Nation ist betroffen*, Frankfurt/M. 1979.

Maier, Charles S., *The Unmasterable Past. History, Holocaust, and German National Identity*, Cambridge, Mass. 1988.

– *Das Verschwinden der DDR und der Untergang des Kommunismus*, Frankfurt/M. 1999.

Markovits, Andrei S. /Seyla Benhabib/Moishe Postone, Rainer Werner Fassbinder's *Garbage, the City and Death*: Renewed Antagonisms in the Complex Relationship Between Jews and Germans in the Federal Republic of Germany, in: *new german critique* 38 (1986).

Meuschel, Sigrid, The Search for ‹Normality› in the Relationship between Germans and Jews, in: *new german critique* 38 (1986).

Mitscherlich, Alexander und Margarete, *Die Unfähigkeit zu trauern. Grundlagen kollektiven Verhaltens*, München 1967.

Moeller, Robert G., War Stories: The Search for a Usable Past in the Federal Republic of Germany, in: *The American Historical Review* 101,4 (1996).

Moritz, Rainer, *Schreiben, wie man ist. Hermann Lenz: Grundlinien seines Werkes*, Tübingen 1989.

Müller, Arnd, *Geschichte der Juden in Nürnberg 1146–1945*, Nürnberg 1968.

Nägele, Rainer, *Heinrich Böll. Einführung in das Werk und in die Forschung*, Frankfurt/M. 1976.

Nolan, Mary, The Historikerstreit and Social History, in: *new german critique* 44 (1988).

Oellers, Norbert (Hrsg.), *Vom Umgang mit der Schoah in der deutschen Nachkriegsliteratur*, Sonderheft der *Zeitschrift für Deutsche Philologie*, 1995.

O'Neill, Patrick (Hrsg.), *Critical Essays on Günter Grass*, Boston 1987.

Penves, Peter/Richard Block/Helmut Müller-Sievers (Hrsg.), *Festschrift for Geza von Molnar*, Evanston 1998.

Pforte, Dietger, Disunitedly United: Literary Life in Germany, in: *World Literature Today* 71, I (1997).

Pohrt, Wolfgang, Der Härtling-Effekt, in: *Konkret* 11 (1985).

Rabinbach, Anson/Jack Zipes (Hrsg.), *Germans and Jews since the Holocaust: The Changing Situation in West Germany*, New York 1986.

Rapaport, Lynn, *Jews in Germany after the Holocaust: Memory, Identity and Relations with Germans*, New York 1996.

Reich-Ranicki, Marcel, Sentimentalität und Gewissensbisse, in: ders., *Lauter Verrisse*, München 1970.

Reichel, Peter, *Politik mit der Erinnerung. Gedächtnisorte im Streit um die nationalsozialistische Vergangenheit*, Frankfurt/M. 1998.

Richner, Thomas, *Der Tod in Rom. Eine existential-psychologische Analyse von Wolfgang Koeppens Roman*, Zürich/München 1982.

Rosenfeld, Alvin H., *Ein Mund voll Schweigen. Literarische Reaktionen auf den Holocaust* (1980), Göttingen 2000.

– /Irving Greenberg (Hrsg.), *Confronting the Holocaust: The Impact of Elie Wiesel*, Bloomington 1978.

Santner, Eric L., *Stranded Objects: Mourning, Memory, and Film in Postwar Germany*, Ithaca 1990.

Schirrmacher, Frank (Hrsg), *Die Walser-Bubis-Debatte. Eine Dokumentation*, Frankfurt/M. 1999.

Schlant, Ernestine/J. Thomas Rimer (Hrsg.), *Legacies and Ambiguities: Postwar Fiction and Culture in West Germany and Japan*, Washington/Baltimore 1991.

Schmelzkopf, Christiane, *Zur Gestaltung jüdischer Figuren in der deutschsprachigen Literatur nach 1945*, Hildesheim 1983.

Schneider, Michael, Väter und Söhne, posthum, in: ders., *Den Kopf verkehrt aufgesetzt oder Die melancholische Linke*, Darmstadt/Neuwied 1981.

Schneider, Peter, Concrete and Irony, in: *Harper's Magazine*, April 1990.

– Hitler's Shadow: On Being a Self-Conscious German, in: *Harper's Magazine*, September 1987.

Schröter, Klaus, *Heinrich Böll in Selbstzeugnissen und Bilddokumenten*, Reinbek 1992.

Schülein, Johann August, Von der Studentenrevolte zur Tendenzwende oder der Rückzug ins Private. Eine sozialpsychologische Analyse, in: *Kursbuch* (1977).

Schwab-Felisch, Hans, Efraim und Andersch, in: *Merkur* 10 (1967).

Sebald, Winfried Georg, Konstruktionen der Trauer. Zu Günter Grass, *Tagebuch einer Schnecke* und Wolfgang Hildesheimer, *Tynset,* in: *Der Deutschunterricht* 35, 5 (1983).

Siblewski, Klaus (Hrsg.), *Martin Walser. Auskunft,* Frankfurt/M. 1991.

Sichrovsky, Peter, *Schuldig geboren. Kinder aus Nazifamilien,* Köln 1987.

Sobchak, Vivian (Hrsg.), *The Persistence of History: Cinema, Television, and the Modern Event,* New York 1996.

Spiegelman, Art, *Maus: Die Geschichte eines Überlebenden,* Reinbek 1991.

Steiner, George, *Sprache und Schweigen,* Frankfurt/M. 1969.

– *Language and Silence,* New York 1974.

– Beitrag über Robert Musil in: *The New Yorker,* 17. April 1995.

Stern, Frank, *Im Anfang war Auschwitz. Antisemitismus und Philosemitismus im deutschen Nachkrieg,* Gerlingen 1991.

Stern, Fritz, *Das Scheitern illiberaler Politik. Studien zur politischen Kultur Deutschlands im 20. Jahrhundert,* Frankfurt/M. 1974.

– *Der Traum vom Frieden und die Versuchung der Macht. Deutsche Geschichte im 20. Jahrhundert,* Berlin 1988.

Stoltzfus, Nathan, *Widerstand des Herzens. Der Aufstand der Berliner Frauen in der Rosenstraße 1943,* München 1999.

Streit, Christian, *Keine Kameraden. Die Wehrmacht und die sowjetischen Kriegsgefangenen 1941–1945,* Stuttgart 1978.

Texte zur Deutschlandpolitik, Reihe III, Band 8 a, Bonn 1991.

Torpey, John, Introduction: Habermas and the Historians, in: *new german critique* 44 (1988).

Trautwein, Joachim, *Religiosität und Sozialstruktur. Untersucht anhand der Entwicklung des württembergischen Pietismus,* Stuttgart 1972.

Treichel, Hans-Ulrich, *Fragment ohne Ende. Eine Studie über Wolfgang Koeppen,* Heidelberg 1984.

Von der Spaltung zur Einheit. 1945–1990. Eine deutsche Chronik in Texten und Bildern, Bonn 1992.

Wagener, Hans, *Zeitkritische Romane des 20. Jahrhunderts. Die Gesellschaft in der Kritik der deutschen Literatur,* Stuttgart 1975.

Walk, Joseph, *Das Sonderrecht für die Juden im NS-Staat. Eine Sammlung der gesetzlichen Maßnahmen und Richtlinien,* Heidelberg 1981.

Weizsäcker, Richard von, *Zum 40. Jahrestag der Beendigung des Krieges in Europa und der nationalsozialistischen Gewaltherrschaft. Ansprache am 8. Mai 1985 in der Gedenkstunde im Plenarsaal des Deutschen Bundestages,* Bonn 1985.

Westerhagen, Dörte von, *Die Kinder der Täter,* München 1987.

Wiese, Benno von, *Novelle,* Stuttgart 1964.

Williams, Arthur/Stuart Parkes/Roland Smith (Hrsg.), *Literature on the Threshold: The German Novel in the 1980s,* New York 1990.

Wittgenstein, Ludwig, *Tractatus logico-philosophicus. Tagebücher 1914–1916. Philosophische Untersuchungen,* Frankfurt/M. 1966.

Young, James E., *Beschreiben des Holocaust. Darstellung und Folgen der Interpretation,* Frankfurt/M. 1992.

– *Formen des Erinnerns. Gedenkstätten des Holocaust,* Wien 1997.

– (Hrsg.), *The Art of Memory. Holocaust Memorials in History,* München/New York 1994.

Zipes, Jack, The Return of the Repressed, in: *new german critique* 31 (1984)

Personen- und Werkregister